ŒUVRES

DE

LOUIS RACINE.

ŒUVRES

DE

LOUIS RACINE.

TOME CINQUIÈME.

PARIS.
LE NORMANT, IMPRIMEUR-LIBRAIRE,
RUE DES PRÊTRES SAINT-GERMAIN-L'AUXERROIS.
1808.

MÉMOIRES

CONTENANT

QUELQUES PARTICULARITÉS

SUR LA VIE ET LES OUVRAGES

DE JEAN RACINE,

DE L'ACADÉMIE FRANÇAISE.

Lorsque je fais connoître mon père, mieux que ne l'ont fait connoître jusqu'à présent ceux qui ont écrit sa vie, en rendant ce que je dois à sa mémoire, j'ai une double satisfaction : fils et père à la fois, je remplis un de mes devoirs envers vous, mon cher fils(1), puisque je mets devant vos yeux, celui qui pour la piété, pour l'amour de l'étude, et pour toutes les qualités du cœur doit être votre modèle. J'avois toujours approuvé la curiosité que vous aviez témoignée pour entendre lire les Mémoires dans lesquels vous saviez que j'avois rassemblé diverses particularités de sa vie; et je l'avois approuvée sans la satisfaire, parce que j'y trouvois quelque danger pour votre âge. Je craignois aussi

---

(1) Προσφῶνω Filio, visum est non ἀνοικεῖον. Cic. ad Att. ep. 11, l. 16.

de paroître plus prédicateur qu'historien, quand je vous dirois qu'il n'avoit eu la moitié de sa vie que du mépris pour le talent des vers, et pour la gloire que ce talent lui avoit acquise. Mais maintenant qu'à ces Mémoires je suis en état d'ajouter un recueil de ses lettres, et qu'au lieu de vous parler de lui, je puis vous le faire parler lui-même, j'espère que cet ouvrage, que j'ai fait pour vous, produira en vous les fruits que j'en attends, par les instructions que vous y donnera celui qui doit faire sur vous une si grande impression.

Vous n'êtes pas encore en état de goûter les lettres de Cicéron, qui étoient les compagnes de tous ses voyages; mais il vous est d'autant plus aisé de goûter les siennes, que vous pouvez les regarder comme adressées à vous-même. Je parle de celles qui composent le troisième recueil.

Ne jetez les yeux sur les lettres de sa jeunesse que pour y apprendre l'éloignement que l'amour de l'étude lui donnoit du monde, et les progrès qu'il avoit déjà faits, puisqu'à dix-sept ou dix-huit ans il étoit rempli des auteurs grecs, latins, italiens, espagnols, et en même temps possédoit si bien sa langue, quoiqu'il se plaigne de n'en avoir qu'une petite teinture, que ces lettres, écrites sans travail, sont dans un style toujours pur et naturel.

Vous ne pourrez sentir que dans quelque temps le mérite de ses lettres à Boileau, et de celles de Boileau : ne soyez donc occupé aujourd'hui que de ses dernières lettres, qui, quoique simplement écrites, sont plus capables que toute autre lecture de former votre cœur, parce qu'elles vous dévoileront le sien. C'est un père qui écrit à son fils comme à son ami. Quelle attention, sans qu'elle ait rien d'affecté, pour le rappeler toujours à ce qu'il doit à Dieu, à sa mère et à ses sœurs! Avec quelle douceur il fait des réprimandes, quand il est obligé d'en faire! Avec quelle modestie il donne des avis! Avec quelle franchise il lui parle de la médiocrité de sa fortune! Avec quelle simplicité il lui rend compte de tout ce qui se passe dans son ménage! Et gardez-vous bien de rougir quand vous l'entendrez répéter souvent les noms de Babet, Fanchon, Madelon, Nanette, mes sœurs: apprenez au contraire en quoi il est estimable. Quand vous l'aurez connu dans sa famille, vous le goûterez mieux lorsque vous viendrez à le connoître sur le Parnasse; vous saurez pourquoi ses vers sont toujours pleins de sentimens.

Plutarque a déjà pu vous apprendre que Caton l'ancien préféroit la gloire d'être bon mari à celle d'être grand sénateur, et qu'il quittoit les affaires les plus importantes pour aller voir sa femme, remuer et emmailloter son enfant. Cette sensibilité antique n'est-elle donc plus dans nos mœurs, et trouvons-nous qu'il soit honteux d'avoir un cœur? L'humanité toujours belle, se plaît surtout dans les belles âmes; et les choses qui paroissent des foiblesses puériles aux yeux d'un bel esprit, sont les vrais plaisirs d'un grand homme. Celui dont on vous a dit tant de fois, et trop souvent peut-être, que vous deviez ressusciter le nom, n'étoit jamais si content que quand, libre de quitter la cour, où il trouva dans les premières années de si grands agrémens, il pouvoit venir passer quelques jours avec nous. En présence même d'étrangers, il osoit être père : il étoit de tous nos jeux ; et je me souviens (je le puis écrire, puisque c'est à vous que j'écris) ; je me souviens de processions dans lesquelles mes sœurs étoient le clergé, j'étois le curé, et l'auteur d'Athalie, chantant avec nous, portoit la croix.

C'est une simplicité de mœurs si admirable, dans un homme tout sentiment et tout cœur, qui est cause qu'en copiant pour vous ses lettres, je verse à tous momens des larmes, parce qu'il me communique la tendresse dont il étoit rempli.

Oui, mon fils, il étoit né tendre, et vous l'entendrez assez dire; mais il fut tendre pour Dieu lorsqu'il revint à lui; et du jour qu'il revint à ceux qui dans son enfance lui avoient appris à le connoître, il le fut pour eux sans réserve; il le fut pour ce roi dont il avoit tant de plaisir à écrire l'histoire; il le fut toute sa vie pour ses amis; il le fut depuis son mariage et jusqu'à la fin de ses jours pour sa femme, et pour tous ses enfans sans prédilection ; il l'étoit pour moi-même, qui ne faisois guère que de naître quand il mourut, et à qui ma mémoire ne peut rappeler que ses caresses.

Attachez-vous donc uniquement à ses dernières

lettres, et aux endroits de la seconde partie de ces Mémoires où il parle à un fils qu'il vouloit éloigner de la passion des vers, que je n'ai que trop écoutée, parce que je n'ai pas eu les mêmes leçons. Il lui faisoit bien connoître que les succès les plus heureux ne rendent pas le poète heureux, lorsqu'il lui avouoit que la plus mauvaise critique lui avoit toujours causé plus de chagrin, que les plus grands applaudissemens ne lui avoient fait de plaisir. Retenez surtout ces paroles remarquables, qu'il lui disoit dans l'épanchement d'un cœur paternel : « Ne croyez pas que ce soient mes pièces
» qui m'attirent les caresses des grands. Corneille
» fait des vers cent fois plus beaux que les miens,
» et cependant personne ne le regarde; on ne
» l'aime que dans la bouche de ses acteurs. Au lieu
» que sans fatiguer les gens du monde du récit de
» mes ouvrages, dont je ne leur parle jamais, je
» les entretiens de choses qui leur plaisent. Mon
» talent avec eux n'est pas de leur faire sentir que
» j'ai de l'esprit, mais de leur apprendre qu'ils en
» ont. »

Vous ne connoissez pas encore le monde, vous ne pouvez qu'y paroître quelquefois, et vous n'y avez jamais paru sans vous entendre répéter que vous portiez le nom d'un poète fameux, qui avoit été fort aimé à la cour. Qui peut mieux que ce même homme vous instruire des dangers de la poésie et de la cour ? La fortune qu'il y a faite vous sera connue, et vous verrez dans ces Mémoires ses jours abrégés par un chagrin, pris à la vérité trop vivement, mais sur des raisons capables d'en donner. Vous verrez aussi que la passion des vers égara sa jeunesse, quoique nourrie de tant de principes de religion, et que la même passion éteignit pour un temps, dans ce cœur si éloigné de l'ingratitude, les sentimens de reconnoissance pour ses premiers maîtres.

Il revint à lui-même : et sentant alors combien ce qu'il avoit regardé comme bonheur étoit frivole, il n'en chercha plus d'autre que dans les douceurs de l'amitié, et dans la satisfaction à remplir tous les devoirs de chrétien et de père de famille. Enfin ce poète, qu'on vous a dépeint comme environné des applaudissemens du monde, et accablé des caresses des grands, n'a trouvé de consolation que dans les sentimens de religion dont il étoit pénétré. C'est en cela, mon fils, qu'il doit être votre modèle ; et c'est en l'imitant dans sa piété et dans les aimables qualités de son cœur, que vous serez l'héritier de sa véritable gloire, et que son nom que je vous ai transmis vous appartiendra.

Le desir que j'en ai, m'a empêché de vous témoigner le desir que j'aurois encore de vous voir embrasser l'étude avec la même ardeur. Je vous ai montré des livres tout grecs, dont les marges sont couvertes de ses apostilles, lorsqu'il n'avoit que quinze ans. Cette vue, qui vous aura peut-être effrayé, doit vous faire sentir combien il est utile de se nourrir de bonne heure d'excellentes choses. Platon, Plutarque, et les lettres de Cicéron, n'apprennent point à faire des tragédies; mais un esprit formé par de pareilles lectures devient capable de tout.

Je m'aperçois qu'à la tête d'un Mémoire historique, je vous parle trop long-temps: le cœur m'a emporté; et pour vous en expliquer les sentimens, j'ai profité de la plus favorable occasion que jamais père ait trouvée.

La Vie de mon père, qui se trouve à la tête de la dernière édition de ses Œuvres, faite à Paris en 1736, ne mérite aucune attention, parce que celui qui s'est donné la peine de la faire, ne s'est pas donné celle de consulter la famille (1). Au lieu d'une Vie ou d'un Éloge historique, on ne trouve dans l'Histoire de l'Académie Française, qu'une lettre de M. de Valincour, qu'il appelle lui-même *un amas informe d'anecdotes cousues bout à bout et sans ordre*. Elle est fort peu exacte, parce qu'il l'écrivoit à la hâte, en faisant valoir à M. l'abbé d'Olivet, qui la lui demandoit, la complaisance qu'il avoit d'interrompre ses occupations pour le contenter; et il appelle *corvée* ce qui pouvoit être pour lui un agréable

---

(1) Le peu qu'en a écrit M. Perrault dans ses Hommes Illustres est vrai, parce qu'il consulta la famille; et par la même raison, l'article du Supplément de Moréri 1735, est exact; mais le P. Nicéron et les auteurs de l'Histoire des Théâtres, n'ont fait que compiler la Vie qui est à la tête de l'édition de 1736, ou la lettre de M. de Valincour, les notes de Brossette, et le Bolæana, recueil très-peu sûr en plusieurs endroits : j'aurai occasion d'en parler dans la suite.

de voir de l'amitié, et même de la reconnoissance. Personne n'étoit plus en état que lui de faire une Vie exacte d'un ami qu'il avoit fréquenté si long-temps; au lieu que les autres qui en ont voulu parler ne l'ont point du tout connu. Je ne l'ai pas connu moi-même; mais je ne dirai rien que sur le rapport de mon frère aîné, ou d'anciens amis, que j'ai souvent interrogés. J'ai aussi quelquefois interrogé l'illustre compagnon de sa vie et de ses travaux : et Boileau a bien voulu m'apprendre quelques particularités. Comme ils ont dans tous les temps partagé entre eux les faveurs des Muses et de la cour, où, appelés d'abord comme poètes, ils surent se faire plus estimer encore par leurs mœurs que par les agrémens de leur esprit, je ne séparerai point dans ces Mémoires deux amis que la mort seule a pu séparer. Pour ne point répéter cependant sur Boileau ce que ses commentateurs en ont dit, je ne rapporterai que ce qu'ils ont ignoré, ou ce qu'ils n'ont pas su exactement. La vie de deux hommes de lettres, et de deux hommes aussi simples dans leur conduite, ne peut fournir des faits nombreux et importans; mais comme le public est toujours curieux de connoître le caractère des auteurs dont il aime les ouvrages, et que de petits détails le font souvent connoître, je serai fidèle à rapporter les plus petites choses.

Ne pouvant me dispenser de rappeler au moins en peu de mots l'histoire des pièces de théâtre de mon père, je diviserai cet ouvrage en deux parties. Dans la première je parlerai du poète, en évitant, autant qu'il me sera possible, de redire ce qui se trouve déjà imprimé en plusieurs endroits. Dans la seconde, le poète ayant renoncé aux vers, auxquels il ne retourna que sur la fin de ses jours et comme malgré lui, je n'aurai presque à parler que de la manière dont il a vécu à la cour, dans sa famille, et avec ses amis. Je ne dois jamais louer le poète ni ses ouvrages : le public en est le juge. S'il m'arrive cependant de louer en lui plus que ses mœurs, et si je l'approuve en tout, j'espère que je serai moi-même approuvé, et que quand même j'oublierois quelquefois la précision du style historique, mes fautes seront ou louées ou du moins excusées, parce que je dois être plus justement encore que Tacite écrivant la vie de son beau-père, *professione pietatis aut laudatus aut excusatus.*

PREMIÈRE PARTIE.

Les Racine, originaires de la Ferté-Milon, petite ville du Valois, y sont connus depuis long-temps, comme il paroît par quelques tombes qui y subsistent encore dans la grande église, et entr'autres par celle-ci :

« Ci-gissent honorables personnes, Jean Racine, rece-
» veur pour le roi notre sire, et la reine, tant du domaine
» et duché de Valois que des greniers à sel de la Ferté-
» Milon et Crespy en Valois, mort en 1593, et dame
» Anne Gosset sa femme. »

Je crois pouvoir sans soupçon de vanité remonter jusqu'aux aïeux que me fait connoître la charge de contrôleur du petit grenier à sel de la Ferté-Milon. La charge de receveur du domaine et du duché de Valois, que possédoit Jean Racine, mort en 1593, ayant été supprimée, Jean Racine son fils prit celle de contrôleur du grenier à sel de la Ferté-Milon, et épousa Marie Desmoulins, qui eut deux sœurs religieuses à Port-Royal des Champs. De ce mariage naquit Agnès Racine, et Jean Racine, qui posséda la même charge, et épousa en 1638 Jeanne Sconin, fille de Pierre Sconin, procureur du roi des eaux et forêts de Villers-Coterets. Leur union ne dura pas long-temps. La femme mourut le 24 janvier 1641, et le mari le 6 février 1643. Ils laissèrent deux enfans, Jean Racine mon père, né le 21 décembre 1639, et une fille qui a vécu à la Ferté-Milon jusqu'à l'âge de quatre-vingt-douze ans. Ces deux jeunes orphelins furent élevés par leur grand-père Sconin. Les grandes fêtes de l'année, ce bon homme traitoit toute sa famille, qui étoit fort nombreuse, tant enfans que petits-enfans. Mon père disoit qu'il étoit comme les autres invité à ce repas, mais qu'à peine on daignoit le regarder. Après la mort de Pierre Sconin, arrivée en 1650, Marie Desmoulins, qui étant demeurée veuve, avoit vécu avec lui, se retira à Port-Royal des Champs(1), où elle avoit une fille religieuse, qui depuis en fut abbesse, et qui est connue sous le nom d'*Agnès de Sainte-Thècle Racine*.

Dans les premiers troubles qui agitèrent cette abbaye, quelques-uns de ses fameux solitaires qui furent obligés d'en sortir pour un temps, se retirèrent à la Chartreuse de Bourg-Fontaine, voisine de la Ferté-Milon : ce qui donna lieu à plusieurs personnes de la Ferté-Milon de les connoître, et de leur entendre parler de la vie qu'on menoit à Port-Royal. Voilà quelle fut la cause que les deux sœurs et la fille de Marie Desmoulins s'y firent religieuses, qu'elle-même y passa les dernières années de sa vie, et que mon père y passa les premières années de la sienne.

Il fut d'abord envoyé pour apprendre le latin

---

(1) Elle y mourut le 12 août 1665.

dans la ville de Beauvais, dont le collége étoit sous la direction de quelques ecclésiastiques de mérite et de savoir : il y apprit les premiers principes du latin. Ce fut alors que la guerre civile s'alluma à Paris, et se répandit dans toutes les provinces. Les écoliers s'en mêlèrent aussi, et prirent parti chacun suivant son inclination. Mon père fut obligé de se battre comme les autres, et reçut au front un coup de pierre, dont il a toujours porté la cicatrice au-dessus de l'œil gauche. Il disoit que le principal de ce collége le montroit à tout le monde comme un brave : ce qu'il racontoit en plaisantant. On verra dans une de ses lettres écrite de l'armée à Boileau, qu'il ne vantoit pas sa bravoure.

Il sortit de ce collége le premier octobre 1655, et fut mis à Port-Royal, où il ne resta que trois ans, puisque je trouve qu'au mois d'octobre 1658, il fut envoyé à Paris pour faire sa philosophie au collége d'Harcourt, n'ayant encore que quatorze ans. On a peine à comprendre comment en trois ans il a pu faire à Port-Royal un progrès si rapide dans ses études. Je juge de ces progrès par les extraits qu'il faisoit des auteurs grecs et latins qu'il lisoit.

J'ai ces extraits écrits de sa main. Ses facultés, qui étoient fort médiocres, ne lui permettant pas d'acheter les belles éditions des auteurs grecs, il les lisoit dans les éditions faites à Bâle sans traduction latine. J'ai hérité de son Platon et de son Plutarque, dont les marges chargées de ses apostilles, sont la preuve de l'attention avec laquelle il les lisoit : et ces mêmes livres font connoître l'extrême attention qu'on avoit à Port-Royal pour la pureté des mœurs, puisque dans ces éditions mêmes, quoique toutes grecques, les endroits un peu libres, ou pour mieux dire trop naïfs, qui se trouvent dans les narrations de Plutarque, historien d'ailleurs si grave, sont effacés avec un grand soin. On ne confioit pas à un jeune homme un livre tout grec sans précaution.

M. le Maître, qui trouva dans mon père une grande vivacité d'esprit avec une étonnante facilité pour apprendre, voulut conduire ses études, dans l'intention de le rendre capable d'être un jour avocat : il le prit dans sa chambre, et avoit tant de tendresse pour lui, qu'il ne l'appeloit que son fils, comme on verra par ce billet dont l'adresse est, *au petit Racine*, et que je rapporte quoique fort simple, à cause de sa simplicité même. M. le Maître l'écrivit de Bourg-Fontaine, où il avoit été obligé de se retirer :

« Mon fils, je vous prie de m'envoyer au plutôt
» l'Apologie des SS. PP., qui est à moi, et qui est
» de la première impression. Elle est reliée en veau
» marbré, in-4°. J'ai reçu les cinq volumes de mes
» Conciles que vous aviez fort bien empaquetés.
» Je vous en remercie. Mandez-moi si tous mes
» livres sont bien arrangés sur des tablettes, et si mes
» onze volumes de Saint-Jean Chrysostôme y sont ;
» et voyez-les de temps en temps pour les nettoyer.
» Il faudroit mettre de l'eau dans des écuelles de
» terre, où ils sont, afin que les souris ne les rongent
» pas. Faites mes recommandations à votre bonne

» tante, et suivez bien ses conseils en tout. La jeu-
» nesse doit toujours se laisser conduire, et tâcher
» de ne point s'émanciper. Peut-être que Dieu nous
» fera revenir où vous êtes. Cependant il faut tâ-
» cher de profiter de cet événement, et faire en
» sorte qu'il nous serve à nous détacher du monde,
» qui nous paroît si ennemi de la piété. Bon jour,
» mon cher fils, aimez toujours votre papa comme
» il vous aime : écrivez-moi de temps en temps.
» Envoyez-moi aussi mon Tacite in-folio. »

M. le Maître ne fut pas long-temps absent, il eut la permission de revenir; mais en arrivant il tomba dans la maladie dont il mourut; et après sa mort, M. Hamon prit soin des études de mon père. Entre les connoissances qu'il fit à Port-Royal, je ne dois point oublier celle de M. le duc de Chevreuse, qui a conservé toujours pour lui une amitié très-vive, et qui par les soins assidus qu'il lui rendit dans sa dernière maladie, a bien vérifié ce que dit Quintilien, que les amitiés qui commencent dans l'enfance, et que des études communes font naître, ne finissent qu'avec la vie.

On appliquoit mon père, quoique très-jeune, à des études fort sérieuses. Il traduisit (1) le commencement du Banquet de Platon, fit des extraits tout

―――――――――――――――――

(1) S'il n'a pas fait cette traduction à Port-Royal, il l'a faite à Uzès: c'est un ouvrage de sa jeunesse. Quoique la traduction soit bonne, un fragment si peu considérable ne méritoit peut-être pas d'être imprimé; il le fut cependant chez Gandouin en 1732. On a mis à la tête une lettre sans

grecs de quelques traités de Saint-Bazile, et quelques remarques sur Pindare et sur Homère. Au milieu de ces occupations, son génie l'entraînoit tout entier du côté de la poésie, et son plus grand plaisir étoit de s'aller enfoncer dans les bois de l'abbaye avec Sophocle et Euripide, qu'il savoit presque par cœur. Il avoit une mémoire surprenante. Il trouva par hasard le roman grec des amours de Théagène et de Chariclée. Il le dévoroit, lorsque le sacristain Claude Lancelot, qui le surprit dans cette lecture, lui arracha le livre et le jeta au feu. Il trouva le moyen d'en avoir un autre exemplaire qui eut le même sort, ce qui l'engagea à en acheter un troisième; et pour n'en plus craindre la proscription, il l'apprit par cœur, et le porta au sacristain, en lui disant : « Vous pouvez brûler encore » celui-ci comme les autres. »

Il fit connoître à Port-Royal sa passion plutôt que son talent pour les vers, par sept odes qu'il composa sur les beautés champêtres de sa solitude, sur les bâtimens de ce monastère, sur le paysage, les prairies, les bois, l'étang, etc. (1) Le hasard m'a fait trouver ces odes qui n'ont rien d'intéressant, même pour les personnes curieuses de tout ce qui est sorti de la plume des écrivains devenus fameux : elles font seulement voir qu'on ne doit pas juger du talent

---

daté d'année, qui m'est inconnue, et ne se trouve point parmi les autres lettres écrites à Boileau, qui sont entre mes mains.

(1) Ces odes sont imprimées dans l'édition des Œuvres de Racine, avec des Commentaires, par M. Geoffroy.

d'un jeune homme par ses premiers ouvrages. Ceux qui lurent alors ces odes ne durent pas soupçonner que l'auteur deviendroit dans peu l'auteur d'Andromaque. Je n'en rapporterai que quatre strophes, qui ne donneront pas envie de voir les autres. Il parle de l'étang, et des merveilles qu'on voit sur ses bords ;

> Je vois les tilleuls et les chênes,
> Ces géants de cent bras armés,
> Ainsi que d'eux-mêmes charmés,
> Y mirer leurs têtes hautaines.
> Je vois aussi leurs grands rameaux
> Si bien tracer dedans les eaux
> Leur mobile peinture,
> Qu'on ne sait si l'onde en tremblant
> Fait trembler leur verdure,
> Ou plutôt l'air même et le vent.

> Là, l'hirondelle voltigeante
> Rasant les flots clairs et polis,
> Y vient avec cent petits cris
> Baiser son image naissante.
> Là, mille autres petits oiseaux,
> Peignent encore dans les eaux
> Leur éclatant plumage.
> L'œil ne peut juger au dehors,
> Qui vole ou bien qui nage,
> De leurs ombres et de leurs corps.

> Quelles richesses admirables
> N'ont point ces nageurs marquetés,
> Ces poissons au dos argentés
> Sur leurs écailles agréables !

Ici

Ici je les vois s'assembler,
Se mêler et se démêler
 Dans leur couche profonde.
Là, je les vois (dieux, quels attraits!)
 Se promenant dans l'onde,
Se promener dans les forêts.

Je les vois en troupes légères
S'élancer dans leur lit natal ;
Puis tombant, peindre en ce cristal
Mille couronnes passagères.
L'on diroit que comme envieux
De voir nager dedans ces lieux
 Tant de bandes volantes,
Perçant les remparts entr'ouverts
 De leurs prisons brillantes,
Ils veulent s'enfuir dans les airs.

Il étoit, à cet âge, plus heureux dans la versification latine que dans la française ; il composa quelques pièces en vers latins, qui sont pleines de feu et d'harmonie. Je ne rapporterai pas une élégie sur la mort d'un gros chien qui gardoit la cour de Port-Royal, à la fin de laquelle il promet par ses vers l'immortalité à ce chien, qu'il nomme Rabotin :

Semper honor, Rabotine, tuus, laudesque manebunt ;
 Carminibus vives tempus in omne meis.

On jugera mieux de ses vers latins par la pièce suivante, que je ne donne pas entière, quoique dans l'ouvrage d'un poète de quatorze ans tout soit excusable.

AD CHRISTUM.

Sancte parens, facilem præbe implorantibus aurem,
  Atque humiles placidâ suscipe mente preces.
Hanc tutare domum, quæ per discrimina mille,
  Mille per insidias vix superesse potest.
Aspice ut infandis jacet objectata periclis,
  Ut timet hostiles irrequieta manus.
Nulla dies terrore caret, finemque timoris
  Innovat infenso major ab hoste metus.
Undique crudelem conspiravere ruinam,
  Et miseranda parant vertere tecta solo.
Tu spes sola, Deus, miseræ. Tibi vota precesque
  Fundit in immensis nocte dieque malis.

. . . .
. . . .

Aspice Virgineum castis penetralibus agmen;
  Aspice devotos, sponse benigne, choros.
Hic, sacra illæsi servantes jura pudoris,
  Te veniente die, te fugiente vocant.
Cœlestem liceat sponsum superare precando :
  Fas sentire tui numina magna Patris.
Huc quoque nos quondam tot tempestatibus actos
  Abripuit flammis gratia sancta suis.
Ast eadem insequitur mœstis fortuna periclis,
  Ast ipso in portu sæva procella furit.
Pacem, summe Deus, pacem te poscimus omnes;
  Succedant longis paxque quiesque malis.
Te duce disruptas pertransiit Israël undas :
  Hos habitet portus, te duce, vera salus.

En parlant des ouvrages de sa première jeunesse, qu'on peut appeler son enfance, je ne dois pas oublier sa traduction des hymnes des féries du Bréviaire romain. Boileau disoit qu'il l'avoit faite à Port-Royal, et que M. de Sacy, qui avoit traduit celles des dimanches et de toutes les fêtes pour les heures de Port-Royal, en fut jaloux; et voulant le détourner de faire des vers, lui représenta que la poésie n'étoit point son talent. Ce que disoit Boileau demande une explication. Les hymnes des féries imprimées dans le Bréviaire romain, traduit par M. le Tourneux, ne sont pas certainement l'ouvrage d'un jeune homme; et celui qui faisoit les odes dont j'ai rapporté quatre strophes, n'étoit pas encore capable de faire de pareils vers. Je ne doute pas cependant qu'il ne soit auteur de la traduction de ces hymnes; mais il faut qu'il les ait traduites dans un âge avancé, ou qu'il les ait depuis retouchées avec tant de soin, qu'il en ait fait un nouvel ouvrage. On lit, en effet, dans les Hommes Illustres de M. Perrault, que long-temps après les avoir composées, il leur donna la dernière perfection. La traduction du Bréviaire romain fut condamnée (1) par l'archevêque de Paris, pour des raisons qui n'avoient aucun rapport à la traduction de ces hymnes : cette condamnation donna lieu dans la suite à un mot que rapportent plusieurs personnes, et que je ne garantis pas. Le roi, dit-on, exhortoit mon père à faire quelques vers de piété : « J'en ai voulu faire, répondit-il, » on les a condamnés. »

---

(1) Elle fut condamnée uniquement comme version en langue vulgaire.

Il ne fut que trois ans à Port-Royal; et ceux qui savent combien il étoit avancé dans les lettres grecques et latines, n'en sont point étonnés quand ils font réflexion qu'un génie aussi vif que le sien, animé par une grande passion pour l'étude, et conduit par d'excellens maîtres, marchoit rapidement. Au sortir de Port-Royal, il vint à Paris, et fit sa logique au collége d'Harcourt, d'où il écrivit à un de ses amis :

> Lisez cette pièce ignorante,
> Où ma plume si peu coulante
> Ne fait voir que trop clairement,
> Pour vous parler sincèrement,
> Que je ne suis pas un grand maître.
> Hélas, comment pourrois-je l'être !
> Je ne respire qu'argumens,
> Ma tête est pleine à tous momens
> De majeures et de mineures, etc.

En 1660, le mariage du roi ouvrit à tous les poètes une carrière dans laquelle ils signalèrent à l'envi leur zèle et leurs talens. Mon père, très-inconnu encore, entra comme les autres dans la carrière, et composa l'ode intitulée *la Nymphe de la Seine*. Il pria M. Vitart son oncle de la porter à Chapelain, qui présidoit alors sur tout le Parnasse, et par sa grande réputation poétique, qu'il n'avoit point encore perdue, et par la confiance qu'avoit en lui M. Colbert pour ce qui regardoit les lettres. Chapelain découvrit un poète naissant dans cette ode, qu'il loue beaucoup ; et parmi quelques fautes qu'il y remarqua, il releva la bévue du jeune homme, qui avoit mis des tritons dans la Seine. L'auteur honoré des critiques de Chapelain, corrigea son ode; et la nécessité de changer une stance pour réparer sa bévue, le mit en très-mauvaise humeur contre les tritons, comme il paroît par une de ses lettres. Chapelain le prit en amitié, lui offrit ses avis et ses services, et, non content de les lui offrir, parla de lui et de son ode si avantageusement à M. Colbert, que ce ministre lui envoya cent louis de la part du roi, et peu après le fit mettre sur l'état pour une pension de six cents livres en qualité d'homme de lettres. Les honneurs soutiennent les arts. Quel sujet d'émulation pour un jeune homme, très-inconnu au public et à la cour, de recevoir de la part du roi et de son ministre une bourse de cent louis! Et quelle gloire pour le ministre qui sait découvrir les talens qui ne commencent qu'à naître, et que ne connoît pas encore celui même qui les possède!

Il composa en ce même temps un sonnet, qui, quoique fort innocent, lui attira aussi bien que son ode de vives réprimandes de Port-Royal, où l'on craignoit beaucoup pour lui sa passion démesurée pour les vers. On eût mieux aimé qu'il se fût appliqué à l'étude de la jurisprudence, pour se rendre capable d'être avocat, ou que du moins il eût voulu consentir à accepter quelqu'un de ces emplois qui, sans conduire à la fortune, procurent une aisance de la vie, capable de consoler de l'ennui de cette espèce de travail, et de la dépendance plus ennuyeuse encore que le travail. Il ne vouloit point entendre parler d'occupations contraires au génie des Muses; il n'aimoit que les vers, et craignoit en même temps les réprimandes de Port-Royal. Cette crainte étoit cause qu'il n'osoit montrer ses vers à personne, et qu'il écrivoit à un ami : « Ne pouvant » vous consulter, j'étois prêt à consulter, comme » Malherbe, une vieille servante qui est chez nous, » si je ne m'étois aperçu qu'elle est janséniste comme » son maître, et qu'elle pourroit me déceler, ce qui » seroit ma ruine entière ; vu que je reçois tous les » jours lettres sur lettres, ou plutôt excommunica» tions sur excommunications à cause de mon triste » sonnet. » Voici ce triste sonnet. Il le fit pour célébrer la naissance d'un enfant de madame Vitart sa tante.

Il est temps que la nuit termine sa carrière :
Un astre tout nouveau vient de naître en ces lieux;
Déjà tout l'horizon s'aperçoit de ses feux,
Il échauffe déjà dans sa pointe première.

Et toi, fille du jour, qui nais devant ton père,
Belle aurore, rougis, ou te cache à nos yeux :
Cette nuit un soleil est descendu des cieux,
Dont le nouvel éclat efface ta lumière.

Toi qui dans ton matin parois déjà si grand,
Bel astre, puisses-tu n'avoir point de couchant!
Sois toujours en beautés une aurore naissante.

A ceux de qui tu sors puisses-tu ressembler!
Sois digne de Daphnis et digne d'Amaranthe :
Pour être sans égal, il les faut égaler.

Ce sonnet, dont il étoit sans doute très-content à cause de la chute, et à cause de ce vers, *Fille du jour, qui nais devant ton père*, prouve, ainsi que les strophes des odes que j'ai rapportées, qu'il aimoit alors ces faux brillans, dont il a été depuis si grand ennemi. Les principes du bon goût qu'il avoit pris dans la lecture des anciens, et dans les leçons de Port-Royal, ne l'empêchoient pas dans le feu de sa première jeunesse de s'écarter de la nature, dont il s'écarte encore dans plusieurs vers de la Thébaïde. Boileau sut l'y ramener.

Il fut obligé d'aller passer quelque temps à Chevreuse, où M. Vitart, intendant de cette maison, et chargé de faire faire quelques réparations au château, l'envoya, en lui donnant le soin de ces réparations. Il s'ennuya si fort de cette occupation et de ce séjour qui lui parut une captivité, qu'il datoit les lettres qu'il en écrivoit, *de Babylone*. On en trouvera deux parmi celles de sa jeunesse.

On songea enfin sérieusement à lui faire prendre un parti; et l'espérance d'un bénéfice le fit résoudre à aller en Languedoc, où il étoit à la fin de 1661, comme il paroît par la lettre qu'il écrivit à La Fontaine, et par celle-ci, datée du 17 janvier 1662, dans laquelle il écrit à M. Vitart : « Je passe mon temps
» avec mon oncle, Saint-Thomas et Virgile. Je fais
» force extraits de théologie, et quelques-uns de
» poésie. Mon oncle a de bons desseins pour moi ; il
» m'a fait habiller de noir depuis les pieds jusqu'à la
» tête : il espère me procurer quelque chose. Ce

» sera alors que je tâcherai de payer mes dettes. Je
» n'oublie point les obligations que je vous ai, j'en
» rougis en vous écrivant : *Erubuit puer, salva res
» est.* Mais cette sentence est bien fausse ; mes affaires
» n'en vont pas mieux. »

Pour être au fait de cette lettre et de celles qu'on trouvera à la suite de ces Mémoires, il faut savoir qu'il avoit été appelé en Languedoc par un oncle maternel, nommé le père Sconin, chanoine régulier de Sainte-Geneviève, homme fort estimé dans cette congrégation, dont il avoit été général, et qui avoit beaucoup d'esprit. Comme il étoit inquiet et remuant, dès que le temps de son généralat fut expiré, pour s'en défaire on l'envoya à Uzès, où l'on avoit joint pour lui le prieuré de Saint-Maximin à un canonicat de la cathédrale : il étoit outre cela official et grand-vicaire. Ce bon homme étoit tout disposé à résigner son bénéfice à son neveu ; mais il falloit être régulier : et le neveu, qui auroit fort aimé le bénéfice, n'aimoit pas cette condition, à laquelle cependant la nécessité l'auroit fait consentir, si tous les obstacles qui survinrent ne lui eussent fait connoître qu'il n'étoit pas destiné à l'état ecclésiastique.

Par complaisance pour son oncle, il étudioit la théologie ; et en lisant Saint-Thomas, il lisoit aussi l'Arioste, qu'il cite souvent avec tous les autres poètes, dans ses premières lettres adressées à un jeune abbé le Vasseur, qui n'avoit pas plus de vocation que lui pour l'état ecclésiastique, dont il quitta l'habit dans la suite. Dans ces lettres écrites en toute liberté, il rend compte à son ami de ses occupations et de ses sentimens, et ne fait paroître de passion que pour l'étude et les vers. Sa mauvaise humeur contre les habitans d'Uzès, qu'il pousse un peu trop loin, semble venir de ce qu'il est dans un pays où il craint d'oublier la langue françoise, qu'il avoit une extrême envie de bien posséder. Je juge de l'étude particulière qu'il en faisoit, par des remarques écrites de sa main, sur celles de Vaugelas, sur la traduction de Quinte-Curce, et sur quelques traductions de d'Ablancourt. On voit encore par ces lettres, qu'il fuyoit toute compagnie, et surtout celle des femmes, aimant mieux la compagnie des poètes grecs. Son goût pour la tragédie lui en fit commencer une dont le sujet étoit *Théagène et Chariclée*. Il avoit conçu dans son enfance une passion extraordinaire pour Héliodore : il admiroit son style, et l'artifice merveilleux avec lequel sa fable est conduite. Il abandonna enfin cette tragédie, dont il n'a rien laissé, ne trouvant pas vraisemblablement que des aventures romanesques méritassent d'être mises sur la scène tragique. Il retourna à Euripide, et y prit le sujet de la Thébaïde, qu'il avança beaucoup, en même-temps qu'il s'appliquoit à la théologie.

Quoiqu'alors la plus petite Chapelle lui parût une fortune, las enfin des incertitudes de son oncle, et des obstacles que faisoit renaître continuellement un moine nommé D. Cosme, dont il se plaint beaucoup dans ses lettres, il revint à Paris, où il fit connoissance avec Molière, et acheva la Thébaïde.

Il donna d'abord son ode intitulée *la Renommée aux Muses*, et la porta à la cour, où il falloit qu'il eût quelques protecteurs, puisqu'il dit dans une de ses lettres : « La Renommée a été assez heureuse ; » M. le comte de Saint-Aignan la trouve fort » belle : je ne l'ai point trouvé au lever du roi, mais » j'y ai trouvé Molière, à qui le roi a donné assez » de louanges. J'en ai été bien aise pour lui, et il » a été bien aise aussi que j'y fusse présent. » On peut juger par ces paroles que le jeune roi aimoit déjà à voir les poètes à sa cour. Il fit payer à mon père une gratification de six cents livres, pour lui donner le moyen de continuer son application aux belles-lettres, comme il est dit dans l'ordre signé par M. Colbert le 26 août 1664.

La Thébaïde fut jouée la même année ; et comme je ne trouve rien qui m'apprenne de quelle manière elle fut reçue, je n'en dirai rien davantage. Je ne dois parler ici qu'historiquement de ses tragédies, et presque tout ce que j'en puis dire d'historique se trouve ailleurs (1). Je laisse aux auteurs de l'his-

---

(1) Il est dit dans le supplément du Nécrologe de Port-Royal que, « lié avec les savans solitaires qui habitoient le » désert de Port-Royal, cette solitude lui fit produire la » Thébaïde. » Ces paroles, que les auteurs de l'Histoire des Théâtres rapportent avec surprise, ne prouvent que la simplicité de celui qui a écrit cet article, et qui n'ayant jamais, selon les apparences, lu de tragédies, s'est imaginé, à cause

toire du Théâtre français le soin de recueillir ces particularités, dont plusieurs sont peu curieuses, et toutes fort incertaines, parce qu'il n'en a rien raconté dans sa famille; et je ne suis pas mieux instruit qu'un autre de ce temps de sa vie, dont il ne parloit jamais.

Le jeune Despréaux, qui n'avoit que trois ans plus que lui, étoit connu de l'abbé le Vasseur, qui lui porta l'ode de *la Renommée*, sur laquelle Despréaux fit des remarques qu'il mit par écrit. Le poète critiqué trouva les remarques très-judicieuses, et eut une extrême envie de connoître son critique. L'ami commun lui en procura la connoissance, et forma les premiers nœuds de cette union si constante et si étroite, qu'il est comme impossible de faire la Vie de l'un, sans faire la Vie de l'autre. J'ai déjà prévenu que je rapporterois de celle de Boileau les particularités que ses commentateurs n'apprennent point, ou n'apprennent qu'imparfaitement, parce qu'ils n'étoient pas mieux instruits.

Il n'étoit point né à Paris, comme on l'a toujours écrit, mais à Crône, petit village près Villeneuve-Saint-Georges : son père y avoit une maison, où il passoit tout le temps des vacances du palais; et ce fut le premier novembre 1636, que ce onzième enfant y vint au monde. Pour le distinguer de ses frères, on le surnomma *Despréaux*, à cause d'un

---

de ce titre, *la Thébaïde*, que celle-ci avoit quelque rapport à une solitude. Il se trompe aussi quand il dit que cette tragédie fut commencée à Port-Royal.

petit pré qui étoit au bout du jardin. Quelque temps après, une partie du village fut brûlée, et les registres de l'église ayant été consumés dans cet incendie, lorsque Boileau, dans le temps qu'on recherchoit les usurpateurs de la noblesse en vertu de la déclaration du 4 septembre 1696, fut injustement attaqué, il ne put, faute d'extrait baptistaire, prouver sa naissance que par le registre de son père. Il eut à souffrir dans son enfance l'opération de la taille, qui fut mal faite, et dont il lui resta pour toute sa vie une très-grande incommodité. On lui donna pour logement dans la maison paternelle, une guérite au-dessus du grenier, et quelque temps après on l'en fit descendre, parce qu'on trouva le moyen de lui construire un petit cabinet dans ce grenier, ce qui faisoit dire qu'il avoit commencé sa fortune par descendre au grenier; et il ajoutoit dans sa vieillesse, qu'il n'accepteroit pas une nouvelle vie, s'il falloit la commencer encore par une jeunesse aussi pénible. La simplicité de sa physionomie et de son caractère faisoit dire à son père, en le comparant à ses autres enfans : « Pour Colin, » ce sera un bon garçon, qui ne dira mal de per- » sonne. »

Après ses premières études, il voulut s'appliquer à la jurisprudence; il suivit le barreau, et même plaida une cause dont il se tira fort mal. Comme il étoit près de la commencer, le procureur s'approcha de lui pour lui dire : « N'oubliez pas de de- » mander que la partie soit interrogée sur faits et

» articles. » « Et pourquoi, lui répondit Boileau ,
» la chose n'est-elle pas déjà faite? Si tout n'est pas
» prêt, il ne faut donc pas me faire plaider. » Le
procureur fit un éclat de rire, et dit à ses confrères:
« Voilà un jeune avocat qui ira loin, il a de grandes
» dispositions. » Il n'eut pas l'ambition d'aller plus
loin : il quitta le palais, et alla en Sorbonne ; mais
il la quitta bientôt par le même dégoût. Il crut,
comme dit M. de Boze dans son Eloge historique,
y trouver encore la chicane sous un autre habit.
Prenant le parti de *dormir chez un greffier la grasse
matinée*, il se livra tout entier à son génie, qui
l'emportoit vers la poésie ; et lorsqu'on lui représenta que s'il s'attachoit à la satire, il se feroit des
ennemis qui auroient toujours les yeux sur lui, et
ne chercheroient qu'à le décrier : « Eh bien, ré-
» pondit-il, je serai honnête homme, et je ne les
» craindrai point. »

Il prit d'abord Juvénal pour son modèle, persuadé que notre langue étoit plus propre à imiter la
force de ce style, que l'élégante simplicité du style
d'Horace. Il changea bientôt de sentiment. Sa première satire fut celle-ci : *Damon ce grand auteur*, etc.
Il la fit tout entière dans le goût de Juvénal ; et
pour en imiter le ton de déclamation, il la finissoit
par la description des embarras de Paris. Il s'aperçut
que la pièce étoit trop longue, et devenoit languissante ; il en retrancha cette description, dont il fit
une satire à part. Son second ouvrage fut la satire
qui est aujourd'hui la septième dans le recueil de

ses Œuvres : *Muse, changeons de style*, etc. Après celle-ci il en adressa une à Molière, et fit son discours au roi. Ensuite il entreprit la satire du festin, et celle sur la noblesse, travaillant à toutes les deux en même temps, et imitant Juvénal dans l'une, et Horace dans l'autre. Ses ennemis débitèrent que dans la satire sur la noblesse, il avoit eu dessein de railler M. de Dangeau. Il n'en eut jamais la pensée. Il l'adressoit d'abord à M. de la Rochefoucauld; mais trouvant que ce nom, qui devoit revenir plusieurs fois, n'avoit pas de grace en vers, il prit le parti d'adresser l'ouvrage à M. de Dangeau, le seul homme de la cour, avec M. de la Rochefoucauld, qu'il connût alors.

(1) La satire du festin eut pour fondement un repas qu'on lui donna à Château-Thierry, où il étoit allé se promener avec La Fontaine, qui ne fut pas du repas, pendant lequel le lieutenant-général de la ville lâcha ces phrases : « Pour moi j'aime le » beau français... Le Corneille est quelquefois joli. » Ces deux phrases donnèrent au poète, mécontent peut-être de la chère, l'idée de la description d'un repas également ennuyeux par l'ordonnance et par la conversation des convives. Il composa en-

---

(1) Boileau qui avoit quelques obligations à Brossette, à cause d'une rente à Lyon qu'il lui faisoit payer, lui donnoit quelques éclaircissemens sur ses ouvrages, quand il les lui demandoit; mais Brossette n'ayant pas vécu avec lui familièrement, n'a pas été instruit de tout, et son Commentaire, où il y a de bonnes choses, est fort imparfait.

suite la satire à M. le Vayer, et celle qu'il adresse à son esprit. Celle-ci fut très-mal reçue lorsqu'il en fit les premières lectures. Il la lut chez M. de Brancas, en présence de madame Scarron, depuis madame de Maintenon, et de madame de la Sablière. La pièce fut si peu goûtée, qu'il n'eut pas le courage d'en finir la lecture. Pour se consoler de cette disgrace, il fit la satire sur l'homme, qui eut autant de succès que l'autre en avoit eu peu.

Comme il ne vouloit pas faire imprimer ses satires, tout le monde le recherchoit pour les lui entendre réciter. Un autre talent que celui de faire des vers le faisoit encore rechercher : il savoit contrefaire ceux qu'il voyoit, jusqu'à rendre parfaitement leur démarche, leurs gestes, et leur ton de voix. Il m'a raconté qu'ayant entrepris de contrefaire un homme qui venoit d'exécuter une danse fort difficile, il exécuta avec la même justesse la même danse, quoiqu'il n'eût jamais appris à danser. Il amusa un jour le roi en contrefaisant devant lui tous les comédiens. Le roi voulut qu'il contrefît aussi Molière, qui étoit présent, et demanda ensuite à Molière s'il s'étoit reconnu. « Nous ne pouvons, » répondit Molière, juger de notre ressemblance ; » mais la mienne est parfaite, s'il m'a aussi bien » imité qu'il a imité les autres. » Quoique ce talent, qui le faisoit rechercher dans les parties de plaisir, lui procurât des connoissances agréables pour un jeune homme, il m'a avoué qu'enfin il en eut honte, et qu'ayant fait réflexion que c'étoit faire un personnage de baladin, il y renonça, et n'alla plus aux repas où on l'invitoit que pour réciter ses ouvrages, qui le rendirent bientôt très-fameux.

Il se fit un devoir de n'y nommer personne, même dans les traits de railleries qui avoient pour fondement des faits très-connus. Son Alidor, *qui veut rendre à Dieu ce qu'il a pris au monde*, étoit si connu alors, qu'au lieu de dire la maison de l'Institution, on disoit souvent par plaisanterie, la maison de la Restitution. Il ne nommoit pas d'abord Chapelain : il avoit mis *Patelin*; et ce fut la seule chose qui fâcha Chapelain. *Pourquoi*, disoit-il, *défigurer mon nom*? Chapelain étoit fort bon homme, et, content du bien que le satirique disoit de ses mœurs, lui pardonnoit le mal qu'il disoit de ses vers. Gilles Boileau, ami de Chapelain et de Cottin, ne fut pas si doux : il traita avec beaucoup de hauteur son cadet, lui disant qu'il étoit bien hardi d'oser attaquer ses amis. Cette réprimande ne fit qu'animer davantage Despréaux contre ces deux poètes. Ce Gilles Boileau, de l'Académie Française, avoit aussi, comme l'on sait, du talent pour les vers. Tous ces frères avoient de l'esprit. L'abbé Boileau, depuis docteur de Sorbonne, s'est fait connoître par des ouvrages remarquables par les sujets et par le style. M. Pui-Morin, qui fut contrôleur des Menus, étoit très-aimable dans la société; mais l'amour du plaisir le détourna de toute étude. Ce fut lui qui étant invité à un grand repas par deux Juifs fort riches, alla à midi chercher

cher son frère Despréaux, et le pria de l'accompagner, l'assurant que ces messieurs seroient charmés de le connoître. Despréaux, qui avoit quelques affaires, lui répondit qu'il n'étoit pas en humeur de s'aller réjouir. Pui-Morin le pressa avec tant de vivacité, que son frère perdant patience, lui dit d'un ton de colère : « Je ne veux point aller man- » ger chez des coquins qui ont crucifié notre Sei- » gneur. » « Ah, mon frère, s'écria Pui-Morin, en » frappant du pied contre terre, pourquoi m'en » faites-vous souvenir lorsque le dîner est prêt, » et que ces pauvres gens m'attendent ? » Il s'avisa un jour devant Chapelain de parler mal de la Pucelle : « C'est bien à vous à en juger, lui dit Cha- » pelain, vous qui ne savez pas lire. » Pui-Morin lui répondit : « Je ne sais que trop lire, depuis que vous » faites imprimer, » et fut si content de sa réponse, qu'il voulut la mettre en vers. Mais comme il ne put en venir à bout, il eut recours à son frère et à mon père, qui tournèrent ainsi cette réponse en épigramme :

Froid, sec, dur, rude auteur, digne objet de satire,
De ne savoir pas lire oses-tu me blâmer ?
Hélas, pour mes péchés, je n'ai su que trop lire
Depuis que tu fais imprimer !

Mon père représenta que le premier hémistiche du second vers rimant avec le vers précédent et avec l'avant-dernier vers, il valoit mieux dire *de mon peu de lecture.* Molière décida qu'il falloit conserver

la première façon : « Elle est, lui dit-il, la plus na-
» turelle ; et il faut sacrifier toute régularité à la
» justesse de l'expression : c'est l'art même qui doit
» nous apprendre à nous affranchir des règles de
» l'art. »

Molière étoit alors de leur société, dont étoient encore La Fontaine et Chapelle, et tous faisoient de continuelles réprimandes à Chapelle sur sa passion pour le vin. Boileau le rencontrant un jour dans la rue, lui en voulut parler. Chapelle lui répondit : « J'ai
» résolu de m'en corriger ; je sens la vérité de vos
» raisons : pour achever de me persuader, entrons
» ici ; vous me parlerez plus à votre aise. » Il le fit entrer dans un cabaret, et demanda une bouteille, qui fut suivie d'une autre. Boileau en s'animant dans son discours contre la passion du vin, buvoit avec lui, jusqu'à ce qu'enfin le prédicateur et le nouveau converti s'enivrèrent.

Je reviens à l'histoire des tragédies de mon père, qui après avoir achevé celle d'Alexandre, la voulut montrer à Corneille, pour recevoir les avis du maître du théâtre. M. de Valincour rapporte ce fait dans sa lettre à M. l'abbé d'Olivet, et m'a assuré qu'il le tenoit de mon père même. Corneille, après avoir entendu la lecture de la pièce, dit à l'auteur qu'il avoit un grand talent pour la poésie, mais qu'il n'en avoit point pour la tragédie ; et il lui conseilla de s'appliquer à un autre genre. Ce jugement, très-sincère sans doute, fait voir qu'on peut avoir de grands talens, et être mauvais juge des talens.

Il y avoit alors deux troupes de comédiens; celle de Molière et celle de l'Hôtel de Bourgogne (1). *L'Alexandre* fut joué d'abord par la troupe de Molière; mais l'auteur mécontent des acteurs, leur retira sa pièce, et la donna aux comédiens de l'Hôtel de Bourgogne : il fut cause en même temps que la meilleure actrice de Molière le quitta pour passer sur le théâtre de Bourgogne ; ce qui mortifia Molière, et causa entr'eux d'eux un refroidissement qui dura toujours, quoiqu'ils se rendissent mutuellement justice sur leurs ouvrages. On verra bientôt de quelle manière Molière parla de la comédie des Plaideurs ; et le lendemain de la première représentation du Misantrope, qui fut très-malheureuse, un homme qui crut faire plaisir à mon père, courut lui annoncer cette nouvelle, en lui disant : « La » pièce est tombée : rien n'est si froid ; vous pouvez » m'en croire, j'y étois. » « Vous y étiez ; reprit » mon père, et je n'y étois pas ; cependant je n'en » croirai rien, parce qu'il est impossible que Molière ait fait une mauvaise pièce. Retournez-y, et » examinez-la mieux. »

Alexandre eut beaucoup de partisans et de censeurs, puisque Boileau, qui composa cette même

---

(1) C'est ainsi que cette pièce, dans sa naissance, fut jouée par les deux troupes; mais dans l'Histoire du Théâtre Français, tom. 9, il est dit qu'elle fut jouée le même jour sur les deux théâtres: ce qui n'est pas vraisemblable.

année 1665 sa troisième satire, y fait dire à son campagnard :

Je ne sais pas pourquoi l'on vante l'Alexandre.

La lecture de cette tragédie fit écrire à Saint-Evremond, « que la vieillesse de Corneille ne l'a-» larmoit plus, et qu'il n'avoit plus à craindre de » voir finir avec lui la tragédie : » et cet aveu de Saint-Evremond dut consoler le poète de la critique que le même écrivain, dont les jugemens avoient alors un grand crédit, fit de cette même tragédie. Il est vrai qu'elle avoit plusieurs défauts, et que le jeune auteur s'y livroit encore à sa prodigieuse facilité de rimer. Boileau sut la moderer par ses conseils, et s'est toujours vanté de lui avoir appris à rimer difficilement.

Ce fut enfin l'année suivante que les satires de Boileau parurent imprimées. On lit dans le Bolæana par quelle raison on fut près de révoquer le privilége que le libraire avoit obtenu par adresse, et l'indifférence de Boileau sur cet événement. Jamais poète n'eut tant de répugnance à donner ses ouvrages au public. Il s'y vit forcé, lorsqu'on lui en montra une édition faite furtivement, et remplie de fautes. A cette vue il consentit à remettre son manuscrit, et ne voulut recevoir aucun profit du libraire. Il donna en 1674, avec la même générosité, ses Epîtres, son Art Poétique, le Lutrin, et le Traité du Sublime. Quoique fort économe de son revenu, il étoit plein de noblesse dans les sentimens : il m'a assuré que jamais libraire ne lui avoit payé un seul de ses ouvrages; ce qui l'avoit rendu hardi à railler dans son Art Poétique, *chant 4*, les auteurs qui *mettent leur Apollon aux gages d'un libraire*, et qu'il n'avoit fait les deux vers qui précédent,

> Je sais qu'un noble esprit peut sans honte et sans crime,
> Tirer de son travail un tribut légitime,

que pour consoler mon père, qui avoit retiré quelque profit de l'impression de ses tragédies. Le profit qu'il en tira fut très-modique; et il donna dans la suite Esther et Athalie au libraire, de la manière dont Boileau avoit donné tous ses ouvrages.

Andromaque, qui parut en 1667, fit connoître que le jeune poète à qui Boileau avoit appris à rimer difficilement, avoit en peu de temps fait de grands progrès. Mais je suis obligé d'interrompre l'histoire de ses tragédies pour raconter celle de deux ouvrages d'une nature bien différente.

Le public ne les attendoit ni d'un jeune homme occupé de tragédies, ni d'un élève de Port-Royal. La vivacité du poète, qui se crut offensé dans son talent, ce qu'il avoit de plus cher, lui fit oublier ce qu'il devoit à ses premiers maîtres, et l'engagea à entrer, sans réflexion, dans une querelle qui ne le regardoit pas.

Desmarets de Saint-Sorlin, que le mauvais succès de son Clovis avoit rebuté, las d'être poète, voulut être prophète, et prétendit avoir la clef de l'Apocalypse. Il annonça une armée de 144 mille victimes, qui rétabliroit, sous la conduite du roi, la vraie religion. Par tous les termes mystiques qu'inventoit son imagination échauffée, il en avoit déjà échauffé plusieurs autres. Il eut l'honneur d'être foudroyé par M. Nicole, qui écrivit contre lui les lettres qu'il intitula *Visionnaires*, parce qu'il les écrivoit contre un grand visionnaire, auteur de la comédie des *Visionnaires*. Il fit remarquer dans la première de ces lettres, que ce prétendu illuminé ne s'étoit d'abord fait connoître dans le monde que par des romans et des comédies : « qualités, ajouta-t-il, qui ne sont pas fort honorables » au jugement des honnêtes gens, et qui sont hor- » ribles, considérées suivant les principes de la reli- » gion chrétienne. Un faiseur de romans et un poète » de théâtre est un empoisonneur public, non des » corps, mais des âmes. Il se doit regarder comme » coupable d'une infinité d'homicides spirituels, ou » qu'il a causés en effet, ou qu'il a pu causer. »

Mon père, à qui sa conscience reprochoit des occupations qu'on regardoit à Port-Royal comme très-criminelles, se persuada que ces paroles n'avoient été écrites que contre lui, et qu'il étoit celui qu'on appeloit un empoisonneur public. Il se croyoit d'autant mieux fondé dans cette persuasion, qu'à cause de sa liaison avec les comédiens, il avoit été comme exclus de Port-Royal, par une lettre de la Mère Racine sa tante, qui est si bien écrite, qu'on ne sera pas fâché de la lire.

GLOIRE A JÉSUS-CHRIST
ET AU TRÈS-SAINT-SACREMENT.

« Ayant appris que vous aviez dessein de faire
» ici un voyage, j'avois demandé permission à
» notre Mère de vous voir, parce que quelques
» personnes nous avoient assurées que vous étiez
» dans la pensée de songer sérieusement à vous; et
» j'aurois été bien aise de l'apprendre par vous-
» même, afin de vous témoigner la joie que j'au-
» rois, s'il plaisoit à Dieu de vous toucher : mais
» j'ai appris depuis peu de jours une nouvelle qui
» m'a touchée sensiblement. Je vous écris dans
» l'amertume de mon cœur, et en versant des
» larmes que je voudrois pouvoir répandre en assez
» grande abondance devant Dieu, pour obtenir de
» lui votre salut, qui est la chose du monde que je
» souhaite avec le plus d'ardeur. J'ai donc appris
» avec douleur que vous fréquentiez plus que ja-
» mais des gens dont le nom est abominable à toutes
» les personnes qui ont tant soit peu de piété; et
» avec raison, puisqu'on leur interdit l'entrée de
» l'église et la communion des fidèles, même à la
» mort, à moins qu'ils ne se reconnoissent. Jugez
» donc, mon cher neveu, dans quel état je puis
» être, puisque vous n'ignorez pas la tendresse que
» j'ai toujours eue pour vous, et que je n'ai jamais
» rien désiré sinon que vous fussiez tout à Dieu
» dans quelque emploi honnête. Je vous conjure
» donc, mon cher neveu, d'avoir pitié de votre

» âme, et de rentrer dans votre cœur pour y con-
» sidérer sérieusement dans quel abyme vous vous
» êtes jeté. Je souhaite que ce qu'on m'a dit ne soit
» pas vrai : mais si vous êtes assez malheureux pour
» n'avoir pas rompu un commerce qui vous dés-
» honore devant Dieu et devant les hommes, vous
» ne devez pas penser à nous venir voir ; car vous
» savez bien que je ne pourrois pas vous parler,
» vous sachant dans un état si déplorable, et si con-
» traire au Christianisme. Cependant je ne cesserai
» point de prier Dieu qu'il vous fasse miséricorde,
» et à moi en vous la faisant, puisque votre salut
» m'est si cher. »

Voilà une de ces lettres que son neveu, dans sa ferveur pour les théâtres, appeloit des excommunications. Il crut donc que M. Nicole, en parlant contre les poètes, avoit eu dessein de l'humilier : il prit la plume contre lui et contre tout Port-Royal, et il fit une lettre pleine de traits piquans, qui pour les agrémens du style fut goûtée de tout le monde. « Je ne sais, dit l'auteur de la conti-
» nuation de l'Histoire de l'Académie Française, si
» nous avons rien de mieux écrit ni de plus ingé-
» nieux en notre langue. » Les ennemis de Port-Royal encouragèrent le jeune écrivain à continuer ; et même, à ce qu'on prétend, lui firent espérer un bénéfice. Tandis que M. Nicole et les autres solitaires de Port-Royal gardoient le silence, il parut deux réponses, dont la première, fort solide, et qui fut d'abord attribuée à M. de Sacy, étoit de M. du

Bois : la seconde, fort inférieure, étoit de M. Barbier d'Aucour. Mon père connut bien au style qu'elles ne venoient pas de Port-Royal, et il les méprisa. Mais peu après, ces deux mêmes réponses parurent dans une édition des Visionnaires faite en Hollande, en deux volumes; et il étoit écrit dans l'avertissement à la tête de cette édition, qu'on avoit inséré « dans ce recueil les deux réponses faites à un jeune » homme qui, s'étant chargé de l'intérêt commun » de tout le théâtre, avoit conté des histoires faites » à plaisir, parce que ces deux réponses feroient » plaisir, ayant pour leur bonté partagé les juges, » dont les uns estimoient plus la première, tandis » que les autres se déclaroient hautement pour la » seconde. »

Mon père, moins piqué de ces deux réponses que du soin que Messieurs de Port-Royal prenoient de les faire imprimer dans leurs ouvrages avec un pareil avertissement, fit contre eux la seconde lettre, et mit à la tête une préface qui n'a jamais été imprimée, et qu'il assaisonna des mêmes railleries qui règnent dans les deux lettres. Après avoir dit qu'il n'y a point de plaisir à rire avec des gens délicats qui se plaignent qu'on les déchire dès qu'on les nomme, et qui, aussi sensibles que les gens du monde, ne souffrent volontiers que les mortifications qu'ils s'imposent à eux-mêmes, il s'adressoit ainsi à M. Nicole directement : « Je demande à ce vénérable » théologien en quoi j'ai erré, si c'est dans le Droit » ou dans le Fait ? J'ai avancé que la comédie étoit

» innocente : le Port-Royal dit qu'elle est criminelle;
» mais je ne crois pas qu'on puisse taxer ma pro-
» position d'hérésie; c'est bien assez de la taxer de
» témérité. Pour le Fait, ils n'ont nié que celui des
» Capucins; encore ne l'ont-ils pas nié tout entier.
» Toute la grâce que je lui demande, est qu'il ne
» m'oblige pas non plus à croire un fait qu'il avance,
» lorsqu'il dit que le monde fut partagé entre les
» deux réponses qu'on fit à ma lettre, et qu'on dis-
» puta long-temps laquelle des deux étoit la plus
» belle : il n'y eut pas la moindre dispute là-dessus,
» et d'une commune voix elles furent jugées aussi
» froides l'une que l'autre. Mais tout ce qu'on fait
» pour ces Messieurs a un caractère de bonté que
» tout le monde ne connoît pas.

» Il est aisé de connoître, ajoutoit-il, par le soin
» qu'ils ont pris d'immortaliser ces réponses, qu'ils
» y avoient plus de part qu'ils ne disoient. A la vé-
» rité, ce n'est pas leur coutume de laisser rien im-
» primer pour eux qu'ils n'y mettent quelque chose
» du leur. Ils portent aux docteurs les approbations
» toutes dressées. Les avis de l'imprimeur sont ordi-
» nairement des éloges qu'ils se donnent à eux-
» mêmes; et l'on scelleroit à la chancellerie des
» priviléges fort éloquens, si leurs livres s'impri-
» moient avec privilége. »

Content de cette préface et de sa seconde lettre, il alla montrer ces nouvelles productions à Boileau, qui toujours amateur de la vérité, quoiqu'il n'eût encore aucune liaison avec Port-Royal, lui représenta que cet ouvrage feroit honneur à son esprit, mais n'en feroit pas à son cœur, parce qu'il attaquoit des hommes fort estimés, et le plus doux de tous (1), auquel il avoit lui-même, comme aux autres, de grandes obligations. « Eh bien, répondit » mon père, pénétré de ce reproche, le public ne » verra jamais cette seconde lettre! » Il retira tous les exemplaires qu'il put trouver de la première; et elle étoit devenue fort rare, lorsqu'elle parut dans

---

(1) M. Nicole, qui avoit régenté la troisième à Port-Royal, avoit été son maître. Tout le monde sait quelle étoit sa douceur : il subsistoit du profit de ses ouvrages; et le grand débit des trois volumes de la Perpétuité fit dire dans le public qu'il profitoit du travail d'autrui, parce qu'on croyoit cet ouvrage commun entre lui et M. Arnaud, qui avoit seulement mis un chapitre de sa façon dans le premier volume, et ne vit pas les autres. M. Nicole souffrit ces discours sans y répondre. Lorsque le P. Bouhours, en écrivant sur la langue française, releva plusieurs expressions des traductions de Port-Royal, M. de Saçy dit qu'il ne se soumettroit point à ces remarques : M. Nicole dit qu'il se corrigeroit, et en effet n'employa point dans les Essais de Morale celles qui lui parurent justement critiquées. Dans les petits troubles qui arrivoient à Port-Royal sur quelques diversités de sentimens, il ne prenoit aucun parti, disant qu'il n'étoit point des guerres civiles. Madame de Longueville, qui de l'envie de connoître les hommes fameux, passoit souvent, comme bien d'autres, à l'ennui de les voir trop long-temps, ne changea jamais à l'égard de M. Nicole, qu'elle trouvoit fort poli. Dans les conversations où il étoit contredit, ce qui arrivoit plus d'une fois, elle prenoit toujours son parti ; ce qui lui fit dire, quand elle mourut, qu'il avoit perdu tout son crédit : « J'ai même, » disoit-il, perdu mon abbaye, » parce qu'elle l'appeloit toujours M. l'abbé Nicole.

des journaux. Brossette qui la fit imprimer dans son édition de Boileau, quoiqu'elle n'eût aucun rapport aux ouvrages de cet auteur, joignit en note, que le Port-Royal, « alarmé d'une lettre qui le me-
» naçoit d'un écrivain aussi redoutable que Pascal,
» trouva le moyen d'apaiser et de regagner le jeune
» Racine. » Brossette étoit fort mal instruit. Le Port-Royal garda toujours le silence, et ne fit aucune démarche pour la réconciliation. Mon père fit lui seul, dans la suite, toutes les démarches que je dirai. On n'ignore pas le repentir qu'il a témoigné; et un jour il fit une réponse si humble à un de ses confrères qui l'attaqua dans l'Académie par une plaisanterie au sujet de ce démêlé, que personne dans la suite n'osa le railler sur le même sujet. Lorsque Brossette fit imprimer la première lettre, il ne connoissoit pas la seconde, qui n'étoit connue de personne, ni de nous-mêmes. Elle fut trouvée, je ne sais par quel hasard, dans les papiers de M. l'abbé Dupin; et ceux qui en furent les maîtres après sa mort, la firent imprimer.

Je reprends l'histoire des pièces de théâtre, et je viens à *Andromaque*. Elle fut représentée en 1667, et fit, au rapport de M. Perrault, à-peu-près le même bruit que le Cid avoit fait dans les premières représentations. On voit par l'épître dédicatoire que l'auteur avoit eu auparavant l'honneur de la lire à Madame: il remercie son altesse royale des conseils qu'elle a bien voulu lui donner. Cette pièce coûta la vie à Montfleuri, célèbre acteur: il y représenta le rôle d'Oreste avec tant de force, qu'il s'épuisa entièrement : ce qui fit dire à l'auteur du Parnasse réformé, que tout poète désormais voudra avoir l'honneur de faire crever un comédien.

La tragédie d'Andromaque eut trop d'admirateurs pour n'avoir pas d'ennemis. Saint-Evremond ne fut ni du nombre des ennemis ni du nombre des admirateurs, puisqu'il n'en fit que cet éloge : « Elle a » bien l'air des belles choses ; il ne s'en faut presque » rien qu'il n'y ait du grand. »

Un comédien, nommé Subligny, se signala par une critique en forme de comédie. Elle ne fut pas inutile à l'auteur critiqué, qui corrigea dans la seconde édition d'Andromaque quelques négligences de style, et laissa néanmoins subsister certains tours nouveaux, que Subligny mettoit au nombre des fautes de style, et qui ayant été approuvés depuis comme tours heureux, sont devenus familiers à notre langue. Les critiques les plus sérieuses contre cette pièce tombèrent sur le personnage de Pyrrhus, qui parut au grand Condé trop violent et trop emporté, et que d'autres accusèrent d'être un malhonnête homme, parce qu'il manque de parole à Hermione. L'auteur, au lieu de répondre à une critique si peu solide, entreprit de faire dans sa tragédie suivante le portrait d'un parfaitement honnête homme. C'est ce que Boileau donne à penser quand il dit à son ami, en lui représentant l'avantage qu'on retire des critiques :

Au Cid persécuté Cinna doit sa naissance,

Et ta plume peut-être aux censeurs de Pyrrhus
Doit les plus nobles traits dont tu peignis Burrhus.

La comédie des Plaideurs précéda Britannicus, et parut en 1668. En voici l'origine :

Mon père avoit enfin obtenu un bénéfice, puisque le privilége de la première édition d'Andromaque, qui est du 28 décembre 1667, est accordé au sieur Racine, prieur de l'Epinay : titre qui ne lui est plus donné dans un autre privilége accordé quelques mois après, parce qu'il n'étoit déjà plus prieur. Boileau le fut huit ou neuf ans ; mais quand il reconnut qu'il n'avoit point de dispositions pour l'état ecclésiastique, il se fit un devoir de remettre le bénéfice entre les mains du collateur ; et pour remplir un autre devoir encore plus difficile, après avoir calculé ce que le prieuré lui avoit rapporté pendant le temps qu'il l'avoit possédé, il fit distribuer cette somme aux pauvres, et principalement aux pauvres du lieu : rare exemple, donné par un poète accusé d'aimer l'argent.

Son ami eût imité une si belle action, s'il eût eu à restituer des biens d'Eglise : mais sa vertu ne fut jamais à une pareille épreuve. A peine eut-il obtenu son bénéfice, qu'un régulier vint le lui disputer, prétendant que ce prieuré ne pouvoit être possédé que par un régulier : il fallut plaider, et voilà ce procès « que ni ses juges, ni lui n'entendirent, » comme il le dit dans la préface des Plaideurs. C'étoit ainsi que la Providence lui opposoit toujours de nouveaux obstacles pour entrer dans l'état ecclésiastique, où il ne vouloit entrer que par des vues d'intérêt. Fatigué enfin du procès, las de voir des avocats et de solliciter des juges, il abandonna le bénéfice, et se consola de cette perte par une comédie contre les juges et les avocats.

Il faisoit alors de fréquens repas chez un fameux traiteur où se rassembloient Boileau, Chapelle, Furetière, et quelques autres. D'ingénieuses plaisanteries égayoient ces repas, où les fautes étoient sévèrement punies. Le poëme de la Pucelle, de Chapelain, étoit sur une table, et on régloit le nombre de vers que devoit lire un coupable, sur la qualité de sa faute. Elle étoit fort grave quand il étoit condamné à en lire vingt vers; et l'arrêt qui condamnoit à lire la page entière, étoit l'arrêt de mort. Plusieurs traits de la comédie des Plaideurs furent le fruit de ces repas : chacun s'empressoit d'en fournir à l'auteur. M. de Brilhac, conseiller au parlement de Paris, lui apprenoit les termes de palais. Boileau lui fournit l'idée de la dispute entre Chicanneau et la Comtesse : il avoit été témoin de cette scène qui s'étoit passée chez son frère le greffier, entre un homme très-connu alors, et une comtesse que l'actrice qui joua ce personnage contrefit jusqu'à paroître sur le théâtre avec les mêmes habillemens, comme il est rapporté dans le Commentaire sur la seconde satire de Boileau. Plusieurs autres traits de cette comédie avoient également rapport à des personnes alors très-connues; et par l'Intimé, qui dans la cause du chapon commence comme Cicéron, *pro Quintio : Quæ res duæ plurimum possunt....... gratia et eloquentia*, etc., on désignoit un avocat qui s'étoit servi du même exorde dans la cause d'un pâtissier contre un boulanger. Soit que ces plaisanteries eussent attiré des ennemis à cette pièce, soit que le parterre ne fût pas d'abord sensible au sel attique dont elle est remplie, elle fut mal reçue; et les comédiens dégoûtés de la seconde représentation, n'osèrent hasarder la troisième. Molière, qui étoit présent à cette seconde représentation, quoiqu'alors brouillé avec l'auteur, ne se laissa séduire ni par aucun intérêt particulier, ni par le jugement du public : il dit tout haut en sortant, que cette comédie étoit excellente, et que ceux qui s'en moquoient méritoient qu'on se moquât d'eux. Un mois après, les comédiens représentant à la cour une tragédie, osèrent donner à la suite cette malheureuse pièce. Le roi en fut frappé, et ne crut pas déshonorer sa gravité ni son goût par des éclats de rire si grands, que la cour en fut étonnée.

Louis XIV jugea de la pièce comme Molière en avoit jugé. Les comédiens, charmés d'un succès qu'ils n'avoient pas espéré, pour l'annoncer plus promptement à l'auteur, revinrent toute la nuit à Paris, et allèrent le réveiller. Trois carrosses, pendant la nuit, dans une rue où l'on n'étoit pas accoutumé d'en voir pendant le jour, réveillèrent le voisinage: on se mit aux fenêtres; et comme on savoit qu'un conseiller des requêtes avoit fait un grand bruit contre la comédie des Plaideurs, on ne douta point de la punition du poète qui avoit osé railler les juges en plein théâtre. Le lendemain tout Paris le croyoit en prison, tandis qu'il se félicitoit de l'approbation que la cour avoit donnée à sa pièce, dont le mérite fut enfin reconnu à Paris.

L'année suivante, 1668, il reçut une gratification de douze cents livres, sur un ordre particulier de M. Colbert. (1)

Britannicus, qui parut en 1669, eut aussi beaucoup de contradictions à essuyer, et l'auteur avoue dans sa préface qu'il craignit quelque temps que cette tragédie n'eût une destinée malheureuse. Je ne connois cependant aucune critique imprimée dans le temps contre Britannicus. Ces sortes de critiques à la vérité tombent peu après dans l'oubli,

---

(1) (En voici la copie.) Maître Charles le Begue, conseiller du roi, trésorier-général de ses bâtimens, nous vous mandons que des deniers de votre charge de la présente année, même de ceux destinés par sa majesté pour les pensions et gratifications des gens de lettres, tant français qu'étrangers, qui excellent en toutes sortes de sciences, vous payiez comptant au sieur Racine la somme de douze cents livres que nous lui avons ordonnée pour la pension et gratification que sa majesté lui a accordée, en considération de son application aux belles-lettres, et des pièces de théâtre qu'il donne au public. Rapportant la présente, et quittance sur ce suffisante, ladite somme de douze cents livres sera passée et allouée en la dépense de vos comptes par messieurs des Comptes à Paris ; lesquels nous prions ainsi le faire sans difficulté. Fait à Paris, le dernier jour de décembre 1668.

COLBERT.

LA MOTTE COQUART.

mais il se trouve toujours dans la suite quelque faiseur de recueil, qui veut les en retirer. Tout est bon pour ceux qui moins curieux de la reconnoissance du public, que de la rétribution du libraire, n'ont d'autre ambition que celle de faire imprimer un livre nouveau ; et dans le Recueil des Pièces fugitives faites sur les tragédies de nos deux poëtes fameux, qu'en 1740 Gissey imprima en deux volumes, je ne trouve rien sur Britannicus.

On sait l'impression que firent sur Louis XIV, quelques vers de cette pièce. Lorsque Narcisse rapporte à Néron les discours qu'on tient contre lui, il lui fait entendre qu'on raille son ardeur à briller par des talens qui ne doivent point être les talens d'un empereur :

> Il excelle à conduire un char dans la carrière,
> A disputer des prix indignes de ses mains,
> A se donner lui-même en spectacle aux Romains,
> A venir prodiguer sa voix sur un théâtre.....

Ces vers frappèrent le jeune monarque, qui avoit quelquefois dansé dans les ballets ; et quoiqu'il dansât avec beaucoup de noblesse, il ne voulut plus paroître dans aucun ballet, reconnoissant qu'un roi ne doit point se donner en spectacle. On trouvera ce que je dis ici confirmé par une des lettres de Boileau.

Ceux qui ajoutent foi en tout au Bolæana, croient que Boileau, qui trouvoit les vers de Bajazet trop négligés, trouvoit aussi le dénouement de Britannicus puéril, et reprochoit à l'auteur d'avoir fait Britannicus trop petit devant Néron. Il y a grande apparence que M. de Monchenay, mal servi par sa mémoire lorsqu'il composa ce Recueil, s'est trompé en cet endroit. Je n'ai jamais entendu dire que Boileau eût fait de pareilles critiques; je sais seulement qu'il engagea mon père à supprimer une scène entière de cette pièce avant que de la donner aux comédiens; et par cette raison cette scène n'est encore connue de personne. Ces deux amis avoient un égal empressement à se communiquer leurs ouvrages avant que de les montrer au public, égale sévérité de critique l'un pour l'autre, et égale docilité. Voici cette scène que Boileau avoit conservée, et qu'il nous a remise: elle étoit la première du troisième acte.

BURRHUS, NARCISSE.

BURRHUS.

Quoi, Narcisse au palais obsédant l'empereur,
Laisse Britannicus en proie à sa fureur,
Narcisse, qui devroit d'une amitié sincère
Sacrifier au fils tout ce qu'il tient du père;
Qui devroit, en plaignant avec lui son malheur,
Loin des yeux de César détourner sa douleur?
Voulez-vous qu'accablé d'horreur, d'inquiétude,
Pressé du désespoir qui suit la solitude,
Il avance sa perte en voulant l'éloigner,
Et force l'empereur à ne plus l'épargner?

Lorsque de Claudius l'impuissante vieillesse
Laissa de tout l'empire Agrippine maîtresse,
Qu'instruit du successeur que lui gardoient les Dieux,
Il vit déjà son nom écrit dans tous les yeux;
Ce prince à ses bienfaits mesurant votre zèle,
Crut laisser à son fils un gouverneur fidèle,
Et qui sans s'ébranler verroit passer un jour
Du côté de Néron la fortune et la cour.
Cependant aujourd'hui sur la moindre menace,
Qui de Britannicus présage la disgrace;
Narcisse qui devoit le quitter le dernier,
Semble dans le malheur le plonger le premier :
César vous voit partout attendre son passage.

NARCISSE.

Avec tout l'univers je viens lui rendre hommage,
Seigneur : c'est le dessein qui m'amène en ces lieux.

BURRHUS.

Près de Britannicus vous le servirez mieux.
Craignez-vous que César n'accuse votre absence?
Sa grandeur lui répond de votre obéissance.
C'est à Britannicus qu'il faut justifier
Un soin dont ses malheurs se doivent défier.
Vous pouvez sans péril respecter sa misère,
Néron n'a point juré la perte de son frère.
Quelque froideur qui semble altérer leurs esprits,
Votre maître n'est point au nombre des proscrits.
Néron même en son cœur touché de votre zèle
Vous en tiendroit peut-être un compte plus fidèle,
Que de tous ces respects vainement assidus,
Oubliés dans la foule aussitôt que rendus.

NARCISSE.

Ce langage, Seigneur, est facile à comprendre;

Avec quelque bonté, César daigne m'entendre :
Mes soins trop bien reçus pourroient vous irriter...
A l'avenir, Seigneur, je saurai l'éviter.

BURRHUS.

Narcisse, vous réglez mes desseins sur les vôtres :
Ce que vous avez fait vous l'imputez aux autres.
Ainsi lorsqu'inutile au reste des humains,
Claude laissoit gémir l'empire entre vos mains,
Le reproche éternel de votre conscience
Condamnoit devant lui Rome entière au silence.
Vous lui laissiez à peine écouter vos flatteurs,
Le reste vous sembloit autant d'accusateurs,
Qui prêts à s'élever contre votre conduite
Alloient de nos malheurs développer la suite ;
Et lui portant les cris du peuple et du sénat,
Lui demander justice au nom de tout l'Etat.
Toutefois pour César je crains votre présence :
Je crains, puisqu'il vous faut parler sans complaisance,
Tous ceux qui comme vous, flattant tous ses desirs,
Sont toujours dans son cœur du parti des plaisirs.
Jadis à nos conseils l'empereur plus docile,
Affectoit pour son frère une bonté facile,
Et de son rang pour lui modérant la splendeur,
De sa chute à ses yeux cachoit la profondeur.
Quel soupçon aujourd'hui, quel desir de vengeance
Rompt du sang des Césars l'heureuse intelligence ?
Junie est enlevée, Agrippine frémit ;
Jaloux et sans espoir Britannicus gémit :
Du cœur de l'empereur son épouse bannie,
D'un divorce à toute heure attend l'ignominie.
Elle pleure ; et voilà ce que leur a coûté
L'entretien d'un flatteur qui veut être écouté.

NARCISSE.

Seigneur, c'est un peu loin pousser la violence;
Vous pouvez tout, j'écoute, et garde le silence.
Mes actions un jour pourront vous repartir :
Jusque-là.....

BURRHUS.

Puissiez-vous bientôt me démentir !
Plût aux Dieux qu'en effet ce reproche vous touche !
Je vous aiderai même à me fermer la bouche.
Sénèque dont les soins devroient me soulager,
Occupé loin de Rome ignore ce danger.
Réparons, vous et moi, cette absence funeste :
Du sang de nos Césars réunissons le reste.
Rapprochons-les, Narcisse, au plutôt, dès ce jour,
Tandis qu'ils ne sont point séparés sans retour.

On ne trouve rien dans cette scène qui ne réponde au reste de la versification; mais son ami craignit qu'elle ne produisît un mauvais effet sur les spectateurs : « Vous les indisposerez, lui dit-il, en leur
» montrant ces deux hommes ensemble. Pleins
» d'admiration pour l'un, et d'horreur pour l'autre;
» ils souffriront pendant leur entretien. Convient-il
» au gouverneur de l'empereur, à cet homme si
» respectable par son rang et sa probité, de s'abais-
» ser à parler à un misérable affranchi, le plus scé-
» lérat de tous les hommes ? Il le doit trop mépriser
» pour avoir avec lui quelque éclaircissement. Et
» d'ailleurs quel fruit espère-t-il de ses remontrances ?
» Est-il assez simple pour croire qu'elles feront naître
» quelques remords dans le cœur de Narcisse ? Lors-
» qu'il lui fait connoître l'intérêt qu'il prend à Bri-

» tannicus, il découvre son secret à un traître, et
» au lieu de servir Britannicus il en précipite la
» perte. » Ces réflexions parurent justes, et la scène
fut supprimée.

Cette pièce fit connoître que l'auteur n'étoit pas
seulement rempli des poètes grecs, et qu'il savoit
également imiter les fameux écrivains de l'antiquité.
Que de vers heureux, et combien d'expressions
énergiques prises dans Tacite! Tout ce que Burrhus
dit à Néron quand il se jette à ses pieds, et qu'il
tâche de l'attendrir en faveur de Britannicus, est
un extrait de ce que Sénèque a écrit de plus beau
dans son Traité sur la Clémence, adressé à ce même
Néron. Ce passage du panégyrique de Trajan par
Pline, *Insulas quas modo Senatorum, jam delatorum
turba compleverat etc.*, a fourni ces deux beaux vers :

Les déserts autrefois peuplés de sénateurs,
Ne sont plus habités que par leurs délateurs.

M. de Fontenelle dans la Vie de Corneille, son
oncle, nous dit que *Bérénice* fut un duel. En effet,
ce vers de Virgile :

Infelix puer atque impar congressus Achilli,

fut appliqué alors par quelques personnes au jeune
combattant, à qui cependant la victoire demeura.
Elle ne fut pas même disputée; la partie n'étoit pas
égale. Corneille n'étoit plus le Corneille du Cid et
des Horaces; il étoit devenu l'auteur d'Agésilas.
Une princesse (1) fameuse par son esprit et par son

---

(1) Henriette-Anne d'Angleterre.

amour pour la poésie, avoit engagé les deux rivaux à traiter ce même sujet. Ils lui donnèrent en cette occasion une grande preuve de leur obéissance, et les deux Bérénices parurent en même temps, en 1670.

L'abbé de Villars voulut faire briller son esprit aux dépens de l'une et de l'autre pièce; ses plaisanteries furent trouvées très-fades, et ses critiques parurent outrées à Subligny lui-même, qui, prenant alors la défense du même poète dont il avoit critiqué l'Andromaque, fit voir que l'écrivain ingénieux du peuple élémentaire, n'entendoit pas les matières poétiques. Tout sert aux auteurs sages. L'abbé de Villars avoit vivement relevé cette exclamation, *Dieux!* échappée à Bérénice. L'auteur en reconnoissant sa faute, en corrigea deux autres de la même nature, dont son critique ne s'étoit pas aperçu. Bérénice disoit à la fin du premier acte :

> Rome entière en ce même moment
> Fait des vœux pour Titus, et par des sacrifices
> De son règne naissant consacre les prémices.
> Je prétends quelque part à des souhaits si doux :
> Phénice, allons nous joindre aux vœux qu'on fait pour nous.

Et dans l'acte suivant Bérénice disoit à Titus :

> Pourquoi des immortels attester la puissance ?

Dans la seconde édition, l'auteur changea ces expressions, qu'il avoit mises dans la bouche de Bérénice sans faire attention qu'elle étoit Juive.

Sa tragédie, quoiqu'honorée du suffrage du grand

Condé par l'heureuse application qu'il avoit faite de ces deux vers :

Depuis trois ans entiers chaque jour je la vois,
Et crois toujours la voir pour la première fois,

fut très-peu respectée sur le théâtre Italien. Il assista à cette parodie bouffonne, et y parut rire comme les autres; mais il avouoit à ses amis qu'il n'avoit ri qu'extérieurement. La rime indécente qu'Arlequin mettoit à la suite de *la reine Bérénice*, le chagrinoit au point de lui faire oublier le concours du public à sa pièce, les larmes des spectateurs, et les éloges de la cour. C'étoit dans de pareils momens qu'il se dégoûtoit du métier de poète, et qu'il faisoit résolution d'y renoncer : il reconnoissoit la foiblesse de l'homme, et la vanité de notre amour-propre, que si peu de chose humilie. Il fut encore frappé d'un mot de Chapelle, qui fit plus d'impression sur lui que toutes les critiques de l'abbé de Villars, qu'il avoit su mépriser. Ses meilleurs amis vantoient l'art avec lequel il avoit traité un sujet si simple, en ajoutant que le sujet n'avoit pas été bien choisi. Il ne l'avoit pas choisi; la princesse que j'ai nommée lui avoit fait promettre qu'il le traiteroit : et comme courtisan, il s'étoit engagé. « Si je m'y étois » trouvé, disoit Boileau, je l'aurois bien empêché » de donner sa parole. » Chapelle, sans louer ni critiquer, gardoit le silence. Mon père enfin le pressa vivement de se déclarer : « Avouez-moi en » ami, lui dit-il, votre sentiment. Que pensez-vous

» de Bérénice ? » « Ce que j'en pense ? répondit Cha-
» pelle : Marion pleure, Marion crie, Marion veut
» qu'on la marie. » Ce mot, qui fut bientôt répandu,
a été depuis attribué mal à propos à d'autres.

La parodie bouffonne, faite sur le théâtre Italien,
les railleries de Saint-Evremont, et le mot de Chapelle, ne consoloient pas Corneille, qui voyoit la
Bérénice rivale de la sienne raillée et suivie, tandis
que la sienne étoit entièrement abandonnée.

Il avoit depuis long-temps de véritables inquiétudes, et n'en avoit point fait mystère à son ami
Saint-Evremont, lorsque le remerciant des éloges
qu'il avoit reçus de lui dans sa Dissertation sur
l'Alexandre, il lui avoit écrit: « Vous m'honorez
» de votre estime dans un temps où il semble qu'il
» y ait un parti fait pour ne m'en laisser aucune.
» C'est un merveilleux avantage pour moi, qui ne
» peut douter que la postérité ne s'en rapporte à
» vous. Aussi je vous avoue que je pense avoir
» quelque droit de traiter de ridicules ces vains
» trophées qu'on établit sur les anciens héros refon-
» dus à notre mode. »

Cette critique injuste a ébloui quelques personnes,
surtout depuis qu'un écrivain célèbre l'a renouvellée (1). « Pourquoi, dit-il, ces héros ne nous
» font-ils pas rire ? C'est que nous ne sommes pas
» savans ; nous ignorons les mœurs des Grecs et
» des Romains. Il faudroit, pour en rire, des gens

---

(1) M. de Fontenelle dans son Histoire du Théâtre.

» éclairés. La chose est assez risible ; mais il manque » *des rieurs.* » Quand le parterre seroit rempli de gens instruits des mœurs grecques et romaines, les rieurs manqueroient encore, puisque ceux qui ont formé leur goût dans les lettres grecques et romaines connoissent encore mieux que les autres le mérite de ces tragédies, qui paroissoient *risibles* à M. de Fontenelle. Le souvenir d'une ancienne épigramme peut-il rester si long-temps sur le cœur ?

Corneille étoit excusable, quand il cherchoit quelques prétextes pour se consoler. Il avoit des chagrins, et ces chagrins lui avoient fait prendre en mauvaise part une plaisanterie de la comédie des Plaideurs, où ce vers du Cid,

Ses rides sur son front ont gravé ses exploits,

est appliqué à un vieux sergent. « Ne tient-il donc, » disoit-il, qu'à un jeune homme, de venir ainsi » tourner en ridicule les vers des gens ? » L'offense n'étoit pas grave, mais il n'étoit pas de bonne humeur.

Segrais rapporte qu'étant auprès de lui à la représentation de Bajazet, qui fut joué en 1672, Corneille lui fit observer que tous les personnages de cette pièce avoient, sous des habits turcs, des sentimens français. « Je ne le dis qu'à vous, ajouta-t-il : » d'autres croiroient que la jalousie me fait parler. » Eh pourquoi s'imaginer que les Turcs ne savent pas exprimer comme nous les sentimens de la nature ? Si Corneille eût voulu jeter les yeux sur tant de lauriers et sur tant d'années dont il étoit chargé, il n'auroit point compromis une gloire qui ne pouvoit plus croître. Tantôt il se flattoit que ses rivaux attendoient sa mort avec impatience, ce qui lui faisoit dire :

> Si mes quinze lustres
> Font encor quelque peine aux modernes illustres,
> S'il en est de fâcheux jusqu'à s'en chagriner,
> Je n'aurai pas long-temps à les importuner.

Tantôt s'imaginant que les pièces qu'on préféroit aux siennes ne devoient leur succès qu'aux brigues, il disoit :

> Pour me faire admirer je ne fais point de ligues :
> J'ai peu de voix pour moi, mais je les ai sans brigues ;
> Et mon ambition, pour faire plus de bruit,
> Ne les va point quêter de réduit en réduit....
> Je ne dois qu'à moi seul toute ma renommée....

Son malheur venoit de sa tendresse inconcevable pour les enfans de sa vieillesse, qu'il croyoit que tout le monde devoit admirer comme il les admiroit. Cependant il étoit obligé d'avoir recours à la troupe des comédiens du Marais, parce que celle de l'Hôtel de Bourgogne, occupée des pièces de son rival, refusoit les siennes. Les pièces du grand Corneille refusées par les comédiens ! *O vieillesse ennemie !* A quelle humiliation est exposé un poète qui veut l'être trop long-temps !

Si Corneille avoit ses chagrins, son rival avoit aussi les siens. Il entendoit dire souvent que les beautés de ses tragédies étoient des beautés de

mode, qui ne dureroient pas. Madame de Sévigné, comme beaucoup d'autres, se faisoit une vertu de rester fidelle à ce qu'elle appeloit *ses vieilles admirations*. Voici quelques endroits de ses lettres qui feront connoître les différens discours qu'on tenoit alors ; et ces endroits, quoique pleins de jugemens précipités, plairont à cause de ce style qu'on admire dans une dame, et qui fait lire tant de lettres qui n'apprennent presque rien. C'est ainsi qu'elle parle de Bajazet avant que de l'avoir vu. « Cette pièce,
» dit-on, est autant au-dessus de Corneille, que
» Corneille est au-dessus de Boyer. Voilà ce qui
» s'appelle louer. Du bruit de Bajazet mon âme im-
» portunée fait que je veux aller à la comédie : nous
» en jugerons par nos yeux et par nos oreilles. »

Après avoir vu la pièce, elle l'envoie à sa chère fille, en lui disant : « Je vous envoie Bajazet ; je
» voudrois aussi vous envoyer la Champmélé pour
» réchauffer la pièce.... Il y a des choses agréables,
» rien de parfaitement beau, rien qui enlève, point
» de ces tirades de Corneille qui font frissonner.
» Ma fille, gardons-nous bien de lui comparer
» Racine. Sentons-en la différence. Jamais il n'ira
» plus loin qu'Andromaque.... Il fait des comédies
» pour la Champmélé, et non pas pour les siècles
» à venir : si jamais il n'est plus jeune, et qu'il cesse
» d'être amoureux (1), ce ne sera plus la même

---

(1) Il avoit déjà été plus loin qu'Andromaque, puisqu'il avoit fait Britannicus. Pouvoit-elle dire que Britannicus ne fût que l'ouvrage d'un jeune amoureux ?

» chose. Vive donc notre vieil ami Corneille ! Par-
» donnons-lui de méchans vers en faveur des divi-
» nes et sublimes beautés qui nous transportent. Ce
» sont des traits de maître qui sont inimitables.
» Despréaux en dit encore plus que moi. En un
» mot, c'est le bon goût : tenez-vous-y. »

Ces prophéties se sont trouvées fausses. L'auteur de Britannicus fit voir qu'il pouvoit aller encore plus loin, et qu'il travailloit pour l'avenir. Je dirai bientôt pourquoi on lui reprochoit de travailler pour la Champmêlé, et je détruirai cette accusation. Personne ne croira que Boileau ait jamais pensé comme madame de Sevigné le fait ici penser, puisqu'on est au contraire porté à croire qu'il louoit trop son ami (1). Le P. Tournemine, dans une lettre imprimée, avance qu'il ne décria l'Agésilas et l'Attila, « que pour immoler les dernières
» pièces de Corneille à Racine son idole. » Ce n'étoit pas certainement lui immoler de grandes victimes ; et Boileau ne pensa jamais à élever son idole (pour répéter le terme du P. Tournemine) au-dessus de Corneille : il savoit rendre justice à l'un et à l'autre ; il les admiroit tous deux, sans décider sur la préférence.

Le parti de Corneille s'affoiblit beaucoup plus l'année suivante, quand *Mithridate* paroissant avec toute sa haine pour Rome, sa dissimulation et sa

---

(1) Cette lettre est à la tête des Œuvres posthumes de Corneille, imprimées en 1738.

jalousie cruelle, fit voir que le poète savoit donner aux anciens héros toute leur ressemblance.

Je ne trouve point que cette tragédie ait essuyé d'autres contradictions, que d'être confondue, comme les autres, dans la misérable satire intitulée *Apollon vendeur de Mithridate*; ouvrage qui, rempli des jeux de mots les plus insipides, ne fit aucun honneur à Barbier d'Aucourt.

En cette même année, mon père fut reçu à l'Académie Française, et sa réception ne fut pas remarquable, comme l'avoit été celle de Corneille, par un remercîment ampoulé. Corneille dans une pareille occasion se nomma « un indigne » Mignon de la fortune, » et ne pouvant exprimer sa joie, « l'appela un épanouissement du cœur, » une liquéfaction intérieure, qui relâche toutes » les puissances de l'âme ; » de sorte que Corneille qui savoit si bien faire parler les autres, se perdit en parlant pour lui-même. Le remercîment de mon père fut fort simple et fort court, et il le prononça d'une voix si basse, que M. Colbert qui étoit venu pour l'entendre, n'en entendit rien, et que ses voisins même en entendirent à peine quelques mots. Il n'a jamais paru dans les Recueils de l'Académie, et ne s'est point trouvé dans ses papiers après sa mort. L'auteur apparemment n'en fut pas content, quoique, suivant quelques personnes éclairées, il fût né autant orateur que poète. Ces personnes en jugent par les deux discours académiques dont je parlerai bientôt, et par une harangue au roi, dont elles disent qu'il fut l'auteur : elle fut prononcée par une autre bouche que la sienne en 1685, et se trouve dans les Mémoires du Clergé.

Un de ses confrères dans l'Académie se déclara son rival, en traitant comme lui le sujet d'*Iphigénie*. Les deux tragédies parurent en 1675 (1) : celle de le Clerc n'est plus connue que par l'épigramme faite sur sa chute, et la gloire de l'autre fut célébrée par Boileau :

> Jamais Iphigénie en Aulide immolée,
> N'a coûté tant de pleurs à la Grèce assemblée, etc.

C'étoit en 1677, que Boileau parloit ainsi : et comme il avoit acquis une grande autorité sur le Parnasse, depuis qu'en 1674 il avoit donné son Art Poétique et ses quatre épîtres, il étoit bien capable de rassurer son ami, attaqué par tant de critiques. A la fin de l'épître qu'il lui adresse, il souhaite, pour le bonheur de leurs ouvrages,

> Qu'à Chantilly Condé les lise quelquefois;

parce qu'ils étoient tous deux fort aimés du Grand-Condé, qui rassembloit souvent à Chantilly les gens de lettres, et se plaisoit à s'entretenir avec eux de leurs ouvrages, dont il étoit bon juge. Lorsque dans ces conversations littéraires il soutenoit

---

(1) Les auteurs du Théâtre Français disent en 1674, et se fondent sur une autorité qui peut être douteuse. C'est ce que je ne puis décider.

une bonne cause, il parloit avec beaucoup de grâce et de douceur; mais quand il en soutenoit une mauvaise, il ne falloit pas le contredire : sa vivacité devenoit si grande, qu'on voyoit bien qu'il étoit dangereux de lui disputer la victoire. Le feu de ses yeux étonna une fois si fort Boileau dans une dispute de cette nature, qu'il céda par prudence, et dit tout bas à son voisin : « Dorénavant » je serai toujours de l'avis de M. le Prince, quand » il aura tort. » (1)

J'ignore en quel temps Boileau et son ami travaillèrent à un opéra par ordre du roi, à la sollicitation de madame de Montespan. Cette particularité seroit fort inconnue, si Boileau, qui auroit bien pu se dispenser de faire imprimer dans la suite son prologue, ne l'avoit racontée dans l'avertissement qui le précède. Je ne crois pas qu'on ait jamais vu un seul vers de mon père en ce genre d'ouvrage, qu'il essayoit à contre-cœur. Les poètes n'ont que leur génie à suivre, et ne doivent jamais travailler par ordre. Le public ne leur sait aucun gré de leur obéissance.

Un rival aussi peu à craindre que le Clerc, se rendit bien plus redoutable que lui, quand la *Phèdre* parut en 1677. Il en suspendit quelque temps le succès, par la tragédie qu'il avoit composée sur le même sujet, et qui fut représentée en même temps.

_____

(1) L'auteur du Bolæana rapporte ce mot d'une manière à faire croire qu'il ne l'a pas compris. Il en a de même défiguré plusieurs autres.

La curiosité de chercher la cause de la première fortune de la Phèdre de Pradon, est le seul motif qui la puisse faire lire aujourd'hui. La véritable raison de cette fortune, fut le crédit d'une puissante cabale dont les chefs s'assembloient à l'hôtel de Bouillon. Ils s'avisèrent d'une nouvelle ruse qui leur coûta, disoit Boileau, quinze mille livres : ils retinrent les premières loges pour les six premières représentations de l'une et de l'autre pièce, et par conséquent, ces loges étoient vides ou remplies quand ils vouloient.

Les six premières représentations furent si favorables à la Phèdre de Pradon, et si contraires à celle de mon père, qu'il étoit près de craindre pour elle une véritable chute, dont les bons ouvrages sont quelquefois menacés, quoiqu'ils ne tombent jamais. La bonne tragédie rappela enfin les spectateurs, et l'on méprisa le sonnet qui avoit ébloui d'abord :

Dans un fauteuil doré Phèdre mourante et blême, etc.

Ce sonnet avoit été fait par madame Deshoulières, qui protégeoit Pradon, non par admiration pour lui, mais parce qu'elle étoit amie de tous les poètes qu'elle ne regardoit pas comme capables de lui disputer le grand talent qu'elle croyoit avoir pour la poésie. On ne s'avisa pas de soupçonner madame Deshoulières du sonnet : on se persuada fort mal à propos que l'auteur étoit M. le duc de Nevers, parce qu'il faisoit des vers, et qu'il étoit du parti de l'hôtel de Bouillon. On répondit à ce sonnet par une parodie sur les mêmes rimes; et on ne respecta dans cette parodie ni le duc de Nevers, ni sa sœur la duchesse de Mazarin, retirée en Angleterre. Quand les auteurs de la parodie n'eussent fait que plaisanter M. le duc de Nevers sur sa passion pour rimer, ils avoient tort, puisqu'ils attaquoient un homme qui n'avoit cherché querelle à personne; mais dans leurs plaisanteries ils passoient les bornes d'une querelle littéraire, en quoi ils n'étoient pas excusables. Je ne rapporte ni leur parodie ni le sonnet : on trouve ces pièces dans les longs commentateurs de Boileau, et dans plusieurs recueils. On ne douta point d'abord que cette parodie ne fût l'ouvrage du poète offensé, et que son ami Boileau n'y eût part. Le soupçon étoit naturel. Le duc irrité annonça une vengeance éclatante. Ils désavouèrent la parodie, dont en effet ils n'étoient point les auteurs; et M. le duc Henri-Jules les prit tous deux sous sa protection, en leur offrant l'hôtel de Condé pour retraite. « Si vous êtes innocens, leur dit-il, » venez-y; et si vous êtes coupables, venez-y » encore. » La querelle fut apaisée quand on sut que quelques jeunes seigneurs très-distingués avoient fait dans un repas la parodie du sonnet.

La Phèdre resta victorieuse de tant d'ennemis; et Boileau pour relever le courage de son ami, lui adressa sa septième épître sur l'utilité qu'on retire de la jalousie des envieux. L'auteur de Phèdre étoit flatté du succès de sa tragédie, moins pour lui que pour l'intérêt du théâtre. Il se félicitoit d'y avoir fait goûter une pièce où la vertu avoit été mise dans tout son jour, où la seule pensée du crime étoit regardée avec autant d'horreur que le crime même; et il espéroit par cette pièce réconcilier la tragédie « avec quantité de personnes célèbres par leur piété » et par leur doctrine. » L'envie de se rapprocher de ses premiers maîtres le faisoit ainsi parler dans sa préface; et d'ailleurs il étoit persuadé que l'amour, à moins qu'il ne soit entièrement tragique, ne doit point entrer dans les tragédies.

On se trompe beaucoup quand on croit qu'il remplissoit les siennes de cette passion, parce qu'il en étoit lui-même rempli. Les poètes se conforment au goût de leur siecle. Un jeune auteur qui cherche à plaire à la cour d'un jeune roi où l'on respire l'amour et la galanterie, fait respirer le même air à ses héros et héroïnes. Cette raison et la nécessité de suivre une route différente de Corneille en marchant dans la même carrière, lui fit traiter ses sujets dans un goût différent; et lorsque la tendresse qui règne dans ses tragédies est attribuée par M. de Valincour à un caractère plein de passion, il parle lui-même suivant ce préjugé naturel, qu'un auteur se peint dans ses ouvrages; mais M. de Valincour ne pouvoit ignorer que son ami, quoique né si tendre, n'avoit jamais été esclave de l'amour, que peut-être, à cause de la tendresse même de son cœur, il regardoit comme plus dangereux encore pour lui que pour un autre. Il en étoit un habile peintre, parce qu'étant né poète il étoit habile imitateur : il a su peindre parfaitement la fierté et l'ambition dans le personnage d'Agrippine, quoiqu'il fût bien éloigné d'être fier et ambitieux. Madame de Sevigné, dans un endroit de ses Lettres que j'ai rapporté, fait entendre qu'il étoit très-amoureux de la Chammêlé, et que même il faisoit ses tragédies conformément au goût de la déclamation de cette actrice. Dans sa Vie imprimée à la tête de la dernière édition de ses Œuvres, on lit qu'il en avoit un fils naturel, et que l'infidélité de cette comédienne, qui lui préféra le comte de Tonnerre, fut cause qu'il renonça à cette actrice et aux pièces de théâtre.

Puisque de pareils discours, faussement répandus dans le temps, subsistent encore aujourd'hui à la tête de ses Œuvres, c'est à moi à les détruire; mais, quoique certain de leur fausseté, c'est à regret que je parle de choses dont je voudrois que la mémoire fût effacée. Ce prétendu fils naturel n'a jamais existé (1); et même, selon toutes les apparences, mon père n'a jamais eu pour la Chammêlé cette passion qu'on a conjecturée de ses assiduités auprès d'elle, sur lesquelles je garderois le silence, si je n'étois obligé d'en dire la véritable raison.

Cette femme n'étoit point née actrice. La nature ne lui avoit donné que la beauté, la voix et la mémoire : du reste, elle avoit si peu d'esprit, qu'il falloit lui faire entendre les vers qu'elle avoit à

(1) Ce conte est d'autant plus ridiculement inventé, que la Chammêlé étoit mariée.

dire, et lui en donner le ton. Tout le monde sait le talent que mon père avoit pour la déclamation, dont il donna le vrai goût aux comédiens capables de le prendre. Ceux qui s'imaginent que la déclamation qu'il avoit introduite sur le théâtre, étoit enflée et chantante, sont je crois dans l'erreur. Ils en jugent par la Duclos, élève de la Chammêlé, et ne font pas attention que la Chammêlé, quand elle eut perdu son maître, ne fut plus la même, et que venue sur l'âge, elle poussoit de grands éclats de voix, qui donnèrent un faux goût aux comédiens. Lorsque Baron, après vingt ans de retraite, eut la foiblesse de remonter sur le théâtre, il ne jouoit plus avec la même vivacité qu'autrefois, au rapport de ceux qui l'avoient vu dans sa jeunesse : c'étoit le vieux Baron; cependant il répétoit encore tous les mêmes tons que mon père lui avoit appris. Comme il avoit formé Baron, il avoit formé la Chammêlé, mais avec beaucoup plus de peine. Il lui faisoit d'abord comprendre les vers qu'elle avoit à dire, lui montroit les gestes, et lui dictoit les tons, que même il notoit. L'écolière, fidelle à ses leçons, quoiqu'actrice par art, sur le théâtre paroissoit inspirée par la nature; et comme par cette raison elle jouoit beaucoup mieux dans les pièces de son maître que dans les autres, on disoit qu'elles étoient faites pour elle, et on en concluoit l'amour de l'auteur pour l'actrice.

Je ne prétends pas soutenir qu'il ait toujours été exempt de foiblesse, quoique je n'en aie entendu raconter aucune ; mais (et ma piété pour lui ne me permet pas d'être infidèle à la vérité) j'ose soutenir qu'il n'a jamais connu par expérience ces troubles et ces transports qu'il a si bien dépeints. Ceux qui veulent croire. qu'il étoit fort amoureux, doivent croire aussi que les lettres tendres et les petites pièces galantes n'étoient pas pour lui un travail. Les vers d'amour lui auroient-ils coûté ? Ces petites pièces qui passent bientôt de main en main, ne s'anéantissent pas, lorsqu'elles sont faites par un auteur connu. Dans le Recueil des Pièces fugitives de Corneille, imprimé en 1738, plusieurs petites pièces galantes ont trouvé place, parce qu'elles sont de Corneille, c'est-à-dire, du poète qu'on a surnommé *le Sublime*. Pourquoi n'en trouve-t-on pas de celui qu'on a surnommé *le Tendre*, et pourquoi ses plus anciens amis n'ont-ils jamais dit qu'ils en eussent vu une seule? De tous ceux qui l'ont fréquenté dans le temps qu'il travailloit pour le théâtre, et que j'ai connus depuis, aucun ne m'a nommé une personne qui ait eu sur lui le moindre empire ; et je suis certain que depuis son mariage jusqu'à sa mort, la tendresse conjugale a régné seule dans son cœur, quoiqu'il ait été bien reçu dans une cour aimable, qui le trouvoit aimable lui-même et par la conversation et par la figure. Il n'étoit point de ces poètes qui ont un Apollon refrogné ; il avoit au contraire une physionomie belle et ouverte : ce qu'il m'est permis de dire, puisque Louis XIV la cita un jour comme une des plus heureuses, en parlant des belles physionomies qu'il voyoit à sa cour. A ces grâces extérieures il joignoit celles de la conversation, dans laquelle jamais distrait, jamais poète, ni auteur, il songeoit moins à faire paroître son esprit, que l'esprit des personnes qu'il entretenoit. Il ne parloit jamais de ses ouvrages, et répondoit modestement à ceux qui lui en parloient : doux, tendre, insinuant, et possédant le langage du cœur, il n'est pas étonnant qu'on se persuade qu'il l'ait parlé quelquefois. Son caractère l'y portoit, mais suivant la maxime qu'il fait dire à Burrhus, « on n'aime point, si l'on ne veut ai-» mer; » il ne le vouloit point par raison, avant même que la religion vînt à son secours. Il vécut dans la société des femmes comme Boileau, avec une politesse toujours respectueuse, sans être leur fade adulateur : ni l'un ni l'autre n'eurent besoin d'elles pour faire prôner leur mérite et leurs ouvrages.

Une chanson tendre que Boileau a faite ne lui fut point inspirée par l'amour, qu'il n'a jamais connu : il la fit pour montrer qu'un poète peut chanter *une Iris en l'air*. Dans la dernière édition de ses Œuvres, achevée à Paris depuis deux mois, on lui attribue trois épigrammes qu'il n'a jamais faites, quoiqu'il ne soit pas nécessaire de lui en chercher : il en a assez donné lui-même. J'ai été surtout surpris d'en trouver une qui a pour titre : *A une Demoiselle que l'Auteur avoit dessein d'épouser*. Tous ceux qui l'ont connu un peu familièrement, savent qu'il n'a jamais songé au mariage, et n'en ignorent pas la raison. Il avoit comme son ami les mœurs fort douces, mais son caractère n'étoit pas tout-à-fait si liant. Il n'avoit pas la même répugnance à se prêter aux conversations qui rouloient sur des matières poétiques; il aimoit au contraire qu'on parlât vers, et ne haïssoit pas qu'on lui parlât des siens. On trouvoit aisément en lui le poète, et dans mon père on le cherchoit.

Après Phèdre, il avoit encore formé quelques projets de tragédies, dont il n'est resté dans ses papiers aucun vestige, si ce n'est le plan du premier acte d'une Iphigénie en Tauride. Quoique ce plan n'ait rien de curieux, je le joindrai à ses lettres, pour faire connoître de quelle manière, quand il entreprenoit une tragédie, il disposoit chaque acte en prose. Quand il avoit ainsi lié toutes les scènes entr'elles, il disoit : « Ma tragédie est faite, » comptant le reste pour rien.

Il avoit encore le dessein de traiter le sujet d'Alceste, et M. de Longepierre m'a assuré qu'il lui en avoit entendu réciter quelques morceaux : c'est tout ce que j'en sais. Quelques personnes prétendent qu'il vouloit aussi traiter le sujet d'Œdipe : ce que je ne puis croire, puisqu'il a dit souvent qu'il avoit osé joûter contre Euripide, mais qu'il ne seroit jamais assez hardi pour joûter contre Sophocle. L'eût-il osé surtout dans la pièce qui est le chef-d'œuvre de l'antiquité ? Il est vrai que le sujet d'Œdipe, où l'amour ne doit jamais trouver place sans avilir la grandeur du sujet, et même sans choquer la vraisemblance, convenoit au dessein qu'il avoit de ramener la tragédie des anciens, et de faire voir qu'elle pouvoit être parmi nous, comme chez les Grecs, exempte d'amour. Il vouloit purifier entièrement notre théâtre; mais ayant fait réflexion qu'il avoit un meilleur parti à prendre, il prit le parti d'y renoncer pour toujours, quoiqu'il fût encore dans toute sa force, n'ayant qu'environ trente-huit ans, et quoique Boileau le félicitât de ce qu'il étoit le seul capable de consoler Paris de la vieillesse de Corneille. Beaucoup plus sensible, comme il l'a avoué lui-même, aux mauvaises critiques qu'essuyoient ses ouvrages, qu'aux louanges qu'il en recevoit, ces amertumes salutaires que Dieu répandoit sur son travail, le dégoûtèrent peu à peu du métier de poète. Par sa retraite, Pradon resta maître du champ de bataille; ce qui fit dire à Boileau :

Et la scène française est en proie à Pradon.

Comme j'ai parlé de l'union qui régna d'abord entre Molière, Chapelle, Boileau et mon père, il semble que la jeunesse de ces poètes auroit dû me fournir plusieurs traits amusans, pour égayer la première partie de ces Mémoires. Quelque curieux que j'aie été d'en apprendre, je n'ai rien trouvé de certain en ce genre, que ce que Grimaretz rapporte dans la Vie de Molière, d'un souper fait à Auteuil, où Molière rassembloit quelquefois ses amis dans une petite maison qu'il y avoit louée. Ce fameux souper, quoique peu croyable, est très-véritable.

Mon père heureusement n'en étoit pas : le sage Boileau, qui en étoit, y perdit la raison comme les autres. Le vin ayant jeté tous les convives dans la morale la plus sérieuse, leurs réflexions sur les misères de la vie, et sur cette maxime des anciens, « que le premier bonheur est de ne point naître, » et le second de mourir promptement, » leur fit prendre l'héroïque résolution d'aller sur le champ se jeter dans la rivière. Ils y alloient, et elle n'étoit pas loin. Molière leur représenta qu'une si belle action ne devoit pas être ensevelie dans les ténèbres de la nuit, et qu'elle méritoit d'être faite en plein jour. Ils s'arrêtèrent, et se dirent en se regardant les uns les autres : « Il a raison ; » à quoi Chapelle ajouta : « Oui, Messieurs, ne nous noyons que » demain matin, et en attendant allons boire le vin » qui nous reste. » Le jour suivant changea leurs idées, et ils jugèrent à propos de supporter encore les misères de la vie. Boileau a raconté plus d'une fois cette folie de sa jeunesse.

(1) J'ai parlé, dans mes Réflexions sur la Poésie, d'un autre souper fait chez Molière, pendant lequel La Fontaine fut accablé des railleries de ses meilleurs amis, du nombre desquels étoit mon père. Ils ne l'appeloient tous que *le Bon-homme*: c'étoit le surnom qu'ils lui donnoient à cause de sa simplicité. La Fontaine essuya leurs railleries avec tant de douceur, que Molière, qui en eut enfin

---

(1) Tome II, pag. 508.

pitié, dit tout bas à son voisin : « Ne nous moquons
» pas du Bon-homme; il vivra peut-être plus que
» nous tous. »

La société entre Molière et mon père ne dura
pas long-temps. J'en ai dit la raison. Boileau resta
uni à Molière, qui venoit le voir souvent, et faisoit
grand cas de ses avis. Dans la suite, Boileau lui
conseilla de quitter le théâtre, du moins comme
acteur : « Votre santé, lui dit-il, dépérit, parce que
» le métier de comédien vous épuise : que n'y re-
» noncez-vous? » « Hélas, lui répondit Molière en
» soupirant, c'est le point d'honneur qui me retient ! »
« Et quel point d'honneur, répondit Boileau ? Quoi,
» vous barbouiller le visage d'une moustache de
» Sganarelle, pour venir sur un théâtre recevoir
» des coups de bâtons ? Voilà un beau point d'hon-
» neur pour un philosophe comme vous ! »

Il regarda toujours Molière comme un génie
unique : et le roi lui demandant un jour quel étoit
le plus rare des grands écrivains qui avoient honoré
la France pendant son règne, il lui nomma Molière.
« Je ne le croyois pas, répondit le roi; mais vous
» vous y connoissez mieux que moi. »

Boileau se vanta toute sa vie d'avoir appris à
mon père à rimer difficilement : à quoi il ajoutoit
que des vers aisés n'étoient pas des vers aisément
faits. Il ne faisoit pas aisément les siens, et il a eu
raison de dire : « Si j'écris quatre mots, j'en effa-
» cerai trois. » Un de ses amis le trouvant dans sa
chambre fort agité, lui demanda ce qui l'occupoit :

« Une rime, répondit-il ; je la cherche depuis trois » heures. » « Voulez-vous, lui dit cet ami, que » j'aille vous chercher un Dictionnaire de rimes? » Il pourra vous être de quelque secours. » « Non, » non, reprit Boileau, cherchez-moi plutôt le Dic- » tionnaire de la raison. »

Il ne s'est jamais vanté, comme il est dit dans le Bolæana, d'avoir le premier parlé en vers de notre artillerie ; et son dernier commentateur prend une peine fort inutile, en rappelant plusieurs vers d'anciens poètes pour prouver le contraire. La gloire d'avoir parlé le premier du fusil et du canon, n'est pas grande. Il se vantoit d'en avoir le premier parlé poétiquement, et par de nobles périphrases.

Il composa la fable du Bûcheron, dans sa plus grande force, et, suivant ses termes, dans son bon temps. Il trouvoit cette fable languissante dans La Fontaine. Il voulut essayer s'il ne pourroit pas mieux faire, sans imiter le style de Marot, désapprouvant ceux qui écrivoient dans ce style. « Pour- » quoi, disoit-il, emprunter une autre langue » que celle de son siècle ? »

L'épitaphe bonne ou mauvaise, qui se trouve parmi ses épigrammes, et sur laquelle ses commentateurs n'ont rien dit, parce qu'ils n'ont pu l'entendre, fut faite sur M. de Gourville ; elle commence par ce vers :

Ci-gît, justement regreté, etc.

Quoiqu'il ait été accusé d'aimer l'argent, accusation fondée sur ce qu'il paroissoit le dépenser avec peine, il avoit les sentimens nobles et désintéressés. La fierté dans les manières étoit, selon lui, le vice des sots, et la fierté du cœur la vertu des honnêtes gens. J'ai fait connoître la générosité avec laquelle il donna tous ses ouvrages aux libraires, et le scrupule qui lui fit rendre aux pauvres tout le revenu de son bénéfice. Comme il avoit eu quelque part à l'opéra de Bellérophon, Lulli, soit pour le récompenser, soit pour le réconcilier avec l'Opéra, lui offrit un présent considérable qu'il refusa. On sait ses libéralités pour Patru et Cassandre, et la manière dont il fit rétablir la pension du grand Corneille, en offrant le sacrifice de la sienne: action très-véritable, que m'a racontée un témoin encore vivant (1), et qu'on a eu tort de révoquer en doute, puisque Boursaut, qui ne devoit pas être disposé à le louer, la rapporte dans ses lettres, aussi bien que celle qui regarde Cassandre, en ajoutant ces paroles remarquables: « J'ai été en-
» nemi de monsieur Despréaux ; et quand je le
» serois encore, je ne pourrois m'empêcher d'en
» bien parler.... Quoique rien ne soit plus beau que
» ses poésies, je trouve les actions que je viens de
» dire encore plus belles. » La bourse de Boileau, comme il est dit dans son Eloge historique par

---

(1) Dans les Mémoires de Trevoux, et dans la lettre du P. Tournemine, imprimée à la tête des Œuvres diverses de Corneille, 1738.

M. de Boze, fut ouverte à beaucoup d'autres gens de lettres, et même à Linière, qui souvent avec l'argent qu'il venoit d'en recevoir, alloit boire au premier cabaret, et y faisoit une chanson contre son bienfaiteur.

Boileau aimoit la société, et étoit très-exact à tous les rendez-vous : « Je ne me fais jamais at-
» tendre, disoit-il, parce que j'ai remarqué que
» les défauts d'un homme se présentent toujours
» aux yeux de celui qui l'attend. » Loin d'aimer à choquer ceux à qui il parloit, il tâchoit de ne leur rien dire que d'agréable, quand même il ne pensoit pas comme eux, quoiqu'il ne fût nullement flatteur. Dans une compagnie où il étoit, une demoiselle dansa, chanta, et joua du clavecin, pour faire briller tous ses talens. Comme il trouva qu'elle n'excelloit ni dans le clavecin, ni dans le chant, ni dans la danse, il lui dit : « On vous a tout appris,
» mademoiselle, hormis à plaire ; c'est pourtant,
» ce que vous savez le mieux. »

Il mortifia cependant sans le vouloir, Barbin le libraire, qui s'étoit fait une maison de campagne très-petite, mais très-ornée, dont il faisoit ses délices. Après le dîner il le mène admirer son jardin, qui étoit très-peigné, mais fort petit comme la maison. Boileau après en avoir fait le tour, appelle son cocher, et lui ordonne de mettre ses chevaux : « Eh pourquoi donc, lui dit Barbin, vou-
» lez-vous vous en retourner si promptement ? »
« C'est, répondit Boileau, pour aller à Paris
» prendre l'air. »

Il pouvoit dire de lui-même, comme Horace :
Irasci celerem, tamen ut placabilis essem. Il eut un
jour une dispute fort vive avec son frère le chanoine, qui lui donna un démenti d'une manière
assez dure. Les amis communs voulurent mettre la
paix, et l'exhortèrent à pardonner à son frère :
« De tout mon cœur, répondit-il, parce que je me
» suis possédé : je ne lui ai dit aucune sottise. S'il
» m'en étoit échappé une, je ne lui pardonnerois
» de ma vie. »

Il avoit l'esprit trop solide pour être un homme
à bons mots ; mais il a fait souvent des réponses
pleines de sens. Elles sont presque toutes mal rendues et défigurées dans le Bolæana. J'en rapporterai
quelques-unes dans la suite de ces Mémoires, quand
l'occasion s'en présentera, et je ne rapporterai que
celles dont je me croirai bien instruit.

Quoiqu'il ait respecté dans tous les temps de sa
vie la sainteté de la religion, il n'en étoit pas
encore assez pénétré, lorsque mon père se détermina à ne plus faire de tragédies profanes, pour
croire qu'elle l'obligeât à ce sacrifice. Edifié cependant du motif qui faisoit prendre à son ami une si
grande résolution, il ne songea jamais à l'en détourner, et resta toujours également uni avec lui,
malgré la vie différente qu'il embrassa, et dont je
vais rendre compte.

SECONDE PARTIE.

J'arrive enfin à l'heureux moment où les grands sentimens de religion dont mon père avoit été rempli dans son enfance, et qui avoient été long-temps comme assoupis dans son cœur, sans s'y éteindre, se réveillèrent tout-à-coup. Il avoua que les auteurs des pièces de théâtre étoient des empoisonneurs publics; et il reconnut qu'il étoit peut-être le plus dangereux de ces empoisonneurs. Il résolut non-seulement de ne plus faire de tragédies, et même de ne plus faire de vers; il résolut encore de réparer ceux qu'il avoit faits, par une rigoureuse pénitence. La vivacité de ses remords lui inspira le dessein de se faire chartreux. Un saint prêtre de sa paroisse, docteur de Sorbonne, qu'il prit pour confesseur, trouva ce parti trop violent. Il représenta à son pénitent, qu'un caractère tel que le sien ne soutiendroit pas long-temps la solitude; qu'il feroit plus prudemment de rester dans le monde, et d'en éviter les dangers en se mariant à une personne remplie de piété; que la société d'une épouse sage l'obligeroit à rompre avec toutes les pernicieuses sociétés où l'amour du théâtre l'avoit entraîné. Il lui fit espérer en même temps que les soins du ménage l'ar-

racheroient malgré lui à la passion qu'il avoit le plus à craindre, qui étoit celle des vers. Nous savons cette particularité, parce que, dans la suite de sa vie, lorsque des inquiétudes domestiques, comme les maladies de ses enfans, l'agitoient, il s'écrioit quelquefois : « Pourquoi m'y suis-je exposé ? Pour-
» quoi m'a-t-on détourné de me faire chartreux ?
» Je serois bien plus tranquille. »

Lorsqu'il eut pris la résolution de se marier, l'amour ni l'intérêt n'eurent aucune part à son choix ; il ne consulta que la raison pour une affaire si sérieuse ; et l'envie de s'unir à une personne très-vertueuse que de sages amis lui proposèrent, lui fit épouser, le premier juin 1677, Catherine de Romanet, fille d'un trésorier de France du Bureau des Finances d'Amiens.

Suivant l'état du bien énoncé dans le contrat de mariage, il paroît que les pièces de théâtre n'étoient pas alors fort lucratives pour les auteurs, et que le produit, soit des représentations, soit de l'impression des tragédies de mon père, ne lui avoit procuré que de quoi vivre, payer ses dettes, acheter quelques meubles, dont le plus considérable étoit sa bibliothèque, estimée 1500 liv., et ménager une somme de 6,000 liv. qu'il employa aux frais de son mariage.

La gratification de 600 liv. que le roi lui avoit fait payer en 1664, ayant été continuée tous les ans sous le titre de pension d'homme de lettres, fut portée dans la suite à 1,500 liv., et enfin à 2,000 liv. M. Colbert le fit, outre cela, favoriser d'une charge de trésorier de France au Bureau des Finances de Moulins, qui étoit tombée aux parties casuelles. La demoiselle qu'il épousa lui apporta un revenu pareil au sien. Lorsqu'il eut l'honneur d'accompagner le roi dans ses campagnes, il reçut de temps en temps des gratifications sur la cassette, par les mains du premier valet de chambre. J'ignore si Boileau en recevoit de pareilles. Voici celles que reçut mon père, suivant ses registres de recette et de dépense, qu'il tint avec une grande exactitude depuis son mariage. Je rapporte cet état pour faire connoître les bontés de Louis XIV. C'est un hommage que doit ma reconnoissance à la mémoire d'un prince si généreux.

Le 12 avril 1678, reçu sur la cassette,	500 louis.
Le 22 octobre 1679,	400
Le 2 juin 1681,	500
Le 28 février 1683,	500
Le 8 avril 1684,	500
Le 10 mai 1685,	500
Le 24 avril 1688,	1000
	3900

Ces différentes gratifications (les louis valoient alors 11 liv.) font la somme de 42,900 liv. Il fut gratifié d'une charge ordinaire de gentilhomme de Sa Majesté le 12 décembre 1690, à condition de payer 10,000 liv. à la veuve de celui dont on lui donnoit la charge; et il eut enfin, comme historiographe, une pension de 4000 liv. Voilà sa fortune, qui n'a pu augmenter que par ses épargnes, autant que peut épargner un homme obligé de faire des voyages continuels à la cour et à l'armée, et qui se trouve chargé de sept enfans.

Sa plus grande fortune fut le caractère de la personne qu'il avoit épousée. L'auteur d'un roman assez connu (1), a cru faire une peinture admirable de cette union, en disant « qu'on doit à sa tendresse
» conjugale tous les beaux sentimens d'amour ré-
» pandus dans ses tragédies, parce que, quand il
» avoit de pareils sentimens à exprimer, il alloit
» passer une heure dans l'appartement de sa femme,
» et tout rempli d'elle remontoit dans son cabinet
» pour faire ses vers. » Comme il n'a composé aucune tragédie profane depuis son mariage, le merveilleux de cet endroit du roman est très-romanesque : mais je le puis remplacer par un autre très-véritable, et beaucoup plus merveilleux.

Il trouva dans la tendresse conjugale un avantage bien plus solide que celui de faire de bons vers. Sa compagne sut, par son attachement à tous les devoirs de femme et de mère, et par son admirable piété, le captiver entièrement, faire la douceur du reste de sa vie, et lui tenir lieu de toutes les sociétés auxquelles il venoit de renoncer. Je ferois connoître la confiance avec laquelle il lui communiquoit ses pensées les plus secrètes, si j'avois retrouvé les lettres qu'il lui écrivoit, et que sans doute, pour lui

---

(1) Mémoires d'un Homme de Qualité.

obéir; elle ne conservoit pas. Je sais que les termes tendres répandus dans de pareilles lettres ne prouvent pas toujours que la tendresse soit dans le cœur, et que Cicéron, à qui sa femme, lorsqu'il étoit en exil, paroissoit sa lumière, sa vie, sa passion, sa très-fidelle épouse, *mea lux.... mea vita.... mea desideria... fidelissima et optima conjux*, répudia quelque temps après sa chère Terentia, pour épouser une jeune fille fort riche : mais je parle de deux époux que la religion avoit unis, quoiqu'aux yeux du monde ils ne parussent pas faits l'un pour l'autre. L'un n'avoit jamais eu de passion plus vive que celle de la poésie ; l'autre porta l'indifférence pour la poésie jusqu'à ignorer toute sa vie ce que c'est qu'un vers; et m'ayant entendu parler, il y a quelques années, de rimes masculines et féminines, elle m'en demanda la différence : à quoi je répondis qu'elle avoit vécu avec un meilleur maître que moi. Elle ne connut ni par les représentations, ni par la lecture, les tragédies auxquelles elle devoit s'intéresser; elle en apprit seulement les titres par la conversation. Son indifférence pour la fortune parut un jour inconcevable à Boileau. Je rapporte ce fait, après avoir prévenu que la vie d'un homme de lettres ne fournit pas des faits bien importans. Mon père rapportoit de Versailles la bourse de mille louis dont j'ai parlé, et trouva ma mère qui l'attendoit dans la maison de Boileau à Auteuil. Il courut à elle, et l'embrassant : « Félicitez-moi, lui » dit-il, voici une bourse de mille louis que le roi

» m'a donnée. » Elle lui porta aussitôt des plaintes contre un de ses enfans, qui depuis deux jours ne vouloit point étudier. « Une autre fois, reprit-il, » nous en parlerons : livrons-nous aujourd'hui à » notre joie. » Elle lui représenta qu'il devoit en arrivant faire des réprimandes à cet enfant, et continuoit ses plaintes, lorsque Boileau qui, dans son étonnement, se promenoit à grands pas, perdit patience, et s'écria : « Quelle insensibilité ! » Peut-on ne pas songer à une bourse de mille » louis ! »

On peut comprendre qu'un homme, quoique passionné pour les amusemens de l'esprit, préfère à une femme enchantée de ces mêmes amusemens, et éclairée sur ces matières, une compagne uniquement occupée du ménage, ne lisant de livres que ses livres de piété, ayant d'ailleurs un jugement excellent, et étant d'un très-bon conseil en toutes occasions. On avouera cependant que la religion a dû être le lien d'une si parfaite union entre deux caractères si opposés : la vivacité de l'un lui faisant prendre tous les événemens avec trop de sensibilité, et la tranquillité de l'autre la faisant paroître presqu'insensible aux mêmes événemens. L'on pourroit faire la même réflexion sur la liaison des deux fidèles amis. A la vérité, leur manière de penser des ouvrages d'esprit étant la même, ils avoient le plaisir de s'en entretenir souvent; mais comme ils avoient tous deux un différent caractère, leur union constante a dû avoir pour lien la probité; puisque, comme dit Cicéron (1), il ne peut y avoir de véritable amitié qu'entre des gens de bien.

Un des premiers soins de mon père, après son mariage, fut de se réconcilier avec MM. de Port-Royal. Il ne lui fut pas difficile de faire sa paix avec M. Nicole, qui ne savoit ce que c'étoit que la guerre, et qui le reçut à bras ouverts, lorsqu'il le vint voir accompagné de M. l'abbé Dupin. Il ne lui étoit pas si aisé de se réconcilier avec M. Arnaud, qui avoit toujours sur le cœur les plaisanteries écrites sur la Mère Angélique sa sœur : plaisanteries fondées, par faute d'examen, sur des faits qui n'étoient pas exactement vrais. Boileau, chargé de la négociation, avoit toujours trouvé M. Arnaud intraitable. Un jour il s'avisa de lui porter un exemplaire de la tragédie de Phèdre, de la part de l'auteur. M. Arnaud demeuroit alors dans le faubourg Saint-Jacques. Boileau en allant le voir, prend la résolution de lui prouver qu'une tragédie peut être innocente aux yeux des casuistes les plus sévères; et ruminant sa thèse en chemin : « Cet » homme, disoit-il, aura-t-il toujours raison, et ne » pourrai-je parvenir à lui faire avoir tort? Je suis » bien sûr qu'aujourd'hui j'ai raison : s'il n'est pas » de mon avis, il aura tort. » Plein de cette pensée, il entre chez M. Arnaud, où il trouve une nombreuse compagnie. Il lui présente la tragédie, et lui

---

(1) Hoc sentio nisi in bonis amicitiam esse non posse. *De Amic.*

lit en même temps l'endroit de la préface où l'auteur témoigne tant d'envie de voir la tragédie réconciliée avec les personnes de piété. Ensuite déclarant qu'il abandonnoit acteurs, actrices et théâtre, sans prétendre les soutenir en aucune façon, il élève sa voix en prédicateur, pour soutenir que si la tragédie étoit dangereuse, c'étoit la faute des poètes, qui en cela même alloient directement contre les règles de leur art ; mais que la tragédie de Phèdre, conforme à ces règles, n'avoit rien que d'utile. L'auditoire, composé de jeunes théologiens, l'écoutoit en souriant, et regardoit tout ce qu'il avançoit comme les paradoxes d'un poète peu instruit de la bonne morale. Cet auditoire fut bien surpris lorsque M. Arnaud prit ainsi la parole : « Si les choses sont comme il le dit, il a raison, » et la tragédie est innocente. » Boileau rapportoit qu'il ne s'étoit jamais senti de sa vie si content. Il pria M. Arnaud de vouloir bien jeter les yeux sur la pièce qu'il lui laissoit, pour lui en dire son sentiment. Il revint quelques jours après le demander, et M. Arnaud lui donna ainsi sa décision : « Il » n'y a rien à reprendre au caractère de Phèdre, » puisqu'il nous donne cette grande leçon, que » lorsqu'en punition de fautes précédentes, Dieu » nous abandonne à nous-mêmes, et à la perversité » de notre cœur, il n'est point d'excès où nous ne » puissions nous porter, même en les détestant. » Mais pourquoi a-t-il fait Hippolyte amoureux ? » Cette critique est la seule qu'on puisse faire contre cette tragédie ; et l'auteur, qui se l'étoit faite à lui-même, se justifioit en disant : « Qu'auroient pensé » les petits-maîtres d'un Hippolyte ennemi de toutes » les femmes ? Quelles mauvaises plaisanteries » n'auroient-ils point faites ! » Boileau, charmé d'avoir si bien conduit sa négociation, demanda à M. Arnaud la permission de lui amener l'auteur de la tragédie. Ils vinrent chez lui le lendemain; et quoiqu'il fût encore en nombreuse compagnie, le coupable entrant avec l'humilité et la confusion peintes sur le visage, se jeta à ses pieds : M. Arnaud se jeta aux siens ; tous deux s'embrassèrent. M. Arnaud lui promit d'oublier le passé, et d'être toujours son ami : promesse fidèlement exécutée.

En 1674 l'Université projetoit une requête qu'elle devoit présenter au Parlement, pour demander que la philosophie de Descartes ne fût point enseignée. On en parloit chez M. le premier président de Lamoignon, qui dit qu'on ne pourroit se dispenser de rendre un arrêt conforme à cette requête. Boileau, présent à cette conversation, imagina l'arrêt burlesque qu'il composa avec mon père, et Bernier le fameux voyageur, leur ami commun. M. Dongois, neveu de Boileau, y mit le style du Palais ; et quand l'arrêt fut en état, il le joignit à plusieurs expéditions qu'il devoit porter à signer à M. le président, avec qui il étoit fort familier. M. de Lamoignon ne se laissa pas surprendre : à peine eut-il jeté les yeux sur l'arrêt : « Voilà, dit-il, un tour de Despréaux. » Cet arrêt burlesque eut un succès que n'eût peut-être point eu une pièce sérieuse; il sauva l'honneur des magistrats. L'Université ne songea plus à présenter sa requête.

Quoique Boileau et mon père n'eussent encore aucun titre qui les appelât à la cour, ils y étoient fort bien reçus tous les deux. M. Colbert les aimoit beaucoup. Etant un jour enfermé avec eux dans sa maison de Seaux, on vint lui annoncer l'arrivée d'un évêque; il répondit avec colère : « Qu'on lui fasse » tout voir, excepté moi. »

Les inscriptions mises au bas des tableaux sur les victoires du roi, peints par M. le Brun dans la galerie de Versailles, étoient pleines d'emphase, parce que M. Charpentier, qui les avoit faites, croyoit qu'on devoit mettre de l'esprit partout. Ces pompeuses déclamations déplurent avec raison à M. de Louvois, qui, par ordre du roi, les fit effacer, pour mettre à la place les inscriptions simples que Boileau et mon père lui fournirent. Mon père a donné dans quelques occasions des devises qui, dans leur simplicité, ont été trouvées fort heureuses, comme celle dont le corps étoit une orangerie, et l'âme, *conjuratos ridet aquilones*. Elle fut approuvée, parce qu'elle avoit également rapport à l'orangerie de Versailles, bâtie depuis peu, et à la ligue qui se formoit contre la France. Je n'en rapporte pas quelques autres qu'il donna dans la petite Académie, parce que l'honneur de pareilles choses doit être partagé entre tous ceux qui composent la même Compagnie.

C'étoit lui-même qui avoit donné l'idée de rassembler cette Compagnie. Il fut par-là comme le fondateur de l'Académie des Médailles, qu'on nomma d'abord *la petite Académie*, et qui devenue beaucoup plus nombreuse, prit sous une autre forme le nom d'*Académie des Belles-Lettres*. Elle ne fut composée dans son origine que d'un très-petit nombre de personnes, qu'on choisit pour exécuter le projet d'une histoire en médailles des principaux événemens du règne de Louis XIV. On devoit au bas de chaque médaille gravée, mettre en peu de mots le récit de l'événement qui avoit donné lieu à la médaille ; mais on trouva que des récits fort courts n'apprendroient les choses qu'imparfaitement, et qu'une histoire suivie du règne entier seroit beaucoup plus utile. Ce projet fut agité et résolu chez madame de Montespan. C'étoit elle qui l'avoit imaginé ; « et quoique la flatterie en fût l'objet, comme » l'écrivoit depuis madame la comtesse de Caylus, » on conviendra que ce projet n'étoit pas celui d'une » femme commune, ni d'une maîtresse ordinaire. » Lorsqu'on eut pris ce parti, madame de Maintenon proposa au roi de charger du soin d'écrire cette histoire, Boileau et mon père. Le roi, qui les en jugea capables, les nomma ses historiographes en 1677.

Mon père, toujours attentif à son salut, regarda le choix de S. M. comme une grâce de Dieu, qui lui procuroit cette importante occupation, pour le détacher entièrement de la poésie. Boileau lui-même parut aussi s'en détacher. Il est certain qu'il passa douze ou treize ans sans donner d'autres ouvrages en vers, que les deux derniers chants du Lutrin, parce qu'il voulut finir l'action de ce poëme.

Les deux poètes, résolus de ne plus l'être, ne songèrent qu'à devenir historiens; et pour s'en rendre capables, ils passèrent d'abord beaucoup de temps à se mettre au fait et de l'Histoire générale de France, et de l'Histoire particulière du règne qu'ils avoient à écrire. Mon père, pour se mettre ses devoirs devant les yeux, fit une espèce d'extrait du Traité de Lucien, sur la manière d'écrire l'Histoire. Il remarqua dans cet excellent Traité des traits qui avoient rapport à la circonstance dans laquelle il se trouvoit, et il les rassembla dans l'écrit qui se trouvera à la suite de ses Lettres. Il fit ensuite des extraits de Mezerai, et de Vittorio Siri, et se mit à lire les Mémoires, Lettres, Instructions et autres pièces de cette nature dont le roi avoit ordonné qu'on lui donnât la communication.

Dans la campagne de cette année 1677, les villes que le roi assiégea tombèrent quand il parut; et lorsque de retour de ses rapides conquêtes, il vit à Versailles ses deux historiens, il leur demanda pourquoi ils n'avoient pas eu la curiosité de voir un siége : « Le voyage, leur dit-il, n'étoit pas long. » « Il est vrai, reprit mon père, mais nos tailleurs » furent trop lents. Nous leur avions commandé » des habits de campagne : lorsqu'ils nous les ap- » portèrent, les villes que Votre Majesté assiégeoit

» étoient prises. » Cette réponse fut bien reçue du roi, qui leur dit de prendre leurs mesures de bonne heure, parce que dorénavant ils le suivroient dans toutes ses campagnes, pour être témoins des choses qu'ils doivent écrire.

La foible santé de Boileau ne lui permit que de faire une campagne, qui fut celle de Gand, l'année suivante. Mon père qui les fit toutes, avoit soin de rendre compte à son associé dans l'emploi d'écrire l'Histoire, de tout ce qui se passoit à l'armée; et une partie de ces lettres se trouvera à la suite de ces Mémoires. Ce fut dans leur première campagne, que Boileau apprenant que le roi s'étoit si fort exposé, qu'un boulet de canon avoit passé à sept pas de Sa Majesté, alla à lui et lui dit: « Je vous prie, » Sire, en qualité de votre historien, de ne pas me » faire finir sitôt mon histoire. »

Lorsqu'ils partirent en 1678, on vit pour la première fois deux poètes suivre une armée pour être témoins de siéges et de combats : ce qui donna lieu à des plaisanteries dont on amusoit le roi. On prétendoit les surprendre en plusieurs occasions dans l'ignorance des choses militaires, et même des choses les plus communes. Leurs meilleurs amis étoient ceux qui leur tendoient des piéges. S'ils n'y tomboient pas, on faisoit accroire qu'ils y étoient tombés. Tout ce qu'on dit de leur simplicité n'est peut-être pas exactement vrai. Je rapporterai cependant ce que j'ai entendu dire à d'anciens seigneurs de la cour.

La veille de leur départ pour la première campagne, M. de Cavoye s'avisa, dit-on, de demander à mon père s'il avoit eu l'attention de faire ferrer ses chevaux à forfait. Mon père qui n'entend rien à cette question, lui en demande l'explication. « Croyez-vous donc, lui dit M. de Cavoye, que
» quand une armée est en marche, elle trouve par-
» tout des maréchaux ? Avant que de partir on fait
» un forfait avec un maréchal de Paris, qui vous
» garantit que les fers qu'il met aux pieds de votre
» cheval y resteront six mois. » Mon père répond (ou plutôt on lui fait répondre): « C'est ce que
» j'ignorois; Boileau ne m'en a rien dit; mais je n'en
» suis pas étonné, il ne songe à rien. » Il va trouver Boileau pour lui reprocher sa négligence. Boileau avoue son ignorance, et lui dit qu'il faut promptement s'informer du maréchal le plus fameux pour ces sortes de forfaits. Ils n'eurent pas le temps de le chercher. Dès le soir même M. de Cavoye raconta au roi le succès de sa plaisanterie. Un fait pareil, quand il seroit véritable, ne feroit aucun tort à leur réputation.

Puisque les plus petits faits, quand on parle de certains hommes, intéressent toujours, j'en rapporterai encore un de la même nature. Un jour, après une marche fort longue, Boileau très-fatigué se jeta sur un lit en arrivant, sans vouloir souper. M. de Cavoye qui le sut, alla le voir après le souper du roi, et lui dit avec un air consterné, qu'il avoit à lui apprendre une fâcheuse nouvelle : « Le roi, ajouta-

» t-il, n'est point content de vous; il a remarqué
» aujourd'hui une chose qui vous fait un grand tort. »
» Eh quoi donc, s'écria Boileau tout alarmé ? »
» Je ne puis, continua M. de Cavoye, me résoudre
» à vous la dire; je ne saurois affliger mes amis. »
Enfin, après l'avoir laissé quelque temps dans l'agitation, il lui dit: « Puisqu'il faut vous l'avouer, le
» roi a remarqué que vous étiez tout de travers à
» cheval. » « Si ce n'est que cela, répondit Boileau,
» laissez-moi dormir. »

Quoique mon père fût son confrère dans l'honorable emploi d'écrire l'histoire du roi, et dans la petite Académie, il ne l'avoit point encore pour confrère dans l'Académie Française : et comme il souhaitoit de le voir dans cette Compagnie, il l'avoit sans doute en vue, lorsqu'il fit valoir l'empressement de l'Académie à chercher des sujets (1), dans le discours qu'il prononça le 30 octobre de cette même année 1678, à la réception de M. l'abbé Colbert, depuis archevêque de Rouen. « Oui, Monsieur, lui disoit-il, l'Académie vous a choisi : car
» nous voulons bien qu'on le sache, ce n'est point
» la brigue, ce ne sont point les sollicitations qui
» ouvrent les portes de l'Académie; elle va elle-
» même au-devant du mérite, elle lui épargne
» l'embarras de se venir offrir, elle cherche les
» sujets qui lui sont propres, etc. »

---

(1) Ce discours, qui n'a jamais été imprimé dans ses Œuvres, ni dans les Recueils de l'Académie, se trouvera à la suite de ces Mémoires.

J'ignore si l'Académie étoit alors dans l'usage, comme le disoit son directeur, de choisir et de chercher elle-même ses sujets. Je sais seulement que tous les académiciens ne songeoient pas à chercher Boileau; et il y en avoit plusieurs qu'il ne songeoit pas non plus à solliciter. Le roi lui demanda un jour pendant son souper, s'il étoit de l'Académie. Boileau répondit avec un air fort modeste, qu'il n'étoit pas digne d'en être. « Je veux que vous en » soyez, répondit le roi. » Quelque temps après une place vaqua, et La Fontaine qui la vouloit solliciter, alla lui demander s'il seroit son concurrent. Boileau l'assura que non, et ne fit aucune démarche. Il eut cependant quelques voix; mais la pluralité fut pour La Fontaine : et lorsque suivant l'usage, on alla demander au roi son agrément pour cette nomination, le roi répondit seulement, « Je verrai. » De manière que La Fontaine, quoique nommé, ne fut point reçu, et resta très-long-temps, ainsi que l'Académie, dans l'incertitude. Enfin, une nouvelle place vaqua, et l'Académie aussitôt nomma Boileau. Le roi, lorsqu'on lui demanda son agrément, l'accorda en ajoutant: « Main-» tenant vous pouvez recevoir La Fontaine. » Boileau fut reçu le 3 juillet 1684. L'assemblée fut nombreuse le jour de sa réception. On étoit curieux d'entendre son discours. Il étoit obligé de louer et de s'humilier. Il recevoit une grâce inespérée, et il n'étoit pas homme à faire un remercîment à genoux. Il se tira habilement de ce pas difficile. Il

loua

loua sans flatterie, il s'humilia noblement; et en disant que l'entrée de l'Académie lui devoit être fermée *par tant de raisons*, il fit songer à *tant d'académiciens* dont les noms étoient dans ses satires.

A la fin de cette même année, Corneille mourut; et mon père, qui, le lendemain de cette mort, entroit dans les fonctions de directeur, prétendoit que c'étoit à lui à faire faire, pour l'académicien qui venoit de mourir, un service suivant la coutume. Mais Corneille étoit mort pendant la nuit; et l'académicien qui étoit encore directeur la veille, prétendit que comme il n'étoit sorti de place que le lendemain matin, il étoit encore dans ses fonctions au moment de la mort de Corneille, et que par conséquent c'étoit à lui à faire faire le service. Cette dispute n'avoit pour motif qu'une généreuse émulation: tous deux vouloient avoir l'honneur de rendre les devoirs funèbres à un mort si illustre. Cette contestation glorieuse pour les deux parties, fut décidée par l'Académie en faveur de l'ancien directeur: ce qui donna lieu à ce mot fameux que Bensérade dit à mon père : « Nul autre que vous » ne pouvoit prétendre à enterrer Corneille; ce- » pendant vous n'avez pu y parvenir. »

La place de Corneille à l'Académie fut remplie par Thomas Corneille son frère, qui fut reçu avec M. Bergeret. Mon père, qui présidoit à cette réception en qualité de directeur, répondit à leurs remercîmens par un discours qui fut très-applaudi; et il le prononça avec tant de grâce, qu'il répara en-

tièrement le discours de sa réception. La matière de celui-ci lui avoit plu davantage. L'admiration sincère qu'il avoit pour Corneille le lui avoit inspiré. Bayle, en rapportant que Sophocle, lorsqu'il apprit la mort d'Euripide, parut sur le théâtre en habit de deuil, et ordonna à ses acteurs d'ôter leurs couronnes, ajoute : « Ce que fit alors Sophocle étoit
» une preuve très équivoque de son regret, parce
» que deux grands hommes qui aspirent à la même
» gloire, qui veulent s'exclure l'un l'autre du pre-
» mier rang, s'entr'estiment intérieurement plus
» qu'ils ne voudroient, mais ne s'entr'aiment pas.
» L'un d'eux vient-il à mourir, le survivant courra
» lui jeter de l'eau bénite, et en fera l'éloge de bon
» cœur : il est délivré des épines de la concurrence. »
Par cette même raison, Corneille avoit fait dire à Cornélie, sur la douleur de César à la mort de Pompée :

O soupirs, ô regrets, ô qu'il est doux de plaindre
Le sort d'un ennemi quand il n'est plus à craindre !

Quiconque eût pensé la même chose en cette occasion, eût été très-injuste. Les deux rivaux depuis long-temps ne combattoient plus ; et tous deux retirés de la carrière n'avoient plus rien à se disputer : c'étoit au public à décider. Il n'a point encore décidé ; on s'est toujours contenté de les comparer entr'eux. Le parallèle a souvent été fait, et presque toujours avec plus d'antithèses que de justesse. M. de Fontenelle, qui malgré la douceur

de son caractère, témoigne dans la Vie de Corneille un peu de passion contre le rival de Corneille, règle ainsi les places (je parle de cette Vie imprimée dans la dernière édition de ses Œuvres : celle qui se trouve dans l'Histoire de l'Académie Française ne contient pas les mêmes paroles): « Corneille
» a la première place, Racine la seconde. On fera
» à son gré l'intervalle entre ces deux places, un
» peu plus ou moins grand. C'est là ce qui se trouve
» en ne comparant que les ouvrages de part et
» d'autre. Mais si on compare ces deux hommes,
» l'inégalité est plus grande. Il peut être incertain
» que Racine eût été, si Corneille n'eût pas été
» avant lui : il est certain que Corneille a été par
» lui-même. » M. de Fontenelle, qui a toujours été applaudi quand il a écrit sur les matières qui font l'objet des travaux de l'Académie des Sciences, a souvent rendu sur le Parnasse des décisions qui ont eu peu de partisans : ce qui me fait espérer que celle-ci sera du nombre.

Pour revenir au discours prononcé à la réception de Thomas Corneille, je ferai remarquer qu'il n'est pas étonnant que mon père, qui n'avoit pas été heureux dans le discours sur sa propre réception, l'ait été dans celui-ci, qui lui fournissoit pour sujet l'éloge de Corneille. Il le faisoit dans l'effusion de son cœur, parce qu'il étoit intérieurement persuadé que Corneille valoit beaucoup mieux que lui : et en cela seulement il pensoit comme M. de Fontenelle. Quelque crainte qu'il eût de parler de vers à mon frère, quand il le vit en âge de pouvoir discerner le bon du mauvais, il lui fit apprendre par cœur des endroits de Cinna ; et lorsqu'il lui entendoit réciter ce beau vers :

Et monté sur le faîte, il aspire à descendre,

« remarquez bien cette expression, lui disoit-il
» avec enthousiasme. On dit aspirer à monter ; mais
» il faut connoître le cœur humain aussi bien que
» Corneille l'a connu, pour avoir su dire de l'ambi-
» tieux, qu'il aspire à descendre. » On ne croira point qu'il ait affecté la modestie lorsqu'il parloit ainsi en particulier à son fils : il lui disoit ce qu'il pensoit.

Tout l'endroit de son discours dans l'Académie, qui contenoit l'éloge de Corneille, fut extrêmement goûté ; et comme il avoit réussi parce qu'il louoit ce qu'il admiroit, il réussit également dans l'éloge de Louis XIV, lorsque s'adressant à M. Bergeret, premier commis du secrétaire d'Etat des affaires étrangères, il fit voir combien les négociations étoient faciles, sous un roi dont les ministres n'avoient tout au plus que « l'embarras de faire
» entendre avec dignité aux cours étrangères, ce
» qu'il leur dictoit avec sagesse. » Là, il dépeignit le roi, la veille du jour qu'il partit pour se mettre à la tête de ses armées, écrivant dans son cabinet six lignes, pour les envoyer à son ambassadeur ; et les puissances étrangères ne « pouvant s'écar-
» ter d'un seul pas du cercle étroit qui leur étoit

« tracé » par ces six lignes : paroles qui représentoient toutes ces puissances sous l'image du roi Antiochus, étonné, quoiqu'à la tête de ses armées, du cercle que l'ambassadeur romain traça autour de lui, et obligé de rendre sa réponse avant que d'en sortir.

Louis XIV informé du succès de ce discours, voulut l'entendre. L'auteur eut l'honneur de lui en faire la lecture, après laquelle le roi lui dit : « Je » suis très-content (1) : je vous louerois davantage, » si vous m'aviez moins loué. » Ce mot fut bientôt répandu partout, et attira à mon père une lettre que je vais rapporter, parce qu'ayant été écrite par un homme qui étoit alors dans la disgrace, et qui écrivoit à un ami dans toute la sincérité de son cœur et la confiance du secret, elle fait voir de quelle manière pensoient de Louis XIV ceux même qui croyoient avoir quelque sujet de s'en plaindre :

« J'ai à vous remercier, Monsieur, du discours » qui m'a été envoyé de votre part. Rien n'est » assurément si éloquent; et le héros que vous y » louez est d'autant plus digne de vos louanges, » qu'il y a trouvé de l'excès. Il est bien difficile » qu'il n'y en ait toujours un peu : les plus grands » hommes sont hommes, et se sentent toujours par » quelque endroit de l'infirmité humaine. Je vous » dirois bien des choses sur cela, si j'avois le plaisir » de vous voir; mais il faudroit avoir dissipé un

---

(1) Il a dit une autrefois le même mot à Boileau, si ce que Brossette rapporte dans son Commentaire est exact.

» nuage que j'ose dire être une tache dans ce
» soleil. Ce ne seroit pas une chose difficile, si ceux
» qui le pourroient faire avoient assez de généro-
» sité pour l'entreprendre. Je vous assure que les
» pensées que j'ai sur cela ne sont point intéressées,
» et que ce qui peut me regarder me touche fort
» peu. Si j'ai quelque peine, c'est d'être privé de la
» consolation de voir mes amis. Un tête à tête avec
» vous et avec votre compagnon me feroit bien du
» plaisir ; mais je n'acheterois pas ce plaisir par la
» moindre lâcheté. Vous savez ce que cela veut
» dire : ainsi je demeure en paix, et j'attends avec
» patience que Dieu fasse connoître à ce prince si
» accompli, qu'il n'a point dans son royaume de
» sujet plus fidèle, plus passionné pour sa véri-
» table gloire, et, si je l'ose dire, qui l'aime d'un
» amour plus pur et plus dégagé de tout intérêt.
» Je pourrois ajouter que je suis naturellement si
» sincère, que si je ne sentois dans mon cœur la
» vérité de ce que je dis, rien au monde ne seroit
» capable de me le faire dire. C'est pourquoi aussi
» je ne pourrois me résoudre à faire un pas pour
» avoir la liberté de voir mes amis, à moins que ce
» ne fût à mon prince seul que j'en fusse redevable.

» Je suis, etc. »

Boileau, nouvel académicien, fut long-temps assez exact aux assemblées, dans lesquelles il avoit souvent des contradictions à essuyer. Il parle dans une lettre écrite à mon père, de ses disputes avec M. Charpentier. Dans ces disputes littéraires, il ne trouvoit pas ordinairement le grand nombre pour lui, parce qu'il étoit environné de confrères peu disposés à être de son avis. Un jour cependant il fut victorieux; et quand il racontoit cette victoire, il ajoutoit, en élevant la voix : « Tout » le monde fut de mon avis : ce qui m'étonna ; car » j'avois raison, et c'étoit moi. »

Lorsqu'il fut question de recevoir à l'Académie M. le marquis de Saint-Aulaire, il s'y opposa vivement, et répondit à ceux qui lui représentoient qu'il falloit avoir des égards pour un homme de cette condition : « Je ne lui dispute pas ses titres de » noblesse, mais je lui dispute ses titres du Par» nasse. » Un des académiciens ayant répliqué que M. de Saint-Aulaire avoit aussi ses titres du Parnasse, puisqu'il avoit fait de fort jolis vers : « Eh » bien, Monsieur, lui dit Boileau, puisque vous » estimez ses vers, faites-moi l'honneur de mépri» ser les miens. »

En 1685, M. le marquis de Seignelay devant donner dans sa maison de Seaux une fête au roi, demanda des vers à mon père, qui, malgré la résolution qu'il avoit prise de n'en plus faire, n'en put refuser dans une pareille occasion, à un ministre auquel il étoit fort attaché, fils de son bienfaiteur. J'ai plus d'une fois entendu dire à M. le chancelier, que l'antiquité (et qui la connoît mieux que lui?)

ne nous offroit rien, dans un pareil genre, de si parfait que cette *Idylle sur la Paix*. Il admire comment le poète, en faisant parler des bergers, a su réunir aux sentimens tendres et aux peintures riantes, les grandes et terribles images, dans un style toujours naturel, et sans sortir du ton de l'idylle. Puisqu'il m'est permis de rapporter historiquement les sentimens des autres, et que je rapporte ceux d'un grand juge, j'ajouterai que je l'ai entendu, à ce sujet, faire remarquer l'heureuse disposition du même auteur à écrire dans tous les genres différens. Est-il orateur, est-il historien? Il excelle. Est-il poète? S'il fait une comédie, il sait y faire rire et le parterre et ceux qui n'aiment que la fine plaisanterie. Dans ses tragédies, il change de style suivant les sujets. La versification d'Andromaque n'est pas celle de Britannicus, celle de Phèdre n'est pas celle d'Athalie. Compose-t-il des chœurs et des cantiques? Il a le lyrique le plus sublime. Fait-il des épigrammes? Il les assaisonne du meilleur sel. Entreprend-il une idylle? Il l'invente dans un goût nouveau. Quelques personnes prétendent que Lulli, chargé de la mettre en musique, trouva dans la force des vers un travail que les vers de Quinault ne lui avoient pas fait connoître. Il est pourtant certain que Lulli est aussi grand musicien dans cette idylle que dans ses opéras, et a parfaitement rendu le poète : j'avouerai seulement qu'à ces deux vers,

  Retranchez de nos ans,
  Pour ajouter à ses années,

la chute, à cause de la prononciation de la dernière syllabe, ne satisfait pas l'oreille, et que ce n'est pas la faute du musicien, mais celle du poète, qui n'avoit pas pour le musicien cette même attention qu'avoit Quinault.

Lorsque M. le comte de Toulouse fut sorti de l'enfance, madame de Montespan consulta mon père sur le choix de celui à qui on confieroit l'éducation du jeune prince. Elle demandoit un homme d'un mérite distingué, et d'un nom connu. Mon père voulant en cette occasion obliger M. du Trousset, qu'il estimoit beaucoup, dit à madame de Montespan : « Je vous propose sans crainte un homme dont le » nom n'est pas connu; mais il mérite de l'être : ses » ouvrages qu'il n'a point donnés au public sous son » nom, en ont été bien reçus. » Ces ouvrages étoient la Critique de la Princesse de Clèves, la Vie du duc de Guise, et quelques petites pièces de vers fort ingénieuses. M. du Trousset, connu depuis sous le nom de Valincour, fut agréé. On lui confia l'éducation du prince. Il fut dans la suite secrétaire-général de la marine, et, par l'estime qu'il acquit à la cour, justifia le choix de madame de Montespan, et le témoignage de celui qui le lui avoit fait connoître.

Je n'ai jamais pu lire, sans une surprise extrême, ce qu'il dit dans sa lettre à M. l'abbé d'Olivet, en parlant de l'histoire du roi (1) : « Despréaux et » Racine, après avoir long-temps essayé ce travail, » sentirent qu'il étoit tout-à-fait opposé à leur génie. » M. de Valincour, associé pour ce travail à Boileau,

(1) Histoire de l'Académie Française, tom. 2.

après la mort de mon père, et chargé seul de la continuation de cette histoire après la mort de Boileau, suivant toute apparence n'a jamais rien composé sur cette matière. Il pouvoit avoir, aussi-bien que ses prédécesseurs, le style historique ; mais pourquoi a-t-il voulu faire entendre que regardant ce travail comme opposé à leur génie, ils ne s'en occupoient pas, lui qui a su mieux qu'un autre combien ils s'en étoient occupés, et qui a été dépositaire, après leur mort, de ce qu'ils en avoient écrit ? Le fatal incendie qui, en 1726, consuma la maison qu'il avoit à Saint-Cloud, fut si prompt, qu'on ne put sauver les papiers les plus importans de l'amirauté, et que les morceaux de l'histoire du roi périrent avec plusieurs autres papiers précieux à la littérature. Le Recueil des Lettres de Boileau et de mon père fera connoitre l'application continuelle qu'ils donnoient à l'histoire dont ils étoient chargés. Quand ils avoient écrit quelque morceau intéressant, ils alloient le lire au roi.

Ces lectures se faisoient chez madame de Montespan. Tous deux avoient leur entrée chez elle, aux heures que le roi y venoit jouer, et madame de Maintenon étoit ordinairement présente à la lecture. Elle avoit, au rapport de Boileau, plus de goût pour mon père que pour lui ; et madame de Montespan avoit au contraire plus de goût pour Boileau que pour mon père ; mais ils faisoient toujours ensemble leur cour, sans aucune jalousie entr'eux. Lorsque le roi arrivoit chez madame de Montespan, ils lui lisoient quelque chose de

son histoire ; ensuite le jeu commençoit : et lorsqu'il échappoit à madame de Montespan, pendant le jeu, des paroles un peu aigres, ils remarquèrent, quoique fort peu clairvoyans, que le roi, sans lui répondre, regardoit en souriant madame de Maintenon, qui étoit assise vis-à-vis lui sur un tabouret, et qui enfin disparut tout-à-coup de ces assemblées. Ils la rencontrèrent dans la galerie, et lui demandèrent pourquoi elle ne venoit plus écouter leur lecture. Elle leur répondit fort froidement : « Je ne suis
» plus admise à ces mystères. » Comme ils lui trouvoient beaucoup d'esprit, ils en furent mortifiés et étonnés. Leur étonnement fut bien plus grand, lorsque le roi obligé de garder le lit, les fit appeler, avec ordre d'apporter ce qu'ils avoient écrit de nouveau sur son histoire, et qu'ils virent en entrant, madame de Maintenon assise dans un fauteuil près du chevet du roi, s'entretenant familièrement avec sa majesté. Ils alloient commencer leur lecture, lorsque madame de Montespan, qui n'étoit point attendue, entra, et après quelques complimens au roi, en fit de si longs à madame de Maintenon, que pour les interrompre le roi lui dit de s'asseoir, « n'étant pas juste, ajouta-t-il, qu'on lise sans vous
» un ouvrage que vous avez vous-même comman-
» dé. » Son premier mouvement fut de prendre une bougie pour éclairer le lecteur : elle fit ensuite réflexion qu'il étoit plus convenable de s'asseoir, et de faire tous ses efforts pour paroître attentive à la lecture. Depuis ce jour le crédit de madame de

Maintenon alla en augmentant d'une manière si visible, que les deux historiens lui firent leur cour, autant qu'ils la savoient faire.

Mon père, dont elle goûtoit la conversation, étoit beaucoup mieux reçu que son ami qu'il menoit toujours avec lui. Ils s'entretenoient un jour avec elle de la poésie; et Boileau déclamant contre le goût de la poésie burlesque, qui avoit régné autrefois, dit dans sa colère : « Heureusement ce misé- » rable goût est passé, et on ne lit plus Scarron, » même dans les provinces. » Son ami chercha promptement un autre sujet de conversation, et lui dit, quand il fut seul avec lui : « Pourquoi parlez- » vous devant elle de Scarron? Ignorez-vous l'in- » térêt qu'elle y prend? » « Hélas non, reprit-il; » mais c'est toujours la première chose que j'oublie » quand je la vois ! »

Malgré la remontrance de son ami, il eut encore la même distraction au lever du roi. On y parloit de la mort du comédien Poisson : « C'est une perte, » dit le roi; il étoit bon comédien............ » « Oui, » reprit Boileau, pour faire un D. Japhet : il ne » brilloit que dans ces misérables pièces de Scarron. » Mon père lui fit signe de se taire, et lui dit en particulier : « Je ne puis donc paroître avec vous » à la cour, si vous êtes toujours si imprudent. » « J'en suis honteux, lui répondit Boileau : mais » quel est l'homme à qui il n'échappe une sottise? »

Incapable de trahir jamais sa pensée, il n'avoit pas toujours assez de présence d'esprit pour la taire:

il avouoit que la franchise étoit une vertu souvent dangereuse ; mais il se consoloit de ses imprudences, par la conformité de caractère qu'il prétendoit avoir avec M. Arnaud, dont, pour se justifier, il racontoit le fait suivant, qui peut trouver place dans un ouvrage où je rassemble plusieurs traits de simplicité d'hommes connus. M. Arnaud, obligé de se cacher, trouva une retraite à l'hôtel de Longueville, à condition qu'il n'y paroîtroit qu'avec un habit séculier, une grande perruque sur la tête, et l'épée au côté. Il y fut attaqué de la fièvre ; et madame de Longueville ayant fait venir le médecin Brayer, lui recommanda d'avoir grand soin d'un gentilhomme qu'elle protégeoit particulièrement, et à qui elle avoit donné depuis peu une chambre dans son hôtel. Brayer monte chez le malade, qui après l'avoir entretenu de sa fièvre, lui demande des nouvelles. « On parle, lui dit Brayer, d'un » livre nouveau de Port-Royal, qu'on attribue à » M. Arnaud ou à M. de Saci ; mais je ne le crois » pas de M. de Saci : il n'écrit pas si bien. » A ce mot, M. Arnaud oubliant son habit gris et sa perruque, lui répond vivement : « Que voulez-vous » dire ? Mon neveu écrit mieux que moi. » Brayer envisage son malade, se met à rire, descend chez madame de Longueville, et lui dit : « La maladie » de votre gentilhomme n'est pas considérable ; je » vous conseille cependant de faire en sorte qu'il » ne voie personne. Il ne faut pas le laisser parler. » Madame de Longueville étonnée des réponses indiscrètes qui échappoient souvent à M. Arnauld et à M. Nicole, disoit qu'elle aimeroit mieux confier son secret à un libertin.

Boileau ne savoit ni dissimuler, ni flatter. Il eut cependant par hasard quelques saillies assez heureuses. Lorsque le roi lui demanda son âge, il répondit : « Je suis venu au monde un an avant votre » majesté, pour annoncer les merveilles de son » règne. »

Dans le temps que l'affectation de substituer le mot de *gros* à celui de *grand* régnoit à Paris comme en quelques provinces, où l'on dit un gros chagrin, pour un grand chagrin, le roi lui demanda ce qu'il pensoit de cet usage : « Je le condamne, répon-» dit-il, parce qu'il y a bien de la différence entre » Louis-le-Gros et Louis-le-Grand. »

Malgré quelques réponses de cette nature, il n'avoit pas la réputation d'être courtisan ; et mon père passoit pour plus habile que lui dans cette science, quoiqu'il n'y fût pas non plus regardé comme bien expert par les fins courtisans ; et par le roi même, qui dit en le voyant un jour à la promenade avec M. de Cavoye : « Voilà deux hommes » que je vois souvent ensemble ; j'en devine la » raison : Cavoye avec Racine se croit bel-esprit ; » Racine avec Cavoye se croit courtisan. » Si l'on entend par courtisan un homme qui ne cherche qu'à mériter l'estime de son maître, il l'étoit ; si l'on entend un homme qui, pour arriver à ses vues, est savant dans l'art de la dissimulation et de la flatterie, il ne l'étoit point, et le roi n'en avoit pas pour lui moins d'estime.

Il lui en donna des preuves en l'attirant souvent à sa cour, où il voulut bien lui accorder un appartement dans le château, et même les entrées. Il aimoit à l'entendre lire, et lui trouvoit un talent singulier pour faire sentir la beauté des ouvrages qu'il lisoit. Dans une indisposition qu'il eut, il lui demanda de lui chercher quelque livre propre à l'amuser : mon père proposa une des Vies de Plutarque. « C'est du Gaulois, répondit le roi. » Mon père répliqua qu'il tâcheroit en lisant de changer les tours de phrase trop anciens, et de substituer les mots en usage aux mots vieillis depuis Amiot. Le roi consentit à cette lecture, et celui qui eut l'honneur de la faire devant lui, sut si bien changer en lisant, tout ce qui pouvoit, à cause du vieux langage, choquer l'oreille de son auditeur, que le roi écouta avec plaisir, et parut goûter toutes les beautés de Plutarque : mais l'honneur que recevoit ce lecteur sans titre, fit murmurer contre lui les lecteurs en charge.

Quelqu'agrément qu'il pût trouver à la cour, il y mena toujours une vie retirée, partageant son temps entre peu d'amis et ses livres. Sa plus grande satisfaction étoit de revenir passer quelques jours dans sa famille ; et lorsqu'il se retrouvoit à sa table avec sa femme et ses enfans, il disoit qu'il faisoit meilleure chère qu'aux tables des grands.

Il revenoit un jour de Versailles pour goûter ce

plaisir, lorsqu'un écuyer de M. le duc vint lui dire qu'on l'attendoit à dîner à l'hôtel de Condé : « Je » n'aurai point l'honneur d'y aller, lui répondit-il ; » il y a plus de huit jours que je n'ai vu ma femme » et mes enfans, qui se font une fête de manger » aujourd'hui avec moi une très-belle carpe ; je ne » puis me dispenser de dîner avec eux. » L'écuyer lui représenta qu'une compagnie nombreuse invitée au repas de M. le duc, se faisoit aussi une fête de l'avoir, et que le prince seroit mortifié s'il ne venoit pas. Une personne de la cour qui m'a raconté la chose, m'a assuré que mon père fit apporter la carpe, qui étoit d'environ un écu, et que la montrant à l'écuyer, il lui dit : « Jugez vous-même si » je puis me dispenser de dîner avec ces pauvres » enfans qui ont voulu me régaler aujourd'hui, et » n'auroient plus de plaisir s'ils mangeoient ce plat » sans moi. Je vous prie de faire valoir cette raison » à Son Altesse Sérénissime. » L'Ecuyer la rapporta fidèlement, et l'éloge qu'il fit de la carpe, devint l'éloge de la bonté du père, qui se croyoit obligé de la manger en famille. Quand un homme a mérité qu'on admire son caractère dans ces petites choses, il est permis de les rapporter en disant de lui ce que dit Tacite de son beau-père, *bonum virum facilè crederes, magnum libenter.*

Ce caractère n'est pas celui d'un homme ardent à saisir toutes les occasions de faire sa cour. Il ne les cherchoit jamais, et souvent sa piété l'empêchoit de profiter de celles qui se présentoient. On
lui

lui dit qu'il feroit plaisir au roi, d'aller donner quelques leçons de déclamation à une princesse qui est aujourd'hui dans un rang très-élevé. Il y alla, et quand il vit qu'il s'agissoit de faire répéter quelques endroits d'Andromaque, qu'on avoit fait apprendre par cœur à la jeune princesse, il se retira, et demanda en grâce qu'on n'exigeât point de lui de pareilles leçons.

M. de Fontenelle nous apprend que Corneille, agité de quelques inquiétudes au sujet de ses pièces dramatiques, eut besoin d'être rassuré par des casuistes, qui lui firent toujours grâce en faveur de la pureté qu'il avoit établie sur le théâtre. Mon père, qui fut son casuiste à lui-même, ne se fit aucune grâce; et comme il ne rougissoit point d'avouer ses remords, il ne laissa ignorer à personne qu'il eût voulu pouvoir anéantir ses tragédies profanes, dont on ne lui parloit point à la cour, parce qu'on savoit qu'il n'aimoit point à en entendre parler.

On peut reprocher aux éditeurs la négligence des dernières éditions de ses Œuvres (1). Il n'est pas étonnant néanmoins qu'elles n'aient point été exactes depuis sa mort, puisqu'elles ne l'étoient pas de son vivant. Il ne présida qu'aux premières; et dans la suite ce fut Boileau qui, sans lui en parler, exa-

---

(1) C'est celui de nos poètes qui a été imprimé avec le moins de soin. Non-seulement la dernière édition contient une Vie faite par un homme peu instruit, et des lettres pitoyables sur ses tragédies, mais on a remis dans le texte des vers que l'auteur avoit changés.

mina les épreuves. Le libraire obtint enfin de l'auteur même d'en revoir un exemplaire, et il ne put s'empêcher d'y faire plusieurs corrections ; mais avant que de mourir, il fit brûler cet exemplaire, comme je l'ai dit ailleurs (1); et mon frère, qui fut le ministre de ce sacrifice, n'eut pas la liberté d'examiner de quelle nature étoient les corrections; il vit seulement qu'elles étoient plus nombreuses dans le premier volume que dans le second.

Toute sa crainte étoit d'avoir un fils qui eût envie de faire des tragédies. « Je ne vous dissimulerai
» point, disoit-il à mon frère, que dans la chaleur
» de la composition on ne soit quelquefois content
» de soi; mais, et vous pouvez m'en croire, lors-
» qu'on jette le lendemain les yeux sur son ouvrage,
» on est tout étonné de ne plus rien trouver de bon
» dans ce qu'on admiroit la veille ; et quand on
» vient à considérer, quelque bien qu'on ait fait,
» qu'on auroit pu mieux faire, et combien on est
» éloigné de la perfection, on est souvent décou-
» ragé. Outre cela, quoique les applaudissemens
» que j'ai reçus m'aient beaucoup flatté, la moindre
» critique, quelque mauvaise qu'elle ait été, m'a
» toujours causé plus de chagrin que toutes les
» louanges ne m'ont fait de plaisir. »

Il comptoit au nombre des choses chagrinantes les louanges des ignorans; et lorsqu'il se mettoit en bonne humeur, il rapportoit le compliment d'un

---

(1) Réflexions sur la Poésie, tom. II, pag. 227.

vieux magistrat, qui n'ayant jamais été à la comédie, s'y laissa entraîner par une compagnie, à cause de l'assurance qu'elle lui donna qu'il verroit jouer l'Andromaque de Racine. Il fut très-attentif au spectacle, qui finissoit par les Plaideurs. En sortant il trouva l'auteur, et lui dit : « Je suis, Monsieur, » très-content de votre Andromaque ; c'est une jolie » pièce : je suis seulement étonné qu'elle finisse si » gaiement. J'avois d'abord eu quelqu'envie de » pleurer, mais la vue des petits chiens m'a fait » rire. » Le bonhomme s'étoit imaginé que tout ce qu'il avoit vu représenter sur le théâtre étoit Andromaque.

Boileau racontoit aussi qu'un de ses parens à qui il avoit fait présent de ses Œuvres, lui dit, après les avoir lues : « Pourquoi, mon cousin, tout n'est- » il pas de vous dans vos ouvrages ? J'y ai trouvé » deux lettres à M. de Vivonne, dont l'une est de » Balzac, et l'autre de Voiture. »

Un homme qui vivoit à la cour, et qui depuis a été dans une grande place, lui demanda par quelle raison il avoit fait un Traité sur le Sublime. Il n'avoit fait qu'ouvrir le volume de ses Œuvres, dont Boileau lui avoit fait présent, et ayant lu sublimé pour sublime, il ne pouvoit comprendre qu'un poète eût écrit sur un tel sujet.

Boileau allant toucher sa pension au Trésor Royal, remit son ordonnance à un commis, qui y lisant ces paroles, « la pension que nous avons » accordée à Boileau à cause de la satisfaction que

» ses ouvrages nous ont donnée, » lui demanda de quelle espèce étoient ses ouvrages : « De maçon-» nerie, répondit-il; je suis un architecte. »

Les poètes qui s'imaginent être connus et admirés de tout le monde, trouvent souvent des occasions qui les humilient. Ils doivent s'attendre encore que leurs ouvrages essuieront les discours les plus bizarres, et seront exposés tantôt aux critiques injustes des envieux, tantôt aux louanges stupides des ignorans, et tantôt aux fausses décisions de ceux qui se croient des juges. Un poète, après avoir excité la terreur dans ses tragédies (1), peut s'entendre comparer à une *petite colombe gémissante*, comme je l'ai dit autre part; et tous ces discours, quoique méprisables, révoltent toujours l'amour propre d'un auteur qui croit que tout le monde lui doit rendre justice.

Mon père, pour dégoûter encore mon frère de vers, et dans la crainte qu'il n'attribuât à ses tragédies les caresses dont quelques grands seigneurs l'accabloient, lui disoit : « Ne croyez pas que ce » soient mes vers qui m'attirent toutes ces caresses. » Corneille fait des vers cent fois plus beaux que » les miens, et cependant personne ne le regarde. » On ne l'aime que dans la bouche de ses acteurs; » au lieu que, sans fatiguer les gens du monde du » récit de mes ouvrages, dont je ne leur parle » jamais, je me contente de leur tenir des propos

---

(1) *Veneris columbulus*. Réflexions sur la Poésie, tom. II, pag. 460.

» amusans, et de les entretenir de choses qui leur
» plaisent. Mon talent avec eux n'est pas de leur
» faire sentir que j'ai de l'esprit, mais de leur ap-
» prendre qu'ils en ont. Ainsi, quand vous voyez
» M. le Duc passer souvent des heures entières
» avec moi, vous seriez étonné, si vous étiez pré-
» sent, de voir que souvent il en sort sans que j'aie
» dit quatre paroles : mais peu à peu je le mets en
» humeur de causer, et il sort de chez moi encore
» plus satisfait de lui que de moi. »

Le premier précepte qu'il lui donna quand il le fit entrer dans le monde, fut celui-ci : « Ne prenez
» jamais feu sur le mal que vous entendrez dire de
» moi. On ne peut plaire à tout le monde, et je ne
» suis pas exempt de fautes plus qu'un autre. Quand
» vous trouverez des personnes qui ne vous paroî-
» tront pas estimer mes tragédies, et qui même les
» attaqueront par des critiques injustes, pour toute
» réponse, contentez-vous de les assurer que j'ai
» fait tout ce que j'ai pu pour plaire au public, et
» que j'aurois voulu pouvoir mieux faire. »

Il avoit eu dans sa jeunesse une passion démesurée pour la gloire. La religion l'avoit entièrement changé. Il reprochoit souvent à Boileau l'amour qu'il conservoit toujours pour ses vers, jusqu'à vouloir donner au public les moindres épigrammes faites dans sa jeunesse, et vider, comme il disoit, son porte-feuille entre les mains d'un libraire. Loin d'être si libéral du sien, il ne nous l'a pas même laissé.

Il eût pu exceller dans l'épigramme. Je ne rapporterai point ici celles qu'il a faites. On connoît les meilleures, savoir : celle sur l'Aspar, sur l'Iphigénie de le Clerc, et sur la Judith de Boyer. Cette dernière est regardée comme une épigramme parfaite. M. de Valincour remarque qu'il avoit l'esprit porté à la raillerie, et même à une raillerie amère ; ce qui étoit cause qu'il disoit quelquefois des choses un peu piquantes, sans avoir intention de fâcher les personnes à qui il les disoit. Lorsqu'après la capitulation du château de Namur, le prince de Barbançon, qui en étoit gouverneur, en sortoit, il lui dit : « Voilà un mauvais temps pour » déménager ; » ce qu'il ne lui disoit qu'à cause des pluies continuelles. Le prince, qui crut qu'il vouloit le railler, répondit avec douceur : « Quand » on déménage comme je fais, le plus mauvais » temps est trop beau ; » et cette réponse plut fort au roi.

Il est vrai, comme il est rapporté dans le Bolæana, que mon père dit à quelqu'un qui s'étonnoit de ce que la Judith de Boyer n'étoit point sifflée : « Les sifflets sont à Versailles aux sermons de l'abbé » Boileau. » Il estimoit infiniment l'abbé Boileau, et ne fit cette réponse que pour faire remarquer certaine bizarrerie d'un goût passager, qui est cause qu'un bon prédicateur n'est pas goûté, tandis qu'un mauvais poète est applaudi.

La piété qui avoit éteint en lui la passion des vers, sut aussi modérer son penchant à la raillerie ; et il n'avoit plus depuis long-temps qu'une plaisanterie agréable avec ses amis, comme lorsqu'il cria à M. de Valincour qui entroit dans la galerie de Versailles : « Eh, Monsieur, où est le feu ? » Parce que M. de Valincour, avec un air empressé, marchoit toujours à grands pas, ou plutôt couroit comme un homme qui va annoncer que le feu est quelque part.

Boileau avoit contribué à faire sentir à mon père le danger de la raillerie, même entre amis. S'il recevoit de lui des conseils, il lui en donnoit à son tour : c'est le caractère de la véritable amitié, comme dit Cicéron : *Moneri et monere proprium est veræ amicitiæ*. Dans une dispute qu'ils eurent sur quelque point de littérature, Boileau accablé de ses railleries, lui dit d'un grand sang froid, quand la dispute fut finie : « Avez-vous eu envie de me fâcher ? » « Dieu m'en » garde, répond son ami. » « Eh bien, reprend » Boileau, vous avez donc tort, car vous m'avez » fâché ! »

Dans une autre dispute de même nature, Boileau pressé par de bonnes raisons, mais dites avec chaleur et raillerie, perdit patience, et s'écria : « Eh » bien, oui, j'ai tort ; mais j'aime mieux avoir tort » que d'avoir orgueilleusement raison ! »

Il ne pouvoit assez admirer comment son ami, que la vivacité de son esprit et de son tempérament portoit à plusieurs passions dangereuses dans la société, pour soi-même et pour les autres, avoit toujours pu en modérer la violence : ce qu'il attribuoit aux sentimens de religion qu'il avoit eu gravés dans le cœur dès l'enfance, et qui le retinrent contre ses penchans, dans les temps même les plus impétueux de sa jeunesse. Sur quoi il disoit : « La raison » conduit ordinairement les autres à la foi ; c'est la » foi qui a conduit M. Racine à la raison. » (1)

Boileau avoit reçu de la nature un caractère plus propre à la tranquillité et au bonheur. Exempt de toutes passions, il n'eut jamais à combattre contre lui-même. Il n'étoit point satirique dans sa conversation ; ce qui faisoit dire à madame de Sévigné, qu'il n'étoit cruel qu'en vers. Sans être ce qu'on appelle dévot, il fut exact dans tous les temps de sa vie à remplir les principaux devoirs de la religion. Se trouvant à Pâque dans la terre d'un ami, il alla à confesse au curé, qui ne le connoissoit pas, et qui étoit un homme fort simple. Avant que d'entendre sa confession, il lui demanda quelles étoient ses occupations ordinaires : « De faire des vers, » répondit Boileau. » « Tant pis, dit le curé. Et quels vers ? » « Des satires, ajouta le pénitent. » « Encore pis, répondit le confesseur. Et contre qui ? » « Contre ceux, dit Boileau, qui font mal des vers ; » contre les vices du temps, contre les ouvrages » pernicieux, contre les romans, contre les opéras. » « Ah, dit le curé, il n'y a donc pas de mal, et je n'ai » plus rien à vous dire ! »

On peut bien assurer que ces deux poètes n'ont jamais rougi de l'Evangile. Mon père, chef de fa-

---

(1) Ce mot n'est pas exactement rapporté dans le Bolæana.

mille, se croyoit obligé à une plus grande régularité. Il n'alloit jamais aux spectacles, et ne parloit devant ses enfans, ni de comédie, ni de tragédie profane. A la prière qu'il faisoit tous les soirs au milieu d'eux et de ses domestiques, quand il étoit à Paris, il ajoutoit la lecture de l'Evangile du jour, que souvent il expliquoit lui-même par une courte exhortation proportionnée à la portée de ses auditeurs, et prononcée avec cette âme qu'il donnoit à tout ce qu'il disoit.

Pour occuper de lectures pieuses M. de Seignelay, malade, il alloit lui lire les Pseaumes: cette lecture le mettoit dans une espèce d'enthousiasme, dans lequel il faisoit sur-le-champ une paraphrase du pseaume. J'ai entendu dire à M. l'abbé Renaudot, qui étoit un des auditeurs, que cette paraphrase leur faisoit sentir toute la beauté du pseaume, et les enlevoit.

Un autre exemple de cet enthousiasme qui le saisissoit dans la lecture des choses qu'il admiroit, est rapporté par M. de Valincour. Il étoit avec lui à Auteuil chez Boileau, avec M. Nicole et quelques autres amis distingués. On vint à parler de Sophocle, dont il étoit si grand admirateur, qu'il n'avoit jamais osé prendre un de ses sujets de tragédie. Plein de cette pensée, il prend un Sophocle Grec, et lit la tragédie d'Œdipe en la traduisant sur-le-champ. Il s'émut à tel point, dit M. de Valincour (1), que

---

(1) Lettre à M. l'abbé d'Olivet, Histoire de l'Académie Française.

tous les auditeurs éprouvèrent les sentimens de terreur et de pitié dont cette pièce est pleine. « J'ai vu, » ajoute-t-il, nos meilleures pièces représentées par » nos meilleurs acteurs : rien n'a jamais approché » du trouble où me jeta ce récit ; et au moment que » j'écris, je m'imagine voir encore Racine, le livre » à la main, et nous tous consternés autour de lui. » Voilà sans doute ce qui a fait croire qu'il avoit le dessein de composer un Œdipe.

Un morceau d'éloquence qui le mettoit dans l'enthousiasme, étoit la prière à Dieu qui termine le livre contre M. Mallet. Il aimoit à la lire ; et lorsqu'il se trouvoit avec des personnes disposées à l'entendre, il les attendrissoit, suivant ce que m'a raconté M. Rollin, qui avoit été présent à une de ces lectures.

Dans l'écrit intitulé *le Nouvel Absalon*, etc. qui fut imprimé par ordre de Louis XIV, il reconnoissoit l'éloquence de Démosthène contre Philippe, et l'on sait quelle admiration il avoit pour Démosthène : « Ce bourreau fera tant qu'il lui donnera de l'esprit, » dit-il un jour, en entendant M. de Toureil qui proposoit différentes manières d'en traduire une phrase. Boileau avoit la même admiration pour Démosthène : « Toutes les fois, disoit-il, que je relis l'Oraison » pour la Couronne, je me repens d'avoir écrit. »

M. de Valincour rapporte encore que quand mon père avoit un ouvrage à composer, il alloit se promener : qu'alors se livrant à son enthousiasme, il récitoit ses vers à haute voix ; et que travaillant ainsi à la tragédie de Mithridate dans les Tuileries, où il se croyoit seul, il fut surpris de se voir entouré d'un grand nombre d'ouvriers, qui, occupés au jardin, avoient quitté leur ouvrage pour venir à lui. Il ne se crut pas un Orphée dont les chants attiroient ces ouvriers pour les entendre, puisqu'au contraire, au rapport de M. de Valincour, ils l'entouroient, craignant que ce ne fût un homme au désespoir, prêt à se jeter dans le bassin. M. de Valincour eût pu ajouter qu'au milieu même de cet enthousiasme, sitôt qu'il étoit abordé par quelqu'un, il revenoit à lui, n'avoit plus rien de poète, et étoit tout entier à ce qu'on lui disoit.

Segrais, qui admiroit avec raison Corneille, mais qui n'avoit pas raison de le louer aux dépens de Boileau et de mon père, avance dans ses Mémoires, que cette maxime de la Rochefoucault : « C'est une » grande pauvreté de n'avoir qu'une sorte d'esprit, » fut écrite à leur occasion; « parce que, dit Segrais, » tout leur entretien roule sur la poésie : ôtez-les de » là, ils ne savent plus rien. » Ce reproche injuste à l'égard de Boileau même, l'est encore plus à l'égard de mon père. Un homme qui n'eût été que poète, et qui n'eût parlé que vers, n'eût pas longtemps réussi à la cour. Il évitoit toujours, comme je l'ai déjà dit, de parler de ses ouvrages; et lorsque quelques auteurs venoient pour lui montrer les leurs, il les renvoyoit à Boileau, en leur disant que pour lui il ne se mêloit plus de vers. Quand il en parloit, c'étoit avec modestie, et lorsqu'il se trouvoit avec ce petit nombre de gens de lettres dont, ainsi que Boileau, il cultivoit la société. Ceux qu'ils voyoient le plus souvent étoient les Pères Bourdaloue, Bouhours, et Rapin; MM. Nicole, Valincour, la Bruyère, La Fontaine et Bernier : ils perdirent ce dernier en 1688. Sa mort eut pour cause une plaisanterie qu'il essuya de la part de M. le président de Harlai étant à sa table. Ce philosophe, que ses voyages et les principes de Gassendi avoient mis au-dessus de beaucoup d'opinions communes, n'eut pas la fermeté de soutenir une raillerie assez froide. Comme il étoit d'un commerce fort doux, sa mort fut très-sensible à Boileau et à mon père.

Leurs amis étoient communs comme leurs sentimens. Tous deux respectoient autant qu'ils le devoient le révérend P. Bourdaloue. Les grands hommes s'estiment mutuellement, et quoique leurs talens soient différens. Boileau a publié combien l'estime du P. Bourdaloue étoit honorable pour lui, quand il a dit :

> Ma franchise surtout gagna sa bienveillance :
> Enfin, après Arnaud, ce fut l'illustre en France
> Que j'admirai le plus, et qui m'aima le mieux.

En parlant de sa franchise, il en donne un exemple dans ces vers même. Il eut, au rapport de madame de Sévigné, à un dîner chez M. de Lamoignon, une dispute fort vive avec le compagnon du P. Bourdaloue, en présence de ce Père, de deux évêques, et de Corbinelli. Voici l'histoire de cette dispute, écrite par madame de Sévigné.

« (1) On parla des ouvrages des anciens et des
» modernes. Despréaux soutint les anciens, à la
» réserve d'un seul moderne, qui surpasse, à son
» goût, et les vieux et les nouveaux. Le compa-
» gnon du P. Bourdaloue, qui faisoit l'entendu, lui
» demanda quel étoit donc ce livre si distingué
» dans son esprit; il ne voulut pas le nommer.
» Corbinelli lui dit : « Monsieur, je vous conjure
» de me le dire, afin que je le lise toute la nuit. »
» Despréaux lui répondit en riant : « Ah, Monsieur,
» vous l'avez lu plus d'une fois, j'en suis assuré ! »
» Le jésuite reprend, et presse Despréaux de
» nommer cet auteur si merveilleux, avec un air
» dédaigneux, un *cotal riso amaro*. Despréaux
» lui dit : « Mon Père, ne me pressez point. » Le
» Père continue. Enfin Despréaux le prend par le
» bras, et le serrant bien fort, lui dit : « Mon Père,
» vous le voulez : eh bien, c'est Pascal, morbleu ! »
« Pascal, dit le Père tout étonné ! Pascal est beau
» autant que le faux le peut être ! » « Le faux, dit
» Despréaux, le faux ! Sachez qu'il est aussi vrai
» qu'il est inimitable : on vient de le traduire en
» trois langues. » Le Père répond : « Il n'en est pas
» plus vrai pour cela. » Despréaux entame une
» autre dispute : le Père s'échauffe de son côté ; et
» après quelques discours fort vifs de part et d'au-
» tre, Despréaux prend Corbinelli par le bras,

---

(1) Lettre du 15 janvier 1690.

« s'enfuit au bout de la chambre : puis revenant et
» courant comme un forcené, il ne voulut jamais
» se rapprocher du Père, et alla rejoindre la com-
» pagnie. » Ici finit l'histoire, le rideau tombe.
J'ignore si madame de Sévigné n'a point orné son
récit ; mais je sais que le P. Bouhours s'entretenant
avec Boileau sur la difficulté de bien écrire en
français, lui nommoit ceux de nos écrivains qu'il
regardoit comme ses modèles, pour la pureté de
la langue. Boileau rejetoit tous ceux qu'il nommoit,
comme mauvais modèles. « Quel est donc, selon
» vous, lui dit le P. Bouhours, l'écrivain parfait ?
» Que lirons-nous ? » « Mon Père, reprit Boileau,
» lisons les Lettres Provinciales, et, croyez-moi, ne
» lisons pas d'autre livre. » Le même Père en se
plaignant à lui de quelques critiques imprimées
contre sa traduction du Nouveau Testament, lui
disoit : « Je sais d'où elles partent, je connois mes
» ennemis, je saurai me venger d'eux. » « Gar-
» dez-vous-en bien, reprit Boileau ; ce seroit alors
» qu'ils auroient raison de dire que vous n'avez
» pas entendu votre original, qui ne prêche que le
» pardon des ennemis. »

Mon père avoit plus d'attention que Boileau à
ne rien dire aux personnes à qui il parloit, qui fût
contraire à leur manière de penser. D'ailleurs, il
étoit moins souvent que lui dans le monde. Lorsqu'il pouvoit s'échapper de Versailles, il venoit
s'enfermer dans son cabinet, où il employoit son
temps à travailler à l'histoire du roi, qu'il ne perdoit

jamais de vue, ou à lire l'Ecriture-Sainte, qui lui inspiroit des réflexions pieuses qu'il mettoit quelquefois par écrit. Il lisoit avec admiration les ouvrages de M. Bossuet, et n'avoit pas, à beaucoup près, le même respect pour ceux de M. Huet. Il n'approuvoit pas l'usage que ce savant écrivain vouloit faire en faveur de la religion, de son érudition profane. Il appliquoit au livre de la Démonstration Evangélique ce vers de Térence :

Te cum tuâ
Monstratione magnus perdat Jupiter.

Il désapprouvoit surtout le livre du même auteur, intitulé : *Quæstiones Alnetanæ*, dont il a fait un extrait.

Quoiqu'il se fût fait depuis plusieurs années un devoir de religion de ne plus penser à la poésie, il s'y vit cependant rappelé par un devoir de religion auquel il ne s'attendoit pas. Madame de Maintenon, attentive à tout ce qui pouvoit procurer aux jeunes demoiselles de Saint-Cyr une éducation convenable à leur naissance, se plaignit du danger qu'on trouvoit à leur apprendre à chanter et à réciter des vers, à cause de la nature de nos meilleurs vers, et de nos plus beaux airs. Elle communiqua sa peine à mon père, et lui demanda s'il ne seroit pas possible de réconcilier la poésie et la musique avec la piété. Le projet l'édifia et l'alarma. Il souhaita que tout autre que lui fût chargé de l'exécution. Ce n'étoit point le reproche de sa conscience qu'il craignoit dans ce travail; il craignoit pour sa gloire. Il avoit une réputation acquise, et il pouvoit la perdre, puisqu'il avoit perdu l'habitude de faire des vers, et qu'il n'étoit plus dans la vigueur de l'âge. Que diroient ses ennemis, et que se diroit-il à lui-même, si après avoir brillé sur le théâtre profane, il alloit échouer sur un théâtre consacré à la piété ? Je vais rapporter ce qu'une plume meilleure que la mienne a écrit sur ses craintes, sur l'origine de la tragédie d'Esther, et sur celle d'Athalie.

Une aimable élève de Saint-Cyr, quoique sortie depuis peu de cette maison, et mariée à M. le comte de Caylus, exécuta le prologue de la Piété fait pour elle, et plusieurs fois le rôle d'Esther. Par les charmes de sa personne et de sa déclamation, elle contribua au succès de cette pièce, dont elle a parlé dans le recueil qu'elle fit un an avant sa mort, et qu'elle intitula *Mes Souvenirs*, parce qu'elle y rassembla ce que lui rappela sa mémoire de plusieurs événemens arrivés de son temps à la cour : c'est de ces *Souvenirs*, recueil si estimé des personnes qui en ont connoissance, qu'est tiré le morceau suivant, et un autre que je donnerai encore : (1)

« Madame de Brinon, première supérieure de
» Saint-Cyr, aimoit les vers et la comédie ; et au

---

(1) Le style de madame la comtesse de Caylus rend ces deux morceaux précieux : je les dois à M. le comte de Caylus son fils, dont le zèle officieux est connu de tout le monde.

» défaut

» défaut des pièces de Corneille et de Racine, qu'elle
» n'osoit faire jouer, elle en composoit de détes-
» tables à la vérité; mais c'est cependant à elle et
» à son goût pour le théâtre qu'on doit les deux
» belles pièces que Racine a faites pour Saint-Cyr.
» Madame de Brinon avoit de l'esprit et une facilité
» incroyable d'écrire et de parler, car elle faisoit
» aussi des espèces de sermons fort éloquens; et
» tous les dimanches, après la messe, elle expliquoit
» l'Evangile comme auroit pu faire M. le Tourneux.

» Mais je reviens à l'origine de la tragédie de
» Saint-Cyr. Madame de Maintenon voulut voir
» une des pièces de madame de Brinon. Elle la
» trouva telle qu'elle étoit, c'est-à-dire si mauvaise,
» qu'elle la pria de n'en plus faire jouer de sem-
» blables, et de prendre plutôt quelque belle pièce
» de Corneille ou de Racine, choisissant seulement
» celles où il y auroit le moins d'amour. Ces petites
» filles représentèrent Cinna assez passablement
» pour des enfans qui n'avoient été formées au
» théâtre que par une vieille religieuse. Elles jouè-
» rent aussi Andromaque : et soit que les actrices en
» fussent mieux choisies, ou qu'elles commençassent
» à prendre des airs de la cour, dont elles ne lais-
» soient pas de voir de temps en temps ce qu'il y
» avoit de meilleur, cette pièce ne fut que trop
» bien représentée au gré de madame de Maintenon,
» et elle lui fit appréhender que cet amusement ne
» leur insinuât des sentimens opposés à ceux qu'elle
» vouloit leur inspirer. Cependant, comme elle étoit

» persuadée que ces sortes d'amusemens sont bons
» à la jeunesse ; qu'ils donnent de la grâce, ap-
» prennent à mieux prononcer, et cultivent la
» mémoire (car elle n'oublioit rien de tout ce qui
» pouvoit contribuer à l'éducation de ces demoi-
» selles, dont elle se croyoit avec raison particuliè-
» rement chargée), elle écrivit à M. Racine après
» la représentation d'Andromaque : « Nos petites
» filles viennent de jouer votre Andromaque, et
» l'ont si bien jouée qu'elles ne la joueront de leur
» vie, ni aucune autre de vos pièces. » Elle le pria
» dans cette même lettre de lui faire, dans ses mo-
» mens de loisir, quelque espèce de poëme moral
» ou historique, dont l'amour fût entièrement banni,
» et dans lequel il ne crût pas que sa réputation fût
» intéressée, parce que la pièce resteroit ensevelie
» à Saint-Cyr, ajoutant qu'il lui importoit peu que
» cet ouvrage fût contre les règles, pourvu qu'il
» contribuât aux vues qu'elle avoit de divertir les
» demoiselles de Saint-Cyr en les instruisant. Cette
» lettre jeta Racine dans une grande agitation. Il
» vouloit plaire à madame de Maintenon ; le refus
» étoit impossible à un courtisan, et la commission
» délicate pour un homme qui comme lui avoit
» une grande réputation à soutenir, et qui, s'il
» avoit renoncé à travailler pour les comédiens,
» ne vouloit pas du moins détruire l'opinion que ses
» ouvrages avoient donnée de lui. Despréaux qu'il
» alla consulter, décida brusquement pour la néga-
» tive. Ce n'étoit pas le compte de Racine. Enfin,

» après un peu de réflexions, il trouva dans le sujet
» d'Esther tout ce qu'il falloit pour plaire à la cour.
» Despréaux lui-même en fut enchanté, et l'exhorta
» à travailler, avec autant de zèle qu'il en avoit
» eu pour l'en détourner.

» Racine ne fut pas long-temps sans porter à
» madame de Maintenon, non-seulement le plan
» de sa pièce (car il avoit accoutumé de les faire
» en prose, scène pour scène, avant que d'en faire
» les vers), il porta le premier acte tout fait. Ma-
» dame de Maintenon en fut charmée, et sa modestie
» ne put l'empêcher de trouver dans le caractère
» d'Esther et dans quelques circonstances de ce
» sujet, des choses flatteuses pour elle. La Vasty
» avoit ses applications, Aman des traits de ressem-
» blance, et indépendamment de ces idées, l'histoire
» d'Esther convenoit parfaitement à Saint-Cyr. Les
» chœurs que Racine, à l'imitation des Grecs, avoit
» toujours en vue de remettre sur la scène, se trou-
» voient placés naturellement dans Esther, et il
» étoit ravi d'avoir eu cette occasion de les faire
» connoître et d'en donner le goût. Enfin, je crois
» que si l'on fait attention au lieu, au temps et aux
» circonstances, on trouvera que Racine n'a pas
» moins marqué d'esprit en (1) cette occasion, que

_____

(1) Voilà parler en personne éclairée. Les ennemis de l'auteur ne parlèrent pas de même. Ils disoient qu'il entendoit
mieux à parler d'amour que de Dieu. Ainsi ses premières
craintes avoient été bien fondées, puisqu'Esther, malgré son
succès, fut très-critiquée.

» dans d'autres ouvrages plus beaux en eux-mêmes.

» Esther fut représentée un an après la résolu-
» tion que madame de Maintenon avoit prise de
» ne plus laisser jouer de pièces profanes à Saint-
» Cyr. Elle eut un si grand succès, que le sou-
» venir n'en est pas encore effacé.

» Jusque-là, il n'avoit point été question de
» moi, et on n'imaginoit pas que je dusse y repré-
» senter un rôle ; mais me trouvant présente aux
» récits que M. Racine venoit faire à madame de
» Maintenon de chaque scène à mesure qu'il les
» composoit, j'en retenois des vers : et comme j'en
» récitai un jour à M. Racine, il en fut si content,
» qu'il demanda en grâce à madame de Maintenon
» de m'ordonner de faire un personnage : ce qu'elle
» fit. Mais je ne voulus point de ceux qu'on avoit
» déja destinés : ce qui l'obligea de faire pour moi
» le prologue de sa pièce. Cependant ayant appris,
» à force de les entendre, tous les autres rôles,
» je les jouai successivement à mesure qu'une des
» actrices se trouvoit incommodée : car on repré-
» senta Esther tout l'hiver ; et cette pièce qui devoit
» être renfermée dans Saint-Cyr, fut vue plusieurs
» fois du roi et de toute la cour, toujours avec le
» même applaudissement. »

Esther fut représentée en 1689. Les demoiselles
avoient été formées à la déclamation par l'auteur
même, qui en fit d'excellentes actrices. Pour cette
raison il étoit tous les jours, par ordre de madame
de Maintenon, dans la maison de Saint-Cyr : et la

mémoire qu'il y a laissée, lui fait tant d'honneur, qu'il m'est permis d'en parler. J'ose dire qu'elle y est chérie et respectée, à cause de l'admiration qu'eurent toutes ces dames pour la douceur et la simplicité de ses mœurs. J'eus l'honneur d'entretenir il y a deux mois, quelques-unes de celles qui l'y virent alors; elles m'en parlèrent avec une espèce d'enthousiasme, et toutes me dirent d'une commune voix : « Vous êtes fils d'un homme qui avoit un » grand génie, et une grande simplicité. » Elles ont eu la bonté de chercher parmi les lettres de madame de Maintenon, celles où il étoit fait mention de lui, et m'en ont communiqué quatre, que je joins au recueil des lettres.

Des applications particulières contribuèrent encore au succès de la tragédie d'Esther : *Ces jeunes et tendres fleurs, transplantées*, étoient représentées par les demoiselles de Saint-Cyr. La Vasty, comme dit madame de Caylus, avoit quelque ressemblance. Cette Esther qui *a puisé ses jours* dans la race proscrite par Aman, avoit aussi sa ressemblance : quelques paroles échappées à un ministre avoient, dit-on, donné lieu à ces vers :

Il sait qu'il me doit tout, etc.

On prétendoit aussi expliquer ces *ténèbres jetées sur les yeux les plus saints*, dont il est parlé dans le prologue; en sorte que l'auteur avoit suivi l'exemple des anciens, dont les tragédies ont souvent rapport aux événemens de leur temps.

Madame de Sévigné parle dans ses Lettres des applaudissemens que reçut cette tragédie : « Le roi » et toute la cour sont, dit-elle (1), charmés » d'Esther. Monsieur le Prince y a pleuré ; madame » de Maintenon et huit Jésuites dont étoit le P. Gail- » lard ont honoré de leur présence la dernière re- » présentation. Enfin c'est un chef-d'œuvre de Ra- » cine. » Elle (2) dit encore dans un autre endroit : « Racine s'est surpassé ; il aime Dieu comme il » aimoit ses maîtresses (3) ; il est pour les choses » saintes comme il étoit pour les profanes. La sainte » Ecriture est suivie exactement. Tout est beau ; » tout est grand ; tout est écrit avec dignité. »

Les grandes leçons que contient cette tragédie pour les rois que leurs ministres trompent souvent ; pour les ministres qu'aveugle leur fortune ; et pour les innocens, qui prêts à périr voient le ciel pren- dre leur défense ; les applaudissemens réitérés de la cour, et surtout ceux du roi qui honora plusieurs fois cette pièce de sa présence, devoient fermer la bouche aux critiques. Cependant elle fut vivement attaquée. Plusieurs même de ceux qui avoient répété si souvent dans leurs épitres dédicatoires, ou dans leurs discours académiques, que le roi étoit

---

(1) Lettre 512.

(2) Lettre 516.

(3) Lorsque madame de Sévigné parle de *maîtresses*, elle n'eût pu en nommer une autre que la Champmêlé, et elle parle suivant le préjugé dont j'ai fait voir plus haut la cause et la fausseté.

au-dessus des autres hommes autant par la justesse de son esprit que par la grandeur de son rang, ne regardèrent pas dans cette occasion, sa décision comme une loi pour eux. Je juge de la manière dont cette tragédie fut critiquée, par une apologie qui en fut faite dans ce temps, et que j'ai trouvée par hasard.

L'auteur de cette apologie manuscrite, après avoir avoué que le jugement du public n'est pas favorable à la pièce, et qu'il est même déjà un peu tard pour en appeler, entreprend de montrer qu'elle a été jugée sans examen, et que tout son mérite n'est pas connu. Après l'avoir relevée par la grandeur du sujet, par les caractères, et la régularité de la conduite, il s'arrête à faire observer ce que les connoisseurs y remarquèrent d'abord, cette manière admirable et nouvelle de faire parler d'amour, en conservant à un sujet saint, toute sa sainteté, et en conservant à Assuérus toute la majesté d'un roi de Perse. L'amour s'accorde difficilement avec la fierté, encore plus difficilement avec la sagesse; cependant ce roi idolâtre parle d'amour de manière que rien n'est si pur ni si chaste, parce que devant Esther il est comme amoureux de la vertu même.

L'auteur de cette pièce fit cette même année pour la maison de Saint-Cyr quatre cantiques tirés de l'Ecriture-Sainte, qui auroient été plus utiles aux demoiselles de cette maison, si la musique avoit répondu aux paroles; mais le musicien à qui ils furent donnés, et qui avoit déja mis en chant les chœurs d'Esther, n'avoit pas le talent de Lully.

Le roi fit exécuter plusieurs fois ces cantiques devant lui; et la première fois qu'il entendit chanter ces paroles:

> Mon Dieu, quelle guerre cruelle!
> Je trouve deux hommes en moi :
> L'un veut que plein d'amour pour toi
> Mon cœur te soit toujours fidelle ;
> L'autre à tes volontés rebelle
> Me révolte contre ta loi,

il se tourna vers madame de Maintenon, en lui disant : « Madame, voilà deux hommes que je con» nois bien. »

La lettre suivante fut écrite au sujet de ses cantiques, par un homme très-connu alors par son esprit et sa piété :

« Que ces cantiques sont beaux, qu'ils sont
» admirables, tendres, naturels, pleins d'onction!
» Ils élèvent l'âme, et la portent où l'auteur l'a
» voulu porter, jusqu'au ciel, jusqu'à Dieu. J'au-
» gure un grand bien de ces cantiques autorisés par
» l'approbation du monarque, et de son goût qui
» sera le goût de tout le monde. Je regarde l'auteur
» comme l'apôtre des Muses, et le prédicateur du
» Parnasse, dont il semble n'avoir appris le langage
» que pour leur prêcher en leur langue l'Evangile,
» et leur annoncer le Dieu inconnu. Je prie Dieu
» qu'il bénisse sa mission, et qu'il daigne le rem-
» plir de plus en plus des vérités qu'il fait passer

» si agréablement dans les esprits des gens du
» monde. »

Le même homme écrivit encore une lettre fort belle lorsqu'il apprit qu'une de mes sœurs se faisoit religieuse; et l'heureuse application qu'il y fait de quelques vers de ces cantiques, m'engage à la rapporter ici :

Du 14 février 1697.

« Je prends en vérité beaucoup de part à la dou-
» leur et à la joie de l'illustre ami. Car il y a en
» cette occasion obligation d'unir ce que Saint-Paul
» sépare, *flere cum flentibus, gaudere cum gauden-*
» *tibus*. La nature s'afflige, et la foi se réjouit dans
» le même cœur. Mais je m'assure que la foi l'em-
» portera bientôt, et que sa joie se répandant sur
» la nature, en noyera tous les sentimens humains.
» Il est impossible qu'une telle séparation n'ait fait
» d'abord une grande plaie dans un cœur paternel :
» mais le remède est dans la plaie; et cette affliction
» est la source de consolations infinies pour l'avenir
» et dès à présent. Je ne doute point qu'il ne con-
» çoive combien il a d'obligation à la bonté de
» Dieu, d'avoir daigné choisir dans son petit trou-
» peau une victime qui lui sera consacrée et im-
» molée toute sa vie en un holocauste d'amour et
» d'adoration, et de l'avoir cachée dans le secret
» de sa face, pour y mettre à couvert de la cor-
» ruption du siècle toutes les bonnes qualités qui
» ne lui ont été données que pour Dieu. Au bout du
» compte il s'en doit prendre un peu à lui-même.

» La bonne éducation qu'il lui a donnée et les sen-
» timens de religion qu'il lui a inspirés, l'ont con-
» duite à l'autel du sacrifice. Elle a cru ce qu'il
» lui a dit, que de ces deux hommes qui sont en
» nous,

> L'un tout esprit et tout céleste
> Veut qu'au ciel sans cesse attaché
> Et des biens éternels touché,
> On compte pour rien tout le reste.

» Elle l'a de bonne foi compté pour rien sur sa
» parole, et plus encore sur celle de Dieu, et s'est
» résolue d'être sans cesse attachée au ciel et aux
» biens éternels. Il n'y a donc qu'à louer et à bénir
» Dieu, et à profiter de cet exemple de détache-
» ment des choses du monde que Dieu nous met à
» tous devant les yeux dans cette généreuse re-
» traite.

» Je vous prie d'assurer cet heureux père que j'ai
» offert sa victime à l'autel, et que je suis avec
» beaucoup de respect tout à lui. »

Ce père si tendre fut présent au sacrifice de sa fille, et pleuroit encore quand il en écrivit le récit dans une lettre qu'on trouvera la dernière de toutes ses lettres. Il n'est pas étonnant qu'une victime qui étoit de son troupeau, lui ait coûté beaucoup de larmes, puisqu'il n'assistoit jamais à une pareille cérémonie sans pleurer, quoique la victime lui fût indifférente : c'est ce qu'on apprendra par une des lettres de madame de Maintenon, qui écrivoit à

Saint-Cyr, pour demander le jour de la profession d'une jeune personne, où elle vouloit assister. « Racine qui veut pleurer, dit-elle, viendra à la » profession de la sœur Lalie. » La tendresse de son caractère paroissoit en toute occasion. Dans une représentation d'Esther devant le roi, la jeune actrice qui faisoit le rôle d'Elise, manqua de mémoire : « Ah, Mademoiselle, s'écria-t-il, quel tort » vous faites à ma pièce ! » La Demoiselle consternée de la réprimande, se mit à pleurer. Aussitôt il courut à elle, prit son mouchoir, essuya ses pleurs et en répandit lui-même. Je ne crains point d'écrire de si petites choses, parce que cette facilité à verser des larmes fait connoître la bonté d'un caractère, suivant cette maxime des anciens : ἀγαθοί δ' ἀριδάκρυες ἄνδρες.

Les applaudissemens que sa tragédie avoit reçus ne l'empêchoient pas de reconnoître qu'elle n'étoit pas dans toute la grandeur du poëme dramatique. L'unité de lieu n'y étoit pas observée, et elle n'étoit qu'en trois actes : c'est mal à propos que dans quelques éditions on l'a partagée en cinq. Il avoit trouvé l'art d'y lier, comme les anciens, les chœurs avec l'action; mais il terminoit l'action par un chœur : chose inconnue aux anciens et contraire à la nature du poëme dramatique, qui ne doit pas finir par des chants.

Il entreprit de traiter un autre sujet de l'Ecriture-Sainte, et de faire une tragédie plus parfaite. Madame de Sévigné doutoit qu'il y pût réussir, et

disoit dans une de ses lettres : « Il aura de la peine à
» faire mieux qu'Esther : il n'y a plus d'histoire
» comme celle-là. C'étoit un hasard, et un assorti-
» ment de toutes choses ; car Judith, Booz et Ruth
» ne sauroient rien faire de beau. Racine a pourtant
» bien de l'esprit ; il faut espérer. » Elle n'avoit
point tort de penser ainsi. Elle ne s'attendoit pas
que dans un chapitre du quatrième livre des Rois,
il dût trouver le plus grand sujet qu'un poète eût
encore traité, et en faire une tragédie, qui, sans
amour, sans épisodes, sans confidens, intéresseroit
toujours, dans laquelle le trouble iroit croissant de
scène en scène jusqu'au dernier moment, et qui
seroit dans toute l'exactitude des règles.

Le mérite cependant de cette tragédie fut long-
temps ignoré. Elle n'eut point le secours des représentations, qui font pour un temps la fortune des
pièces médiocres. On avoit fait un scrupule à madame de Maintenon des représentations d'Esther,
en lui disant que ces spectacles où de jeunes demoiselles parées magnifiquement, paroissoient devant
toute la cour, étoient dangereux pour les spectateurs
et pour les actrices même. On ne songeoit point à
faire exécuter Athalie sur le théâtre des comédiens ;
l'auteur y avoit mis ordre en faisant insérer dans le
privilége (1) d'Esther la défense aux comédiens de

---

(1) Le privilége, daté du 3 février 1689, est accordé aux
dames de Saint-Cyr, et non pas à l'auteur ; et il y est dit :
« Ayant vu nous-mêmes plusieurs représentations dudit
» ouvrage, dont nous avons été satisfaits, nous avons donné

représenter une tragédie faite pour Saint-Cyr. De pareils sujets ne conviennent point à de pareils acteurs : il falloit, comme dit madame de Sévigné, lettre 533, « des personnes innocentes pour chanter » les malheurs de Sion; la Champmêlé nous eût fait » mal au cœur. »

Madame la comtesse de Caylus a pensé de même; et on lira avec plaisir ce qu'elle écrit sur Athalie, dans ses *Souvenirs*, recueil dont j'ai parlé :

« Le grand succès d'Esther mit Racine en goût : » il voulut composer une autre pièce; et le sujet » d'Athalie (c'est-à-dire de la mort de cette reine, » et la reconnoissance de Joas) lui parut le plus » beau de tous ceux qu'il pouvoit tirer de l'Ecriture- » Sainte. Il y travailla sans perdre de temps; et » l'hiver suivant, cette nouvelle pièce se trouva en » état d'être représentée; mais madame de Maintenon » reçut de tous côtés tant d'avis et tant de représen- » tations des dévots qui agissoïent en cela de bonne » foi, et de la part des poètes jaloux de Racine, » qui non contens de faire parler les gens de bien, » écrivirent plusieurs lettres anonymes, qu'ils em- » pêchèrent enfin Athalie d'être représentée sur le » théâtre de Saint-Cyr. On disoit à madame de » Maintenon qu'il étoit honteux à elle de faire mon- » ter sur un théâtre des demoiselles rassemblées de » toutes les parties du royaume, pour recevoir une

---

» par ces présentes aux dames de Saint-Cyr, avec défense à » tous acteurs, etc. »

» éducation chrétienne, et que c'étoit mal répondre
» à l'idée que l'établissement de Saint-Cyr avoit
» fait concevoir. J'avois part aussi à ces discours,
» et on trouvoit encore qu'il étoit indécent à elle
» de me faire voir à toute la cour sur un théâtre.

» Le lieu, le sujet des pièces, et la manière dont
» les spectateurs s'étoient introduits à Saint-Cyr
» devoient justifier madame de Maintenon, et elle
» auroit pu ne pas s'embarrasser de discours qui
» n'étoient fondés que sur l'envie et la malignité ;
» mais elle pensa différemment, et arrêta ces spec-
» tacles dans le temps que tout étoit prêt pour jouer
» Athalie. Elle fit seulement venir à Versailles une
» fois ou deux les actrices pour jouer dans sa cham-
» bre devant le roi, avec leurs habits ordinaires.
» Cette pièce est si belle, que l'action n'en parut pas
» refroidie; il me semble même qu'elle produisit alors
» plus d'effet qu'elle n'en a produit sur le théâtre de
» Paris. Oui, je crois que M. Racine auroit été
» fâché de la voir aussi défigurée qu'elle m'a paru
» l'être par une Jozabet fardée, par une Athalie
» outrée (1), et par un grand-prêtre plus capable
» d'imiter les capucinades du petit P. Honoré,
» que la majesté d'un prophète divin. Il faut ajouter
» encore que les chœurs qui manquoient aux repré-
» sentations faites à Paris, ajoutoient une grande
» beauté à la pièce, et que les spectateurs mêlés et

(1) Elle parle de la Duclos, de la Démare et de Beaubour. Le vieux Baron fit après lui le rôle du grand-prêtre bien différemment.

» confondus avec les acteurs, refroidissent infini-
» ment l'action ; mais malgré ces défauts et ces
» inconvéniens, elle a été admirée, et le sera tou-
» jours.

» On fit après, à l'envi de M. Racine, plusieurs
» pièces pour Saint-Cyr mais elles y sont ensevelies.
» La Judith, pièce que M. l'abbé Testu fit faire par
» Boyer, à laquelle il travailla lui-même, fut jouée
» ensuite sur le théâtre de Paris avec le succès
» marqué dans l'épigramme :

» A sa Judith Boyer par aventure, etc. »

Athalie fut exécutée deux fois devant Louis XIV et devant madame de Maintenon, dans une chambre sans théâtre, par les demoiselles de Saint-Cyr, vêtues de ces habits modestes et uniformes qu'elles portent dans la maison. De pareilles représentations étoient bien différentes de celles d'Esther, qui se faisoient avec une grande dépense pour les habits, les décorations et la musique.

Madame de Caylus fait peut-être une prédiction véritable, lorsqu'elle dit qu'Athalie sera toujours admirée ; mais elle ne le fut pas d'abord du public : et lorsqu'elle parut imprimée en 1691, elle fut très-peu recherchée. On avoit entendu dire qu'elle étoit faite pour Saint-Cyr, et qu'un enfant y faisoit un principal personnage : on se persuada que c'étoit une pièce qui n'étoit que pour des enfans, et les gens du monde furent peu empressés de la lire. Ceux qui la lurent parurent froids d'abord ; et M. Arnaud, en la trouvant fort belle, la mettoit au-dessous d'Esther. Un docteur de Sorbonne peut aisément se tromper en jugeant de tragédies; mais la manière dont il avoit parlé de Phèdre, faisoit voir qu'en ces matières même, il n'avoit pas coutume de se tromper. Voici la lettre qu'il écrivit à ce sujet :

« J'ai reçu Athalie, et l'ai lue aussitôt deux ou
» trois fois avec une grande satisfaction. Si j'avois
» plus de loisir, je vous marquerois plus au long
» ce qui me la fait admirer. Le sujet y est traité avec
» un art merveilleux ; les caractères bien soutenus,
» les vers nobles et naturels. Ce qu'on y fait dire
» aux gens de bien inspire du respect pour la re-
» ligion et pour la vertu ; et ce qu'on fait dire aux
» méchans n'empêche point qu'on n'ait horreur de
» leur malice ; en quoi je trouve que beaucoup de
» poètes sont blâmables, mettant tout leur esprit
» à faire parler leurs personnages d'une manière
» qui peut rendre leur cause si bonne, qu'on est
» plus porté à approuver ou à excuser les plus
» méchantes actions qu'à en avoir de la haine.
» Mais comme il est bien difficile que deux enfans
» d'un même père soient si également parfaits,
» qu'il n'ait pas plus d'inclination pour l'un que
» pour l'autre, je voudrois bien savoir laquelle de
» ces deux pièces il aime davantage. Pour moi,
» je vous dirai franchement que les charmes de la
» cadette n'ont pu m'empêcher de donner la pré-
» férence à l'aînée. J'en ai beaucoup de raisons,
» dont la principale est que j'y trouve beaucoup
» plus

» plus de choses très-édifiantes et très-capables
» d'inspirer de la piété. »

Un pareil jugement, quelque flatteur qu'il soit, ne satisfait point un auteur, toujours plus content, suivant la coutume, de son dernier ouvrage que des autres, surtout lorsqu'il en a de si justes raisons. Etonné de voir que sa pièce, loin de faire dans le public l'éclat qu'il s'en étoit promis, restoit presque dans l'obscurité, il s'imagina qu'il avoit manqué son sujet; et il l'avouoit sincèrement à Boileau, qui lui soutenoit au contraire qu'Athalie étoit son chef-d'œuvre : « Je m'y connois, lui disoit-il, et le
» public y reviendra. » Sur ces espérances l'auteur se rassuroit : il a cependant été toujours convaincu, que s'il avoit fait quelque chose de parfait, c'étoit Phèdre; et sa prédilection pour cette pièce étoit fondée sur des raisons très-fortes. Car, quoique l'action d'Athalie soit bien plus grande, le caractère de Phèdre est, comme celui d'Œdipe, un de ces sujets rares, qui ne sont pas l'ouvrage des poètes, et qu'il faut que la fable ou l'histoire leur fournissent.

Tout le monde sait que la principale qualité qu'Aristote, ou plutôt que la tragédie demande dans son héros, est qu'il ne soit ni tout-à-fait vicieux ni tout-à-fait vertueux, parce qu'un scélérat, quelque malheur qui lui arrive, ne fait jamais pitié, et qu'un homme tout-à-fait exempt de foiblesse, et qui ne s'est attiré son malheur par aucune faute, cause plus de chagrin que de pitié; au lieu que le malheureux qui mérite de l'être, et qui en même temps mérite d'être plaint, intéresse toujours; et c'est ce qui se trouve admirablement dans Phèdre, qui, dévorée par une infâme passion, est toute la première à se prendre en horreur. Je ne sais même si par-là son caractère n'est pas beaucoup plus tragique que celui d'Œdipe, qui dans le fond n'est qu'un homme fort ordinaire, à qui le hasard a fait commettre de grands crimes, sans qu'il en ait eu l'intention, et chez qui l'on ne peut voir cette *douleur vertueuse* qui fait la beauté du caractère de Phèdre. Mais on peut dire aussi que ce caractère est le seul qui soit dans cette tragédie: au lieu que dans Athalie, où se trouvent à la fois plusieurs grands caractères, l'action est plus grande, plus intéressante, et conduite avec plus d'art; en sorte qu'on pourroit, à mon avis, concilier les deux sentimens, en disant que le personnage de Phèdre est le plus parfait des personnages tragiques, et qu'Athalie est la plus parfaite des tragédies.

On en reconnut enfin le mérite; mais la prédiction de Boileau n'eut son accomplissement que fort tard, et long-temps après la mort de l'auteur. Les vrais connoisseurs vantèrent le mérite de cette pièce. M. le duc d'Orléans, régent du royaume, voulut connoître quel effet elle produiroit sur le théâtre; et, malgré la clause insérée dans le privilége, ordonna aux comédiens de l'exécuter. Le succès fut étonnant; et les premières représentations faites à la cour, donnoient un nouveau prix à cette pièce, parce que le roi étant à-peu-près de l'âge de Joas, on ne pouvoit sans s'attendrir sur lui, entendre quelques vers comme ceux-ci :

> Voilà donc votre roi, votre unique espérance.
> J'ai pris soin jusqu'ici de vous le conserver......
> Du fidèle David c'est le précieux reste......
> Songez qu'en cet enfant tout Israël réside......

Voilà quel fut le sort de cette fameuse tragédie, qui, du côté de l'intérêt, n'ayant rien produit à l'auteur ni à sa famille, a été si utile depuis aux libraires et aux comédiens; et du côté de la gloire, en a acquis une si éloignée du temps de l'auteur, qu'il n'a jamais pu la prévoir. Il étoit heureusement détaché depuis long-temps de l'amour de la gloire humaine : il en devoit connoître mieux qu'un autre la vanité. Bérénice, dans sa naissance, fit plus de bruit qu'Athalie.

S'il ne fut pas récompensé de ses deux tragédies saintes par les éloges du public, il en fut récompensé par la satisfaction que Louis XIV témoigna en avoir reçue, et il en eut pour preuve, au mois de décembre 1690, l'agrément d'une charge de gentilhomme ordinaire de sa majesté (1). Il eut encore l'avantage de contenter madame de Maintenon, la seule protection qu'il ait cultivée. Enfin il acquit l'estime des Dames de Saint-Cyr, qui dans le voyage dont j'ai parlé plus haut, m'en parlèrent avec tant de zèle, que leurs discours m'ont plus

---

(1) A condition de payer à madame Torff, veuve de celui dont on lui donnoit la charge, dix mille livres, qui lui furent payées le 23 du même mois.

appris à l'admirer, que ses ouvrages ne me l'avoient encore fait admirer. Une des lettres de madame de Maintenon, que je donne à la suite de ces Mémoires, apprend qu'il revit avec Boileau les constitutions de cette maison, pour corriger les fautes de style.

Dégoûté plus que jamais de la poésie par le malheureux succès d'Athalie, et résolu de ne plus s'occuper de vers, il fit la campagne de Namur, où il suivit de près toutes les opérations du siége. Ses lettres écrites à Boileau du camp devant Namur, font bien connoître qu'il ne songeoit plus qu'à être historien.

Boileau étoit alors occupé de la poésie, et il y étoit retourné à-peu-près dans le même temps que son ami. Des raisons l'y avoient rappelé. Perrault, après avoir lu à l'Académie son poëme *du Siècle de Louis-le-Grand*, fit imprimer les Parallèles des Anciens et des Modernes. Les amateurs du bon goût furent indignés de voir les anciens traités avec tant de mépris, par un homme qui les connoissoit si peu. On animoit Boileau à lui répondre : « S'il ne » lui répond pas, dit M. le prince de Conti à mon » père, vous pouvez l'assurer que j'irai à l'Acadé- » mie écrire sur son fauteuil : *Tu dors, Brutus.* » Il se réveilla, et composa son ode sur la prise de Namur, pour donner une idée de l'enthousiasme de Pindare, maltraité par M. Perrault. Il acheva la satire contre les femmes; ouvrage projeté et abandonné plusieurs années auparavant : il donna contre M. Perrault, les réflexions sur Longin, et composa ensuite sa onzième satire et ses trois dernières épîtres.

En se réveillant, il réveilla ses ennemis. L'ode sur Namur ne produisit pas l'effet qu'il avoit en vue, qui étoit de faire admirer Pindare. La satire contre les femmes, qu'on imprima séparément, fut si prodigieusement vendue et critiquée, que tandis que le libraire étoit content, l'auteur se désespéroit. « Rassurez-vous, lui disoit mon père : vous avez » attaqué un corps très-nombreux, et qui n'est que » langues : l'orage passera. » Il fut long, quoique Boileau en attaquant les femmes eût mis pour lui madame de Maintenon, par ces vers :

J'en sais une chérie et du monde et de Dieu, etc.

M. Arnaud, qui, à l'occasion de cette satire, écrivit en 1694 à M. Perrault la lettre que Boileau appela son apologie, ne fut pas son apologiste en tout, puisqu'après avoir lu les réflexions sur Longin, il écrivit la lettre suivante, qui n'a jamais été imprimée, à ce que je crois, et qui mérite d'être connue :

« Je n'eus pas plutôt reçu les *OEuvres diverses*,
» que je me mis à lire ce qu'il y a de nouveau.
» J'en ai été merveilleusement satisfait, et je doute
» que le bon Homère ait jamais eu un plus exact et
» plus judicieux apologiste. C'est tout le remercî-
» ment que je vous supplie de faire de ma part à
» l'auteur, et d'y ajouter seulement, que j'estime
» trop notre amitié pour la mettre au nombre de

» ces amitiés vulgaires qui ont besoin de compli-
» mens pour s'entretenir. Je passe encore plus loin,
» et j'ose m'assurer qu'il ne trouvera pas mauvais
» que je lui remarque ce que j'ai trouvé dans ses
» réflexions critiques, que je souhaiterois qui n'y
» fût pas, et ce qui n'auroit pas dû y être, s'il avoit
» fait plus d'attention à cette belle règle qu'il a
» donnée dans sa dixième épître :

Rien n'est beau que le vrai : le vrai seul est aimable,
Il doit régner partout, et même dans la fable.
De toute fiction l'adroite fausseté
Ne tend qu'à faire aux yeux briller la vérité.

» Ce que je souhaiterois qui ne fût pas dans les ré-
» flexions, est ce que j'y ai trouvé de M. Perrault le
» médecin. On dit, sur la foi d'un célèbre architecte,
» que la façade du Louvre n'est pas de lui, mais
» du sieur le Vau, et que ni l'arc de triomphe,
» ni l'observatoire, ne sont pas l'ouvrage d'un mé-
» decin de la Faculté. Cela ne me paroît avoir aucune
» vraisemblance, bien loin d'être vrai. Comment
» donc pourra-t-il plaire, s'il n'y a que la vérité
» qui plaise ? Je ne crois pas de plus qu'il soit permis
» d'ôter à un homme de mérite, sur un ouï-dire,
» l'honneur d'avoir fait ces ouvrages. Les règles
» qu'on a établies dans le Ier chap. du dernier livre
» contre M. Malet, ne pourroient pas servir à auto-
» riser cet endroit des réflexions. Je souhaiterois
» aussi qu'il fût disposé à déclarer, que ce qu'il a dit
» du médecin de Florence, n'est qu'une exagération

« poétique, que les poètes ont accoutumé d'em-
» ployer contre tous les médecins, qu'ils savent
» bien qu'on ne prendra pas pour leur vrai senti-
» ment; et qu'après tout il reconnoît que M. Perrault
» le médecin a passé parmi ses confrères pour
» médecin habile. »

Boileau avoit sans doute vu cette lettre quand il écrivit son remercîment à M. Arnaud, à la fin duquel il lui dit : « Puisque vous prenez un si grand
» intérêt à la mémoire de feu M. Perrault le médecin,
» à la première édition de mon livre, il y aura dans
» la préface un article exprès en faveur de ce
» médecin, qui sûrement n'a point fait la façade du
» Louvre, ni l'Observatoire, ni l'Arc de Triomphe,
» comme on le prouvera démonstrativement, mais
» qui au fond étoit un homme de beaucoup de
» mérite, grand physicien, et, ce que j'estime
» encore plus que tout cela, qui avoit l'honneur
» d'être votre ami. »

M. Arnaud mourut peu après avoir écrit la lettre que je viens de donner, et son cœur fut apporté à Port-Royal à la fin de 1694. Mon père crut qu'à cette cérémonie, où quelques parens invités ne vinrent pas, il pouvoit d'autant moins se dispenser d'assister, que la Mère Racine y présidoit en qualité d'abbesse. Il y alla donc, et composa deux petites pièces de vers : l'une qui commence ainsi,

Sublime en ses écrits, etc.

et qui se trouve dans la dernière édition de ses

Œuvres ; l'autre qui dans le Nécrologe de Port-Royal est attribuée par erreur à M. l'abbé Regnier, et dont voici les deux premiers vers,

> Haï des uns, chéri des autres,
> Estimé de tout l'univers, etc.

Tout le monde sait les beaux vers que fit Santeuil sur ce cœur rapporté à Port-Royal :

> Ad sanctas rediit sedes, ejectus et exul, etc.

et l'épitaphe faite depuis par Boileau :

> Aux pieds de cet autel de structure grossière, etc.

Un de nos savans, à l'imitation des anciens, qui dans les inscriptions sur leurs tombeaux demandoient que leurs corps ne fussent point chargés d'une terre trop pesante, demanda par une épigramme, que ses os ne fussent point chargés de mauvais vers :

> Sint modo carminibus non onerata malis.

Ce malheur n'arriva pas à M. Arnaud, célébré après sa mort par Santeuil, Boileau et mon père.

De ces trois poètes, Santeuil fut le seul, qui effrayé de ce qu'il avoit fait, rendit ses craintes si publiques, qu'elles donnèrent lieu à la pièce en vers latins intitulée *Santolius pœnitens*. Cette pièce, composée par M. Rollin, fut bientôt traduite en vers français ; et les vers de cette traduction étant bien faits, furent attribués à mon père. M. Boivin le jeune, qui en étoit l'auteur, fut charmé de cette méprise, et adressa à mon père une petite pièce de vers fort ingénieuse, par laquelle il le prioit de laisser quelque temps le public dans l'erreur.

Mon père, bien éloigné des frayeurs de Santeuil, fut chargé de lire au roi les trois dernières épîtres de Boileau, qui avoit coutume de lire lui-même tous ses ouvrages à sa majesté, mais qui ne venoit plus à la cour à cause de ses infirmités. Mon père fut charmé de faire valoir les vers de son ami; et lorsqu'en les lisant il vint à celui-ci :

Arnaud, le grand Arnaud fit mon apologie,

il fit sentir par le ton qu'il prit, qu'il le lisoit avec satisfaction.

Louis XIV ne parut jamais désapprouver en lui cet attachement que la reconnoissance lui inspiroit pour ses anciens maîtres, et pour la maison dans laquelle il avoit été élevé. Il y alloit souvent; et tous les ans, le jour de la fête du Saint-Sacrement, il y menoit sa famille pour assister à la procession. L'humilité avec laquelle il pratiquoit tous les exercices de la religion, jusqu'à être exact aux plus petites choses, faisoit voir qu'il en connoissoit la grandeur.

Il n'étoit pas homme à se mêler de questions de doctrine ; mais quand il s'agissoit de rendre aux religieuses de Port-Royal quelque service dans leurs affaires temporelles, il étoit prêt; et ce bon cœur qu'il avoit pour tous ses amis l'emportoit chez le P. de la Chaise, dont il fut toujours très-bien reçu. Quoiqu'il ne fût plus permis à ce monastère de recevoir des pensionnaires, il obtint une permission particulière pour y mettre pour quelque temps deux de mes sœurs.

J'ai déjà dit qu'il étoit lié avec le P. Bouhours; et ce Père donna une preuve de son zèle pour lui lorsqu'il fut vivement attaqué au collége de Louis-le-Grand, dans un discours public, prononcé par un jeune régent. Ce fut particulièrement contre ses tragédies que cet orateur, dont il est inutile de rapporter le nom, déclama d'une manière si passionnée, que le P. Bouhours, en l'absence de mon père, qui étoit à Versailles, alla trouver Boileau, et l'assura que non-seulement il désapprouvoit ce régent, mais qu'il avoit porté ses plaintes au Père recteur, demandant qu'on fît satisfaction à mon père. Boileau édifié de la vivacité du P. Bouhours, en rendit compte à mon père, et en eut cette réponse, que je copie avec une grande satisfaction, parce qu'on y voit le chrétien ne pas faire attention aux offenses que reçoit le poète :

A Versailles, le 4 avril 1696.

« Je suis très-obligé au P. Bouhours de toutes les
» honnêtetés qu'il vous a prié de me faire de sa
» part, et de la part de sa Compagnie. Je n'avois
» point encore entendu parler de la harangue de
» leur régent; et comme ma conscience ne me re-
» prochoit rien à l'égard des Jésuites, je vous
» avoue que j'ai été un peu surpris que l'on m'eût
» déclaré la guerre chez eux. Vraisemblablement

» ce bon régent est du nombre de ceux qui m'ont
» très-faussement attribué la traduction du *Santo-*
» *lius pœnitens ;* et il s'est cru engagé d'honneur
» à me rendre injure pour injure. Si j'étois capable
» de lui vouloir quelque mal, et de me réjouir
» de la forte réprimande que le P. Bouhours dit
» qu'on lui a faite, ce seroit sans doute pour m'a-
» voir soupçonné d'être l'auteur d'un pareil ou-
» vrage : car pour mes tragédies, je les abandonne
» volontiers à sa critique. Il y a long-temps que
» Dieu m'a fait la grâce d'être assez peu sensible
» au bien et au mal qu'on en peut dire, et de ne
» me mettre en peine que du compte que j'aurai à
» lui en rendre quelque jour.

» Ainsi, Monsieur, vous pouvez assurer le P.
» Bouhours et tous les Jésuites de votre connois-
» sance, que bien loin d'être fâché contre le régent
» qui a tant déclamé contre mes pièces de théâtre,
» peu s'en faut que je ne le remercie, et d'avoir
» prêché une si bonne morale dans leur collége,
» et d'avoir donné lieu à sa Compagnie de marquer
» tant de chaleur pour mes intérêts ; et qu'enfin,
» quand l'offense qu'il m'a voulu faire seroit plus
» grande, je l'oublierois avec la même facilité, en
» considération de tant d'autres Pères dont j'honore
» le mérite, et surtout en considération du R. P.
» de la Chaise, qui me témoigne tous les jours mille
» bontés, et à qui je sacrifierois bien d'autres in-
» jures. Je suis, etc. »

La liaison des faits m'a empêché de parler de la

perte que Boileau et mon père firent l'année précédente de leur ami commun La Fontaine. Leurs sages instructions avoient beaucoup contribué à faire peu à peu naître en lui les grands sentimens de pénitence dont il fut pénétré les deux dernières années de sa vie. J'ai rapporté ailleurs (1) de quelle manière la femme qui le gardoit malade reçut ces deux amis qui alloient le voir dans le dessein de lui parler de Dieu. Autant il étoit aimable par la douceur du caractère, autant il l'étoit peu par les agrémens de la société. Il n'y mettoit jamais rien du sien; et mes sœurs, qui dans leur jeunesse l'ont souvent vu à table chez mon père, n'ont conservé de lui d'autre idée, que celle d'un homme fort mal propre et fort ennuyeux. Il ne parloit point, ou vouloit toujours parler de Platon, dont il avoit fait une étude particulière dans la traduction latine. Il cherchoit à connoître les anciens par la conversation, et mettoit à profit celle de mon père, qui lui faisoit lire quelquefois des morceaux d'Homère dans la traduction latine. Il n'étoit pas nécessaire de lui en faire sentir les beautés, il les saisissoit : tout ce qui étoit beau le frappoit. Mon père le mena un jour à ténèbres; et s'apercevant que l'office lui paroissoit long, il lui donna pour l'occuper un volume de la Bible qui contenoit les petits prophètes. Il tombe sur la prière des Juifs dans Baruch; et ne pouvant se lasser de l'admirer, il disoit à mon

---

(1) Réflexions sur la Poésie, tom. II, chap. 5, pag. 269.

père : « C'étoit un beau génie que Baruch : qui » étoit-il ? » Le lendemain, et plusieurs jours suivans, lorsqu'il rencontroit dans la rue quelque personne de sa connoissance, après les complimens ordinaires, il élevoit sa voix pour dire : « Avez-vous lu Baruch ? » C'étoit un beau génie. »

Après avoir mangé son bien, il conserva toujours son caractère de désintéressement. Il entroit à l'Académie, et la barre étant tirée au bas des noms, il ne devoit pas, suivant l'usage, avoir part aux jetons de cette séance. Les académiciens qui l'aimoient tous, dirent d'un commun accord qu'il falloit en sa faveur, faire une exception à la règle : « Non, Messieurs, » leur dit-il, cela ne seroit pas juste. Je suis venu » trop tard, c'est ma faute. » Ce qui fut d'autant mieux remarqué, qu'un moment auparavant un académicien extrêmement riche, et qui logé au Louvre n'avoit que la peine de descendre de son appartement pour venir à l'Académie, en avoit entr'ouvert la porte, et ayant vu qu'il arrivoit trop tard, avoit refermé la porte, et étoit remonté chez lui. Une autre fois La Fontaine alla de trop bonne heure à l'Académie par une raison différente. Etant à table chez M. le Verrier, il s'ennuie de la conversation, et se lève. On lui demande où il va : il répond : « A l'Académie. » On lui représente qu'il n'est encore que deux heures : « Je le sais bien, dit- » il, aussi je prendrai le plus long. »

Si je voulois rapporter plusieurs traits de son inconcevable simplicité, je m'écarterois dans une digression qui ne seroit pas ennuyeuse, mais qui deviendroit trop longue. Je n'en rapporterai que deux.

Le fait de M. Poignan que M. l'abbé d'Olivet raconte dans son histoire de l'Académie Française est très-véritable. Ce M. Poignan, ancien capitaine de dragons, étoit de la Ferté-Milon; et, ami de mon père dès l'enfance, le fit son héritier en partant pour sa première campagne. Il lui laissoit par son testament un petit bien qu'il avoit à la Ferté-Milon. Il mourut après avoir mangé ce bien; et mon père paya les frais de sa maladie et de son enterrement par reconnoissance pour le testament. Voici comme j'ai entendu raconter l'affaire singulière qu'eut avec lui La Fontaine. Quelqu'un s'avise de lui demander pourquoi il souffre que M. Poignan aille chez lui tous les jours : « Eh pourquoi, dit La Fontaine, n'y viendroit-il pas? C'est mon meilleur ami. » « Ce n'est pas, » répond-on, ce que dit le public : on prétend » qu'il ne va chez toi, que pour madame de La » Fontaine. » « Le public a tort, reprend-il : mais » que faut-il que je fasse à cela? » On lui fait entendre qu'il faut demander satisfaction l'épée à la main à celui qui nous déshonore : « Eh bien, dit La » Fontaine, je la demanderai. » Il va le lendemain à quatre heures du matin chez M. Poignan, et le trouve au lit : « Lève-toi, lui dit-il, et sortons en» semble. » Son ami lui demande en quoi il a besoin de lui, et quelle affaire pressée l'a rendu si matineux : « Je t'en instruirai, répond La Fontaine, » quand nous serons sortis. » Poignan se lève, s'ha-

bille, sort avec lui, et le suit jusqu'aux Chartreux en lui demandant toujours où il le mène : « Tu vas
» le savoir, » répondit La Fontaine, qui lui dit enfin quand ils furent derrière les Chartreux : « Mon ami
» il faut nous battre. » Poignan surpris lui demande en quoi il l'a offensé, et lui représente que la partie n'est pas égale : « Je suis un homme de guerre, lui
» dit-il, et toi tu n'as jamais tiré l'épée. » « N'importe,
» dit La Fontaine, le public veut que je me batte avec
» toi. » Poignan, après avoir résisté inutilement, tire son épée par complaisance, se rend aisément le maître de celle de La Fontaine, et lui demande de quoi il s'agit. « Le public prétend, lui dit La Fon-
» taine, que ce n'est pas pour moi que tu viens tous
» les jours chez moi, mais pour ma femme. » « Eh
» mon ami, répond Poignan, je ne t'aurois pas
» soupçonné d'une pareille inquiétude, et je pro-
» teste que je ne mettrai plus les pieds chez toi ! »
« Au contraire, reprend La Fontaine en lui serrant
» la main, j'ai fait ce que le public vouloit : main-
» tenant je veux que tu viennes chez moi tous les
» jours, sans quoi je me battrai encore avec toi. »

Lorsque madame de La Fontaine ennuyée de vivre avec son mari, se fut retirée à Château-Thierry, Boileau et mon père dirent à La Fontaine que cette séparation ne lui faisoit pas honneur, et l'engagèrent à faire un voyage à Château-Thierry, pour s'aller réconcilier avec sa femme. Il part dans la voiture publique, arrive chez lui, et la demande. Le domestique, qui ne le connoissoit pas, répond que

madame est au salut. La Fontaine va ensuite chez un ami qui lui donne à souper et à coucher, et le régale pendant deux jours. La voiture publique retourne à Paris, il s'y met et ne songe plus à sa femme. Quand ses amis de Paris le revoient, ils lui demandent s'il est réconcilié avec elle : « J'ai été » pour la voir, leur dit-il, mais je ne l'ai pas trouvée ; » elle étoit au salut. »

Mon père, de retour de l'armée, alloit souvent se délasser de ses fatigues dans le Tibur de son cher Horace. Boileau, né sans fortune, comme il nous l'apprend dans ses vers, et comme son frère aîné l'avocat le dit dans cette épigramme sur un père qui laisse à ses enfans

>   Beaucoup d'honneur, peu d'héritage,
>   Dont son fils l'avocat enrage,

Boileau, par les bienfaits du roi, ménagés avec beaucoup d'économie, étoit devenu un poète opulent. Il fit, pour environ huit mille livres, l'acquisition d'une maison de campagne à Auteuil; et ce lieu de retraite dont il fut enchanté, le jeta les premières années dans la dépense. Il l'embellit, fit son plaisir d'y rassembler quelquefois ses amis, et y tint table. On juge aisément que ce qui faisoit chercher ses repas, c'étoit moins la chère, quoiqu'elle y fût bonne, que les entretiens. Ils rouloient toujours sur des matières agréables. Les conviés étoient charmés d'entendre les décisions de Boileau, qui n'étoient pas infaillibles quand il parloit de la peinture

ture et de la musique, quoiqu'il prétendît s'y connoître. Il n'avoit ni pour la peinture des yeux savans, ni pour l'harmonie de la musique les mêmes oreilles que pour l'harmonie des vers ; au lieu qu'il avoit un jugement exquis pour juger des ouvrages d'esprit : non qu'il ne fût capable, comme un autre, de se tromper ; mais il se trompoit moins souvent qu'un autre. Il fut parmi nous comme le créateur du bon goût ; ce fut lui, avec Molière, qui fit tomber tous les bureaux du faux bel esprit. La protection de l'hôtel de Rambouillet fut inutile à l'abbé Cotin, qui ne se releva jamais du dernier coup que Molière lui avoit porté.

On n'osoit louer devant Boileau les ouvrages de Saint-Evremond, qui alors séduisoient encore plusieurs admirateurs : de pareils ouvrages, selon lui, ne devoient pas vivre long-temps. Il ne parloit qu'avec éloge de ceux de la Bruyère, quoiqu'il le trouvât quelquefois obscur ; et disoit qu'il s'étoit épargné le plus difficile d'un ouvrage, en s'épargnant les transitions. Il assuroit que Chapelle avoit acquis à bon marché sa réputation, et qu'excepté son petit Voyage, qui étoit excellent, le reste de ses ouvrages étoit médiocre.

La Pompe funèbre de Voiture, par Sarrasin, lui paroissoit le modèle d'un ingénieux badinage. Il prétendoit que la Conspiration de Valstein, par le même auteur, étoit un pur ouvrage d'imagination ; que Sarrasin, qui n'avoit eu aucuns Mémoires, n'avoit voulu qu'imiter Salluste dans son Histoire de la Conjuration de Catilina, à qui personne n'avoit moins ressemblé que Valstein, qui étoit fort honnête homme, et qui, après avoir servi fidèlement l'empereur, périt par les artifices de quelques ennemis, qui firent croire à l'empereur dont ils gouvernoient l'esprit, que Valstein avoit voulu se faire roi de Bohême : ce qu'on n'a jamais pu prouver.

Boileau ne faisoit nul cas des Césars de Julien: non qu'il ne trouvât de l'esprit dans cette satire, mais il n'y trouvoit point de plaisanterie ; et la fine plaisanterie étoit, selon lui, l'âme de ces sortes d'ouvrages. Par la même raison il condamnoit des Dialogues de morts, où le sérieux lui paroissoit régner : « Lucien, disoit-il, plaisante toujours. »

Il détestoit la basse plaisanterie. J'ai déjà assez fait connoître son animosité contre Scarron : « Votre » père, me dit-il un jour, avoit la foiblesse de lire » quelquefois le Virgile travesti, et de rire ; mais il » se cachoit bien de moi. »

Il étoit ami de M. Dacier ; ce qui ne l'empêchoit pas d'en critiquer les traductions : « Il fuit les Grâces, » disoit-il, et les Grâces le fuient. » Et mon père, en parlant des ouvrages que M. et madame Dacier donnoient au public, comme ouvrages communs, faits par eux deux, disoit « que dans leurs pro- » ductions d'esprit, madame Dacier étoit le père. »

Rien ne montre mieux le cas que les auteurs faisoient du suffrage de Boileau que la deux cent dix-septième lettre de Bayle, dans laquelle il écrivit à

un ami : « Vous m'apprenez que mon Dictionnaire
» n'a point déplu à M. Despréaux. C'est un bien si
» grand, c'est une gloire si relevée, que je n'avois
» garde de l'espérer. Il y a long-temps que j'ap-
» plique à ce grand homme un éloge plus étendu
» que celui que Phèdre donne à Esope : *Naris*
» *emunctæ, natura nunquam cui potuit verba dare.* Il
» me semble aussi que l'industrie la plus artificieuse
» des auteurs ne peut le tromper : à plus forte raison
» ai-je dû voir que je ne surprendrai pas son suf-
» frage, en compilant bonnement et à l'allemande,
» et sans me gêner beaucoup sur le choix, une
» grande quantité de choses. Mon Dictionnaire me
» paroît à son égard un vrai voyage de caravane,
» où l'on fait vingt ou trente lieues sans trouver un
» arbre fruitier ou une fontaine. » Personne n'a
mieux jugé de ce Dictionnaire que Bayle lui-
même.

Boileau lisoit parfaitement ses vers, et étoit attentif en les lisant à la contenance de ses auditeurs,
pour apprendre dans leurs yeux les endroits qui les
frappoient davantage. Il eut un jour dans M. le
premier président de Harlai un auditeur immobile,
qui après la lecture de la pièce, dit froidement:
Voilà de beaux vers. La critique la plus vive l'eût
moins irrité que cet éloge. Il s'en vengea en mettant dans sa onzième satire ce portrait, qu'il commençoit toujours, quand il le lisoit, par cet hémistiche :

En vain ce faux Caton, etc.

Mon père ayant obtenu pour mon frère aîné la survivance de la charge de gentilhomme ordinaire de sa majesté, le produisit à la cour et eut dessein de l'attacher à la connoissance des affaires étrangères, sous la protection de M. de Torcy. Mon frère fut chargé de porter à M. de Bonrepaux, ambassadeur de France en Hollande, les dépêches de la cour, et recommandé particulièrement par M. de Torcy à cet ambassadeur. Après son départ, la maison fut comme celle de Tobie après le départ du fils. Ce n'étoient qu'inquiétudes sur la santé du voyageur et sur sa conduite. Ces alarmes paternelles remplissent les lettres que je donne dans le troisième Recueil. Toutes ces lettres, ainsi que celles de Boileau, font mieux connoître ces deux hommes que tout autre portrait, parce qu'elles sont écrites à la hâte; de même que celles de Cicéron font connoître quel étoit son cœur : au lieu que les lettres de Pline, travaillées avec soin, et recueillies par lui-même, ne nous peuvent faire juger que de son esprit.

Tandis que mon père espéroit par les protections qu'il avoit à la cour, y faire avancer son fils aîné, et lui abréger les premières peines de la carrière, il étoit près de finir la sienne. Boileau a conduit fort loin une santé toujours infirme : son ami, plus jeune et beaucoup plus robuste, a beaucoup moins vécu. Au reste, sa vie a suffi pour sa gloire, comme dit Tacite (1) de celle de son beau-père, puisqu'il

---

(1) Quantum ad gloriam, longissimum ævum peregit, quippe et vera bona quæ in virtutibus sita sunt, impleverat.

étoit rempli des véritables biens, qui sont ceux de la vertu.

Il y a grande apparence que sa trop grande sensibilité abrégea ses jours. La connoissance qu'il avoit des hommes, et le long usage de la cour, ne lui avoient point appris à déguiser ses sentimens. Il est des hommes dont le cœur veut toujours être libre comme leur génie. Peut-être ne connoissoit-il pas assez la timide circonspection et la défiance :

> Mais cette défiance
> Fut toujours d'un grand cœur la dernière science.

Il étoit d'ailleurs naturellement mélancolique, et s'entretenoit plus long-temps des sujets capables de le chagriner, que des sujets propres à le réjouir. Il avoit ce caractère que se donne Cicéron dans une de ses lettres, plus porté à craindre les événemens malheureux qu'à espérer d'heureux succès : *Semper magis adversos rerum exitus metuens quàm sperans secundos.* L'événement que je vais rapporter le frappa trop vivement, et lui fit voir comme présent un malheur qui étoit fort éloigné. Les marques d'attention de la part du roi, dont il fut honoré pendant sa dernière maladie, durent bien le convaincre qu'il avoit toujours le bonheur de plaire à ce prince. Il s'étoit cependant persuadé que tout étoit changé pour lui, et n'eut pour le croire d'autre sujet que ce qu'on va lire.

Madame de Maintenon, qui avoit pour lui une estime particulière, ne pouvoit le voir trop souvent, et se plaisoit à l'entendre parler de différentes matières, parce qu'il étoit propre à parler de tout. Elle l'entretenoit un jour de la misère du peuple: il répondit qu'elle étoit une suite ordinaire des longues guerres, mais qu'elle pourroit être soulagée par ceux qui étoient dans les premières places, si on avoit soin de la leur faire connoître. Il s'anima sur cette réflexion; et comme dans les sujets qui l'animoient il entroit dans cet enthousiasme dont j'ai parlé, qui lui inspiroit une éloquence agréable, il charma madame de Maintenon, qui lui dit que puisqu'il faisoit des observations si justes sur-le-champ, il devoit les méditer encore, et les lui donner par écrit, bien assuré que l'écrit ne sortiroit pas de ses mains. Il accepta malheureusement la proposition, non par une complaisance de courtisan, mais parce qu'il conçut l'espérance d'être utile au public. Il remit à madame de Maintenon un Mémoire aussi solidement raisonné que bien écrit. Elle le lisoit lorsque le roi entrant chez elle le prit, et après en avoir parcouru quelques lignes, lui demanda avec vivacité quel en étoit l'auteur. Elle répondit qu'elle avoit promis le secret. Elle fit une résistance inutile: le roi expliqua sa volonté en termes si précis, qu'il fallut obéir. L'auteur fut nommé.

Le roi en louant son zèle, parut désapprouver qu'un homme de lettres se mêlât de choses qui ne le regardoient pas. Il ajouta même, non sans quelque air de mécontentement: « Parce qu'il sait faire

» parfaitement des vers, croit-il tout savoir ? Et
» parce qu'il est grand poète, veut-il être ministre ? »
Si le roi eût pu prévoir l'impression que firent ces
paroles, il ne les eût point dites. On n'ignore pas
combien il étoit bon pour tous ceux qui l'environ-
noient : il n'eut jamais intention de chagriner personne ; mais il ne pouvoit soupçonner que ces paroles
tomberoient sur un cœur si sensible.

Madame de Maintenon qui fit instruire l'auteur
du Mémoire de ce qui s'étoit passé, lui fit dire en
même temps de ne la pas venir voir jusqu'à nouvel
ordre. Cette nouvelle le frappa vivement. Il craignit
d'avoir déplu à un prince dont il avoit reçu tant de
marques de bonté. Il ne s'occupa plus que d'idées
tristes ; et quelque temps après il fut attaqué d'une
fièvre assez violente, que les médecins firent passer
à force de quinquina. Il se croyoit guéri lorsqu'il
lui perça à la région du foie une espèce d'abcès
qui jetoit de temps en temps quelque matière : les
médecins lui dirent que ce n'étoit rien. Il y fit moins
d'attention, et retourna à Versailles, qui ne lui
parut plus le même séjour, parce qu'il n'avoit plus
la liberté d'y voir madame de Maintenon.

Dans ce même temps les charges de secrétaire du
roi furent taxées ; et comme il s'étoit incommodé
pour achever le paiement de la sienne, il se trouvoit
fort embarrassé d'en payer encore la taxe. Il espéra
que le roi l'en dispenseroit ; et il avoit lieu de l'espérer, parce que lorsqu'en 1685 il eut contribué à une
somme de cent mille livres, que le bureau des

finances de Moulins avoit payée en conséquence de la Déclaration du 28 avril 1684, il avoit obtenu du roi une ordonnance sur le trésor royal, pour y aller reprendre sa part, qui montoit environ à 4000 livres. Pour obtenir la même grâce, il fit un placet ; et n'osant le présenter lui-même, il eut recours à des amis puissans qui voulurent bien le présenter. *Cela ne se peut*, répondit d'abord le roi, qui ajouta un moment après : « S'il se trouve dans la » suite quelque occasion de le dédommager, j'en » serai fort aise. » Ces dernières paroles devoient le consoler entièrement. Il ne fit attention qu'aux premières ; et ne doutant plus que l'esprit du roi ne fût changé à son égard, il n'en pouvoit trouver la raison. Le Mémoire que l'amour du bien public lui avoit inspiré, et qu'il avoit écrit par obéissance, et confié sous la promesse du secret, ne lui paroissoit pas un crime. Ce n'est point à moi à examiner s'il se trompoit ou non ; je ne suis qu'historien. Trop souvent occupé de son malheur, il cherchoit toujours en lui-même quel étoit son crime ; et ne pouvant soupçonner le véritable, il s'en fit un dans son imagination. Il se figura qu'on avoit rendu suspecte sa liaison avec Port-Royal. Pour justifier une liaison si naturelle avec une maison où il avoit été élevé, et où il avoit une tante, il écrivit à madame de Maintenon la lettre suivante, que je ne rapporte pas entière, parce qu'elle est un peu longue :

A Marly, le 4 mars 1698.

Madame,

« J'avois pris le parti de vous écrire au sujet de
» la taxe qui a si fort dérangé mes petites affaires.
» Mais n'étant pas content de ma lettre, j'avois
» dressé un Mémoire que M. le maréchal de...
» s'offrit généreusement de vous remettre entre les
» mains.... Voilà tout naturellement comme je me
» suis conduit dans cette affaire; mais j'apprends
» que j'en ai une autre bien plus terrible sur les
» bras....

» Je vous avoue que lorsque je faisois tant chan-
» ter dans Esther : *Rois, chassez la calomnie*, je ne
» m'attendois pas que je serois moi-même un jour
» attaqué par la calomnie.... Ayez la bonté de
» vous souvenir, Madame, combien de fois vous
» avez dit que la meilleure qualité que vous trou-
» viez en moi, c'étoit une soumission d'enfant pour
» tout ce que l'Eglise croit et ordonne, même dans
» les plus petites choses. J'ai fait par votre ordre
» plus de trois mille vers sur des sujets de piété. J'y
» ai parlé assurément de l'abondance de mon cœur,
» et j'y ai mis tous les sentimens dont j'étois rempli.
» Vous est-il jamais revenu qu'on y ait trouvé un
» seul endroit qui approchât de l'erreur ?....

» Pour la cabale, qui est-ce qui n'en peut point
» être accusé, si on en accuse un homme aussi dé-
» voué au roi que je le suis, un homme qui passe
» sa vie à penser au roi, à s'informer des grandes

» actions du roi, et à inspirer aux autres les senti-
» mens d'amour et d'admiration qu'il a pour le roi ?
» J'ose dire que les grands seigneurs m'ont bien plus
» recherché que je ne les recherchois moi-même ;
» mais dans quelque compagnie que je me sois
» trouvé, Dieu m'a fait la grâce de ne rougir jamais
» ni du roi ni de l'Evangile. Il y a des témoins
» encore vivans qui pourroient vous dire avec quel
» zèle on m'a vu souvent combattre de petits cha-
» grins qui naissent quelquefois dans l'esprit des
» gens que le roi a le plus comblés de ses grâces.
» Hé quoi, Madame, avec quelle conscience
» pourrai-je déposer à la postérité que ce grand
» prince n'admettoit point les faux rapports contre
» les personnes qui lui étoient le plus inconnues,
» s'il faut que je fasse moi-même une si triste expé-
» rience du contraire ? Mais je sais ce qui a pu
» donner lieu à cette accusation. J'ai une tante qui
» est supérieure de Port-Royal, et à laquelle je
» crois avoir des obligations infinies. C'est elle qui
» m'apprit à connoître Dieu dans mon enfance, et
» c'est elle aussi dont Dieu s'est servi pour me reti-
» rer de l'égarement et des misères où j'ai été
» engagé pendant quinze années....... Elle m'a
» demandé dans quelque occasion mes services.
» Pouvois-je, sans être le dernier des hommes, lui
» refuser mes petits secours ? Mais à qui est-ce,
» Madame, que je m'adressai pour la secourir ?
» J'allai trouver le P. de la Chaise, qui parut très-
» content de ma franchise, et m'assura en m'em-

» brassant qu'il seroit toute sa vie mon serviteur
» et mon ami....

» Du reste, je puis vous protester devant Dieu
» que je ne connois ni ne fréquente aucun homme
» qui soit suspect de la moindre nouveauté. Je
» passe ma vie le plus retiré que je puis dans ma
» famille, et ne suis, pour ainsi dire, dans le monde
» que lorsque je suis à Marly. Je vous assure,
» Madame, que l'état où je me trouve est très-
» digne de la compassion que je vous ai toujours
» vue pour les malheureux. Je suis privé de l'hon-
» neur de vous voir. Je n'ose presque plus compter
» sur votre protection, qui est pourtant la seule
» que j'aie tâché de mériter. Je cherchois du moins
» ma consolation dans mon travail : mais jugez
» quelle amertume doit jeter sur ce travail, la pen-
» sée que ce même grand prince dont je suis con-
» tinuellement occupé, me regarde peut-être comme
» un homme plus digne de sa colère que de ses
» bontés !

» Je suis avec un profond respect. »

Cette lettre, quoique bien écrite, ne fut point approuvée de tous ses amis. Quelques-uns lui représentèrent qu'il y annonçoit des frayeurs qu'il ne devoit point avoir, et qu'il se justifioit, lorsqu'il n'étoit pas même soupçonné. Et de quoi soupçonner en effet un homme qui marche par des voies si unies?

Il avoit à la vérité essuyé quelques railleries faites innocemment. Comme il étoit bon, et empressé à rendre service, les paysans des environs de Port-

Royal qui l'y voyoient venir, et entendoient dire qu'il demeuroit à Versailles, alloient, à cause du voisinage, l'y chercher pour lui recommander leurs affaires. Ces bonnes gens le croyoient un homme très-puissant à la cour, et alloient, implorer sa protection, les uns pour quelques procès, les autres pour quelque diminution de tailles. S'ils n'en étoient pas toujours secourus, ils en étoient toujours bien reçus. Ces fréquentes visites lui attirèrent quelques plaisanteries : madame de Maintenon en faisoit elle-même ; on le verra par un endroit de ses lettres que je rapporte. On y verra aussi ce qu'elle y dit de sa mort toute chrétienne, et combien elle en fut édifiée. Elle le plaisantoit parce qu'elle connoissoit sa droiture, et qu'elle a toujours dit de lui, que dans la religion il étoit un enfant.

Boileau, par cette même raison, le plaisantoit aussi. Ni l'un, ni l'autre, comme je l'ai déja remarqué, n'étoient pas fins courtisans ; et tous deux, en fréquentant la cour, pouvoient se dire l'un à l'autre :

Quel séjour étranger, et pour vous et pour moi !

Boileau, qui y portoit sa franchise étonnante, ne retenoit rien de ce qu'il pensoit. Le roi lui disoit un jour : « Quel est un predicateur qu'on nomme » le Tourneux ? On dit que tout le monde y court : » est-il si habile ? » « Sire, reprit Boileau, V. M. » sait qu'on court toujours à la nouveauté : c'est un » prédicateur qui prêche l'Evangile. » Le roi lui

demanda son sentiment. Il répondit : « Quand il
» monte en chaire, il fait si peur par sa laideur,
» qu'on voudroit l'en voir sortir; et quand il a
» commencé à parler, on craint qu'il n'en sorte. »
On disoit devant lui à la cour que le roi faisoit
chercher M. Arnaud pour le faire arrêter : « Le roi,
» dit-il, est trop heureux pour le trouver. » Une
autre fois on lui disoit que le roi alloit traiter fort
durement les religieuses de Port-Royal; il repondit : « Et comment fera-t-il pour les traiter plus
» durement qu'elles se traitent elles-mêmes ? »

« Vous avez, lui disoit un jour mon père, un
» privilége que je n'ai point : vous dites des choses
» que je ne dis jamais. Vous avez plus d'une fois
» loué dans vos vers, des personnes dont les miens
» ne disent rien. Tout le monde devine aisément
» votre rime à l'Ostracisme. C'est vous qu'on doit
» accuser, et cependant c'est moi qu'on accuse.
» Quelle en peut être la raison ? » « Elle est toute
» naturelle, répondit Boileau : vous allez à la messe
» tous les jours, et moi je n'y vais que les fêtes et les
» dimanches. » C'étoit ainsi que ses meilleurs amis le
plaisantoient sur ses inquiétudes mal fondées, qui
augmentèrent cependant par le chagrin de ne plus
voir madame de Maintenon, à laquelle il étoit
sincèrement attaché.

Elle avoit aussi une grande envie de lui parler;
mais comme il ne lui étoit plus permis de le recevoir chez elle, l'ayant aperçu un jour dans le
jardin de Versailles, elle s'écarta dans une allée,

pour qu'il pût l'y joindre. Sitôt qu'il fut près d'elle, elle lui dit : « Que craignez-vous ? C'est moi qui
» suis cause de votre malheur, il est de mon intérêt
» et de mon honneur de réparer ce que j'ai fait.
» Votre fortune devient la mienne. Laissez passer
» ce nuage : je ramenerai le beau temps. » « Non,
» non, Madame, lui répondit-il, vous ne le rame-
» nerez jamais pour moi. » « Et pourquoi, reprit-
» elle, avez-vous une pareille pensée? Doutez-vous
» de mon cœur, ou de mon crédit? » Il lui répondit : « Je sais, Madame, quel est votre crédit,
» et je sais quelles bontés vous avez pour moi :
» mais j'ai une tante qui m'aime d'une façon bien
» différente. Cette sainte fille demande tous les
» jours à Dieu pour moi des disgraces, des humilia-
» tions, des sujets de pénitence ; et elle aura plus de
» crédit que vous. » Dans le moment qu'il parloit, on entendit le bruit d'une calèche : « C'est le roi
» qui se promène, s'écria madame de Maintenon,
» cachez-vous. » Il se sauva dans un bosquet.

Il fit trop de réflexions sur le changement de son état à la cour : et quoique pénétré de joie, comme chrétien, de ce que Dieu lui envoyoit des humiliations, l'homme est homme, et dans un cœur trop sensible le chagrin a bientôt porté son coup mortel. Sa santé s'altéra tous les jours, et il s'aperçut que le petit abcès qu'il avoit près du foie étoit refermé : (1)

---

(1) « Il s'écria, dit M. de Valincour, qu'il étoit un homme
» mort, descendit dans sa chambre, et se mit au lit. » Il eut

il craignit des suites fâcheuses, et auroit pris sur-le-champ le parti de se retirer pour toujours de la cour, sans la considération de sa famille, qui, n'étant pas riche, avoit un très-grand besoin de lui. Dans le bas âge où j'étois, j'en avois plus besoin qu'un autre. Il projetoit de s'occuper dans sa retraite de mon éducation: et quel précepteur j'aurois eu! Mais il pensoit en même temps qu'il me deviendroit inutile dans la suite, s'il cessoit de cultiver les protecteurs qu'il avoit à la cour: c'étoit cette seule raison qui depuis un an l'y faisoit rester. Il y retourna encore plusieurs fois, et il avoit toujours l'honneur d'approcher de sa majesté. Mais on verra dans ses dernières lettres, le peu d'empressement qu'il avoit de se montrer à la cour, parce qu'il n'y paroissoit plus avec cet air de contentement qu'il avoit toujours eu. Il ne savoit pas l'affecter; et pour déguiser son visage, il n'avoit point cet art qu'il avoit lui-même recommandé aux courtisans dans Esther:

Quiconque ne sait pas dévorer un affront,
Ni de fausses couleurs se déguiser le front,
Loin de l'aspect des rois qu'il s'écarte, qu'il fuie:
Il est des contre-temps qu'il faut qu'un sage essuie.

Il n'avoit plus d'autre plaisir que celui de mener une vie retirée dans son ménage, et de s'y dissiper avec ses enfans.

---

raison de s'effrayer; mais quand on n'a encore ni fièvre, ni aucun mal, on ne se met point au lit, on n'y reste pas. Tout cet endroit de la lettre de M. de Valincour, montre qu'il étoit fort distrait quand il l'écrivit.

Enfin, un matin étant à travailler dans son cabinet, il se sentit accablé d'un grand mal de tête; et voyant qu'il feroit mieux de se coucher que de continuer à lire, il descendit dans sa chambre. J'y étois, et je me souviens qu'il nous dit, pour ne nous point effrayer : « Mes enfans, je crois que j'ai un peu de » fièvre; mais ce n'est rien, je vais pour quelque » temps me mettre au lit. » Il s'y mit, et n'en sortit plus : sa maladie fut longue. On n'en soupçonna pas la cause, quoiqu'il se plaignît toujours d'une douleur au côté droit, et qu'il eût souvent dans sa chambre les médecins de la cour, qui le venoient voir par amitié. Il fut honoré aussi des visites de plusieurs grands seigneurs, qui l'assuroient que le roi leur demandoit souvent de ses nouvelles. Ils ne disoient rien que de vrai. Louis XIV eut même la bonté de lui faire connoître l'intérêt qu'il prenoit à sa santé; et je ne fais ici que copier M. Perraut dans ses Hommes Illustres : « Sa majesté envoya très-sou- » vent savoir de ses nouvelles pendant sa maladie, » et témoigna du déplaisir de sa mort, qui fut » regrettée de toute la cour et de toute la ville. »

Ses douleurs commençant à devenir très-aiguës, il les reçut de la main de Dieu avec autant de douceur que de soumission : et l'on ne doit point croire ce que le père Niceron a copié d'après M. de Valincour (1), et ce que je contredis, parce que je

---

(1) Un malade plein de religion, et aussi éclairé, ne demande point si la chose est permise; il peut dire seulement
m'en

m'en suis exactement informé. Il n'est point vrai qu'il ait jamais demandé s'il n'étoit pas permis de faire cesser sa maladie et sa vie par quelques remèdes. J'ai toujours trouvé dans M. de Valincour un ami fort vif pour moi, et je lui ai eu dans ma jeunesse plusieurs obligations. Il a des droits sur mon cœur; mais la vérité en a davantage : je suis obligé en pareille occasion de dire qu'il s'est trompé. Tous ceux qui venoient consoler le malade, étoient d'autant plus édifiés de sa patience, qu'ils connoissoient la vivacité de son caractère. Tourmenté pendant trois semaines d'une cruelle sécheresse de langue et de gosier, il se contentoit de dire : « J'offre à Dieu cette peine : puisse-t-elle expier » le plaisir que j'ai trouvé souvent aux tables des » grands! » Un prêtre de Saint-André-des-Arcs, son confesseur depuis long-temps, le soutenoit par ses exhortations; et M. l'abbé Boileau, chanoine de Saint-Honoré, y venoit joindre les siennes.

J'étois souvent dans la chambre d'un malade si cher; et ma mémoire me rappelle les fréquentes lectures de piété qu'il me faisoit faire auprès de son lit, dans les livres à ma portée. Il pria M. Rollin de veiller sur mon éducation, quand je serois en âge de profiter de ses leçons; et M. Rollin a eu dans la suite cette bonté.

Lorsqu'il fut persuadé que sa maladie finiroit par

---

que si elle étoit permise, la douleur l'y forceroit : c'est peut-être ce que M. de Valincour a voulu dire.

la mort, il chargea mon frère d'écrire une lettre à M. de Cavoye pour le prier de solliciter le paiement de ce qui lui étoit dû de sa pension, afin de laisser quelque argent comptant à sa famille. Mon frère fit la lettre, et vint la lui lire : « Pourquoi, lui » dit-il, ne demandez-vous pas aussi le paiement de » la pension de Boileau ? Il ne faut pas nous séparer. » Recommencez votre lettre ; et faites connoître à » Boileau que j'ai été son ami jusqu'à la mort. » Lorsqu'il lui fit son dernier adieu, il se leva sur son lit, autant que pouvoit lui permettre le peu de forces qu'il avoit, et lui dit en l'embrassant : « Je » regarde comme un bonheur pour moi de mourir » avant vous. »

On s'étoit enfin aperçu que cette maladie étoit causée par un abcès au foie ; et quoiqu'il ne fût plus temps d'y apporter remède, on résolut de lui faire l'opération. Il s'y prépara avec une grande fermeté, et en même temps il se prépara à la mort. Mon frère s'étant approché pour lui dire qu'il espéroit que l'opération lui rendroit la vie : « Et vous aussi, mon » fils, lui répondit-il, voulez-vous faire comme les » médecins et m'amuser ? Dieu est le maître de me » rendre la vie ; mais les frais de la mort sont » faits. »

Il en avoit eu toute sa vie d'extrêmes frayeurs, que la religion dissipa entièrement dans sa dernière maladie : il s'occupa toujours de son dernier moment, qu'il vit arriver avec une tranquillité qui surprit et édifia tous ceux qui savoient combien il l'avoit appréhendé.

L'opération fut faite trop tard ; et trois jours après il mourut, le 21 avril 1699, âgé de cinquante-neuf ans, après avoir reçu ses sacremens avec de grands sentimens de piété, et avoir recommandé à ses enfans beaucoup d'union entr'eux, et de respect pour leur mère.

Il avoit depuis long-temps écrit ses dernières dispositions dans cette lettre, datée du 28 octobre 1685 : « Comme je suis incertain de l'heure à la-
» quelle il plaira à Dieu de m'appeler, et que je
» puis mourir sans avoir le temps de déclarer mes
» dernières intentions, j'ai cru que je ferois bien de
» prier ici ma femme de plusieurs choses, auxquelles
» j'espère qu'elle ne voudra pas manquer, etc. » Le reste de la lettre contient plusieurs legs pieux, et l'ordre de remettre à Boileau tous les papiers concernant l'histoire du roi. Avec cette lettre on trouva un testament que je rapporte, quoique déjà inséré dans son éloge par M. Perraut :

AU NOM DU PÈRE ET DU FILS ET DU SAINT-ESPRIT.

« Je desire qu'après ma mort, mon corps soit
» porté à Port-Royal des Champs, et qu'il y soit
» inhumé dans le cimetière, au pied de la fosse de
» M. Hamon. Je supplie très-humblement la Mère
» abbesse et les religieuses, de vouloir bien m'ac-
» corder cet honneur, quoique je m'en reconnoisse
» très-indigne, et par les scandales de ma vie passée,
» et par le peu d'usage que j'ai fait de l'excellente

» éducation que j'ai reçue autrefois dans cette
» maison, et des grands exemples de piété et de
» pénitence, que j'y ai vus, et dont je n'ai été qu'un
» stérile admirateur. Mais plus j'ai offensé Dieu,
» plus j'ai besoin des prières d'une si sainte commu-
» nauté pour attirer sa miséricorde sur moi. Je prie
» aussi la Mère abbesse et les religieuses de vouloir
» accepter une somme de huit cents livres. Fait à
» Paris, dans mon cabinet, le 10 octobre 1698.
» *Signé* RACINE. »

Comme M. Hamon avoit pris soin de ses études après la mort de M. le Maître, et avoit été comme son précepteur, il avoit conservé un grand respect pour sa mémoire. Ce fut par cette raison, et parce que d'ailleurs il vouloit être dans le cimetière du dehors, qu'il demanda d'être enterré à ses pieds.

En exécution de ce testament, son corps qui fut d'abord porté à Saint-Sulpice sa paroisse, et mis en dépôt pendant la nuit dans le chœur de cette église, fut transporté le jour suivant à Port-Royal, où les deux prêtres de Saint-Sulpice qui l'accompagnèrent, le présentèrent avec les cérémonies et les complimens ordinaires. Quelques personnes de la cour s'entretenant du lieu où il avoit voulu être enterré : « C'est ce qu'il n'eût point fait de son vivant, » dit un seigneur, connu par des réflexions de cette nature.

Louis XIV parut sensible à la nouvelle de sa mort : et ayant appris qu'il laissoit, à une famille composée de sept enfans, plus de gloire que de richesses, il eut la bonté d'accorder une pension de deux mille livres, qui seroit partagée entre la veuve et les enfans jusqu'au dernier survivant.

Ma mère, après avoir été faire les remercîmens de cette grâce, résolue à vivre en veuve vraiment veuve, ne fut point obligée, pour exécuter le précepte de saint Paul, de rien changer à sa façon de vivre : elle fut encore pendant trente-trois ans uniquement occupée du soin de ses enfans et des pauvres, vit avec sa tranquilité ordinaire périr en partie, dans les temps du système, le peu de bien qu'elle avoit tâché, pour l'amour de nous, d'augmenter par ses épargnes ; et la mort, qui, sans s'être annoncée par aucune infirmité, vint à elle tout-à-coup, le 15 novembre 1732, la trouva prête dès long-temps.

La Mère Sainte Thècle Racine ne survécut que peu de mois à son cher neveu. Elle mourut âgée de soixante-quatorze ans, dont pendant l'espace de plus de vingt-six, soit comme prieure, soit comme abbesse, elle avoit gouverné le monastère, où elle étoit entrée à l'âge de neuf ans, ayant quité le monde avant que de le connoître.

Quelques jours après la mort de mon père, Boileau, qui depuis long-temps ne paroissoit plus à la cour, y retourna pour recevoir les ordres de sa majesté par rapport à son histoire, dont il se trouvoit seul chargé ; et comme il lui parloit de l'intrépidité chrétienne avec laquelle mon père avoit vu la mort s'approcher : « Je le sais, répondit

» le roi, et j'en ai été étonné ; il la craignoit beau-
» coup, et je me souviens qu'au siége de Gand
» vous étiez le plus brave des deux. » Lui ayant
fait ensuite regarder sa montre, qu'il tenoit par
hasard : « Souvenez-vous, ajouta-t-il, que j'ai tou-
» jours une heure par semaine à vous donner,
» quand vous voudrez venir. » Ce fut pourtant
la dernière fois que Boileau parut devant un
prince qui recevoit si favorablement les grands
poètes. Il ne retourna jamais à la cour ; et lorsque
ses amis l'exhortoient à s'y montrer du moins de
temps en temps : « Qu'irai-je y faire, leur disoit-il,
» je ne sais plus louer ? »

J'ai parlé jusqu'à présent de tous les ouvrages
de mon père, excepté de celui que Boileau, suivant le Supplément de Moréri, regardoit comme le
plus parfait morceau d'histoire que nous eussions
dans notre langue, et que M. l'abbé d'Olivet, dans
l'Histoire de l'Académie Française, juge lui devoir
donner parmi ceux de nos auteurs qui ont le mieux
écrit en prose, le même rang qu'il tient parmi nos
poètes. J'espère qu'il auroit ce rang si les grands
morceaux qu'il avoit composés sur l'histoire du roi
subsistoient encore ; mais pour revenir à cette histoire particulière, dont il n'a jamais parlé dans sa
famille, voici ce que nous en avons appris par
Boileau.

Les Religieuses de Port-Royal ayant été obligées
de présenter un Mémoire à M. l'archevêque de
Paris, au sujet du partage de leurs biens avec la

maison de Port-Royal de Paris, mon père, toujours disposé à leur rendre service dans leurs affaires temporelles (comme je l'ai dit), fit pour elles ce Mémoire; et quoiqu'il ne contînt qu'une explication en peu de mots de leur recette et de leur dépense, les premières copies de ce Mémoire, écrites de sa main, m'ont fait juger par les ratures dont elles sont remplies, que ces sortes d'écrits, où il faut éviter tout ornement d'esprit, en se bornant à un style précis et pur, lui coûtoient plus de peine que d'autres. C'est dans ce même style qu'il a composé en prose l'épitaphe de mademoiselle de Vertus, dont la longue pénitence l'avoit pénétré d'admiration. Monsieur l'archevêque de Paris ayant apparemment goûté le style de ce Mémoire, et voyant quelquefois mon père à la cour, lui dit que puisqu'il avoit été élevé à Port-Royal, personne ne pouvoit mieux que lui le mettre au fait d'une maison dont il entendoit parler de plusieurs manières très-différentes, et qu'il lui demandoit un Mémoire historique, qui l'instruisît de ce qui s'y étoit passé.

Tous ceux qui ont eu quelque liaison avec mon père ont toujours reconnu la même simplicité dans ses mœurs que dans sa foi, et ont en même temps admiré le zèle avec lequel il se portoit à servir ses amis. Lorsque M. de Cavoye, tombé dans une espèce de disgrace, vint lui confier ce qui avoit indisposé contre lui sa majesté, il lui conseilla de se justifier par une lettre qu'il offrit de faire lui-même; et nous fûmes témoins de l'agitation dans laquelle il passa les

4

deux jours qu'il employa à composer cette lettre, dans laquelle il mit tout l'art que son esprit put lui fournir, pour faire paroître innocent un seigneur malheureux. Avec ce même zèle il écrivit l'Histoire de Port-Royal, dans l'espérance de rendre favorables à ces religieuses, les sentimens de leur archevêque, et sans intention, selon les apparences, de la rendre publique. Il remit cette histoire la veille de sa mort à un ami. J'ai eu plus d'une fois la curiosité d'en demander des nouvelles aux personnes capables de m'en donner : leurs réponses m'avoient fait croire qu'elle ne subsistoit plus, et je croyois l'ouvrage anéanti, lorsque j'appris, en 1742, qu'on en avoit imprimé la première partie. J'ai cherché inutilement de quelles ténèbres sortoit cette première partie, et par quelles mains elle en avoit été tirée quarante ans après la mort de l'auteur. Les personnes curieuses de savoir s'il a achevé cette histoire, c'est-à-dire, s'il l'a conduite, comme on le prétend, jusqu'à la paix de Clément IX, n'en trouveront aucun éclaircissement dans la famille.

Pour finir ces Mémoires communs à deux hommes étroitement unis depuis l'âge de dix-sept ou dix-huit ans, il me reste à écrire quelques particularités de la vie de Boileau. Les onze années qu'il survécut, furent onze années d'infirmité et de retraite. Il les passa tantôt à Paris, tantôt à Auteuil, où il ne recevoit plus les visites que d'un très-petit nombre d'amis. Il vouloit bien y recevoir quelquefois la mienne, et s'amusoit même à jouer avec moi aux quilles : il excelloit à ce jeu, et je l'ai vu souvent abattre toutes les neuf d'un seul coup de boule : « Il faut avouer, disoit-il à ce sujet, que j'ai » deux grands talens, aussi utiles l'un que l'autre à » la société et à un Etat : l'un de bien jouer aux » quilles, l'autre de bien faire des vers. » La bonté qu'il avoit dé se prêter à ma conversation, flattoit infiniment mon amour-propre, qui fut cependant fort humilié dans une de ces visites, que je lui rendis malgré moi.

J'étois en philosophie, au collége de Beauvais, et j'avois fait une pièce de douze vers français, pour déplorer la destinée d'un chien qui avoit servi de victime aux leçons d'anatomie qu'on nous donnoit. Ma mère, qui avoit souvent entendu parler du danger de la passion des vers, et qui la craignoit pour moi, après avoir porté cette pièce à Boileau, et lui avoir représenté ce qu'il devoit à la mémoire de son ami, m'ordonna de l'aller voir. J'obéis, j'allai chez lui en tremblant, et j'entrai comme un criminel. Il prit un air sévère; et après m'avoir dit que la pièce qu'on lui avoit montrée étoit trop peu de chose pour lui faire connoître si j'avois quelque génie, « il faut, ajouta-t-il, » que vous soyez bien hardi pour oser faire des » vers avec le nom que vous portez. Ce n'est » pas que je regarde comme impossible que vous » deveniez un jour capable d'en faire de bons; » mais je me méfie de tout ce qui est sans exemple :

» et depuis que le monde est monde, on n'a point vu
» de grand poète, fils d'un grand poète. Le cadet de
» Corneille n'étoit point tout-à-fait sans génie ; il
» ne sera jamais cependant que le très-petit Cor-
» neille. Prenez bien garde qu'il ne vous en arrive
» autant. Pourrez-vous d'ailleurs vous dispenser de
» vous attacher à quelque occupation lucrative ; et
» croyez-vous que celle des lettres en soit une ?
» Vous êtes le fils d'un homme qui a été le plus
» grand poète de son siècle, et d'un siècle où le
» prince et les ministres alloient au-devant du mé-
» rite pour le récompenser : vous devez savoir
» mieux qu'un autre à quelle fortune conduisent
» les vers. » La sincérité qui a régné dans cet
ouvrage, m'a fait rappeler ce sermon dont j'ai
fort mal profité.

L'auteur du Bolæana n'étoit pas lié assez particulièrement avec lui, pour bien faire le recueil
qu'il a voulu faire. Il avoit donné au public quelques satires dont Boileau n'avoit pas parlé avec
admiration, ce qui avoit jeté beaucoup de froideur
entr'eux deux. « Il me vient voir rarement, disoit
» Boileau, parce que quand il est avec moi, il est
» toujours embarrassé de son mérite et du mien. »
Le P. Malebranche s'entretenoit avec lui de sa dispute avec M. Arnaud sur les idées, et prétendoit
que M. Arnaud ne l'avoit jamais entendu : « Eh
» qui donc, mon Père, reprit Boileau, voulez-vous
» qui vous entende ? »

Lorsqu'il avoit donné au public un nouvel ou-

vrage, et qu'on venoit lui dire que les critiques en
parloient fort mal : « Tant mieux, répondoit-il,
» les mauvais ouvrages sont ceux dont on ne parle
» pas. » La manière dont on critique encore aujourd'hui les siens, fait assez voir qu'on en parle toujours.

Ce grand poète, qui de son vivant triompha de
l'envie sur un amas prodigieux d'éditions qui se
renouveloient tous les ans, certain du contentement du public, s'est presque vu dans sa postérité. Il est pourtant le seul de nos poètes qui par
sa mort n'ait pas fait taire l'envie, dont il triomphe
encore par les éditions de ses ouvrages, qui se
renouvellent sans cesse parmi nous, ou dans les
pays étrangers. Jamais poète n'a été plus imprimé,
traduit, commenté et critiqué ; et il y a apparence
qu'il vivra toujours, parce que, comme il réunit le
vrai de la pensée à la justesse de l'expression, ses
vers restent aisément dans la mémoire ; en sorte que
ceux même qui ne l'admirent pas, le savent par
cœur.

L'écrivain qui a fait de lui l'éloge qui se trouve
dans le Supplément au Nécrologe de Port-Royal,
« le loue d'avoir asservi aux lois de la pudeur la
» plus scrupuleuse, un genre de poésie qui jusques
» à lui n'avoit emprunté presque tous ses agrémens
» que des charmes dangereux, que la licence et le
» libertinage offrent aux cœurs corrompus. Il est
» dit encore dans cet éloge, que l'équité, la droi-
» ture et la bonne foi présidèrent à toutes ses
» actions ; et on en donne pour exemple la restitu-

» tion des revenus du bénéfice dont j'ai parlé au
» commencement de ces Mémoires : restitution
» qu'il fit sans consulter personne. Ne prenant avis
» que de la crainte de Dieu, qui fut toujours pré-
» sente à son cœur, il se démit du bénéfice entre
» les mains de M. de Buzanval, qui en étoit le col-
» lateur, ne voulant pas même charger sa cons-
» cience du choix de son successeur. »

Boursaut dans ses lettres rapporte sa conversation sur les bénéfices avec un abbé qui en avoit plusieurs, et qui lui disoit : « Cela est bien bon » pour vivre. » « Je n'en doute point, lui répondit » Boileau; mais pour mourir, M. l'abbé, pour » mourir ! »

Interrogé dans sa vieillesse, s'il n'avoit point changé d'avis sur le Tasse, il assura que loin de se repentir de ce qu'il en avoit dit, il n'en avoit point assez dit, et en donna les raisons que rapporte M. l'abbé d'Olivet dans l'Histoire de l'Académie Française.

La réponse d'Antoine son jardinier d'Auteuil, au P. Bouhours, fut telle que Brossette la rapporte dans son Commentaire. Antoine condamnoit le second mot de l'Epître qui lui étoit adressée, prétendant qu'un jardinier n'étoit pas un valet. C'étoit le seul mot qu'il trouvoit à critiquer dans les ouvrages de son maître.

Quoique Boileau aimât toujours sa maison d'Auteuil, et n'eût aucun besoin d'argent, M. le Verrier lui persuada de la lui vendre, en l'assurant qu'il y seroit toujours également le maître, et lui faisant promettre qu'il s'y conserveroit une chambre qu'il viendroit souvent occuper. Quinze jours après la vente, il y retourne, entre dans le jardin, et n'y trouvant plus un berceau sous lequel il avoit coutume d'aller rêver, appelle Antoine et lui demande ce qu'est devenu son berceau. Antoine lui répond qu'il a été détruit par ordre de M. le Verrier. Boileau, après avoir rêvé un moment, remonte dans son carrosse, en disant : « Puisque je » ne suis plus le maître ici, qu'est-ce que j'y viens » faire ? » Il n'y revint plus.

On sait que dans ses dernières années, il s'occupa de sa Satire sur l'équivoque, pour laquelle il eut cette tendresse que les auteurs ont ordinairement pour les productions de leur vieillesse. Il la lisoit à ses amis, mais il ne vouloit plus que leurs applaudissemens : ce n'étoit plus ce poète qui autrefois demandoit des critiques, et qui disoit aux autres :

Ecoutez tout le monde, assidu consultant.

Il redevint même amoureux de plusieurs vers qu'il avoit retranchés de ses ouvrages par le conseil de mon père : il les y fit rentrer, lorsqu'il donna sa dernière édition.

Il la revit avec soin, et dit à un ami qui le trouva attaché à ce travail : « Il est bien honteux de m'oc- » cuper encore de rimes, et de toutes ces niaiseries » du Parnasse, quand je ne devrois songer qu'au » compte que je suis près d'aller rendre à Dieu. » On a toujours vu en lui le poète et le chrétien.

M. le duc d'Orléans l'invita à dîner ; c'étoit un jour maigre, et on n'avoit servi que du gras sur la table. On s'aperçut qu'il ne touchoit qu'à son pain : « Il faut bien, lui dit le prince, que vous » mangiez gras comme les autres, on a oublié le » maigre. » Boileau lui répondit : « Vous n'avez » qu'à frapper du pied, Monseigneur, et les poissons » sortiront de terre. » Cette allusion au mot de Pompée fit plaisir à la compagnie, et sa constance à ne point vouloir toucher au gras lui fit honneur.

Il se félicitoit avec raison de la pureté de ses ouvrages : « C'est une grande consolation, disoit-il, » pour un poëte qui va mourir, de n'avoir jamais » offensé les mœurs : à quoi on pourroit ajouter, » de n'avoir jamais offensé personne. »

M. le Noir, chanoine de Notre-Dame, son confesseur ordinaire, l'assista à la mort, à laquelle il se prépara en très-sincère chrétien : il conserva en même temps, jusqu'au dernier moment, le caractère de poète. M. le Verrier crut l'amuser par la lecture d'une tragédie, qui dans sa nouveauté faisoit beaucoup de bruit. Après la lecture du premier acte, il dit à M. le Verrier : « Et, mon ami, » ne mourrai-je pas assez promptement? Les Pradon » dont nous nous sommes moqués dans notre jeu» nesse, étoient des soleils auprès de ceux-ci. » Comme la tragédie qui l'irritoit se soutient encore aujourd'hui avec honneur, on doit attribuer sa mauvaise humeur contre elle à l'état où il se trouvoit : il mourut deux jours après.

Lorsqu'on lui demandoit ce qu'il pensoit de son état, il répondoit par ce vers de Malherbe :

Je suis vaincu du temps, je cède à ses outrages.

Un moment avant sa mort, il vit entrer M. Coutard, et lui dit en lui serrant la main : « Bonjour et » adieu ; l'adieu sera bien long. » Il mourut d'une hydropisie de poitrine, le 13 mars 1721, et laissa par son testament presque tout son bien aux pauvres.

La compagnie qui suivit son convoi, et dans laquelle j'étois, fut fort nombreuse ; ce qui étonna une femme du peuple à qui j'entendis dire : « Il » avoit bien des amis : on assure cependant qu'il » disoit du mal de tout le monde. »

Il fut enterré dans la chapelle basse de la Sainte-Chapelle (1), immédiatement au-dessous de la place qui, dans la chapelle haute, est devenue fameuse par le Lutrin qu'il a chanté.

Cette même année nous obtînmes, après la destruction de Port-Royal, la permission de faire exhumer le corps de mon père, qui fut apporté à Paris le 2 décembre 1711, dans l'église de Saint-Etienne-du-Mont, notre paroisse alors, et placé derrière le maître-autel, en face de la chapelle de la Vierge, auprès de la tombe de M. Pascal. L'épitaphe latine que Boileau avoit faite, et qui avoit été placée dans le cimetière de Port-Royal, ne subsistant plus, je la vais rapporter avec la traduction française faite par le même Boileau : la traduction que ses commentateurs ont mise dans ses Œuvres, n'est point la véritable ; ce qu'on reconnoîtra aisément par la différence du style.

---

(1) Et non pas Saint-Jean-le-Rond, sa paroisse, comme il est dit dans le Supplément au Nécrologe de Port-Royal.

D. O. M.

Hic jacet vir nobilis Joannes Racine, Franciæ thesauris præfectus, regis à secretis atque à cubiculo, nec non unus è quadraginta Gallicanæ Academiæ viris, qui, postquàm profana tragædiarum argumenta diu cum ingenti hominum admiratione tractasset, musas tandem suas uni Deo consecravit omnemque ingenii vim in eo laudando contulit, qui solus laude dignus est. Cùm eum vitæ negotiorumque rationes multis nobilibus aulæ tenerent addictum, tamen in frequenti hominum commercio omnia pietatis ac religionis officia coluit. A Christiano rege Ludovico Magno selectus unà cum familiari ipsius amico fuerat, qui res eo regnante præclarè ac mirabiliter gestas prescriberet. Huic intentus operi, repente in gravem æque ac diuturnum morbum implicitus est, tandemque ab hac sede miseriarum in melius domicilium translatus anno ætatis suæ LIX. Qui mortem longo adhuc intervallo remotam valde horruerat, ejùsdem præsentis aspectum placidà fronte sustinuit; obiitque spe multo magis, et piâ in Deum fiduciâ expletus, quàm fractus metu. Ea jactura omnes illius amicos, quorum nonnulli inter regni primores eminebant, acerbissimo dolore perculit. Manavit etiam ad ipsum regem tanti viri desiderium. Fecit modestia ejus singularis, et præcipua in hanc Portus-Regii domum benevolentia, ut in eâ sepeliri voluerit, ideoque testamento cavit, ut corpus suum, juxta piorum hominum qui hîc sunt corpora, humaretur. Tu verò quicumque es, quem in hanc domum pietas adducit, tuæ ipse mortalitatis ad hunc aspectum recordare, et clarissimam tanti viri memoriam, precibus potius quàm e logiis prosequere.

D.

D. O. M.

Ici repose le corps de messire Jean Racine, trésorier de France, secrétaire du roi, gentilhomme ordinaire de sa chambre, et l'un des quarante de l'Académie Française, qui, après avoir long-temps charmé la France par ses excellentes poésies profanes, consacra ses muses à Dieu, et les employa uniquement à louer le seul objet digne de louange. Les raisons indispensables qui l'attachoient à la cour, l'empêchèrent de quitter le monde ; mais elles ne l'empêchèrent pas de s'acquitter au milieu du monde, de tous les devoirs de la piété et de la religion. Il fut choisi avec un de ses amis par le roi Louis-le-Grand, pour rassembler en un corps d'histoire les merveilles de son règne, et il étoit occupé à ce grand ouvrage, lorsque tout-à-coup il fut attaqué d'une longue et cruelle maladie, qui à la fin l'enleva de ce séjour de misères, en sa 59e. année. Bien qu'il eût extrêmement redouté la mort lorsqu'elle étoit encore loin de lui, il la vit de près sans s'en étonner, et mourut beaucoup plus rempli d'espérance que de crainte, dans une entière résignation à la volonté de Dieu. Sa perte toucha sensiblement ses amis, entre lesquels il pouvoit compter les premières personnes du royaume, et il fut regretté du roi même. Son humilité et l'affection particulière qu'il eut toujours pour cette maison de Port-Royal des Champs, lui firent souhaiter d'être enterré sans aucune pompe dans ce cimetière avec les humbles serviteurs de Dieu qui y reposent, et auprès desquels il a été mis, selon qu'il l'avoit ordonné par son testament. O toi, qui que tu sois, que la piété attire en ce saint lieu, plains dans un si excellent homme la triste destinée de tous les mortels ; et quelque grande idée que puisse te donner de lui sa réputation, souviens-toi que ce sont des prières, et non pas de vains éloges qu'il te demande.

REMARQUES

SUR LES TRAGÉDIES

DE JEAN RACINE.

LETTRE

DE M. LE FRANC DE POMPIGNAN,

A M. RACINE.

Il y a bien long-temps, Monsieur, que je vous presse de publier vos observations sur les tragédies de votre illustre père. Les raisons qui vous en ont détourné jusqu'à présent, ne m'ont jamais satisfait. Que je serois flatté de les vaincre ! Je rendrois service aux lettres, et le public m'en sauroit gré.

Vous avez toujours craint qu'on ne trouvât singulier qu'un fils s'érigeât en commentateur des tragédies de son père, et de tragédies que ce père lui-même a condamnées si sévèrement dans les dernières années de sa vie. Délicatesse d'une part, scrupule de l'autre : voilà de grands obstacles dans l'esprit d'un homme aussi rempli que vous de modestie et de religion.

La première difficulté qui vous arrête, n'en est pas une, selon moi. On ne blâme pas le fils d'un grand homme d'être le panégyriste de son père. Pourquoi n'en seroit-il pas le commentateur ? La réputation du mort décide en cela de la conduite du vivant. On diroit au fils de Pradon : « Honorez » la mémoire de votre père ; mais oubliez qu'il ait » fait des tragédies. » Au fils de Racine, comme à celui de Virgile, on leur criera d'une commune voix, surtout s'ils ont hérité des talens paternels : « Embouchez la trompette, et qu'elle retentisse » dans vos mains des noms glorieux que vous » portez. »

C'est un tribut de justice et de piété de donner à ses proches les louanges qu'ils méritent. Rien n'étoit si commun chez les Romains que de voir des citoyens monter dans la tribune, pour y faire l'éloge de leurs pères, de leurs frères, de leurs parens. On vous a fort approuvé parmi nous d'avoir écrit la Vie de l'auteur immortel de Phèdre et de Britannicus. Si les beaux esprits du siècle y ont repris quelque chose, c'est le coloris sévère que vous avez employé dans son portrait. On sait que le fameux Racine fut tendre et galant dans sa jeunesse; qu'il étoit d'une belle figure, charmant dans la société, éloquent et agréable dans la conversation. Les femmes du monde, les jeunes gens voudroient qu'il n'eût jamais été que cela. Ils ont été effrayés de son renoncement au théâtre dans la fleur de son âge, de sa vie sérieuse et retirée depuis cette époque, de son application à ses devoirs domestiques, de sa tendresse bourgeoise pour sa femme et pour ses enfans; de son insensibilité pour les succès, et pour ses propres ouvrages, qu'il avoit presque oubliés; en un mot, du spectacle édifiant de sa philosophie chrétienne.

Il y a dans tous ces détails bien de la probité, bien de la vertu, mais point assez de galanterie, et trop peu de foiblesse. Nous voulons que dans nos livres comme dans nos mœurs, tout respire le plaisir et la volupté. Le petit clergé de votre famille conduit en procession de chambre en chambre par l'auteur d'Athalie qui portoit la croix, nous rappelle cette simplicité antique tant célébrée par Plutarque, ces naïvetés de la nature, si je puis m'exprimer ainsi, et les badinages de l'amour paternel. J'ai vu bien des gens enchantés de ce trait, et d'une infinité d'autres. Mais il n'y a point là de ce genre d'intérêt, de ces situations singulières qui caractérisent les productions de notre siècle, et qui transportent de joie la plupart des lecteurs. Quoi qu'il en soit du goût présent, que j'estime ce qu'il vaut en attendant le jugement de la postérité, on a trouvé très-convenable que vous fussiez l'historien de votre père. On ne vous louera pas moins, j'ose en répondre, de vouloir être son commentateur. Il n'est personne qui ne respecte la tendresse filiale, et n'en reconnoisse les droits.

Je crois donc, Monsieur, que vous vous rendrez sans peine sur ce point. L'autre, je l'avoue, se présente d'abord sous un aspect moins favorable. L'auteur de nos plus parfaites tragédies a paru se repentir d'avoir travaillé pour le théâtre. Le fils qui, quoique homme de lettres et poëte lui-même, a toujours condamné les spectacles, s'occupera-t-il à commenter des ouvrages que son père s'est reproché d'avoir faits? Et la question sera-t-elle décidée par un homme qui dans les loisirs et la dissipation de sa première jeunesse, a produit sur la scène un de ses essais, qu'on y revoit encore? N'importe: je dirai librement ce que je pense. Si ma morale n'est pas assez austère au gré de certains théologiens, je suis sûr qu'elle n'en sera pas plus goûtée pour cela des partisans de la comédie. Au surplus, s'il m'échappe quelque chose de contraire à la saine doctrine, je le condamne d'avance, et le rétracte de toute la sincérité de mon cœur.

Je pense en premier lieu qu'il y a une très-grande différence entre composer des tragédies, et les faire représenter par des acteurs gagés et publics. Je suppose que ces pièces dramatiques nous enseignent à détester le vice, à fuir le crime, à nous défier de nos foiblesses, à craindre nos passions, à les sacrifier au devoir; qu'elles nous excitent aux vertus les plus sublimes, aux actions les plus héroïques : dira-t-on que l'auteur de pareils ouvrages s'en doive accuser comme de péchés capitaux? Il en faudroit dire autant de tout poète qui composeroit des odes, des épîtres, un poëme épique; de tout homme qui écriroit des histoires, qui feroit des pièces d'éloquence, des dissertations littéraires, des traductions; ce qui seroit absurde, et n'entrera sans doute dans l'esprit de qui que ce soit. Le pape Urbain VIII, par exemple, a fait de belles poésies latines. Personne, que je sache, ne s'est avisé de l'en blâmer, ni comme prêtre, ni comme cardinal, ni comme souverain pontife. Que ces mêmes poésies fussent des tragédies, seroient-elles par ce seul endroit plus contraires à la morale chrétienne, moins innocentes aux yeux de la religion?

Que l'on mette un fait en action entre plusieurs interlocuteurs, ou qu'on le raconte dans un poëme, ou qu'on le célèbre dans des vers lyriques, je ne saurois concevoir que de ces trois manières l'une soit condamnable, et les deux autres permises. Des religieux respectables par leur piété ont souvent fait des tragédies, et en font encore tous les jours du consentement de leurs supérieurs. On les représente dans leurs colléges. S'il s'y est quelquefois glissé des abus (et où ne s'en glisse-t-il pas), est-ce la faute du genre ? Est-ce le crime du spectacle ? L'Eglise, les souverains pontifes, les évêques souffriroient-ils dans des maisons religieuses ces sortes de représentations, s'ils les croyoient nuisibles aux bonnes mœurs, surtout si la religion les proscrivoit ? La tolérance en pareil cas seroit prévarication. Je me garderai bien d'en accuser, d'en soupçonner même les premiers pasteurs, ni leur chef.

Je conclus de là, Monsieur, que la composition, ni la représentation d'une tragédie n'ont rien en soi de vicieux, ni qui puisse causer les regrets de l'auteur ou des acteurs; et que tout le mal, qui est très-grand quand il y en a, consiste dans l'espèce de la tragédie, dans la qualité des acteurs, et dans le lieu de la représentation.

Je commencerai par ces deux derniers objets. L'autre me ramènera naturellement aux tragédies de Racine, à l'occasion desquelles j'ai bien des réflexions à vous proposer.

On s'efforce depuis long-temps de réduire en problème théologique cette question : Si c'est un péché d'aller à la comédie. On ne manque pas d'appuyer la négative de toutes les distinctions possibles, de toutes les conditions capables de rassurer. On exige qu'il n'y ait rien de déshonnête, ni de criminel dans la pièce ; que celui qui va au spectacle n'y apporte point de penchant au vice, ni une âme facile à émouvoir ; qu'il y soit maître de son cœur, de ses pensées, de ses regards ; que rien de ce qu'il entend, que rien de ce qu'il voit, ne soit pour lui une occasion de chute, ni de tentation. Cette théorie est certainement admirable. Qui me répondra de la pratique ? Sera-ce notre casuiste ? Qu'il aille plutôt à la comédie : au retour je m'en rapporte à lui.

On pourroit entrer plus avant dans cette discussion, quoique, après tout, les raisonnemens les plus longs n'aboutiroient guère qu'à ce que je viens d'observer, soit sur le danger des spectacles en suivant l'avis de ceux qui les condamnent, soit sur les précautions qui peuvent garantir de ce danger, en préférant l'opinion contraire. Mais je rapporterai à ce sujet une anecdote intéressante que tout le monde ne sait pas, et qui mérite d'être connue. On agitoit un jour devant Louis XIV la question de la comédie. M. Bossuet, évêque de Meaux, entra dans ce moment chez le roi. *Voici le docteur*, dit ce monarque (c'est ainsi qu'il appeloit ordinairement le prélat), *il nous décidera ce point.* Et après lui avoir

exposé le fait, *qu'en dites-vous*, continua le prince ?
« Sire, répliqua M. de Meaux, il y a de grands
» exemples pour, mais de fortes raisons contre. »

Cette réponse énergique et judicieuse contient en effet tout ce qu'on sauroit dire de part et d'autre sur cette question. M. Bossuet reconnoît de bonne foi que l'affirmative est soutenue de l'autorité des exemples, et il avoue que ces exemples peuvent imposer. Il avoit sans doute en vue tant de personnes très-religieuses et très-réglées dans leurs mœurs, qui par docilité, par complaisance, ou par d'autres motifs innocens, peut-être aussi pour se distraire, vont de temps en temps à la comédie, et même à l'opéra. Mais ce ne sont enfin que des exemples contre lesquels on peut étaler une foule de raisons, de principes, de conséquences, de décisions, et généralement tout ce qui concourt à mettre un point de morale dans le plus grand jour d'évidence et de vérité. Ainsi la courte réponse de M. de Meaux est un précis lumineux d'apologie et de censure, dans lequel on aperçoit ce que l'un a de foible, et l'autre de concluant. Voilà comme un homme de génie fait quelquefois un livre en deux mots.

Les partisans les plus déclarés de la comédie, j'entends au moins ceux qui ont des mœurs et de la vertu, ne disconviendront pas que dans l'état où sont les choses, le théâtre ne soit encore infiniment dangereux par bien des endroits, et qu'il n'eût besoin d'une réforme très-sévère. Un professeur

(le P. Porée) plus recommandable encore par la sainteté de sa vie que par la supériorité de ses talens, et qui en composant toutes les années des tragédies et des comédies pour les exercices accoutumés de sa classe, soupiroit tous les jours après les missions de la Chine et des Indes, que ses supérieurs n'ont jamais voulu lui accorder, a écrit que le théâtre pourroit être une école de vertu; mais il ajoutoit dans le même ouvrage, que, par notre faute, il étoit une école de vice : et c'est uniquement dans son existence actuelle que je le considère ici.

Que l'on se récrie tant qu'on voudra sur la décence et sur la noblesse de certaines comédies modernes, j'estime trop sincèrement ces pièces pour vouloir attaquer leur réputation, ni diminuer le nombre de leurs approbateurs ; mais elles ne font qu'une petite partie de ce qui est véritablement le fonds du théâtre. N'y représente-t-on pas tous les jours des comédies très-indécentes dans leur intrigue, ou dans le dialogue? Je ne connois presque point de pièces de Dancourt, ni de Le Grand, où il n'y ait des expressions libres et des allusions obsènes. On en trouve beaucoup dans les comédies de Regnard ; et pour comble d'inconvénient, les meilleures de Molière n'en sont pas exemptes.

Cet homme unique dans son genre, et le seul écrivain peut-être, soit ancien, soit moderne, qui n'ait point encore eu de supérieur ni de rival, étoit plus capable qu'un autre de donner au théâtre, dans la partie du comique, la forme et le ton qu'il devroit avoir pour être une bonne école. Dignité, noblesse, esprit philosophique, profondeur de génie, la nature lui avoit tout prodigué. Aucun mortel n'aura jamais comme lui le don de faire rire. Il le possédoit dans un degré de perfection et d'universalité qui étonne. J'ai vu le P. Porée pleurer d'admiration et de douleur en parlant de Molière. On sent bien à quoi l'on doit attribuer dans un religieux l'union de ces deux sentimens. Cet auteur étoit comédien; il mourut sur le théâtre. Passons vîte sur cette affreuse circonstance, qui n'est pas cependant étrangère à notre objet.

Parmi les pièces de cet homme rare, il y en a qui blessent directement l'honnêteté publique, et qu'il faudra bannir du théâtre, quand on pensera sérieusement à le réformer. D'autres pourroient être corrigées par des mains habiles. Dans quelques-unes, en bien petit nombre, il n'y auroit que peu de phrases ou de vers à supprimer. Ce qu'on dit des pièces de Molière, comprend à plus forte raison les comédies autres que les siennes, qui mériteroient d'être conservées au public.

Un écrivain anglais, qui n'est point accusé de traiter trop gravement les choses, étoit moins indulgent que nous sur les abus du théâtre. Peu content de s'élever avec un zèle courageux contre la licence énorme qui déshonoroit de son temps la scène anglaise, il étend sa sévérité scrupuleuse jusqu'aux plus petits détails. Une plaisanterie trop libre, un mot indécent le choque. Il voudroit qu'on établît des censeurs éclairés et vertueux, qui eussent ordre de retrancher (1), tant des pièces anciennes que des nouvelles, toute grossièreté, toute équivoque, tout endroit capable d'offenser le moins du monde la modestie ou la pudeur.

Ce plan, proposé en Angleterre, devroit déjà s'exécuter en France. Jusque-là il sera vrai de dire que dans nos spectacles, le bon est trop mêlé, trop confondu avec le mauvais, pour qu'on puisse se reposer sur une jeunesse inconsidérée et bouillante, du soin d'en faire la séparation, et de profiter de l'un sans ressentir l'impression de l'autre. Vous savez l'usage constant où l'on est de représenter une comédie après la tragédie. Une jeune personne est encore tout attendrie de la mort de Polyeucte, tout édifiée de la vertu de Pauline : le théâtre change ; on joue *l'Ecole des Maris*. En est-ce une d'amour conjugal ? Et cette satire du mariage achevera-t-elle ce que les beaux sentimens de Pauline auront commencé ? On vient de représenter Athalie. J'ai vu la maison du Seigneur, le livre de la loi ; les cérémonies du sacre des rois de Juda ; j'ai la tête remplie de miracles, de prophéties, des grandeurs et de la puissance de Dieu ; tout cela m'a pénétré d'une terreur religieuse, et d'un respect profond

(1) Strike out every offensive passage from plays already writen, as well as those that may be offered to the stage for the future : by wich and other wise regulations the

pour le roi des rois. Les violons jouent : George Dandin paroît; et dans le même lieu où étoit le temple de Jérusalem, je vois le rendez-vous nocturne d'un jeune homme avec une femme mariée; et le pauvre M. Dandin demande ensuite pardon à sa digne moitié des soupçons qu'il a eu l'insolence de former contre elle. Je voudrois savoir si les effets de ces différens contrastes peuvent jamais tourner au profit de la religion et des mœurs.

Il n'est pas étonnant que de acteurs employés à la représentation d'ouvrages si indécens, soient retranchés de la communion des fidèles. Sur quoi tomberont les censures ecclésiastiques, si ce n'est pas sur une profession visiblement condamnée par le christianisme ? Avertissons cependant les comédiens que l'Eglise ne les proscrit pas parce qu'ils représentent des pièces dramatiques en général, mais parce qu'ils en représentent de dangéreuses pour les mœurs : ce qui avilit leur métier aux yeux des hommes, et le rend criminel aux yeux de la religion. Que la face des spectacles change, que le théâtre devienne une école de vertu : la profession de comédien n'aura plus les caractères qui la dégradent. Elle ne sera exposée ni à l'anathème, ni au mépris.

---

theater migth become a veri innocent and useful diversion, instead of being the scandal and reproach to our religion and country.

A projet for the advancement of religion and reformation of manners by Dr. Swift.

Il résulte nécessairement de ces faits et de ces observations, que le spectacle, tel qu'il est encore, n'étant point à beaucoup près un lieu sûr pour la sagesse et pour la vertu, et les acteurs de ce spectacle étant toujours dans les liens de l'excommunication, un auteur élevé dans la morale chrétienne ne sauroit, sous quelque prétexte que ce soit, ni par quelque ouvrage que ce puisse être, concourir au soutien du théâtre, sans se rendre lui-même responsable des inconvéniens et des abus qui y sont attachés; ni contribuer à l'entretien des acteurs sans partager le mal qu'ils causent, et celui qu'ils font.

Ce n'est point ici une déclamation vague, ni un zèle mal entendu. Si ce que j'ai avancé des pièces qu'on représente, et du méchant effet qu'elles produisent, est exactement conforme à la vérité, par une suite naturelle, les principes que j'ai établis sont vrais. Il faut donc m'en accorder les conséquences, ou renoncer à toute justesse de raisonnement.

M. Bossuet a composé un ouvrage exprès sur cette question. Il la traite en évêque, c'est-à-dire en docteur et en juge. Tous les petits sophismes que l'on débite en faveur de la comédie, il les anéantit sous les armes de sa théologie foudroyante, et sous le poids de l'autorité épiscopale. Pour moi, je ne puis ni ne dois parler qu'en homme de lettres, philosophe et chrétien. Mais j'oserai croire en cette qualité que ce savant prélat se seroit expliqué différemment, si ce théâtre ne lui eût pas paru aussi répréhensible

répréhensible qu'il l'est en effet dans sa constitution présente.

La réforme n'en seroit pas impossible. Des règlemens faits par des théologiens et par des magistrats unis ensemble pour les concerter, règlemens revêtus de l'autorité du prince, et dont on empêcheroit que le crédit ni la faveur n'altérassent jamais l'exécution, rempliroient, si je ne me trompe, cet objet important. Je les réduirois à deux points. A l'égard des pièces : supprimer totalement celles dont le fond est vicieux ou impie, car nous en avons de ces dernières, soit dans le tragique, soit dans le comique; corriger celles qui ne pèchent que dans les détails; en ôter les expressions libres, grossières, ou indécentes; n'y rien laisser, en un mot, qui sente le libertinage du cœur, encore moins celui de l'esprit. A l'égard des acteurs : n'en point recevoir dont la conduite et les mœurs ne fussent irréprochables; les punir sévèrement, les priver même de leur emploi, quelque talent qu'ils eussent, quand ils tomberoient dans des désordres scandaleux et publics; car il est des fautes secrètes et cachées qui ne sont pas du ressort de la police.

Les comédiens sensés approuveront eux-mêmes un projet de réforme et de règlement qui ne tend qu'à rendre estimable et honnête devant les hommes, innocente ou du moins tolérable aux yeux de l'Eglise, une profession qui n'est rien de tout cela. Si dans le plan indiqué on les assujétit à une espèce d'enquête de vie et de mœurs, formalité bizarre en apparence pour un homme qui doit jouer le rôle de Néron ou de M. Tout-à-bas, je réponds qu'on ne sauroit apporter un trop grand fonds de sagesse et de vertu dans un état qui sera toujours, quelque épuré qu'on le suppose, ennemi de la retenue et de la gravité, environné d'occasions périlleuses, et le centre de la dissipation.

Mais, Monsieur, si l'on venoit à bout de procurer à cette réforme du théâtre et des acteurs, plus d'étendue, plus de perfection encore que je n'imagine, les casuistes austères continueroient-ils toujours de proscrire, comme péchés capitaux, et la composition d'ouvrages pour le spectacle, et l'assistance à leurs représentations? Ces décisions sentiroient bien le rigorisme. Il faudroit, suivant le même esprit, envelopper dans l'anathême les fêtes publiques, les concerts, les bals, les festins, et généralement toutes les assemblées d'amusement et de plaisirs, comme étant pour les deux sexes qui s'y trouvent réunis et confondus, une source de relâchement dans les devoirs, de dégoût pour la piété, de pensées vaines et trompeuses, et quelquefois de liaisons funestes à l'innocence et à l'honneur. J'avoue qu'une vie intérieure et mortifiée s'accorderoit mal avec ces divertissemens mondains. Mais il y a bien des degrés entre la sainteté et le crime, entre la perfection chrétienne et le violement total de toutes les lois du christianisme. On permet à la foiblesse humaine des délassemens frivoles, pourvu qu'ils ne soient point criminels, qu'une ame fortifiée dans la pratique exacte de toutes les vertus jugeroit indignes d'elle. Il ne s'agit point dans la question présente de projets de récréation pour des religieux de la Trape, ou pour des Chartreux, mais d'amusemens nécessaires aux gens du monde, qu'on doit tâcher de leur rendre utiles autant qu'on le peut. D'ailleurs, ces mêmes choses dont nous parlons, sans en excepter le rouge et la comédie, ont été souvent permises, dans plusieurs circonstances, à des personnes très-pieuses, par des directeurs incapables de flatter les goûts ni les passions. La complaisance pour des supérieurs ou pour un époux, des occasions forcées, le service attaché à certains emplois, autorise en pareils cas la tolérance de ces guides spirituels ; qui comptent de plus sur l'inébranlable fidélité d'une âme solidement chrétienne.

Quand Monsieur votre père enchantoit par ses tragédies la cour, la ville, et toute l'Europe, le théâtre étoit, comme il est de nos jours, une école toute propre à porter le trouble et le ravage dans de jeunes cœurs. Une image vive et flatteuse de nos foiblesses n'est point le remède qui nous en guérit. Croyons-en saint Augustin, qui n'avoit été que trop bon connoisseur en cette matière : « J'aimois, » dit-il, ces liens cruels où l'on est sans cesse en » proie à la jalousie, aux soupçons, aux craintes, » à la fureur. Je me plaisois dans les tableaux » séduisans que j'en trouvois sur le théâtre. » *Rapiebant me spectacula theatrica, plena imaginibus miseriarum mearum*, *et fomitibus ignis mei* (1). Un auteur en qui la fougue de l'âge, l'ivresse du succès, l'illusion des plaisirs, n'avoient point étouffé les sentimens de religion et de piété qu'il tenoit de ses premiers maîtres, a dû sans doute, quand ces mêmes sentimens eurent repris dans son cœur la place qu'ils y avoient autrefois occupée, témoigner de vifs regrets d'avoir, non-seulement travaillé pour le théâtre, mais d'en avoir augmenté même la séduction et le danger par quelques-unes de ses tragédies. On est rarement injuste dans sa propre condamnation. Ne soyons pas plus indulgens pour les pièces de M. Racine qu'il ne l'a été lui-même. Il discernoit mieux qu'un autre ce qu'elles pouvoient avoir de dangereux, comme ouvrages de théâtre. Comme productions de son esprit, on sait qu'elles lui étoient devenues sur la fin de ses jours parfaitement indifférentes. Rien ne prouve tant la bonté de son caractère et de son cœur, que la patience philosophique et chrétienne avec laquelle il supporta l'indécente satire que déclama publiquement dans un collége, ce jeune régent, membre d'une société respectable, où M. Racine avoit d'illustres amis, malgré les sentimens dont on n'ignoroit pas qu'il faisoit profession. Cet endroit de vos Mémoires a dû charmer tous les honnêtes gens, et concilier à ce grand homme autant d'admirateurs de la beauté de son âme, qu'il y a d'admirateurs de ses tragédies, et du peu d'écrits en prose qu'il nous a laissés.

---

(1) Confess., lib. 3, cap. 2.

Je suis fâché seulement que vous ayez en quelque sorte diminué le mérite de sa modération, en passant sous silence l'étrange problème qui étoit le sujet de cette déclamation violente et personnelle. Il est bon d'un côté que les hommes voient dans leurs semblables les excès où les portent souvent l'injustice et la passion ; et de l'autre, que les écrivains les plus jaloux de leur gloire sachent que les talens les plus décidés, le génie le plus supérieur, la réputation la mieux établie, ne sont pas à l'abri des caprices de l'ignorance ou du préjugé. Ce problème latin étoit conçu, dit-on, dans ces termes : *Racinius an christianus, an poëta?* Racine est-il poète ou chrétien ? Et l'on décidoit qu'il n'étoit ni l'un, ni l'autre : *Nec poëta, nec christianus.* Solution burlesque, où la charité, cette première loi du christianisme, n'étoit pas moins insultée que le bon sens.

Je ne lis point sans attendrissement ce qu'il dit à son fils aîné pour le consoler d'avance des critiques qu'il entendra faire de ses tragédies. Sa modestie vous eût défendu peut-être alors de les commenter ; mais il n'est personne qui ne vous conseillât aujourd'hui de désobéir à cet ordre très-injuste. Outre que les ouvrages de cette nature, quelque repentir qu'ils aient causé à l'auteur, peuvent, comme amusemens littéraires, occuper le loisir de commentateurs pleins de religion et de piété, vous ne serez vous-même que trop attentif à relever l'abus qu'il a fait de ce fonds de tendresse et de sentimens dont la nature l'avoit doué ; à censurer les tragédies où l'amour domine trop, et celles où il ne devoit point avoir de part. L'intérêt de la vérité exige aussi que vous preniez soin de le justifier sur ce même article contre les partisans excessifs de Corneille ; et vous ne pouvez le faire qu'en démontrant, comme la chose est fort aisée, que ce premier restaurateur de la tragédie parmi les modernes, n'a pas moins à se reprocher que son rival d'avoir mis de l'amour dans toutes ses pièces. Observons ici en peu de mots, pour y revenir ensuite plus en détail, que le tendre et l'élégant Racine a fait un chef-d'œuvre sans le secours de cette passion ; ce qu'on ne sauroit dire du grand Corneille.

La seule différence qu'il y ait à cet égard entre ces deux maîtres de la scène, c'est que Racine traitoit l'amour en homme de génie, et Corneille en homme d'esprit. Qu'on ne s'étonne pas de ce mot, et discutons clairement nos idées. Quoique je parle au fils de Racine, je lui déclarerai ingénument que son père n'étoit pas en général un aussi grand génie que Corneille. Ainsi, en n'appelant ce dernier qu'homme d'esprit quand il veut parler le langage de l'amour, je ne retranche rien de sa supériorité dans les autres parties. Il n'y a point de génie universel. C'est abuser des mots que d'employer cette expression pour caractériser certains hommes du premier ordre, qui ont embrassé avec succès plus d'objets que d'autres, comme Aristote, Cicéron,

Et c'est aussi très-improprement qu'on dit d'un homme médiocre, qu'il a le génie borné. On diroit avec beaucoup plus de justesse, qu'il n'en a point du tout : car le plus grand génie a des bornes. De là cette inexactitude dans les idées que l'on se fait d'autrui, et dans le jugement qu'on en porte. On érige quelquefois en homme de génie celui qui n'a que de l'esprit; et souvent on n'accorde que de l'esprit à celui qui certainement a du génie.

Si le génie consiste à pénétrer profondément les objets, à les concevoir dans toute leur étendue, sans s'arrêter à la superficie ; à saisir vivement, à rapprocher d'un coup-d'œil leurs différens rapports, à les posséder de manière qu'ils paroissent, pour ainsi dire, créés dans l'âme de celui qui se les approprie, je reconnois le sentiment à ce caractère distinctif. Il a les mêmes propriétés, il produit les mêmes effets, quoique sa sphère soit plus resserrée. Horace, La Fontaine, Quinault, n'étoient pas d'aussi grands génies qu'Homère, Virgile et Corneille ; mais c'étoient néanmoins des hommes de génie, parce qu'ils avoient du sentiment. Racine est, je pense, l'homme de la terre qui en a eu davantage. Ses tragédies, ses cantiques, ses lettres, sa prose et ses vers sont comme pétris de cette faculté souple et délicate qui s'attache sous sa main aux différentes matières qu'il traite, qui les anime, les vivifie, leur communique ce charme secret qui intéresse, et cette chaleur douce et continue dont il ne faut pas chercher la source dans des mouvemens passagers de tendresse; mais dans le trésor inépuisable d'un cœur naturellement sensible et fécond.

On a cru long-temps, on a même écrit que quand il vouloit composer les scènes les plus tendres et les plus passionnées, il alloit auparavant passer une heure avec sa femme ou avec sa maîtresse. Vous avez démontré la fausseté de cette tradition par rapport à sa femme, en apprenant au public qu'il ne se maria qu'après avoir renoncé au théâtre; et j'ajoute, moi, que cette fausseté s'étend pareillement à la maîtresse. Non que je croie sérieusement qu'il n'en a point eu. Quel tort cela feroit-il à sa mémoire, après la vie édifiante qu'il a menée depuis l'âge de trente-huit ans jusqu'à la fin de ses jours? Mais il n'avoit pas besoin de ce secours pour s'exprimer comme il faisoit. Nous savons assez de particularités du caractère et de la vie de Virgile pour pouvoir juger que ce poète admirable n'a jamais été amoureux. Cependant qu'y a-t-il au monde de plus vif et de plus passionné que le quatrième livre de l'Enéide? L'amour n'inspire point le sentiment; mais le sentiment donne du génie à l'amour. S'il en étoit autrement, comme presque tous les poètes se piquent d'être amoureux, nous aurions toujours des Racines.

Si l'amour a fait dans les arts de prétendus miracles; s'il a créé des poètes, des peintres, des musiciens, c'est qu'il a trouvé des sujets en qui la nature avoit déjà mis ces talens, que la culture ni l'occasion n'avoit point encore développés. Il n'a jamais apporté dans un cœur ce qui n'y étoit pas avant lui. Quand on versifie un dialogue tragique, il ne suffit pas d'aimer, pour être en état de donner aux pensées et aux expressions la tournure et la vérité du sentiment. On ne le remplace point par des hyperboles, par des images gigantesques. Un poète ordinaire qui veut exprimer énergiquement les effets d'une grande passion, met en jeu les dieux, la nature, les élémens, pour m'apprendre qu'on sacrifie tout à l'objet aimé, qu'il tient lieu de tout, dédommage et console de tout. Racine me dira du jeune Britannicus privé du trône, mais adoré de sa maîtresse,

Qu'il alloit voir Junie, et revenoit content.

Que de choses renfermées dans la noble simplicité de ce vers ! C'est le sublime de l'amour. J'admire encore plus ces deux vers célèbres, que le grand Condé, qui n'étoit point un homme doucereux, répétoit si souvent, et avec tant de complaisance :

Depuis cinq ans entiers chaque jour je la vois,
Et crois toujours la voir pour la première fois.

Ces sortes de traits sont fréquens dans les pièces de Racine. Mais pour prouver d'une manière plus précise et plus développée ce que j'ai avancé, que Racine traite l'amour en homme de génie, et Corneille en homme d'esprit seulement, prenons dans ces deux poètes des morceaux de passion que l'on puisse opposer l'un à l'autre, et dont une courte analyse fasse voir le vrai ou le faux de mon opinion. Pour en trouver dans Racine de remarquables par leur beauté, c'est assez d'ouvrir son livre au hasard. Le choix n'est pas si facile dans Corneille.

On citera toujours comme un chef-d'œuvre la scène où Phèdre déclare son amour à Hippolyte. Quoiqu'il y ait dans cette déclaration si connue quelques traits heureux empruntés de la tragédie d'Hippolyte attribuée à Sénèque, ce n'est point là ce qui fait le fond de cette scène étonnante, la plus forte, la mieux dialoguée, la mieux écrite, la plus parfaite enfin qui soit sortie de la main d'aucun poète tragique. L'art y est merveilleux : le trouble, l'agitation et la pitié y croissent de vers en vers. Le dénoûment en est terrible. On plaint Phèdre; on y tremble pour elle et pour Hippolyte; l'amour qui la dévore n'est entouré que de crimes et de remords, de glaives et de poisons. Le P. Brumoy dit que M. Racine a pris de Sénèque l'endroit de l'épée. C'est chercher le plagiaire au milieu de l'invention. Dans le déclamateur latin, Hippolyte saisit sa marâtre par les cheveux, lui tord presque le cou, et se dispose à l'offrir en sacrifice à Diane. Mais il lui fait grâce de la vie, et s'enfuit laissant tomber son épée, que la nourrice ramasse. Qu'y a-t-il qui ressemble à la scène de Racine, où Phèdre se jette sur l'épée d'Hippolyte pour s'en percer le sein? Mouvement de désespoir et de honte qui redouble la compassion et l'effroi. Ecoutons Phèdre elle-même :

Ma sœur du fil fatal eût armé votre main.
Mais non, dans ce dessein je l'aurois devancée;
L'amour m'en eût d'abord inspiré la pensée.
C'est moi, Prince, c'est moi dont l'utile secours
Vous eût du labyrinthe enseigné les détours.
Que de soins m'eût coûté cette tête charmante!
Un fil n'eût point assez rassuré votre amante.
Compagne du péril qu'il vous falloit chercher,
Moi-même devant vous j'aurois voulu marcher;
Et Phèdre au labyrinthe avec vous descendue
Se seroit avec vous retrouvée ou perdue.

L'amour ni l'esprit tout seuls n'enfanteront jamais de morceaux de cette richesse et de cette force. Quel enthousiasme de passion! Quelle fécondité d'idées, de sentimens et d'images! Que l'amour de Phèdre est inventif! Quelle promptitude à combiner dans un clin-d'œil, à rassembler sous le même point de vue toutes les circonstances possibles de l'aventure d'Hippolyte mis à la place de Thésée! Le fil d'Ariane passé dans les mains de Phèdre, le Labyrinthe, le Minotaure, Phèdre elle-même servant de guide au jeune héros, l'un et l'autre combattant le monstre, dévorés ou vainqueurs ensemble; rien n'échappe à cette brillante imagination. Tout ce que l'amour lui représente, elle croit le voir; et tout ce qu'elle voit, elle le rend visible au spectateur : tant le pinceau manié par le sentiment a d'expression, de chaleur, d'abondance et de vérité ! Et n'est-ce pas là le génie ?

Transportons-nous chez Corneille ; et pour observer toute justice dans la comparaison, choisissons une de ses meilleures tragédies, et dans cette tragédie une des plus belles scènes. Je reconnois, avant d'aller plus loin, que Corneille a fait des pièces très-intéressantes. Le Cid est du nombre. Mais distinguons ici l'intérêt du sentiment. L'intérêt résulte, soit de la situation générale des personnages dans tout le cours de la tragédie, soit de leur situation particulière dans certains momens de l'action. Nous avons des ouvrages dramatiques extrêmement foibles du côté du sentiment et de la versification, qui se soutiennent avec succès au théâtre par ce seul intérêt de sujet et de situation, comme Ariane, Pénélope, Inès. Le sentiment, au contraire, n'est point attaché aux situations, ni à l'action, puisqu'elles peuvent être intéressantes dans une tragédie mal écrite, et remplie de lieux communs, mais aux pensées et aux expressions, de même que la dignité, l'élévation et le sublime. Beaucoup de poètes sont capables d'imaginer dans leurs pièces des événemens extraordinaires, d'introduire des personnages bizarres qu'on appelle neufs, d'éblouir le parterre par de bruyans coups de théâtre. Il n'appartient qu'à Corneille et à Racine de faire parler les acteurs. Corneille s'élève au dessus des hommes quand il est l'organe de César, d'Auguste, de Cléopâtre dans Rodogune, de Léontine dans Héraclius; mais il est bien au-dessous de Racine dans les conversations de Rodrigue et de Chimène.

L'intérêt dans le Cid commence avec la tragédie, telle qu'on la représente aujourd'hui, c'est-à-dire dès la quatrième scène, qui est devenue la première par la sage suppression des trois précédentes. Le père de Chimène donne un soufflet au père de Rodrigue, amant aimé de Chimène. Le vieillard déshonoré confie aussitôt à son fils le soin de sa vengeance. Quel coup de foudre pour le jeune guerrier, qui ne balance pas néanmoins à obéir à son père! Voilà d'abord un intérêt de situation, et du plus tragique. Quel monologue n'eût pas fait Racine! Et quel monologue a fait Corneille! Des stances qui finissent toutes par une pointe. Il falloit du sentiment; l'auteur n'a eu que de l'esprit.

Au cinquième acte, et c'est où j'en voulois venir, Rodrigue entre inopinément chez sa maîtresse, qui a promis sa main au vainqueur de son amant. L'idée de cette scène est hardie. La vue seule de Rodrigue et de Chimène dans ce lieu et dans ce moment, fait tableau et situation. Chimène débute par deux vers très-vifs, qui expriment fort bien tout ce qui se passe dans son cœur:

> Quoi Rodrigue en plein jour! D'où te vient cette audace?
> Va, tu me perds d'honneur, retire-toi de grâce.

Je ne m'arrête point au petit madrigal que répond Rodrigue, dans lequel il demande à sa maîtresse la permission de mourir:

> Mon amour vous le doit, et mon cœur qui soupire
> N'ose sans votre aveu sortir de votre empire.

Je passe à des discours plus étendus, où l'amour traité avec génie doit déployer tout ce qu'il a de sentiment et d'imagination. Lisez attentivement ce morceau :

> Je cours à mon supplice, et non pas au combat.

Cette tirade, trop longue pour être citée tout entière, ne manque pas de force ni de vivacité. Mais l'énergie et la chaleur y sont dans les mots plus que dans les choses. C'est un choc continuel d'antithèses : le supplice et le combat, la mort et la vie, le cœur et le bras, la main de Chimène et celle de Sanche. Ce n'est point là l'éloquence passionnée d'un jeune homme plein d'audace, de courage, d'amour, et proscrit par sa maîtresse, qui n'attend que sa mort pour se jeter avec joie dans les bras sanglans de son meurtrier. Cette scène a néanmoins de l'éclat. Elle fait encore grand plaisir au théâtre. Les enfans la savoient autrefois par cœur ; on leur faisoit déclamer avec emphase :

> Paroissez, Navarrois, Maures et Castillans.

Mais elle doit toute sa beauté à cet intérêt de situation qui fait souvent réussir des choses bien inférieures à cette scène du Cid, des pensées fausses, des vers emphatiques, des caractères manqués, un dialogue sans ordre ni liaison.

Si l'on veut bien examiner en critique impartial,

et sans préjugé, les scènes de Corneille où il est question d'amour, et les comparer à celles de Racine qui roulent sur le même objet, on remarquera dans le premier plus d'hyperboles, de pointes, et de ce verbiage de galanterie qui étoit alors à la mode, que de véritable passion ; plus d'art que de sentiment, plus d'esprit que de génie. Chez Racine, l'amour n'a rien de sec ni de forcé. Il s'insinue dans le cœur par la voix de la nature ; il le pénétre, l'émeut, l'attendrit. S'il ne produit pas les mêmes effets dans les ouvrages de Corneille, cet auteur en est moins excusable, puisqu'ayant introduit l'amour dans toutes ses tragédies, il a deux torts en cela : l'un d'avoir fait ce qu'il ne devoit pas faire, l'autre de l'avoir mal fait.

Les passions doivent être assorties aux caractères, en prendre les traits, l'empreinte, et pour ainsi dire la couleur. Il me paroît que les personnes qui accusent Racine d'avoir donné à ses héros l'air et la physionomie de Français, confondent le sentiment et les mœurs avec l'expression. Est-il extraordinaire que connoissant, comme il faisoit, et mieux qu'homme de son temps, le vrai génie de la langue française, ses beautés et ses délicatesses, il en ait revêtu sa poésie, et que ses acteurs, de quelque âge, de quelque rang, de quelque sexe, de quelque nation qu'ils soient, parlent toujours le français le plus poli et le plus élégant ? Il est uniforme et monotone, à la manière de Virgile ; c'est-à-dire qu'à l'égal de ce poète latin, il est partout correct dans son style, partout admirable dans sa versification. Le gouverneur de Néron a dû s'énoncer en français, comme le maréchal de Villeroy eût fait en latin, si c'eût été sa langue. On ne s'aperçoit que trop dans Corneille de ce défaut d'élégance dans le tour et dans l'expression, qui influe beaucoup sur le fond des choses. L'auteur des Horaces, de Cinna, et de tant d'autres chefs-d'œuvre, a des vers d'une beauté originale; mais il ne possédoit assez bien ni les finesses de notre langue, ni le langage de la cour, pour faire des vers tels que ceux-ci :

Et n'avertissez pas la cour de vous quitter....
Mais ceux qui de la cour ont un plus long usage,
Sur les yeux de César composent leur visage.

Vers qui non-seulement ont le mérite de l'élégance et de l'harmonie, mais dans lesquels encore le choix heureux des expressions forme un tableau parfait des mœurs de la cour, et du caractère des courtisans. C'est donc un reproche injuste et frivole que celui qu'on fait à Racine d'avoir attribué à ses personnages des mœurs françaises, parce que dans ses tragédies Mithridate et Pirrhus parlent français aussi élégamment que Louis XIV et le grand Condé.

Je répondrai de même sur ce qui regarde les passions et les sentimens. La colère, la fureur, l'amour, la jalousie, la haine, l'ambition, ne sont d'aucun pays en particulier. Ces malheureuses foiblesses sont, dans toutes les régions de la terre, l'a-

panage

panage de l'humanité, et se reconnoissent partout aux mêmes traits. Qu'un peintre veuille exprimer la tristesse ou la joie, le plaisir ou la douleur, il peindra d'abord le visage où doit régner l'un de ces sentimens. J'en puis voir l'effet sans connoître la personne ni le pays. C'est l'habillement seul qui m'apprendra si la figure représentée dans ce tableau est un Grec ou un Romain, un Turc ou un Espagnol. Racine pouvoit-il mettre dans des choses semblables des différences qui n'y sont pas? Pourquoi faut-il que le cœur d'un Athénien diffère de celui d'un Français? Les mots, ces signes représentatifs de nos pensées, et qui les représentent si imparfaitement, ont beau varier à l'infini, suivant le génie ou le caprice des diverses nations, ils ne changent rien aux pensées en elles-mêmes, aux sensations ni aux sentimens. Otez la diversité du langage, et celle des habits, supposez une langue universelle, la différence que nous cherchons, disparoîtra; les mots s'évanouiront, il ne restera que la nature : et l'on apercevra dans tous les cœurs l'uniformité des caractères dont elle se sert pour y graver ses penchans et ses passions.

Une différence bien réelle, et que tout auteur dramatique ne sauroit marquer avec trop de soin, est celle des mœurs. C'est pour les poètes le *costume* des peintres. Il y a les mœurs de la nation, il y a les mœurs du personnage. Un Romain triste, en colère, ou amoureux, éprouvera sans contredit les mêmes mouvemens qu'un Français qui seroit agité de passions semblables. Mais les mœurs du Français ne ressemblent pas pour cela aux mœurs du Romain. Telle nation est portée à telle vertu ou à tel vice en général. Elle a tels usages, telles lois, tels préjugés. L'assemblage de ces différentes choses constitue les mœurs. Outre ces mœurs générales, chaque homme a son caractère particulier.

Les mœurs et les caractères sont, sans difficulté, la partie supérieure de Corneille. Il y excelle. Quelle force! Quelle variété! Ne lui disputons point à cet égard la primauté sur Racine. Ou celui-ci n'avoit pas les mêmes ressources dans son génie, ou il a un peu négligé cet objet : faute inexcusable dans un maître de l'art. On sent en effet qu'il s'est plus attaché à la peinture des passions qu'à celle des mœurs; et par là il est tombé dans l'inconvénient de cette ressemblance de personnages qu'on lui reproche avec quelque raison, et qui a donné lieu de l'accuser aussi, mais mal à propos, de n'avoir mis sur la scène que des Français déguisés.

Je ferai à ce sujet des réflexions qu'il me semble qu'on n'a point encore faites. Racine connoissoit à fond le cœur humain, qui est partout le même. De toutes les passions dont nous sommes susceptibles, l'amour est la plus naturelle et la plus commune à tous les hommes. C'est celle qui domine dans ses tragédies; et comme en la traitant avec toute la vérité possible, il n'y a point mêlé assez de traits de mœurs nationales, je dirois qu'il a peint l'humanité en général; mais qu'il n'a pas suffisamment distingué dans ses tableaux le caractère particulier des peuples dont il emprunte ses sujets. Ses héros semblables dans leurs passions, et dans la manière de sentir et de s'exprimer, conformité que je ne saurois trouver défectueuse ni extraordinaire, pèchent néanmoins en ce qu'il n'ont pas cette diversité marquée de mœurs, qui fait qu'un Turc n'est pas un Grec, ni celui-ci un Romain. Car d'avancer que les sentimens qu'il leur prête, que les expressions dont ils se servent, ne conviennent point au caractère de leur nation, et n'appartiennent qu'à des Français, c'est, comme je l'ai déjà dit, et par les raisons que j'en ai apportées, une censure tout à fait injuste. Je tâcherai de le prouver encore par un exemple.

Dans Andromaque, Pyrrhus désespéré des refus continuels de la veuve d'Hector, et résolu en apparence de se marier avec Hermione, dit à Phœnix :

Crois-tu, si je l'épouse,
Qu'Andromaque en secret n'en sera point jalouse ?

Cette réflexion paroît à quelques-uns au-dessous de la gravité du poëme tragique, et je serois volontiers de leur avis ; mais ils vont plus loin : ils ajoutent que de pareils traits sentent nos mœurs ; que ce sont-là des raffinemens à la française ; que Pyrrhus parleroit ainsi à Versailles, et non pas à Buthrote. Et pourquoi, en le supposant amoureux et vain, ne s'exprimeroit-il pas en Epire comme en France ? Encore une fois c'est confondre les mœurs et les sentimens. L'amour, la jalousie, et l'amour-propre ont dans tous les lieux les mêmes délicatesses, les mêmes ruses, les mêmes subtilités. L'art du poète consiste à peindre les passions de couleurs si vraies, que tout homme s'y reconnoisse, soit Chrétien, soit Musulman, soit Asiatique, soit Américain. Ce même art exige que dans la peinture des mœurs, le pinceau soit si exact à différencier les nations, qu'on ne puisse jamais prendre l'une pour l'autre, ni les confondre dans des ressemblances générales. Ainsi donc Pyrrhus plein d'amour et de présomption a pu penser et dire ce que penseroit et diroit à sa place un homme né à Paris. Ce n'est point le génie français, c'est la nature qui dicte des sentimens de cette espèce. Il y en a une infinité dans les tragédies de Racine, et qui n'ont pas, comme celui dont il est ici question, le défaut d'approcher un peu trop du comique ; entr'autres le demi-vers de Pyrrhus, lorsque ce prince déterminé malgré lui à contenter les Grecs, à leur livrer Astyanax, et à recevoir la main d'Hermione, rencontre sur ses pas, au lieu de la princesse qu'il cherchoit, Andromaque éplorée qui se jette à ses pieds, et qu'attendri par ses larmes et par sa beauté, mais gêné par la présence de son ministre, les premiers mots qui sortent de sa bouche sont ceux-ci :

Va m'attendre, Phœnix.

J'y ajouterai ces deux vers si heureux du visir Acomat à Osmin sur l'entrevue que Roxane veut avoir avec Bajazet avant que de prononcer sa condamnation :

Je connois peu l'amour, mais j'ose te répondre
Qu'il n'est pas condamné, puisqu'on veut le confondre.

Mais si les sentimens de Pyrrhus sont naturels et convenables à sa situation, je ne saurois approuver son caractère. Je n'y trouve ni les mœurs grecques, ni les siennes. La fourberie et la duplicité de ses compatriotes, son emportement et sa cruauté l'eussent rendu plus reconnoissable et plus théâtral. Sa mort en eût paru moins odieuse. Cette imperfection, qui n'est pas médiocre, est peut-être l'unique défaut de cette excellente tragédie. Rien de plus achevé que le personnage d'Andromaque : c'est un modèle parfait de vertu. Nous n'avons point de pièce où l'amour soit plus tragique ; il y produit des effets funestes. Pyrrhus est assassiné ; Hermione se poignarde sur le corps de ce prince. La versification est élégante, forte et harmonieuse ; et cependant il y a bien loin encore d'Andromaque à Britannicus.

C'est ici que Racine n'est en rien inférieur à Corneille. Force, élévation, grandeur, caractère ; tout est réuni dans ce chef-d'œuvre. On n'y peint pas les Romains avec cette emphase qui dégénère assez souvent en vaines déclamations. Les mœurs de Rome depuis l'extinction de la liberté, et celles de la cour des empereurs y sont représentées avec une fidélité singulière. C'est Agrippine, c'est Néron, c'est Burrhus que l'on voit et qu'on entend tels qu'ils étoient dans le palais des César, tels qu'ils nous sont montrés dans Tacite. Ce sont les intrigues des affranchis, des courtisans efféminés, de ces hommes de néant qui avoient tant de pouvoir à Rome sous les tyrans, et qui en auront toujours beaucoup dans les gouvernemens arbitraires. La poésie ne sauroit porter plus loin l'art de la ressemblance et de l'imitation. Il y a de l'amour, et du plus tendre et du plus touchant entre Britannicus et Junie. Mais cet amour est innocent; il est fondé sur la convenance, sur la proportion des âges et du rang, sur les droits communs au trône. La vertu même autorise la passion mutuelle de ces jeunes amans. Je ne comprends pas comment une pièce de ce caractère auroit pu causer des remords à son auteur. Au moins est-il certain que dans ses tragédies les plus tendres, les plus propres à émouvoir les passions, il ne lui est jamais rien échappé de contraire à la bienséance ni aux bonnes mœurs. Il avoit trop de religion et de probité pour se permettre ces maximes licencieuses qui remplissent nos opéra, et qui, grâces à la corruption du cœur humain, sont devenues autant de proverbes contre la sagesse et la vertu. J'entends par ces maximes licencieuses, non-seulement *ces lieux communs de morale lubrique*, où tout se rapporte au bonheur d'aimer, et aux plaisirs de l'amour; mais principalement ces affreux préceptes où l'on enseigne en vers sentencieux à fouler aux pieds toutes sortes de principes, de lois et de devoirs. Quoi de plus horrible, par exemple, que ces deux vers d'un opéra célèbre !

> Il faut souvent pour être heureux
> Qu'il en coûte un peu d'innocence.

Racine, ainsi que Corneille, est sans reproche de ce côté-là. Ne cherchons la source de ses regrets que dans l'abus qu'il a fait d'une passion qu'on ne doit employer sur le théâtre qu'avec des précautions extrêmes, et qu'il faut rendre odieuse ou redoutable, hors les cas très-rares où elle peut être avouée par l'honneur et par la vertu.

Des poètes graves et austères, si nous jugeons des mœurs par les écrits, n'ont pas craint d'introduire l'amour dans leurs ouvrages ; mais il y est si insensé, si furieux et si misérable, que les remords dont il est tourmenté, et les catastrophes qui l'accablent, ne servent qu'à inspirer de la crainte et de l'éloignement pour cette déplorable passion. Dans Sophocle le jeune Hémon plein d'un amour effréné pour Antigone, se poignarde lui-même dans le tombeau où cette malheureuse princesse, enfermée toute vivante par l'ordre de Créon, venoit de s'étrangler de ses propres mains. Voilà de cette terreur grecque que Racine avoit bien étudiée, et dont on connoît à plusieurs traits répandus dans ses pièces qu'il eût su mieux qu'un autre exprimer fortement les admirables effets. Dans Virgile, Didon livrée au plus furieux désespoir, déchirée de remords, poursuivie par l'ombre vengeresse de son époux, monte enfin sur le bûcher, et se tue en faisant d'horribles imprécations contre l'amant qui l'a trahie, et qui n'a fait cependant qu'obéir aux dieux. Voilà aussi du funeste et de l'effrayant. Le sujet de Phèdre est encore plus tragique. De semblables passions ne sont pas indignes de la majesté du cothurne ; elles jettent l'effroi dans l'âme des spectateurs, bien loin de l'amollir et de le corrompre, quand elles sont accompagnées d'ailleurs de ces grandes leçons qui annoncent au crime et aux foiblesses la punition qui les suit.

Racine étoit trop persuadé que la scène française ne pouvoit se soutenir sans amour. Le succès prodigieux et soutenu d'Athalie l'eut bien détrompé de cette erreur. Il la portoit jusqu'à croire que certains personnages devoient nécessairement être amoureux pour intéresser des Français : excuse insuffisante, qui ne détruit point la critique judicieuse que faisoit M. Arnauld des amours d'Hippolyte et d'Aricie dans la tragédie de Phèdre, dont, à cela près, ce théologien rigide se déclara publiquement l'approbateur, avouant même que des ouvrages dramatiques de cette nature n'avoient rien que de louable, et pouvoient devenir utiles.

Cette considération et les regrets de M. Racine m'ont fait naître l'idée d'examiner de plus près ses tragédies en ce qui concerne l'amour, et de marquer celles, où selon mes lumières, cette passion a trop de part ; celles où l'amour peut être d'un dangereux exemple ; enfin, les pièces où il me paroît absolument déplacé. Il y a, je le sens, bien de la liberté dans cette critique rigoureuse, à laquelle personne n'avoit pensé avant moi. Vous me le pardonnerez en faveur de mon admiration profonde pour votre illustre père, de mon amitié pour vous, et de mon amour pour la vérité.

La Thébaïde a besoin de l'indulgence que l'auteur demande pour elle au commencement de la préface. Aussi n'est-ce point cette pièce que j'attaque, mais les réflexions qui la précèdent, dans lesquelles j'aperçois le système de Racine sur l'usage ou sur l'abus qu'un poète tragique peut faire de l'amour. On remarquera qu'il avoit déjà composé ses principaux chefs-d'œuvre quand il exposoit ces réflexions, fruits de son expérience et de ses travaux. Ce n'est donc pas le jeune auteur, c'est l'écrivain consommé qui parle. Il est nécessaire de rapporter d'abord ses expressions : « L'amour qui a d'ordinaire » tant de part dans les tragédies, n'en a presque » point ici. Et je doute que je lui en donnasse » davantage si c'étoit à recommencer. Car il fau- » droit ou que l'un des deux frères fût amoureux, » ou tous les deux ensemble. Et quelle apparence » de leur donner d'autres intérêts que cette fa- » meuse haine qui les occupoit tout entiers? Ou » bien il faut jeter l'amour sur un second person- » nage, comme j'ai fait. » Pourquoi cette alternative? S'ensuit-il de ce qu'un premier personnage ne sauroit décemment être amoureux, qu'il faille qu'un personnage subalterne le soit? Cette nécessité une fois admise suffiroit pour dégrader la tragédie. Ce seroit une preuve qu'elle ne peut se passer d'amour. Je ne reconnois point à ce dogme le sublime auteur d'Athalie. Ce qui suit n'est pas un correctif assez fort. « En un mot, continue Racine, » je suis persuadé que les tendresses ou les jalousies » des amans ne sauroient trouver que fort peu de » place parmi les incestes, les parricides, et les » autres horreurs qui composent l'histoire d'Œdipe » et de sa malheureuse famille. » Le peu de place est beaucoup trop, puisque c'en est toujours une, et que dans de pareils sujets elles n'en doivent point avoir du tout.

Je ne voudrois pas non plus que l'amour se fût glissé dans la tragédie d'Alexandre, quoiqu'il y soit autorisé par l'histoire. Une foiblesse passagère de ce héros ne tire point à conséquence pour son caractère, qui n'étoit ni tendre ni sensible pour les femmes. On diroit pourtant, à n'en juger que par la tragédie de son nom, qu'il étoit naturellement porté à l'amour. Il s'y livre en homme qui n'est pas moins esclave de cette passion que de la gloire de vaincre, et du désir des conquêtes. Son attachement pour Cléofile remplit toute l'étendue de son âme. Je rougis pour lui du personnage qu'il fait jouer à Ephestion. Ce général Macédonien, qui parle avec tant de fierté aux souverains de l'Inde, a déjà perdu dans mon esprit toute sa dignité depuis qu'il a signalé son entrée sur la scène par un ministère très-indécent, quoique assez recherché à la cour des rois. La même bouche qui dit à une princesse galante et perfide envers sa nation,

> Fidèle confident du beau feu de mon maître,
> Souffrez que je l'explique aux yeux qui l'ont fait naître,

n'est point faite pour dire ensuite à des Indiens :

> Voilà ce qu'un grand roi veut bien vous faire entendre,
> Prêt à quitter le fer, ou prêt à le reprendre.
> Vous savez son dessein. Choisissez aujourd'hui
> Si vous voulez tout perdre ou tenir tout de lui.

Tant de hauteur ne s'allioit point alors avec tant de bassesse. Ce contraste étoit réservé pour d'autres nations. Et c'est ici qu'on accuseroit justement M. Racine d'avoir péché contre la vraisemblance des caractères et des mœurs. Il doit cette faute à l'intervention de l'amour dans une pièce qui n'en avoit pas besoin. Alexandre et Porus sont assez intéressans par eux-mêmes. Au reste, malgré cet étalage d'amour, car tout est amoureux, Alexandre, Cléofile, Taxile, Porus, Axiane, il n'y a guère rien de plus beau que quelques scènes de cette tragédie. Celle de Porus et de Taxile au premier acte; au second celle d'Ephestion avec les deux monarques indiens; joignons-y tout le cinquième acte, dont la dernière scène est remplie de pompe, et d'un intérêt majestueux. Toutes les scènes d'Axiane sont aussi fort belles, parce que son personnage est admirable d'un bout à l'autre, comme celui de Porus.

J'observerai à l'égard de cette tragédie une chose qu'on doit appliquer à toutes celles du même auteur : c'est qu'il est très-faux qu'elles doivent à l'amour leurs principaux ornemens. Je n'excepte que Bérénice. Je trouve dans toutes les autres des caractères parfaits, des beautés de détail, des scènes ravissantes où l'amour n'est pour rien, des Andromaque, des Agrippine, des Burrhus, des Acomat, des Mithridate, des Agamemnon, des Clytemnestre. Il n'en faudroit pas davantage, ce semble, pour fixer l'opinion commune. Mais les préjugés populaires ne se détruisent point ainsi. Nous avons souvent sous les yeux des vérités que nous ne voyons pas. Dans toute question littéraire on ne prend jamais que les extrêmes. C'est de ces deux postes opposés que l'on dispute avec aigreur, sans avancer ni reculer, sans se concilier ni s'entendre. Il n'y a que les gens de bon esprit qui se placent au milieu.

Si j'ai condamné l'amour dans les tragédies de la Thébaïde et d'Alexandre, je lui ferai grâce dans Andromaque et dans Britannicus. Dans la première de ces deux pièces il est si théâtral, si terrible, ceux qu'il agite font une fin si malheureuse, que leur exemple est plus capable d'épouvanter que de séduire. Dans Britannicus l'amour du jeune prince et de Junie est respectable et vertueux. Celui de Néron n'est pour ce monstre exécrable qu'un vice de plus. Il les réunissoit tous : c'eût été manquer son caractère que de lui en ôter un seul.

Bérénice ne servira point à l'apologie de Racine.

Tout est amour dans cette pièce; et comme il n'y sauroit avoir une issue légitime, on ne doit l'approuver ni le tolérer. Titus n'ignore point l'obstacle invincible qui éloigne du trône des Césars toute femme étrangère. Son amante en est instruite comme lui. Tous deux cependant se livrent à une passion qu'ils ne peuvent écouter sans crime; ils habitent le même palais; ils se voyent à toute heure et à tout moment en public et en secret. Xiphilin dit en termes forts clairs que Bérénice étoit la concubine de Titus. Un fond aussi vicieux, et d'ailleurs si peu tragique, n'est point sauvé par la noblesse des sentimens, ni par la beauté de la versification. Racine le jugeoit « très-propre pour le théâtre, par la vio- » lence des passions qu'il y pouvoit exciter. (1) » C'est un funeste avantage que celui-là. Je ne doute point que l'auteur ne se soit souvent repenti d'avoir fait cette tragédie dont la lecture est presque aussi dangereuse que la représentation. Quel dommage qu'il ait si mal employé son génie! Car il en a fallu beaucoup pour conduire avec chaleur jusqu'au cinquième acte, un sujet qui semble expirer à chaque moment faute de matière. Que l'intérêt en est vif et soutenu! Que la versification en est belle! Il y a même des endroits d'une grande élévation. Ce morceau du premier acte,

De cette nuit, Phénice, as-tu vu la splendeur,

jusqu'à ce vers,

Le monde en le voyant eût reconnu son maître,

---

(1) Préface de Bérénice.

est véritablement sublime. Quelle magnificence d'expression et de pensée dans les vers suivans !

>Cette nuit enflammée,
>Ces aigles, ces faisceaux, ce peuple, cette armée,
>Cette foule de rois, ces consuls, ce sénat,
>Qui tous de mon amant empruntoient leur éclat, etc.

Je viens de relire la tragédie de Bérénice; je l'ai de nouveau condamnée, mais en admirant Racine.

La tragédie de Corneille sur le même sujet confirme ce que j'ai dit plus haut, que le Génie abandonne tout-à-fait ce grand homme quand il traite l'amour. Le fond de sa Bérénice ne vaut pas mieux que celui de la pièce de Racine; et il a de moins l'intérêt des situations, la noblesse des caractères et les beautés de détails. A ne consulter que le préjugé général, qui croiroit que Titus n'est empereur et romain que dans Racine; et qu'il n'est dans Corneille qu'un prince irrésolu, et qu'un amant langoureux ? Ici sa grandeur ni la dignité de l'empire ne tiennent point contre Bérénice en pleurs:

>Et bien, Madame, il faut renoncer à ce titre
>Qui de toute la terre en vain me fait l'arbitre.
>Allons dans vos Etats m'en donner un plus doux :
>Ma gloire la plus haute est celle d'être à vous.
>Allons où je n'aurai que vous pour souveraine,
>Où vos bras amoureux seront ma seule chaîne,
>Où l'hymen en triomphe à jamais l'étreindra,
>Et soit de Rome esclave ou maître qui voudra.
>   CORNEILLE.

Là je vois dans toute leur étendue l'inflexibilité romaine et le courage d'un Empereur:

> Ne vous attendez pas que las de tant d'alarmes,
> Par un heureux hymen je tarisse vos larmes.
> En quelque extrémité que vous m'ayez réduit,
> Ma gloire inexorable à toute heure me suit.
> Sans cesse elle présente à mon âme étonnée
> L'empire incompatible avec mon hymenée ;
> Et je vois bien qu'après tous les pas que j'ai faits,
> Je dois vous épouser encor moins que jamais.
> Oui, Madame ; et je dois moins encore vous dire
> Que je suis prêt pour vous d'abandonner l'empire,
> De vous suivre, et d'aller, trop content de mes fers,
> Soupirer avec vous au bout de l'univers.
> Vous-même rougiriez de ma lâche conduite :
> Vous verriez à regret marcher à votre suite
> Un indigne empereur, sans empire, sans cour,
> Vil spectacle aux humains des foiblesses d'amour.
> RACINE.

Ce dernier morceau fait la critique du précédent, et du personnage entier de Titus, qui ne cesse dans Corneille d'offrir à sa maîtresse le sacrifice des lois de Rome, et s'il le faut, l'abandon de l'Empire même. Au surplus c'est dans cette pièce si foible que sont ces quatre vers si beaux :

> La vie est peu de chose, et tôt ou tard qu'importe
> Qu'un traître me l'arrache, ou que l'âge l'emporte ?
> Nous mourons à toute heure ; et dans le plus doux sort
> Chaque instant de la vie est un pas vers la mort.

Reprenons les pièces de Racine. Je ne dirai qu'un

mot des Plaideurs, et ce mot sera relatif à l'objet de mes réflexions. Cette comédie charmante, dont Molière faisoit tant de cas, ne sera point mise au nombre des ouvrages dangereux pour les mœurs. On s'y amuse, et on y rit en toute sûreté.

Il est peu de tragédies où l'amour soit plus tendre et plus séduisant que dans Bajazet. C'est une de ces pièces qui ne peuvent que déranger des têtes foibles, et troubler de jeunes cœurs. Des passions de sultanes ne sont point des exemples d'héroïsme ni de sagesse. Si l'amour et la vertu s'accordent quelquefois, ce n'est jamais au sérail. Malgré ce vice fondamental, que l'auteur s'est rappelé plus d'une fois sans doute dans ses secrets repentirs, la tragédie de Bajazet est une des meilleures de notre théâtre. L'amour n'en est pas le seul ressort; la politique et l'ambition y sont mêlées avec art, et le rendent plus noble et plus tragique. Le caractère de Roxane est d'une grande force. Le personnage d'Acomat est au-dessus de tout éloge. C'est une vérité généralement reconnue, que la première scène de cette tragédie est le chef-d'œuvre des expositions. J'invite les amateurs des belles choses à la relire souvent. Elle est unique dans son genre, et par l'intérêt qui y règne, et par la netteté des faits et par la beauté des vers. Il y a plusieurs momens de terreur dans le cours de l'action : l'ordre donné par Roxane de fermer le sérail; l'arrivée de l'esclave d'Amurat, l'évanouissement d'Atalide. Le mot de *Sortez* prononcé pour dernière réponse, par

la

la sultane à Bajazet, qu'attendent les muets armés du fatal cordon, sans que ce prince en soit averti; ce seul mot, dis-je, fait frisonner les spectateurs, instruits déjà que c'est un signal de mort.

Je ne sais d'où l'on a appris que Boileau trouvoit les vers de Bajazet moins travaillés que ceux des autres pièces de Racine. Ce n'est point là un jugement de connoisseur, moins encore du souverain juge de l'art des vers. Depuis Alexandre, toutes les tragédies de Racine sont également bien versifiées. S'il y a quelquefois des différences, elles naissent uniquement du fond, plus ou moins susceptible de poésie. C'est partout la même élégance, la même harmonie, la même majesté; partout la versification la plus soutenue, la plus parfaite qui fut jamais, après celle de Virgile. Si Racine est quelque part supérieur à lui-même, comme versificateur, c'est dans Phèdre et dans Athalie.

Mithridate est de toutes les tragédies de Racine celle où il y a le plus de grandes choses et d'intérêts différens. Quoique ce vieux roi soit amoureux, de même que ses enfans, ils ne sont pas tellement remplis de leur amour, qu'ils ne méditent des desseins importans, et conformes à leurs vues. La dernière défaite de Mithridate, les principales actions de sa vie ramenées habilement, et pour ainsi dire fondues dans la pièce, l'invasion qu'il projette, sa haine implacable contre les Romains, secondée par son fils Xipharès, les liaisons de Pharnace avec ses mêmes ennemis, et la trahison de ce prince, la puissance et la fierté de Rome, les victoires de ses généraux, forment dans cette tragédie un tableau où l'on voit rassemblé tout ce qui se passoit alors dans l'univers. Les Romains, sans paroître sur la scène, semblent néanmoins l'occuper. C'est ainsi que dans la Mort de Pompée on est tout plein de ce héros sans le voir sur le théâtre. Ce sont là de ces coups de maître que l'art exécute, mais que le génie seul produit.

On condamnera toujours dans le personnage de Mithridate la ruse dont ce prince se sert pour découvrir le secret de Monime. Je tranche le mot : ce détour est bas, et tout-à-fait indigne de la majesté royale. On dira qu'un homme soupçonneux par habitude et par tempérament, comme l'étoit Mithridate, a recours aux plus vils moyens pour éclaircir ses soupçons; et que souvent un roi n'a de respectable que sa dignité. Je le sais. Mais dans la tragédie, il faut que tout soit grand, que tout soit noble et auguste : le crime même y doit être exempt de bassesse. Il est vrai que de cette petite ruse il naît des situations, de l'intérêt, de la terreur, et que nous lui devons ce moment théâtral, si heureusement dépeint dans ces quatre mots :

Seigneur, vous changez de visage !

Monime est la vertu même ; cependant il y a trop d'amour dans cette tragédie. Je n'aime point à voir la même princesse écouter tour à tour les déclarations du père et des enfans.

Que direz-vous de tout ceci, Monsieur? En vérité je rougis de ma confiance et de mon indiscrétion. Je censure sans ménagement un de ces hommes dont on ne doit lire les ouvrages, ni prononcer le nom qu'avec respect, et j'adresse ma critique à son fils. Vous en ferez l'usage que vous jugerez à propos; et comme je la soumets sans réserve à votre jugement, je vais la poursuivre et la finir.

Qu'Iphigénie est intéressante! L'amour y est paré de toutes les grâces de l'innocence et de la pudeur. La fille d'Agamemnon, promise par son père au jeune Achille, n'aime dans son amant que l'époux qui lui est destiné. Tous les ressorts de la tragédie sont ici mis en jeu : pitié, pathétique, terreur, amour de la patrie, amour paternel, amour filial. Et quelle variété dans le même sentiment! La tendresse d'Agamemnon pour sa fille n'est point celle de Clytemnestre. Quelle diversité de caractères! La fierté d'Agamemnon, l'emportement de Clytemnestre, la douceur d'Iphigénie, la colère et l'impétuosité d'Achille, l'éloquence et l'adresse d'Ulysse, la jalousie d'Eriphile. Quel contraste de passions et d'intérêt! Intérêt de religion, intérêt d'amour, intérêt de politique, intérêt de nation. Cette tragédie montre encore mieux que Mithridate et Britannicus les ressources qu'avoit Racine pour attendrir et pour émouvoir sans le ministère de l'amour. Eriphile joue un personnage odieux, mais savamment imaginé pour amener un dénouement aussi heureux qu'inattendu.

Un mot suffira pour Phèdre. C'est le triomphe du vrai tragique, et de l'art des vers. Cette tragédie seroit sans défaut si le sauvage Hippolyte n'aimoit, au lieu d'Aricie, que son arc, ses javelots et son char.

Il n'y a donc que bien peu de pièces de Racine où l'amour soit irréprochable en lui-même, et par rapport à l'auteur. Dans les unes il n'est point selon les règles exactes de la bienséance et de la vertu; dans les autres il est étranger au sujet, ou s'empare trop de l'action.

Après une critique si peu ménagée, on me permettra bien de dire (et pourquoi ne dirois-je pas?) ce qu'il est temps aujourd'hui que tout le monde avoue, que si l'on faisoit un examen aussi scrupuleux et aussi détaillé des pièces de Corneille, ce poète vénérable seroit convaincu de plus de fautes dans ce genre que Racine même. On lui passera l'amour dans Polyeucte, dans le Cid, dans les Horaces; mais il est inutile dans Héraclius, indécent dans la Mort de Pompée, ridicule dans Sertorius, insupportable dans Œdipe. J'en pourrois citer d'autres où il n'est pas plus heureusement employé; car de vingt-deux tragédies qui composent le Théâtre de Corneille, il n'y en a pas une seule sans amour. Racine est le premier poète français qui ait fait des tragédies sans cette frivole passion. C'est un avantage précieux qu'il a sur Corneille, et qu'on ne sauroit trop faire valoir dans la comparaison de ces deux grands hommes. On les a souvent mis en parallèle; mais on n'a jamais dit pour et contre ce qu'il falloit dire. Les admirateurs de Corneille parlent de Racine comme si ce n'étoit point l'auteur de Britannicus, de Mithridate, de Phèdre et d'Athalie. Je soupçonnerois sans peine ceux qui l'ont traité de *Pigeonneau* (1), de n'avoir lu qu'Alexandre et Bérénice. Dans les quatre poëmes que je viens de citer, il est *Aigle* (2) autant que Corneille peut l'être dans les siens. Ses défenseurs, au contraire, n'ont eu ni la force de l'abandonner sur ses défauts, ni le courage d'attaquer ceux de Corneille, qui sont les mêmes en matière d'amour, j'entends l'abus qu'ils en ont fait l'un et l'autre; et de trancher la dispute, en disant hardiment que Athalie est le chef-d'œuvre du théâtre et de l'esprit humain.

Et qu'on ne croie pas que par cette préférence d'ouvrages je veuille m'élever contre la supériorité personnelle de Corneille. Je mets l'Enéide fort au-dessus de l'Iliade, en plaçant Virgile fort au-dessous d'Homère. J'ai lu depuis peu des lettres fort ingénieuses sur M. de Fontenelle, dont je ne connois pas l'auteur, et dans lesquelles on daigne parler de moi avec des éloges qu'assurément je n'ai point recherchés, et que je ne mérite pas. On dit dans ces lettres, à l'occasion de l'éternelle dispute sur Corneille et sur Racine, que le bruit

---

(1) *Columbulus.*

(2) Voyez la harangue latine où il est appelé *Columbulus*, et Corneille *Aquila.*

du Parnasse est que le premier gagnera son procès contre le second. Je pense à-peu-près de même. Mais il est vraisemblable aussi que les tragédies de Racine gagneront le leur contre celles de Corneille.

Esther l'a emporté long-temps sur Athalie, et c'est ce qu'on a de la peine à concevoir : non que j'en estime moins Esther, qui est un fort bel ouvrage; mais, à la versification près, la différence est grande entre ces deux tragédies. La première est sans intrigue d'amour, comme la seconde, les sentimens d'Assuérus pour la reine n'étant qu'une tendresse d'époux fondée sur l'estime et sur la vertu. Les beautés de détail sont dans cette pièce d'un ordre supérieur. Tels sont particulièrement les deux morceaux sur la puissance de Dieu, l'un dans la bouche de Mardochée au premier acte :

Pour dissiper leur ligue il n'a qu'à se montrer;
Aussitôt dans la poudre il les fait tous rentrer....

L'autre dans la bouche d'Esther au dernier acte :

Ce Dieu, maître absolu de la terre et des cieux,
N'est point tel que l'erreur le figure à vos yeux....

Le caractère et les effets de l'ambition et de l'orgueil ne sont représentés nulle part aussi vivement, ni avec autant de vérité que dans le personnage d'Aman. J'exhorterois volontiers les ministres, et tout homme en place, à parcourir quelquefois dans leurs momens de loisir les scènes de ce favori avec Hydaspe et avec Zarès.

Il m'est venu une pensée en relisant Esther. Ne seroit-ce point la pièce que M. Racine s'est attaché à versifier avec le plus de force et de correction ? J'ose au moins avancer qu'il n'y a pas dans tout ce poëme un seul vers foible. Quel charme et quelle énergie de versification ! Que d'expressions neuves ! Que de traits hardis !

> Il fut des Juifs, il fut une insolente race ;
> Répandus sur la terre, ils en couvroient la face :
> Un seul osa d'Aman attirer le courroux ;
> Aussitôt de la terre ils disparurent tous.

C'est dans ce goût-là que cette tragédie est écrite depuis la première scène jusqu'à la dernière. Et sur cela je demanderois pourquoi l'on dit de tant de versificateurs qu'on n'oseroit comparer à Racine, qu'ils écrivent avec force, et qu'on dit de lui simplement qu'il écrit avec élégance. De combien de tragédies nouvelles n'ai-je point lu dans les extraits qu'on en donne, ou dans les éloges qu'on en fait, qu'elles sont *fortement* écrites, que le style en est *fort*, que les vers en sont pleins de *force !* Ces expressions que l'on prodigue pour caractériser différens versificateurs, cette *élégance* attribuée à Racine, cette *force* accordée à de jeunes commençans, signifieroient-elles pour ceux-ci qu'ils réunissent la force et l'élégance, et pour Racine que l'élégance exclut la force ? De quelque manière qu'on s'explique, je ne vois dans tout cela que du faux, ou du malentendu. De beaux vers sont ceux où il y a de l'harmonie, de la force et de l'élégance. Sans ces trois qualités, point de versification parfaite. Elles se trouvent au plus haut dégré, selon moi, dans les vers de Virgile et de Racine. Je m'étendrai quelque jour là-dessus sans offenser personne en particulier, mais sans respecter le goût moderne, qui se corrompt de plus en plus, quoi qu'on en puisse dire.

Le sort d'Athalie est décidé. Elle jouit enfin sur le théâtre français d'une primauté jusqu'à présent indisputable, et qui probablement le sera toujours. Je ne m'arrêterai qu'aux leçons importantes qu'elle renferme. Cet ouvrage est fait pour corriger et rendre meilleurs les bons rois, pour effrayer les tyrans et les impies, pour consoler les opprimés, pour instruire les ministres et les sujets. Le précis de cette morale salutaire est compris dans les quatre vers qui terminent la tragédie :

Par cette fin terrible et due à ses forfaits,
Apprenez, roi des Juifs, et n'oubliez jamais
Que les rois dans le ciel ont un juge sévère,
L'innocence un vengeur, et l'orphelin un père.

Je voudrois que tout instituteur de jeune prince fît apprendre par cœur à son élève, et lui expliquât les vers suivans :

De l'absolu pouvoir vous ignorez l'ivresse,
Et des lâches flatteurs la voix enchanteresse.
Bientôt ils vous diront que les plus saintes lois,
Maîtresses du vil peuple, obéissent aux rois ;

Qu'un roi n'a d'autre frein que sa volonté même ;
Qu'il doit immoler tout à la grandeur suprême ;
Qu'aux larmes, au travail le peuple est condamné,
Et d'un sceptre de fer veut être gouverné ;
Que s'il n'est opprimé tôt ou tard il opprime.
Ainsi de piége en piége, et d'abyme en abyme,
Corrompant de vos mœurs l'aimable pureté,
Ils vous feront enfin haïr la vérité ;
Vous peindront la vertu sous une affreuse image :
Hélas, ils ont des rois égaré le plus sage !

Un ample et judicieux commentaire sur chaque trait de ce morceau seroit préférable à tous les *ad usum* faits et à faire. Que le théâtre seroit une excellente école, si on n'y représentoit que des pièces telles qu'Esther et Athalie ! Doutera-t-on que Racine ne fût capable d'en composer plusieurs du même genre et de la même beauté ? C'est à ses successeurs, c'est à ceux qui marchent si glorieusement sur ses traces, de grossir le nombre de semblables tragédies. Son exemple a déjà été suivi dans Mérope avec un succès éclatant et bien mérité. Je connois quelqu'un qui avoit dans son portefeuille des Essais dramatiques sans amour, avant que Mérope eût brillé sur la scène française. Cette réussite et ces tentatives sont les fruits d'une émulation inspirée par Athalie et par Esther. N'oublions pas que si Corneille est chez les modernes le restaurateur de la tragédie, Racine est parmi nous le premier auteur de tragédies sans amour; et qu'il n'est pas moins glorieux de rétablir, de créer, si l'on veut, le théâtre, que de le consacrer à la vertu, à la religion et à la piété.

En effet, et je ne dois point omettre cette nouvelle réflexion, il ne s'est pas contenté de supprimer l'amour dans ses dernières tragédies; il a fait plus : dégoûté des sources mensongères de la Fable, et des récits souvent fabuleux de l'Histoire Profane, il a cherché ses sujets dans le sein de la vérité même. La majesté divine, la grandeur et les vengeances de l'Être souverain éclatent dans les ouvrages dont nous parlons : poëmes d'autant plus instructifs et d'autant plus effrayans, que les événemens y sont conduits par la main toute-puissante qui se fait un jeu de l'humiliation des rois et de la destruction des Empires.

C'est ici le lieu de remarquer que Racine a fourni pour le Théâtre Français deux carrières également brillantes : l'une toute profane, qui nous a valu neuf tragédies; l'autre toute sainte, et malheureusement de trop peu de durée, puisqu'elle n'a produit qu'Esther et Athalie. Ces deux carrières si différentes l'une de l'autre, ont fini par des époques à-peu-près semblables. Phèdre, persécutée dans sa naissance par des ennemis faits pour l'admirer, essaya la rivalité d'une misérable Phèdre de Pradon; et Athalie fut si peu recherchée dans sa nouveauté, qu'on n'en parla presque point : tant il est vrai que l'envie, la cabale, et singulièrement le mauvais goût, combattent quelquefois, étouffent même le succès des meilleurs ouvrages et la réputation des écrivains du premier ordre! Mais ce sont des efforts vains et passagers : le temps qui détruit tout, hors la vérité, confond à la fin l'injustice et l'erreur.

Je ne terminerai point cet écrit, Monsieur, sans vous entretenir d'un Recueil en trois volumes *in*-12, publiés en 1728 par M. le Marquis Maffei, sous ce titre : *Teatro Italiano, o sia scelta di Tragedie per uso della Scena. Ce Choix de Tragédies à l'usage du Théâtre* est précédé d'un discours très-intéressant, qui contient l'histoire et la défense du théâtre; et c'est dans cet ouvrage que j'ai lu des choses qui m'ont surpris de la part d'un écrivain équitable et judicieux.

Que M. Maffei ait entrepris l'apologie du Théâtre Italien, qu'il ait tâché d'en rétablir l'honneur et de convaincre les autres nations de l'excellence des tragédies italiennes, il n'y a rien en cela que de louable, rien qui ne convienne à un citoyen illustre, à un savant zélé pour la gloire littéraire de sa patrie. Mais ne peut-on s'élever soi-même sans abaisser les autres ? M. Maffei paroît supporter impatiemment la réputation distinguée dont le Théâtre Français jouit chez tous les peuples de l'Europe. S'il ne dit pas en termes formels qu'il n'en fut guère de plus injustement usurpée, au moins le fait-il entendre assez clairement. Et l'on doit avouer que rien ne seroit réellement plus méprisable que les tragédies françaises, si elles avoient le malheur de ressembler au portrait qu'on en voit dans le discours du critique italien.

J'oserois croire qu'elles lui sont peu connues, puisqu'il n'a seulement pas nommé celles de Corneille et de Racine. Dira-t-on de ces deux poètes qu'il n'ont mis sur la scène que des *Monsieur* et des *Madame ?* Cette plaisanterie, qui peut être bonne en italien, ne tombe pas sans doute sur les tragédies de Cinna, d'Héraclius, de Phèdre et d'Athalie. M. Maffei l'auroit-il puisée dans ces deux vers de la Sophonisbe de Mairet :

Mon ami, m'a-t-il dit, va-t'en dire à Madame
Que Rome ne veut pas qu'elle vive ma femme.

Quand on veut prononcer sur le mérite d'une nation dans quelque art que ce soit, je pense qu'il est de la justice de n'en porter son jugement que sur les ouvrages des meilleurs artistes. Nous pourrions avoir vingt poëmes épiques grecs, autant de latins, tous plus mauvais l'un que l'autre, que l'Iliade et l'Enéide seules suffiroient pour faire adjuger à la Grèce et à Rome le prix du genre épique. On seroit peu au fait de notre théâtre, si l'on en jugeoit par ce long et ennuyeux recueil de tragédies qu'on a décoré du titre imposant de *Théâtre Français*. On y a ressuscité, je ne sais pourquoi, toutes les vieilles pièces de Mairet, de Gombaud, de Boisrobert, qui ne sont que des élégies dialoguées, et des conversations dramatiques. Ces sortes de collections de toute espèce, imaginées par l'amour du gain, exécutées sans goût, multipliées sans nécessité, appauvrissent plus la république des lettres qu'elles ne l'enrichissent. Un étranger, par exemple, qui sait que le Théâtre des Grecs du P. Brumoy ne contient que les meilleures tragédies d'Eschyle, de Sophocle et d'Euripide ; qu'on n'a mis dans le Théâtre Anglais que les pièces les plus estimables de Shakespeare, de Dryden, d'Otway, et qui n'auroit d'ailleurs qu'une connoissance superficielle de notre langue ; cet étranger, dis-je, croiroit qu'un Recueil en plusieurs volumes intitulé : *Théâtre Français*, ou *Recueil des meilleures Pièces de Théâtre*, est un choix fait avec soin, et par une bonne main, des plus belles tragédies qui ont paru en différens temps sur la scène française. Il se tromperoit. Dans cette nombreuse suite il n'y en a que fort peu qui se soient soutenues constamment sur le théâtre. Les autres n'ont eu que des succès médiocres ; ou si elles ont réussi dans le temps, elles sont tombées depuis dans l'oubli le plus profond.

De là ces fausses impressions que l'on prend de la littérature française dans les pays étrangers, dans nos provinces même, où le bon, reçu indifféremment avec le mauvais, sous le passeport de la capitale, donne aux jeunes gens un goût confus et incertain, aussi nuisible aux lettres que le goût bizarre et dépravé des demi-connoisseurs de ce temps. Les Maffei sont rares. Des esprits de cette trempe ont des lumières sûres, et rarement obscurcies par des systèmes de mode, ou par des préjugés de nation. Aussi ne suis-je pas le seul homme de lettres qui ait vu avec étonnement la manière dont ce savant écrivain a censuré le Théâtre Français, et le silence affecté qu'il garde sur Corneille et sur Racine : silence, au surplus, qui n'enveloppe que les noms ; car le Théâtre Français comprend essentiellement les tragédies de ces deux hommes immortels.

Vous voyez, Monsieur, où m'a mené le desir de vous arracher un ouvrage que je vous ai demandé si souvent, et avec tant d'instance. J'en ai fait un de mon côté ; et c'est, j'en conviens, une espèce d'entreprise sur le vôtre, indépendamment de tout ce que je puis avoir hasardé de répréhensible dans le cours de mes réflexions. Supprimez cet essai, j'y consens ; le public n'y perdra rien. Mais rendez justice aux sentimens qui me l'ont dicté, à mon zèle pour les lettres, et à mon attachement inviolable pour vous.

J'ai l'honneur d'être, etc.

A Caix, ce 9 novembre 1751.

DISCOURS
PRELIMINAIRE.

Lorsque j'ai appris, Monsieur, que les libraires de Paris se disposoient à accorder enfin aux Œuvres de mon père les honneurs de l'*in-quarto*, et qu'ils vous avoient prié de conduire cette édition, j'ai regardé le choix qu'ils avoient fait comme très-avantageux au poète, qui va paroître dans une nouvelle gloire, si ces libraires exécutent leur projet, et si vous les aidez de vos lumières. J'ai été en même temps très-sensible à cette attention pour moi, qui vous a engagé à leur dire que vous ne vous chargeriez des soins d'un éditeur, qu'après être assuré que je refusois de les prendre.

Je n'ai aucun droit de présider à une édition de ces Œuvres, puisque le privilége qui en a rendu les libraires possesseurs long-temps avant que je fusse né, les a rendus aussi les maîtres d'en faire des éditions conformes à leurs vues. Quand ils voudroient en faire une conforme aux miennes, quand par une politesse qu'ils ne sont pas obligés d'avoir, ils m'accorderoient aujourd'hui toute l'autorité que je pourrois souhaiter, et quand même je serois en état de procurer au public une édition meilleure que toutes les précédentes, dont je ne dois pas être content, il me semble (je ne sais si je me trompe) qu'il ne me seroit pas permis de me livrer à mon zèle.

Si je disois qu'il ne m'est pas permis de donner une nouvelle édition d'ouvrages où les peintures de l'amour sont si vives, on me répondroit sans doute que par tant d'éditions faites en France et dans les pays étrangers, ces dangereuses tragédies sont si connues, qu'une édition nouvelle ne les fera pas connoître davantage; que des remarques littéraires ne les rendront pas plus dangereuses, et que leur auteur est devenu comme un auteur classique, qu'on fait souvent lire aux jeunes gens : lecture qui paroît aussi innocente pour eux à bien des maîtres, que celle du quatrième livre de l'Enéide.

Cette réponse, qui pourroit peut-être calmer les inquiétudes d'un autre éditeur, ne peut suffire pour moi, qu'arrêtera toujours mon respect pour un père qui, condamnant sincèrement ses tragédies profanes, refusoit de jeter même les yeux sur les nouvelles éditions qu'on en faisoit. Ne serois-je pas infidèle à ses intentions, si je procurois une nouvelle édition d'ouvrages qu'il eût voulu pouvoir anéantir?

Mon scrupule, qui ne sera peut-être pas approuvé de tout le monde, sera du moins avantageux à tout le monde, puisqu'il procurera à ces ouvrages, si bien reçus toujours du public, un éditeur et un commentateur plus habile que moi. J'ajoute un commentateur, parce que je m'imagine que, non content de votre attention au texte, vous y ajouterez des notes que vous devez à la gloire de l'auteur, à celle de la nation, et à l'utilité des étrangers qui étudient souvent notre langue dans ces ouvrages.

Ce travail vous convient beaucoup mieux qu'à moi. Puisqu'on reproche à presque tous les commentateurs une admiration outrée pour les auteurs qu'ils ont intérêt à faire valoir, comment un commentaire fait par un fils seroit-il bien reçu? Le commentaire sur le poëme du Dante par son fils, est resté manuscrit, comme nous l'apprend Fontanini; et cependant les Italiens ont bien reçu tous les autres commentaires sur ce poëme, quoique très-longs et assez ennuyeux.

D'ailleurs, pour bien connoître des pièces de théâtre, il est peut-être nécessaire de les voir représenter, pour être témoin de l'impression qu'elles font sur les spectateurs : étude curieuse dans ces pièces si anciennes, que les spectateurs les savent presque par cœur. Si cette connoissance est nécessaire à un commentateur, j'avoue que je ne l'ai pas, et que j'ignore depuis près de quarante ans, l'impression que ces pièces font sur des spectateurs.

Malgré ces raisons j'ai essayé de faire un commentaire; mais pour ma satisfaction particulière, et pour instruire un fils qui, sitôt qu'il sera répandu dans le monde, entendra souvent parler de ces pièces, tantôt avec admiration, tantôt avec mépris, jamais indifféremment. Comme ce n'est qu'avec un fils que je puis dire en liberté ce que je pense, risquer mes éloges et mes critiques, mon travail n'est bon que pour lui; je suis prêt cependant à vous le communiquer, s'il peut vous être utile.

Vous le trouverez peut-être trop étendu. Je ne voulois faire qu'un examen fort court de chaque pièce; mais en relisant des ouvrages que j'avois lus tant de fois, j'y ai découvert ou cru découvrir tant de beautés que je n'avois point encore remarquées, qu'emporté par une admiration qui doit rendre mes remarques suspectes, j'ai beaucoup plus écrit que je ne voulois écrire d'abord.

Après un examen général de chaque pièce, non content de la suivre encore de scène en scène, par des notes grammaticales, et des remarques littéraires, en arrivant à Athalie, j'ai examiné cette pièce dans toutes ses parties, suivant les principes d'Aristote : ce qui m'a engagé à étudier l'histoire et la nature de la poésie dramatique, et à rechercher si elle avoit été portée par les Grecs à un plus haut degré, que par les autres nations.

Je ferois encore un autre travail si je conduisois une édition. Je sais que nos libraires ne veulent rien épargner pour qu'on soit content du papier, des caractères, des dessins, des gravures : il est toujours glorieux pour des ouvrages réimprimés plusieurs fois, de reprendre une nouvelle vie dans ces éditions faites avec beaucoup de dépense : quel triomphe pour leurs auteurs, quand ils en sont témoins! Mais ordinairement ils sont morts; et ce plaisir dont ont joui quelques écrivains, qui n'é-

toient pas du premier ordre, ne fut jamais connu
de nos quatre grands poètes. O vanité de la gloire
humaine, nous trouvons dans les recoins de nos
bibliothèques, les poëmes de la Pucelle, d'Alaric,
de saint Louis, *in-folio* et *in-*4°, avec des estampes
bien gravées, et notre grand Corneille n'a point
encore une belle édition! La Fontaine ne vit jamais
faire pour ses Fables la dépense que la Motte vit
faire pour les siennes. Molière et Boileau n'ont vu
leurs ouvrages qu'imprimés très-modestement. Les
tragédies de mon père ont été élevées à l'*in-*4°, à
Londres, en 1723; mais cette édition, devenue fort
chère, parce qu'on en tira très-peu d'exemplaires,
ne mérite le prix qu'on y met, ni par le travail de
l'imprimeur, ni par celui de l'éditeur. Elle doit en
France être mieux exécutée; et puisque vous voulez
bien y donner vos soins, je vais vous faire part du
plan que je crois qu'on pourroit suivre.

PLAN D'UNE ÉDITION DES ŒUVRES DE RACINE.
RÉVISION DU TEXTE.

Les excellens ouvrages n'ayant pas besoin de ces
ornemens qui ne servent qu'au plaisir des yeux,
vignettes et gravures, devroient du moins être toujours imprimés très-correctement: ce sont au contraire ceux qui sont réimprimés très-négligemment.
Leur mérite en est la cause, en assurant leur débit
à celui qui les imprime. Le principal ornement
d'une édition des Œuvres de mon père, tant pour
nous que pour les étrangers, seroit un texte très-

correct; et je puis vous assurer, Monsieur, qu'il ne l'est point, surtout depuis l'édition de 1736, à laquelle les suivantes ont été conformes parmi nous. Je vais plus loin, en vous assurant qu'il ne l'a jamais été du vivant même de l'auteur, dans les recueils faits en deux volumes, sans qu'on en puisse accuser les libraires.

Le Recueil de ses tragédies profanes n'a pu être complet qu'après Phèdre; et ce fut alors qu'ayant renoncé à travailler pour le théâtre, sa piété ne lui permit plus de s'intéresser à la réimpression d'ouvrages dont il gémissoit devant Dieu. Boileau se donnoit quelquefois la peine, sans lui en parler, d'en corriger les épreuves.

Le premier Recueil complet fut fait en Hollande, en 1678, un an après Phèdre. Le libraire, qui ne se nomme point, avertit dans sa préface, « qu'il a » imprimé ces ouvrages à mesure qu'il a pu les faire » tomber entre ses mains, après les avoir ouï priser » par des personnes qui entendent les finesses de la » poésie. » Ce libraire, qui ne se donne pas pour un connoisseur, ajoute que « si le même poète fait » d'autres tragédies, il fera les mêmes efforts pour » les recouvrer. » On voit par cette préface que ce libraire hasarda un recueil de pièces qu'on lui avoit dit être bonnes, et qu'elles étoient devenues rares, puisqu'il eut beaucoup de peine à les rassembler.

Ce Recueil fait en Hollande donna apparemment aux libraires de Paris l'idée d'en faire un pareil. Dans le Recueil de Thierry, de 1687, le privilége,

qui est de 1684, dit que « le roi accorde à Thierry
» la permission de réimprimer tout ensemble ces
» tragédies déjà imprimées séparément, dont cha-
» cune en particulier a mérité l'approbation de tout
» le monde. »

Il seroit naturel de penser que ce Recueil imprimé à Paris, en vertu d'un privilége, a été imprimé sous les yeux de l'auteur : il est cependant
certain qu'il n'y eut aucune part, et qu'il est en tout
conforme à celui fait en Hollande en 1678.

On est surpris de trouver dans les éditions qui ont
suivi celle de 1687, plusieurs vers changés, et
même quatre vers ajoutés dans la première scène du
quatrième acte de la Thébaïde :

Triste et fatal effet d'un sang incestueux, etc.

Il n'y a nulle apparence que l'auteur, tant d'années après avoir renoncé au théâtre et même à la
poésie, ait fait un nouveau travail sur ses tragédies,
ni qu'il ait fait quatre vers nouveaux pour la Thébaïde, pièce qu'il devoit avoir entièrement oubliée.
Il n'a pas eu plus de part aux éditions postérieures
à celle de 1687, qu'à cette première : et cependant
il est certain que les changemens qui se trouvent
dans les éditions postérieures, ont été faits par lui,
et que la préface de la Thébaïde a été faite long-
temps après la pièce puisqu'il y demande de l'indulgence en ces termes : *J'étois fort jeune quand je
la fis.* Il n'étoit pourtant pas fort âgé alors, puisque
dans un âge plus mûr, il eût parlé autrement sur

l'amour, et n'eût pas dit que parmi les incestes et les parricides, il peut trouver quelque place. Dans quel temps donc a-t-il fait cette préface, qui se trouve déjà dans l'édition de 1678 ? Dans quel temps a-t-il fait les changemens qui ne se trouvent encore ni dans cette édition, ni dans celle de 1687 ? C'est ce que je ne puis savoir.

Je serois mieux instruit si l'on avoit trouvé dans ses papiers quelque manuscrit, ou si du moins dans sa bibliothèque on avoit trouvé un exemplaire de chaque édition de ses pièces. J'ai bien d'autres preuves de son indifférence pour ses ouvrages. Elle seroit inconcevable, si la piété n'en avoit été la cause.

Dans l'ignorance où je suis, je ne puis donner que mes conjectures sur les changemens qui paroissent dans les premières pièces depuis l'édition de 1687.

Tandis qu'il travailloit pour le théâtre, les libraires attendant toujours de lui quelque pièce nouvelle, ne réimprimoient les anciennes que séparément. Il veilloit alors à ces éditions, et faisoit des changemens, soit dans la préface, soit dans le corps de la pièce. Il retrancha dans la seconde édition d'Andromaque ce que disoit Andromaque au dernier acte, et il fit des changemens dans la seconde édition de Britannicus. Je m'imagine que lorsqu'il eut pris le parti de ne plus composer de tragédies, il eut le dessein de donner une édition correcte de celles qu'il avoit faites, et que la révision des six premières l'engagea à mettre par écrit quelques changemens ; mais que sa piété étant devenue plus vive, il cessa ce travail. Je m'imagine encore que dans la suite, importuné par Thierry, qui lui demandoit ces changemens qu'il avoit faits, et mécontent de son Recueil de 1687, il lui abandonna ce qu'il avoit commencé sur les six premières tragédies, sans vouloir le conduire dans l'usage qu'il en feroit ; car, je le répète, aucun Recueil complet de ses Œuvres n'a été conduit par lui : il n'y eût pas placé les Plaideurs après Bérénice.

Si les comédiens de Paris avoient conservé dans leurs archives les rôles de ses pièces tels qu'ils les avoient reçus de lui, on auroit quelques éclaircissemens ; mais on m'a assuré qu'ils n'existoient plus. Comment donc pourroit-on retrouver ces rôles qu'il donnoit notés, à ce qu'on dit ?

Ses amis lui ayant reproché cette indifférence avec laquelle il abandonnoit ses ouvrages au caprice des imprimeurs, il eut sans doute le dessein d'en donner une édition correcte, puisqu'il avoit écrit plusieurs changemens sur un exemplaire qu'il fit brûler devant lui quelque temps avant sa mort, comme je l'ai rapporté dans les Mémoires de sa Vie.

Après sa mort, Thierry fit une nouvelle édition qui parut en 1702. Quoiqu'elle ne soit pas sans quelques négligences, elle est la plus exacte de toutes celles faites auparavant et depuis. Celle faite par Bernard à Amsterdam, en 1743, y est conforme : l'édition de Paris, faite en 1736, n'y est plus conforme, parce qu'il a plu à l'éditeur de rappeler quelquefois les vers rejetés depuis longtemps. Je ne vous en donnerai que cet exemple.

Dans la scène cinquième du quatrième acte d'Andromaque, première édition, Hermione disoit à Pyrrhus :

> Votre grand cœur sans doute attend après mes pleurs,
> Pour aller dans ses bras rire de mes douleurs.
> Chargé de tant d'honneurs, il veut qu'on le revoie.

Dans les éditions de 1687 et 1702, on trouve ces trois vers corrigés ainsi par l'auteur :

> Vous veniez de mon front observer la pâleur
> Pour aller dans ses bras rire de ma douleur :
> Pleurante après son char vous voulez qu'on me voie.

Au lieu de ces trois vers, beaucoup meilleurs que les premiers, ce sont les premiers qu'on trouve dans l'édition de 1736 et dans celle de 1750.

« Pourquoi, me direz-vous, avez-vous aban» donné ces ouvrages au caprice des imprimeurs, » et leur avez-vous permis d'y joindre ces imper» tinentes et critiques lettres qui en font partie » depuis quelque temps ? » Toutes les éditions ont été faites sans qu'on se soit jamais donné la peine de consulter la famille de l'auteur, quoique toujours résidante à Paris. Deux imprimeurs étrangers ont plus de vivacité pour leurs belles éditions d'auteurs grecs : ils sont actuellement à Paris, où ils sont venus du fond de l'Ecosse, chercher quelques éclaircissemens sur le texte de Platon.

DIVERSES LEÇONS.

Comme nous ne faisons pas aux poètes l'honneur qu'on fait aux peintres, de rechercher leurs premières pensées, leurs premiers coups de crayon, je ne vous conseillerois pas, Monsieur, de conserver les vers retranchés ou changés, en les rejetant dans un article séparé, et intitulé *Leçons diverses* : un tel article n'est utile que dans les éditions des auteurs de l'antiquité, pour faire connoître la diversité des manuscrits. Cependant, comme Bernard a mis cet article dans son édition, la vôtre paroîtra moins complète s'il ne s'y trouve pas ; il satisfait du moins la curiosité de ceux qui veulent examiner les raisons qu'un auteur a eues de changer ou retrancher. On voit des auteurs qui font tort à leurs ouvrages en les corrigeant, parce qu'ils n'y font des changemens que par caprice : celui dont nous parlons, soit qu'il corrige, soit qu'il retranche, tend toujours à la perfection.

EPÎTRES DÉDICATOIRES.

On a rappelé dans les dernières éditions quelques épîtres dédicatoires qui ne se trouvent pas dans les anciennes, même dans celles de 1687, et que l'auteur dans sa jeunesse avoit faites pour se conformer à l'usage de son temps. Il cessa de se conformer à cet usage, à Bérénice, et même ne dédia pas son Esther à madame de Maintenon. Comme aujourd'hui ces sortes d'épîtres, s'il s'en fait encore pour les pièces de théâtre, intéressent peu le public, elles lui doivent être très-indifférentes quand elles sont si anciennes, et vous ne les pouvez conserver que parce qu'elles se retrouvent dans nos dernières éditions ; et qu'elles peuvent contenter la curiosité de ceux qui recherchent tout ce que l'auteur a écrit en prose, à cause de l'autorité qu'il a acquise dans sa langue. Vous les contenterez bien plus par des notes grammaticales sur son style. Cette partie est si importante, que je vais vous en parler plus au long.

NOTES SUR LA LANGUE.

Lorsqu'un de nos écrivains est consulté sur notre langue par les étrangers plus souvent qu'un autre, et que son autorité est dans les dictionnaires souvent citée, il est nécessaire de faire remarquer les endroits de ses ouvrages où cette autorité peut tromper. Les fautes de langage sont rares dans le nôtre : il en a peut-être moins fait qu'un autre, mais il n'a point obtenu le privilége de n'en point faire; et d'ailleurs il n'a point mis une dernière main à ses pièces profanes.

Parmi les fautes qu'on a coutume de lui reprocher, il faut, après avoir bien distingué celles qui sont véritablement fautes, *quas incuria fudit*, de celles que le style de la poésie excuse; faire observer celles qui, suivant l'expression de Vaugelas, font beauté. Il avoit sur les règles de la langue toute la science du plus habile grammairien, et n'a jamais écrit en grammairien. Il brave souvent les règles qu'il connoissoit bien, et il les brave pour servir la langue, dont il méprisoit les règles, quand il en consultoit le génie. Ce n'est point à moi à parler en maître sur cette matière : vous ferez un bon usage des *Remarques de Grammaire sur Racine*, par M. l'abbé d'Olivet, et *du Racine vengé*, par l'abbé Desfontaines.

Il est d'autant plus nécessaire d'examiner cet auteur sur la langue, qu'il a plus contribué qu'un autre à lui donner cette forme constante qu'elle n'avoit pas encore lorsqu'il commença à écrire. C'étoit alors qu'on cherchoit à la perfectionner, qu'on rejetoit des mots anciens, et qu'on en admettoit d'autres, qui n'avoient pas encore été reçus dans le bel usage. Quand nous lisons les Entretiens d'Ariste et d'Eugène, nous sommes surpris d'y voir compter au nombre des termes nouveaux, ou depuis peu en usage, des termes que nous croyons très-anciens, comme, *emportement*, *habileté*, *intrépide*, *intrépidité*, *férocité*, etc. Le P. Bouhours, qui écrivoit ces Entretiens en 1670, c'est-à-dire dans le temps de Bérénice, donnoit pour modèles du style pur, les écrits de Giroud, de Costar, de la Chambre, et plusieurs autres où nous n'allons plus chercher la beauté de notre langue, que nous trouvons toujours dans Andromaque et dans Britannicus.

L'auteur de ces pièces, qui avoit fait une étude sérieuse d'Amyot et de Vaugelas, avoit eu encore pour maîtres ceux à qui nous devons la perfection de notre langue. C'est une gloire qu'on ne peut refuser à MM. de Port-Royal, puisqu'elle leur est accordée par leur impitoyable critique, le P. Bouhours. « J'avoue de bonne foi, dit son Eugène, qu'ils ont » beaucoup contribué à la perfection de notre » langue. » Cet aveu ne l'empêche pas de leur reprocher la longueur de leurs périodes, les vieux mots qu'ils conservent, et les nouveaux qu'ils veulent introduire : « Ils prétendent, dit-il, avoir le » droit d'en faire, comme si des particuliers et des » solitaires avoient une autorité que les rois même » n'ont pas. » MM. de Port-Royal ne répondirent au P. Bouhours qu'en se corrigeant. Leurs périodes, dans leurs écrits suivans, devinrent moins longues : plusieurs mots, justement critiqués, disparurent ; et il est très-remarquable, que de ces mots, si fréquens dans leurs premiers ouvrages, aucun ne se trouve dans les vers, ni dans la prose du poète leur élève, ni dans les Lettres de M. Pascal, écrites en 1656, mais quelques-uns seulement dans ses Pensées, parce qu'il n'y mit pas la dernière main. Il semble que certains écrivains aient su distinguer alors les mots qui vivroient, de ceux qui ne vivroient pas.

Comment ont-ils pu prévoir une fortune aussi capricieuse et aussi aveugle que celle des mots ? Elle ne dépend point de leur harmonie, de leur origine, ni de la protection des plus fameux écrivains. Vaugelas, qui fut l'arbitre de la langue, n'a pu lui-même prolonger la vie à des mots dont il se servoit. Messieurs de Port-Royal n'ont pas eu plus de pouvoir; et quelques mots qui se trouvent dans les Pensées de M. Pascal, n'en ont pas été plus heureux. Voici, par exemple, une de ses Pensées: « Notre » imagination nous grossit si fort le temps à force » d'y faire des réflexions continuelles, et amoindrit » tellement l'éternité, manque d'y faire réflexion, » que nous faisons de l'éternité un néant et d'un » néant une éternité. » Cette Pensée si belle n'a pas fait vivre deux mots dans le même sens: *grossir*, et encore moins *amoindrir*.

Corneille a dit: *un mystère pipeur, un gage pipeur*. Messieurs de Port-Royal emploient souvent ce mot *piper*, qui se trouve dans une belle Pensée de M. Pascal, citée comme autorité dans le Supplément de Trévoux, qui paroît depuis deux mois. L'auteur du Supplément ne dit point si ce mot est encore en usage; et il devroit le dire, puisqu'un dictionnaire est fait pour éclairer les étrangers. L'Académie Française n'emploie ce verbe que dans cette phrase: *piper les dez;* et il n'a plus d'autre usage dans notre langue.

« On aime à voir, dit M. Pascal, les combats des » animaux. Que veut-on voir, sinon la fin de la » victoire? Et dès qu'elle est arrivée, on est saoul. » Ce dernier mot rend le *satur* des latins. Corneille a dit:

Saoulez-vous du plaisir de m'empêcher de vivre;

et l'Académie, dans la critique du Cid, en parlant de ce vers, n'a point repris une expression qui rend celle des latins, *satia te*. Dans notre langue toute latine, cette expression cependant si protégée, n'a point vécu.

Ce mot si sonore, *fallacieux*, quoique Corneille l'ait employé,

Sermens fallacieux, salutaire contrainte;

et que M. Bossuet s'en soit servi dans son Histoire Universelle, n'a pu se soutenir.

Corneille a placé si heureusement ces deux mots, *invaincu*, *exorable*, que de bonnes raisons parloient en leur faveur : mais l'usage n'écoute ni les raisons, ni les étymologies.

J'admire ces écrivains modernes qui croient par des mots nouveaux enrichir notre langue, qui s'est perfectionnée en rejetant un très-grand nombre de mots. Ce fut en l'appauvrissant de cette façon, que quelques écrivains l'enrichirent en tours énergiques et élégans. Par la disgrace de tant de mots, ils firent la fortune de la langue, qui devint bientôt la langue de toute l'Europe : « On parle déjà français dans » toutes les cours de l'Europe, disoit le P. Bou- » hours en 1670. » Cette gloire que n'a point eue la langue italienne, quoique formée long-temps avant la nôtre, ne peut être attribuée qu'aux excellens ouvrages qui parurent alors; et l'on doit mettre de ce nombre ces tragédies dont les critiques les plus ardens respectèrent toujours le style. Lorsqu'Andromaque parut, on crut entendre parler une nouvelle langue ; non qu'il y eût des mots nouveaux, l'auteur n'en a jamais hasardé un seul : elle étoit pleine de tours nouveaux, qui étonnèrent d'abord, qui plurent, et devinrent depuis familiers à la langue. C'étoit d'Amyot, qui en a le premier connu le génie, qu'il avoit appris à la manier si bien : et son mérite dans cette partie est reconnu généralement. Voici ce qu'en a dit la Motte : « On » peut dire que par une intelligence singulière de » la valeur des termes, Racine s'est fait un langage » qui n'appartenoit qu'à lui. Il est tellement éloi- » gné du langage commun, qu'il n'en paroît pour- » tant pas moins naturel : il y a mis de la dignité » sans aller jusqu'au poétique, c'est-à-dire, l'excès » des figures. Combien d'alliances de mots inusités » jusqu'à lui, dont on n'a presque pas aperçu l'au- » dace ! Ce qu'il inventoit sembloit plutôt manquer » à la langue que la violer. » Voilà donc un écrivain qui, sans jamais hasarder un mot nouveau, ni un mot qui ne soit plus en usage, invente pour ainsi dire une langue par des alliances de mots, que dans les endroits surtout où il fait parler les passions dans toute leur vivacité, il sait unir si habilement, que le temps ayant confirmé ces alliances, qui étonnèrent d'abord, nous ne nous apercevons plus aujourd'hui de la hardiesse de celui qui les risqua. Il sera quelquefois utile, Monsieur, que vous les fassiez remarquer, aussi bien que ces expressions qui sont entièrement latines, et qu'il a placées si à propos, que nous les croyons de notre langue. N'oublions pas non plus d'observer cet art qu'il a d'ennoblir un mot, par l'usage qu'il en fait, comme celui-ci *barrière*, dans le sens qu'il a dans ce vers de Britannicus :

Pour mettre une barrière entre mon fils et moi.

Comme *debout* en parlant d'un édifice :

Ils vivent cependant, et leur temple est debout.

Eussions-nous cru qu'on pouvoit employer en vers ce mot *prêtrise*, qui même n'est d'usage, comme l'observe l'Académie, qu'en parlant des prêtres chrétiens ? Mathan n'a garde de dire qu'il a obtenu le sacerdoce, ni de se vanter d'être le pontife de Baal. Il a appelé son Dieu une *vaine idole* que mangent les vers. Il est peu flatté de l'honneur d'être son prêtre ; mais ce titre lui donne le droit de porter la tiare comme Joad, d'être son rival : il dit par mépris qu'il a mérité la *prêtrise* de Baal ; et par ce mot il fait entendre que la dignité de Joad n'est qu'une pareille *prêtrise*.

L'ORTHOGRAPHE.

On a imprimé à Londres, en 1745, la tragédie d'Esther avec une orthographe très-singulière, parce que l'éditeur a eu en vue d'instruire les Anglais qui apprennent notre langue, de la manière dont ils doivent la prononcer. Je ne rapporte cet exemple que pour montrer qu'on ne doit pas être indifférent

rent à l'orthographe d'un livre que consultent souvent les étrangers.

L'attention à l'orthographe, aux accens et à la ponctuation, étant nécessaire, quelle regle doit-on suivre sur des choses assujéties à l'inconstance de l'usage, et aux caprices des écrivains? Il est certain, Monsieur, que vous ne pouvez dans cette édition, conserver l'orthographe de l'auteur: je parle même de celle dont il s'est servi quand il a fait imprimer ses deux dernières tragédies, Esther et Athalie. Cette orthographe n'est plus en usage pour plusieurs mots dont on a retranché les lettres muettes: nous n'écrivons plus *mesmes*, *nostre*: nous écrivons *même*, *notre*. Nous avons conservé plusieurs lettres, quoiqu'inutiles quant au son, parce qu'elles rappellent l'étymologie des mots. Nous écrivons *champs*, *temps*, *pieds*: cependant quelques écrivains retranchent toutes les lettres qui leur paroissent inutiles, et d'autres font de plus grands changemens, parce qu'ils prétendent qu'on doit écrire comme on prononce, ce qui n'est établi chez aucun peuple. C'est cependant cette pensée qui a fait suivre à l'abbé de Saint-Pierre et au P. Sanadon, cette bizarre orthographe, qui fatigue ceux qui lisent leurs ouvrages. Comment un étranger peut-il bien connoître notre langue dans cette confusion?

Vous ne serez point, Monsieur, de ceux qui écrivent *Français* au lieu de *François*: vous ne serez pas non plus de ceux qui veulent qu'on conserve toutes les lettres qui attestent l'étymologie d'un mot

La première orthographe est celle des femmes, la seconde est celle des savans. Mais dans ces principes il faudroit écrire *phantome, phantaisie*, comme *philosophie* : ce qui est contre l'usage. A quelle autorité aurons-nous recours ?

Il est naturel d'avoir recours au tribunal établi pour la langue, et de se conformer à l'orthographe du Dictionnaire de l'Académie française. Mais quelques-uns de ceux qui y ont travaillé, ne l'ont point suivie dans leurs propres ouvrages. Ils sont apparemment comme ces docteurs qui signent en Sorbonne une décision d'un cas de conscience, qu'ils décident chez eux d'une façon différente, parce qu'en Sorbonne, disent-ils, ce n'est pas leur sentiment qu'ils déclarent, mais celui du Corps. Comme dans le doute il vaut mieux suivre le sentiment d'un Corps que celui d'un particulier, je crois que dans les nouvelles éditions de nos livres du siècle passé, on doit se conformer au Dictionnaire de l'Académie pour l'orthographe, comme pour les accens. J'avoue qu'une édition suivante de ce Dictionnaire pourra être différente en plusieurs choses, parce que rien n'est fixe dans une langue vivante ; mais c'est à cause de cette inconstance de l'usage, que je crois qu'il faut s'en rapporter toujours à ceux qui sont établis pour déposer de l'usage.

DES LETTRES MAJUSCULES.

J'ose vous parler, Monsieur, des lettres majuscules, dont je n'oserois pas parler à plusieurs imprimeurs, parce que depuis quelque temps, ils les négligent beaucoup, et prétendent avoir raison. L'Académie cependant donne un exemple contraire dans son Dictionnaire, en écrivant toujours *Poètes*, *Orateurs*, *Etats*, *Royaumes*. Dans les belles éditions du siècle dernier, ces lettres étoient peut-être trop multipliées, elles sont aujourd'hui trop oubliées. Quelle en est la raison? Est-ce une suite de cette inconstance qui règne dans tous nos usages? Tous les noms propres sont en lettres capitales dans les Aldes, qui imprimoient en 1503. Plantin, qui avoit cette même attention dans ses éditions des tragiques grecs, en 1580, ne l'a plus dans son édition grecque des pseaumes, en 1584. Robert-Etienne, dans les pseaumes imprimés en 1546, donne des lettres capitales à tous les noms propres, et dans sa belle édition grecque du Nouveau Testament, appelée *ô Mirificam*, il n'en donne pas même aux noms de Dieu et de Jésus-Christ.

Les lettres capitales que Boileau faisoit mettre dans ses vers, sont restées dans nos dernières éditions, et elles ont disparu de celles de nos autres fameux poètes. Cette minutie ne m'arrêtera pas davantage. Un mot n'en est pas plus respectable pour commencer par une lettre capitale; mais quand il en coûte si peu pour lui donner la marque de distinction qu'il doit avoir, pourquoi ne la lui pas donner?

IMITATIONS.

Quel beau champ s'ouvre pour nous, Monsieur, et quel spectacle agréable vous donneriez aux gens de lettres, si vous nous faisiez voir quelquefois dans un même sujet, deux illustres rivaux combattant ensemble, l'un ancien, l'autre moderne; l'un grec, l'autre français! Vous pourriez aussi faire combattre les deux langues, et montrer celle qui a l'avantage de l'harmonie. Ce vers, par exemple, que dit Phèdre dans Euripide,

Βαρυ μοι κεφαλῆ s'σπικρανον ἔχειν,

nous paroît rendu parfaitement par celui-ci :

Que ces vains ornemens, que ces voiles me pèsent?

Notre poète cependant n'a point rendu et n'a pu rendre une beauté d'harmonie, qui frappoit les oreilles des Grecs, qui ne frappe plus les nôtres, et que nous ignorerions, si Denis d'Halycarnasse ne nous en instruisoit. Il admire ce Βαρυ par la raison que l'anapeste au commencement d'un vers est plein de gravité, et convient aux grandes passions.

Vous aurez souvent occasion de nous dire des choses savantes; mais je ne sais si votre érudition, qui n'est pas fort à la mode, conviendroit aux intérêts de ceux qui font la dépense de cette édition. Un livre, qui doit être dans les mains de tout le monde comme livre d'agrément, n'effrayeroit-il pas les dames, et bien des hommes, s'il étoit hérissé de grec?

Si vous ne jugez pas à propos de rapporter toutes les imitations qui sont connues des gens de lettres, il paroît du moins que vous ne pouvez vous dispenser de faire remarquer celles dont eux-mêmes ne s'apperçoivent pas toujours, comme lorsque le poète traitant un sujet pris d'Euripide, ou même traitant le sujet d'Athalie, imite quelque endroit de Sophocle ou d'Homère ; et surtout vous devez faire observer comment il tourne à sa manière, et embellit presque toujours ce qu'il prend aux anciens.

Homère a dit deux ou trois fois : « Il l'auroit fait » contre la destinée ; » et cependant Homère soumet tout au Destin, même Jupiter. Madame Dacier, en traduisant ces endroits, s'est servie de cette belle expression d'un vers d'Iphigénie :

Et par d'heureux exploits forçant la destinée.

Cette expression, imitée d'Homère, est plus juste que la sienne, puisqu'elle veut dire seulement *forcer le Destin à révoquer ses décrets.*

Achille, dans Homère dit à Patrocle : « Puissent » les Grecs et les Troyens s'entretuer, afin que nous » deux, restés seuls, nous ayons la gloire de ren- » verser les murs de Troie ! » La Motte a demandé quelle seroit sa gloire quand il n'y auroit plus aucun homme dans la ville, et de qui il triompheroit. Cet endroit d'Homère a paru puéril à la Motte, et sa critique a paru puérile à Pope : « Il ne voit » pas, dit-il, que la passion ne raisonne pas, et » qu'Homère fait parler Achille en furieux. » Notre poète lui a fait dire à peu près la même chose, mais tout différemment : ce n'est pas non plus dans un moment de fureur qu'il le fait parler :

> Et quand moi seul enfin, il faudroit l'assiéger,
> Patrocle et moi, Seigneur, nous irons vous venger.

Vous ne trouverez dans ses tragédies aucune imitation des poètes italiens, espagnols, anglais ; il ne leur a jamais rien demandé : mais il n'a pas épargné les Grecs, et il s'approprie leur bien d'une façon qui fait à eux et à lui également honneur. Ses successeurs ont voulu se servir de lui comme il s'étoit servi des anciens ; mais l'ont-ils embelli ? En Angleterre, en Italie, en France, les poètes ont fait main-basse sur ses ouvrages ; on le retrouve dans toutes leurs tragédies, et jusque dans les opéras Italiens. Ceux qui le pillent le plus, sont souvent ceux qui élèvent jusqu'aux nues Corneille, qu'on ne pille pas, sans doute par respect.

PIÈCES CRITIQUES.

Nos excellens auteurs marchent souvent en mauvaise compagnie, parce qu'on met à la suite de leurs ouvrages qu'on est assuré de vendre, des pièces étrangères, qui servent à rendre un livre, non pas plus agréable, ce qui est indifférent à celui qui le vend, mais plus épais, ce qui ne lui est pas indifférent. Il faut que Boileau soit un grand poète, pour forcer ceux qui veulent lire son texte à acheter tout ce qui accompagne son texte. J'ai vu les tragédies dont j'ai l'honneur de vous parler, accompagnées dans quelques éditions, de lettres misérables, d'anciennes et de mauvaises critiques, même de cette froide satyre où Barbier d'Aucour ne mit d'autre sel qu'un insipide jeu de mots. De tels ouvrages ne peuvent faire aucun tort au poète critiqué, mais ils font tort au goût des jeunes gens: il faut leur ôter ces occasions de se gâter l'esprit.

RÉPONSE AUX CRITIQUES.

Vous croyez peut-être, Monsieur, que je vais vous dire,

Souvenez-vous d'un fils qui n'espère qu'en vous,

en vous priant de répondre avec vivacité à toutes ces critiques qui se renouvellent sans cesse. La meilleure de toutes les réponses est cette édition qui suit tant d'autres, et que tant d'autres suivront.

De toutes les critiques graves faites sur ses pièces, je n'en vois qu'une qui ait pu séduire des personnes éclairées: c'est celle sur le récit de la mort d'Hippolyte, qui est, dit-on, « le plus parfait modèle » d'une beauté déplacée, » parce qu'à cause de celui qui le fait et de celui qui l'écoute, il est contre la nature.

Tout homme accusé d'une faute dont il a toujours paru incapable, fait faire à ses juges une réflexion:

Examinez ma vie, et songez qui je suis.

4

Le grand peintre de la nature, celui qui l'a toujours suivie de si près, a-t-il pu s'en écarter tout-à-coup si loin, par l'envie de faire de beaux vers, lui qui sacrifioit sans peine, étant plus jeune, de beaux vers déjà faits, comme on le voit par le retranchement d'une scène d'Andromaque, et d'une scène de Britannicus?

Cette seule réflexion doit engager à examiner avant que de condamner. Théramène veut émouvoir un père aveugle et cruel, pour le convaincre que l'événement qui vient d'arriver est surnaturel : il faut que par les termes les plus forts, il lui peigne toutes les circonstances qui prouvent *ces fureurs des dieux* qu'il leur a demandées, en les appelant *des bontés.* Ce père, qui écoute tout avec attention, reconnoît la main des dieux, et sort de son silence pour faire cette exclamation:

Inexorables Dieux, qui m'avez trop servi!

Il se repent de leur avoir demandé tant de fureur; mais il ignore encore s'ils n'ont point puni un coupable. Phèdre arrive et lui apprend que son fils est innocent: le récit qu'il vient d'entendre devient son supplice. Il voit la vérité de ce que lui avoit dit Aricie; le ciel nous exauce souvent dans sa colère:

Ses présens sont souvent la peine de nos crimes.

Il a entendu raconter tous ces terribles présens; le voilà puni de ces injustes imprécations; et si le poète n'eût pas dépeint ce père puni, il eût péché contre une regle importante de son art.

Les grands hommes ne sont point exempts de fautes, mais ils n'en font point d'une certaine espèce ; et nous ne devons jamais prononcer légèrement sur leurs fautes. Il est pourtant bien ordinaire d'entendre décider sur celles de nos deux grands poètes tragiques ; mais, quelque critiqués qu'ils soient, nous pouvons dire d'eux ce que Longin disoit d'Homère et de Demosthène : « L'envie n'a pas empêché qu'on
» ne leur ait donné le prix, et personne jusqu'ici
» n'a été en état de leur enlever ce prix, qu'ils
» conservent encore aujourd'hui, et que vraisem-
» blablement ils conserveront, »

<blockquote>Tant qu'on verra les eaux dans les plaines courir,
Et les bois dépouillés, au printemps refleurir.</blockquote>

Je ne crois pas que vous soyez tenté d'ajouter un nouveau parallèle de ces deux maitres, à tous ces brillans parallèles qui ne les font point connoître : laissons ceux qui aiment les antithèses, et les jolies choses, opposer le tendre au sublime, comme s'ils comparoient Tibulle à Homère, et la colombe gémissante de Vénus, à l'aigle portant la foudre de Jupiter.

« Il n'y a qu'un art de la peinture, disoit
» Cicéron : Zeuxis et Apelle ont porté tous deux cet
» art à sa perfection ; mais la manière de l'un n'est
» pas celle de l'autre. » C'est la manière de l'un et de l'autre qu'il faut étudier, et que n'apprennent

point tous ces brillans parallèles. Il vous sera facile de faire connoître celle du poète qui va vous occuper, en faisant un examen de chaque pièce. La moitié du second volume des ouvrages de l'abbé Nadal est occupée par une dissertation intitulée : *Le Progrès du Génie poétique dans Racine ;* et cette dissertation seroit très-curieuse, si l'auteur avoit bien rempli son dessein.

Vous allez suivre, Monsieur, ce génie qui partant des *Frères Ennemis*, va toujours s'acheminant jusqu'à *Athalie*. J'espère que vous nous ferez remarquer ses progrès, et que vous nous développerez dans chaque pièce, le secret de la conduite. Vous nous ferez voir comment dans l'exposition du sujet, dont aucun poète, parmi les Grecs, ni parmi nous, n'a mieux connu l'art, il instruit le spectateur de tout ce qui est nécessaire pour l'intelligence de l'action, et des caractères des principaux personnages, qui sont connus avant qu'ils se fassent connoître eux-mêmes ; comment il prépare le nœud qui naît d'incidens, jamais cherchés pour remplir les actes, mais naissant toujours de l'action jusqu'à la catastrophe qui en est une suite nécessaire ; comment ne se copiant jamais, quoiqu'il fasse parler si souvent la même passion, il sait trouver toujours des routes nouvelles dans le cœur humain, et paroît dans chaque pièce créateur de nouveaux sentimens, comme de nouveaux caractères, et d'une nouvelle versification ; comment ne voulant pas que ses héros soient tout-à-fait antiques, parce qu'ils déplairoient, ni tout-à-fait modernes, parce qu'ils ne seroient pas vraisemblables, il sait rapprocher les mœurs antiques des nôtres, de façon qu'il paroît pour tous les temps et toutes les nations le peintre de la nature ; et enfin avec quelle attention, tout plein de l'antiquité, il observe ce qu'on peut appeler le *Costume* (1) poétique; ce qui fait qu'il sera toujours le poète des gens de lettres, qui en lisant Britannicus et Bérénice, se croient à la cour des Empereurs romains ; en lisant Bajazet, se croient à Constantinople ; en lisant Iphigénie, se croient dans l'armée des Grecs ; et au milieu des Juifs, en lisant Athalie.

Il n'a pourtant point porté cette attention jusqu'au scrupule : c'est le seul point qui puisse donner lieu à une critique savante. Quoique vous soyez plus capable que moi d'y répondre, permettez-moi de vous faire part de la manière dont j'y répondrois.

DU COSTUME POÉTIQUE.

Comme les héros guerriers, dans les temps reculés, étoient orgueilleux, violens, féroces, et tels qu'Homère les dépeint, Enée ne fut jamais un héros si parfait que le dépeint Virgile ; et en cela Virgile n'a point péché, puisqu'il est permis d'embellir la nature, et qu'Enée n'ayant pas un caractère connu, Virgile a été le maître de lui donner celui qu'il a voulu. Il est certain que Pyrrhus n'a jamais dit à Andromaque tout ce que le poète français lui fait

(1) L'Académie écrit et prononce *costumé*. Elle a raison ; mais l'usage des personnes de l'art est contraire.

dire. Le violent fils d'Achille la traitoit comme un vainqueur traitoit sa captive. Il n'y a pas d'apparence que Mithridate qui faisoit égorger ses femmes, ait jamais songé à gagner le cœur d'une seule par ses soupirs. S'il falloit nécessairement conserver ces mœurs antiques, nous n'aurions ni tragédies ni poésie. On peut donner aux héros de l'antiquité des passions qu'ils n'ont point eues peut-être, mais qu'ils ont pu avoir, pourvu qu'on leur conserve, au milieu de ces passions, les principaux traits de leurs caractères connus. Ainsi Pyrrhus et Mithridate parlent d'amour comme ils ont dû en parler, s'ils ont été amoureux : Achille en parle en Achille, et Néron en Néron, et c'est parce qu'ils conservent tous leurs caractères, que, quoiqu'amans, ils n'ont entr'eux aucune ressemblance.

Conserver les principaux traits des caractères connus, est le point le plus important de l'imitation : c'est encore une perfection quand elle est fidelle en des choses moins importantes comme lorsque le poète ne fait rien dire à ses personnages qui soit contraire aux usages établis dans la nation et dans le temps où s'est passé le sujet qu'il traite : c'est ce que j'appelle observer le *Costume*. Un peintre dans ses tableaux historiques, doit conserver aux personnages les habillemens, la forme des armes, etc. de leurs temps, et le poète doit avoir la même attention aux usages. En cette partie, comme en bien d'autres, Homère est admirable. L'usage, par exemple, de monter à cheval, n'étant pas encore établi dans le temps du siége de Troie, quoiqu'il fût établi dans le temps qu'il écrivoit, comme une de ses comparaisons le fait connoître, il ne met dans cette guerre que des chars, et jamais de cavaliers. Virgile qui n'a pas voulu s'astreindre à l'observation du *Costume*, le viole souvent avec une liberté qui n'est pas excusable ; mais on pardonne bien des choses aux poètes comme aux peintres, quand leurs ouvrages sont excellens ; et les tableaux de quelques grands maîtres, où le *Costume* n'est pas observé, n'en sont pas moins recherchés. Le poète tragique, dont j'ai l'honneur de vous entretenir, Monsieur, est peut-être celui qui depuis Homère a été le plus attentif à cette partie, mais comme je vous l'ai dit, sans pousser cette attention jusqu'au scrupule, parce que la tragédie n'étant pas faite, comme le poëme épique, pour être lue, mais pour être représentée, les spectateurs tout occupés de l'action, ne s'arrêtent pas pendant une rapide représentation à ces petites choses, où le poète peut manquer, sans qu'ils s'en aperçoivent. Il a en cela suivi l'exemple des tragiques grecs ; et s'ils n'ont pas observé tous les usages anciens de la Grèce, dans des ouvrages faits pour des Grecs, faut-il exiger plus d'exactitude d'un poète français, travaillant pour des spectateurs qui ignorent le détail des usages de ces temps si reculés ?

Celui dont nous parlons, Monsieur, possédoit toute l'érudition qu'on peut puiser dans Homère : mais il s'est cru dispensé de s'en rendre esclave dans ses tragédies. Ainsi il parle *d'étendards* dans Iphigénie, quoiqu'il n'y en eût point dans le camp d'Agamemnon ; il parle de *moissons de lauriers* et de vaisseaux qui retournent avec leurs *poupes couronnées*, quoique l'usage de couronner les héros de laurier, et de mettre des couronnes aux poupes des vaisseaux, ne fût pas encore établi. Il fait dire à Clytemnestre *un prêtre environné*, etc. Homère, qui met des prêtres et même des prêtresses à Troie, n'en met point dans l'armée des Grecs. Les rois alors faisoient eux-mêmes les sacrifices, et Calchas n'étoit qu'un devin.

Ces fautes ne peuvent plus être appelées fautes quand elles sont autorisées par l'exemple des tragiques grecs. C'est un prêtre ἱερεύς, qui dans Euripide prend le glaive pour immoler Iphigénie. L'Ajax de Sophocle parle des trompettes de l'armée, quoique l'usage des trompettes ne fût point encore connu dans le temps du siége de Troie. Les armées dans Homère ne s'excitent au combat que par des cris. Les Troiens sont nommés Phrygiens dans Euripide, et cependant la Troade n'étoit point la Phrygie. Dans le troisième livre de l'Iliade, Hélène, qui est à Troie, dit à Vénus : « Ne voulez-vous pas me » mener dans quelque ville de la Phrygie ? » Le Scholiaste observe que les écrivains postérieurs à Homère confondirent la Troade et la Phrygie. A leur exemple, le poète français a pu dire :

La Phrygie
Cent fois de votre sang a vu ma main rougie...
Dans les champs phrygiens les effets feront foi....

Vous direz peut-être que si c'est là pécher, c'est pécher si légèrement, qu'il n'y faut pas faire attention. Pour moi, je crois que dans les ouvrages qui sont lus souvent, comme on critique tout, il faut tout remarquer, pour être en état de répondre à tout.

DE LA MORALE.

Il me seroit plus permis qu'à Cicéron écrivant à Lucceius, de vous demander des éloges un peu plus forts que la vérité ne vous les permettra, *plusculùm quàm concedet veritas*, et de vous prier de vous déclarer admirateur de notre poète, encore plus que vous ne l'êtes peut-être, *vehementius etiam, quàm fortasse sentis*. Je ne vous demande rien aux dépens de la vérité, ni de vos sentimens. Si vous préférez Corneille, n'hésitez pas de le dire; vous pouvez le mettre à la première place, et en donner encore une si élevée à son successeur, qu'il sera lui-même content. Plusieurs personnes ne le rabaissent que parce qu'elles s'imaginent devoir cette justice à leur admiration outrée pour Corneille, et quelquefois à des raisons de parenté. Corneille mérite certainement les plus grands éloges; mais il ne les recevroit pas si souvent, s'il n'avoit pas un rival; et on ne diroit pas si souvent qu'il est à la première place, si elle lui étoit bien assurée.

Vous n'aurez peut-être pas toujours, Monsieur, à louer le grand poète dans vos remarques, mais vous aurez toujours à louer l'honnête homme. On découvre bientôt quel est le cœur d'un poète en lisant ses vers, et l'on trouve toujours en lisant ceux-ci, un cœur né vertueux qu'a nourri une excellente éducation.

Cette éducation éclairée, qui lui avoit rendu plus familiers qu'à un autre les sujets saints et le style saint, l'empêcha d'en faire usage tant qu'il travailla pour le théâtre, quoique les tragédies chrétiennes et amoureuses fussent alors à la mode. Il savoit bien que les cantiques de Sion ne doivent point être entendus dans une terre étrangère, et que quand on veut amuser Babylone, il ne lui faut du moins chanter que ses cantiques. Elle vouloit alors entendre parler d'amour ; il en parla, mais il n'en parla point comme les autres. Je ne vous dirai point ici de quelle manière il réforma peu à peu notre galante tragédie, pour parvenir enfin à lui rendre toute sa majesté ; c'est ce que vous trouverez dans les remarques que je vous envoie. Je ne vous dirai pas non plus, comment, malgré tant d'utiles leçons, que quoique très-jeune, il donna dans Britannicus, il se vit obligé par le froid accueil fait à cette pièce, de reprendre dans les suivantes le langage à la mode. Je vous observe seulement son attention à le rendre utile, autant qu'il peut l'être.

L'amour n'est jamais dans ses pièces que méprisable et malheureux, quand il n'est pas soumis aux lois du devoir. Ce ne sont plus seulement deux beaux yeux que ses héros adorent, ce n'est pas l'empire

seul

seul de la beauté qu'il dépeint, c'est toujours celui de la beauté unie à la vertu. Quelles femmes estimables qu'Andromaque, Junie, Monime, Iphigénie, et que celle même qui est la plus dangereuse de toutes ! Au milieu de toute la grandeur qui environne un empereur romain, elle ne voit que Titus ; mais elle veut toujours voir un prince adoré de ses sujets, par ses vertus bienfaisantes. C'est à elle que Titus doit toutes ses vertus. Il est vrai que dans sa vivacité elle lui dit :

Quoi, pour d'injustes lois que vous pouvez changer, etc.

Ce mot qui lui échappe est-il criminel ? Une loi bizarre fondée sur la vanité romaine, inconnue aux autres peuples, ne devoit-elle pas lui paroître injuste ? Heureux les Romains, si tous leurs empereurs bravant cette loi seule, eussent dans tout le reste été des Titus, et si toutes leurs impératrices, quoiqu'étrangères, eussent été des Bérénice ! Cependant c'est à cette loi qu'un amour si tendre et si mutuel est sacrifié. Faites bien remarquer, Monsieur, quelle est la morale de cette tragédie, et surtout combien cette tragédie est dangereuse, et confirme le mot célèbre d'une dame : « Ceux » qui vont au spectacle y entendent quelquefois » de grandes leçons de vertu, et en rapportent » presque toujours de grandes impressions du » vice. »

Voilà, Monsieur, ce que j'avois à vous demander pour les ouvrages de mon père; il seroit à souhaiter qu'un homme aussi éclairé que vous fît le même travail sur ceux de Corneille, dont la gloire m'intéresse autant, puisqu'elle intéresse également ma patrie. J'ai toujours été surpris que dans une nation qui aime tant la tragédie, et qui y est si supérieure aux autres nations modernes, on ait toujours imprimé avec si peu de soin les deux poètes qui sont cause qu'elle n'a dans ce genre de poésie que la Grèce pour rival. Si Sophocle et Euripide ne renaissent point aujourd'hui parmi nous dans de belles éditions, comme ils viennent de renaître à Glascou, faisons du moins renaître de même les deux poètes qui nous tiennent lieu de Sophocle et d'Euripide, et que notre nation ne soit pas accusée par les étrangers d'être *incuriosa suorum.*

LES
FRÈRES ENNEMIS.

EXAMEN DE LA PIÈCE.

Les deux premières tragédies que j'ai à examiner, sont deux sœurs aînées, que leurs cadettes ont fait oublier; et comme elles ne paroissent plus sur le théâtre, elles sont peu connues. Quoiqu'elles ne soient plus représentées, elles peuvent cependant occuper l'attention d'un lecteur curieux de connoître les progrès de l'esprit humain. Voilà d'où est parti celui qui est arrivé jusqu'à Athalie; et quelque éloigné qu'il en soit, il en prend le chemin, parce qu'il prend le bon chemin. La Thébaïde, malgré ses défauts, est le coup d'essai d'un génie qui donne de grandes espérances : le bon poète se fait reconnoître non-seulement par quelques beaux morceaux, comme le monologue de Jocaste dans le troisième acte, l'entrevue des deux Frères dans le quatrième, et le récit de leur combat dans le dernier, mais par la manière dont il conduit son sujet, et même par sa prédilection pour ce sujet.

Instruit, par la lecture d'Aristote, que les poètes doivent chercher des sujets terribles, il osa entreprendre un sujet si terrible, qu'on peut dire qu'il répand l'horreur, plutôt que la terreur : il est remarquable que le poète, qui a été appelé depuis le Peintre de l'Amour, ait pour son coup d'essai fait le tableau de la plus affreuse haine qu'on ait jamais vue. Il a fait entrer, à la vérité, l'amour dans ce triste sujet ; mais comment eût-il osé présenter une pièce sans amour ? C'étoit alors être déjà très-hardi que de n'y faire entrer que peu d'amour ; et on lui en fit apparemment un reproche, puisqu'il paroît se justifier dans sa préface, en disant que *si c'étoit à recommencer*, il ne mettroit peut-être pas plus d'amour dans cette tragédie, parce qu'il ne trouve que *fort peu de place* parmi les incestes et les parricides de la famille d'OEdipe. L'amour n'y en devoit trouver aucune. Celui des Créon ne s'accorde ni avec son âge, ni avec son ambition, et celui d'Antigone ne contribue en rien à l'action. Pourquoi donc, éclairé comme il l'étoit par la lecture des tragédies grecques, a-t-il mis de l'amour dans cette tragédie ? Il se conformoit au goût de son siècle. On ne connoissoit point alors de tragédie sans amour : il en mit peu dans sa première, il en mit davantage dans la seconde, et on lui reprocha un Alexandre qui n'étoit pas, disoit-on, assez tendre : on fit la même critique de Pyrrhus. Ainsi un jeune homme que son génie portoit au vrai tragique, se vit obligé, pour contenter son siècle, de s'attacher à peindre la passion qui alors donnoit la vie à toute pièce dramatique ; et quand on lui a reproché dans la suite des héros trop tendres, il a bien pu dire : « Ils me les reprochent maintenant, et ils me » les ont demandés ; c'est de la complaisance que j'ai » eue pour leur goût, dont ils me font un crime. »

Ils nous le font commettre, et ne l'excusent pas.

Je viens à la conduite de la pièce, dans laquelle le poète a suivi à-peu-près le plan d'Euripide, qu'il ne pouvoit suivre entièrement. Celle d'Euripide est dans ce goût terrible des Grecs dont je parlerai dans la suite ;

et une tragédie si remplie d'horreurs ne trouveroit point parmi nous de spectateurs.

Je ne puis comprendre que le P. Brumoy, après son extrait de la pièce d'Euripide, intitulée *les Phéniciennes*, examinant celle-ci, qui en est l'imitation, ait pu avancer que le poète français a imité Sénèque et Rotrou, et l'accuser d'avoir, *par un amour aveugle pour la première de ses tragédies*, voulu faire accroire qu'il l'avoit dressée sur le plan de celle d'Euripide. Ce que l'auteur a dit dans sa préface est exactement vrai : sa pièce n'a aucun rapport avec la misérable déclamation, sur le même titre, qu'on attribue à Sénèque, ni avec l'Antigone de Rotrou, qui dans une seule tragédie a réuni deux actions qui font deux sujets de tragédies grecques.

Le P. Brumoy reproche encore au même poète, d'avoir donné à Polynice un caractère de dureté qu'il n'a point dans Euripide, et de l'avoir fait aussi intraitable qu'Etéocle : ce reproche, s'il peut y avoir ici quelque sujet de reproche, est aussi peu fondé que le premier, puisque Jocaste reconnoît elle-même Polynice pour le plus doux de ses fils, quand elle lui dit :

> Et vous que je croyois plus doux et plus soumis.

Antigone dit du même Polynice :

> Je l'aimois beaucoup plus que je n'aimois son frère ;
> Il étoit vertueux, Olimpe, et malheureux.

Hémon le dépeint comme détestant la guerre :

> De cette affreuse guerre il déteste l'image.

Il est vrai que dans Euripide il paroît, en mourant, touché de la mort de son frère, qu'il appelle un ennemi qui lui est toujours cher ; mais ce sentiment de tendresse qu'Euripide lui donne dans ce moment, ne peut s'accorder avec cette haine si affreuse que ces deux frères eurent toujours l'un contre l'autre ; on ne doit attendre d'une telle haine que violence et que crime : ainsi je ne sais pourquoi le P. Brumoy veut s'intéresser à la vertu de Polynice. Tous les deux frères doivent être également cruels, comme Jocaste le dit en s'adressant au Soleil :

> Tu ne t'étonnes pas si mes fils sont perfides,
> S'ils sont tous deux méchans, et s'ils sont parricides;
> Tu sais qu'ils sont sortis d'un sang incestueux,
> Et tu t'étonnerois s'ils étoient vertueux.

Le poète qui ne laisse échapper aucun trait de cette haine, suppose qu'elle a commencé entre ces deux frères même avant leur naissance :

> Dans les flancs de ma mère une guerre intestine
> De nos divisions lui marqua l'origine;
> Elles ont, tu le sais, paru dans le berceau,
> Et nous suivront peut-être encor dans le tombeau.

Il prédit ce qui arriva, suivant Ovide : *Trist. l. 5.* Quand on mit les deux corps dans un même bûcher, la flamme se sépara :

> Ipsa sibi discors, tanquam mandetur ab illis,
> Scinditur in partes atra favilla duas.

Stace rapporte le même événement : ainsi le poète est bien fondé quand il fait mourir ses deux frères conservant toujours cette haine :

> Et tu meurs, lui dit-il, et moi je vais régner....
> Traître, songe en mourant que tu meurs mon sujet....
> Tout mort qu'il est, Madame, il garde sa colère,
> Et l'on diroit qu'encore il menace son frère.

Le poète ne néglige aucun coup de pinceau, mais il peint un sujet peu agréable. Lorsqu'on voit une mère entre deux enfans qui sont les fruits de son inceste, on a quelque peine à lui entendre dire :

> Tous deux dans votre frère envisagez vos traits :
> Surtout que le sang parle et fasse son office.

Quel langage peut tenir un sang incestueux? Et quand elle ajoute,

> Considérez ces lieux où vous prîtes naissance.
> Tout ne vous parle ici que de paix et d'amour,

on fait réflexion que tout ne leur y parle que de l'horreur de leur naissance. De pareils sujets étoient agréables sur le théâtre d'Athènes; et Euripide qui a réuni dans cette pièce tous les malheurs de la famille d'OEdipe, par le privilége qu'avoient les poëtes grecs d'ajuster leurs sujets au théâtre, suppose Jocaste vivante encore, quoique, suivant Sophocle, elle se soit donné la mort, sitôt qu'elle eût appris qu'OEdipe étoit son fils. Il suppose OEdipe enfermé dans le palais, et gardé prisonnier par ses enfans, quoique suivant Sophocle, OEdipe, après s'être crevé les yeux, eût quitté la ville de Thèbes. Ainsi Euripide pour augmenter l'horreur de son sujet, fait apporter sur le théâtre, après la catastrophe, les cadavres d'Etéocle, de Polynice et de Jocaste. Antigone, échevelée et gémissante entre les corps de ses frères et de sa mère, appelle son père. OEdipe paroît, veut pour la dernière fois toucher ses enfans et celle qui a été sa mère et sa femme. Comme il a les yeux crevés, il prie sa fille Antigone de conduire ses mains tremblantes sur ces cadavres : il demande ensuite son bâton pour aller en exil; sa fille le lui donne, et lui marque les endroits où il doit poser ses pieds.

Eschyle a traité ce sujet d'une manière toute différente. Comme il avoit été homme de guerre, il en a fait un sujet tout guerrier, sous le titre *des Sept devant Thèbes*. Sa pièce ne contient que les ordres qu'Etéocle donne dans la ville pour repousser les assiégeans, et les lamentations du chœur. Euripide, le plus tragique des poëtes, a rassemblé dans sa pièce les objets les plus affreux; le poète français a eu raison d'en écarter une grande partie : il n'avoit pas besoin d'OEdipe, son sujet est assez tragique. Le sang n'y est pas épargné, et, comme il est dit dans sa préface, « il n'y paroît presque pas un acteur » qui n'y meure à la fin. »

Jocaste, de désespoir de n'avoir pu réconcilier ses fils, se tue à la fin du quatrième acte ; et j'avoue que cette mort est amenée d'une manière plus vraisemblable dans la pièce d'Euripide. Jocaste apprend que ses deux fils viennent de s'entre-tuer ; elle court au champ de bataille, où elle les trouve encore vivans, reçoit leurs derniers adieux, tire l'épée qui étoit dans le corps d'Etéocle, et se la plonge dans le sein. J'ignore pourquoi le poëte français n'a point ici imité Euripide. Le récit d'un pareil événement eût jeté un grand ornement dans celui du combat des deux frères.

Je suis fâché qu'il fasse mourir Antigone en prononçant ces derniers mots :

Cher Hémon, c'est à toi que je me sacrifie.

Après avoir vu mourir sa mère et ses deux frères, est-ce à son amant qu'elle doit s'immoler ? On pouvoit d'ailleurs épargner son sang, puisqu'elle ne meurt pas dans Euripide. Elle accompagne son père dans l'exil : elle en est la consolation et le soutien dans la tragédie de Sophocle, intitulée *OEdipe à Colonne*, quoique Sophocle eût fait une autre pièce intitulée *Antigone*, dans laquelle l'action généreuse qu'elle fait en donnant la sépulture à un de ses frères, malgré la défense de Créon, lui coûte la vie.

Il étoit nécessaire de contenter le spectateur par la mort de Créon, qui a joué le personnage d'un scélérat ; mais quelle raison pouvoit l'engager à mourir, lorsque la mort des deux princes le rend maître du trône qu'il a tant souhaité? Le poète ajoute que son amour pour Antigone le porte au désespoir ; il veut l'aller rejoindre aux enfers : il n'a point cependant paru si amoureux d'elle pendant le cours de la pièce ; il n'a paru occupé que de ses desseins ambitieux. Le poète le suppose encore déchiré par ses remords : il demande aux dieux la punition de ses crimes, il espère trouver du repos aux enfers. Cependant il s'étoit dépeint auparavant comme un homme sans remords, à force de s'être livré au crime :

> Le remords n'est plus ce qui me touche,
> Et je n'ai pas un cœur que le crime effarouche.

Comment son cœur peut-il être sitôt changé ? Le poète qui ne vouloit pas laisser le criminel impuni, avoit beaucoup de peine à trouver sa punition. Comment d'ailleurs le faire mourir ? Il fut roi de Thèbes après cet événement, suivant Sophocle et Euripide. Pour se tirer de cet embarras, le poète suppose que dans son désespoir il tire son épée pour se percer ; ses gardes lui arrêtent le bras, et se saisissent de son épée : alors il demande aux dieux la mort :

> Un coup de foudre est tout ce que je veux de vous.

Et au milieu de son désespoir il tombe entre les mains de ses gardes qui l'emportent ; le spectateur le croit mort.

Le P. Brumoy, souvent malheureux dans ses critiques, trouve ridicule qu'il demande aux dieux un coup de foudre : « Apparemment, dit-il, il n'avoit point d'épée. » Il a fait cette critique, parce qu'il a été trompé par une faute de l'imprimeur ; j'en parlerai dans les remarques sur cette scène.

Le personnage de Créon peut donner lieu à une meilleure critique. Son caractère n'est point soutenu ; c'est un ambitieux qui fomente la division des deux frères, afin qu'ils périssent tous deux, et qu'il soit roi après eux : cependant il semble vouloir contribuer à les réunir. Il découvre à la vérité sa politique à son confident. Troisième acte, scène 6, s'il exhorte les deux frères à se voir, c'est afin que cette entrevue, loin de contribuer à leur réunion, serve à redoubler leur haine. Cette politique est si raffinée qu'on ne la peut comprendre. Quand même l'entrevue des deux frères, ranimant leur haine, seroit la cause de leur combat, Créon peut-il prévoir qu'ils se tueront tous deux? L'un des deux restant vainqueur, sera paisible possesseur du trône, où Créon ne pourra plus prétendre. Quand le succès a passé ses espérances, et que la mort de ses neveux le rend maître du trône, il veut mourir; et pourquoi? Est-ce parce qu'Antigone est morte? Il n'a paru jusque-là, que très-médiocrement amoureux d'elle. Est-ce parce que ses deux fils sont morts? Il a paru jusque-là peu touché de cette perte. Dans Euripide, loin de songer à se tuer, il est au comble de ses vœux : ce qui est vraisemblable. Il n'est question de sa mort dans la tragédie française, que parce que l'auteur s'est cru obligé de ne pas laisser le criminel impuni.

Après avoir parlé des défauts de cette tragédie, il est juste d'y remarquer ce qui y annonce dans l'auteur un heureux génie.

L'ouverture ne ressemble en rien à ce froid prologue d'Euripide, dans lequel Jocaste racontant ses malheurs au Soleil, fait sa généalogie, et remonte jusqu'à Cadmus. Ici Jocaste apprend à son réveil que ses deux fils sont prêts à en venir aux mains : quel réveil! Quand elle voit paroître Étéocle, et qu'elle aperçoit du sang sur ses habits, elle tombe presque évanouie. C'est avec cette vivacité que doit commencer une pareille action.

Une exposition ordinaire entre Jocaste et sa confidente eût été trop froide.

Je trouve cependant un défaut dans la première scène : Jocaste n'y est point nommée, ce n'est qu'au onzième vers qu'on entend prononcer le nom d'Étéocle, et celui de Laïus au vingt-cinquième. Le premier personnage qui paroît sur le théâtre ne doit jamais laisser long-temps ignorer au spectateur qui il est : *le sujet n'est jamais assez tôt expliqué.* C'est à quoi le même poète a eu une grande attention dans ses autres pièces. Dans la suivante, on entend nommer Alexandre au cinquième vers : les noms d'Oreste et de Pilade se trouvent dans les premiers vers de la tragédie d'Andromaque, celui de Néron dans le premier vers de la pièce, celui de Titus dans le quatrième vers de la tragédie de Bérénice, etc.

L'économie de la tragédie que j'examine, annonce un poète qui entend bien à conduire un sujet. Après avoir fait paroître Etéocle, il trouve un prétexte pour le faire retourner au camp, afin que pendant son absence Polynice puisse venir. Etéocle lui-même consent qu'on suspende les armes, pour accorder à sa mère le plaisir de voir son autre fils. Ce fils vient ; et pendant qu'il est avec sa mère, il apprend que la trêve est rompue : ce qui l'oblige à retourner à son armée, en accusant la trahison de son frère. Toute espérance de paix paroît perdue au commencement du troisième acte, et Jocaste croit ses deux fils aux mains, lorsqu'elle apprend le sacrifice de Ménécée, qui semble devoir apaiser les dieux. Etéocle est avec elle quand on vient lui annoncer que son frère veut lui parler ; il s'apprête à l'aller trouver, et Jocaste le prie de laisser venir son frère : ce qui donne lieu à cette entrevue des deux frères en présence de leur mère. Cette entrevue, qui dans Euripide est placée au commencement de la pièce, est dans celle-ci mieux placée au quatrième acte, parce qu'au lieu de servir à la réconciliation des deux frères, n'ayant servi qu'à redoubler leur haine mutuelle, ils se séparent pour voler au combat; et le spectateur n'attend plus que la catastrophe.

Quoique la versification de cette pièce, comparée à celle des autres, paroisse foible, on y trouve plusieurs vers très-heureux, et quelques-uns qui sont admirables. On y remarque cette grande facilité de rimer, à laquelle un jeune homme s'abandonne aussi bien qu'à la fécondité de son esprit. Quand une pensée lui plaît, il s'y arrête, et la répète en plusieurs vers, à l'exemple de Corneille; il se corrigera dans la suite de ce défaut, et il saura dire plus de choses en moins de paroles. On le verra aussi devenir autant ennemi des antithèses et des pointes, qu'il en est amoureux dans cette première pièce. Quoique nourri à la lecture des bons auteurs, son premier penchant l'entraîne vers le bel esprit. Le brillant séduit aisément la jeunesse; et si l'on fait attention au goût qui régnoit alors, on s'étonnera de ne pas trouver plus de défauts dans cette pièce. Il y ramène la versification au style naturel, et il sait éviter ce ton de déclamation qui régnoit autrefois dans les tragédies comme dans tous les autres ouvrages.

Je ne sais aucune particularité historique de cette pièce, et j'ignore le jugement que le public en porta. Les auteurs de l'Histoire du Théâtre-Français ont trouvé dans les registres de Molière qu'elle eut quinze représentations. La première se fit le 20 juin 1664, sur le théâtre du Palais-Royal, qui étoit celui de Molière.

NOTES

Sur la langue.

M. L'ABBÉ D'OLIVET, dans ses Remarques de grammaire sur les tragédies, n'examine point celle-ci, « parce » que, dit-il, le mérite des autres demande qu'on » ferme les yeux sur le coup d'essai d'un jeune homme. » Comme ce jeune homme a su de très-bonne heure sa langue, et qu'on remarque dans sa première pièce sa facilité à s'exprimer avec des tours heureux, et à dire naturellement et élégamment ce qu'il veut dire, elle n'est pas indigne d'examen. Il faut seulement un peu plus d'indulgence pour celle-ci et pour la suivante, que pour les autres.

Dans la première édition de cette pièce, le nom de Jocaste est toujours écrit ainsi : *Iocaste*, et ce nom ne se trouve que dans un seul vers de la dernière scène :

Polynice, Etéocle, Iocaste, Antigone,

qui se pouvoit tourner autrement, *Jocaste, Polynice, Etéocle*, etc. Mais le premier étant meilleur, il aima mieux faire imprimer partout Iocaste. Dans les éditions suivantes, on a mis *Jocaste*; il falloit du moins à ce vers mettre *Iocaste*, ou changer l'ordre des noms.

On trouve aussi dans la première édition, et même dans celle de 1736, que Jocaste a un *page*. Elle en a aussi un dans l'OEdipe de Corneille. Ce mot étoit alors en usage. On a eu raison, dans les éditions suivantes, de mettre un soldat à la place de ce *page*, qu'on a cependant rendu à Jocaste dans l'édition de 1736.

LES FRERES ENNEMIS,
ACTE I, SCENE I.

> Mes yeux depuis six mois étoient ouverts aux larmes.

On ne dit pas ordinairement *ouvrir ses yeux aux larmes*. Cependant cette expression est ici fort heureuse, et fait entendre que depuis six mois Jocaste au lieu de dormir ne fait que pleurer.

> Ni prières, ni pleurs, ne m'ont de rien servi.

On diroit également :

> Mes prières, mes pleurs ne m'ont de rien servi.

Mais Vaugelas remarque que notre langue aime les négatives.

> La race de Laïus les a rendus vulgaires.

Vulgaires pour *communs* : mauvaise expression.

> Et tu t'étonnerois.

Hémistiche dur par le choc des trois *t*.

SCENE II.

> Répandre notre sang pour attaquer le leur.

Vers de jeune homme.

SCENE III.

> Quelles traces de sang vois-je sur vos habits.

Les traces sont sur la terre :

> De son généreux sang la trace nous conduit.   PHED.

Mais on ne dit point des *traces de sang*, sur un habit, pour des taches.

> Et, si quelque bonheur nos armes accompagne.

On étoit alors accoutumé à ces inversions fréquentes dans Malherbe.

> Qu'auprès du diadème il n'est rien qui vous touche.

Qu'auprès du diadème : mauvaise expression.

ACTE I, SCENE V.

> La pitié dans son âme aura peut-être lieu,

n'est pas bien dit.

SCENE IV.

> Madame, je m'en vais retrouver mon armée.

On est étonné de lire dans Vaugelas que toute la cour disoit *je vas*, et le peuple *je vais*. Depuis long-temps c'est le contraire. Le P. Bouhours permettoit également *je vais* et *je vas*. M. Pascal se sert ordinairement du dernier, qui ne se dit plus.

SCENE V.

> Qu'elle assure à mes fils le trône où vous tendez.

Le trône où vous tendez, expression mauvaise dans ce vers, et dans un des suivans :

> Et votre ambition qui tend à leur fortune.

> Mais c'est pour le haïr encor plus que pas un.

Prosaïque.

> Que chacun le haït, comme le hait son frère.

Un étranger qui ne sait pas encore parfaitement la prononciation de notre langue doit être surpris de trouver dans ce vers le même mot d'une syllabe, après qu'il l'a vu de deux.

> Vos libertés enfin retomberoient sur vous,

pour *la liberté avec laquelle vous me parlez* : tour qui n'est pas bon.

> N'en doute pas, méchant, ils vont venir tous deux.

On se servoit alors, dans le style noble, de ce terme

injurieux. On ne le trouvera plus que dans Athalie. J'en dirai alors la raison.

SCENE VI.

Seconde mes soupirs, donne force à mes pleurs.

Bien dit en vers, et seroit mal dit en prose.

Et comme il faut enfin, fais parler mes douleurs,

pour, *fais parler mes douleurs comme il faut qu'elles parlent.* On verra dans la suite bien des exemples de ces tours, qui, quoique répréhensibles à la rigueur, sont beaux en vers, à cause de leur vivacité.

ACTE II, SCENE I.

Je voyois et dehors et dedans nos murailles.

On ne diroit plus aujourd'hui *dehors les murailles*, ni *dedans les murailles*.

SCENE II.

Fille d'OEdipe il faut que je meure pour lui.

L'expression n'est pas juste. Elle ne meurt point pour OEdipe qui est mort, mais à cause du crime d'OEdipe.

SCENE III.

Je vois bien que la paix ne peut s'exécuter,

seroit mal dit en prose : on sous-entend en vers *le traité de la paix.*

D'un fier usurpateur ministre violente.

On trouve peu d'exemples de *ministre* féminin. Cependant ne diroit-on pas : « Iphigénie en Tauride, ministre cruelle de Diane, et la famine et la peste ministres violentes de la colère du ciel ? »

ACTE III, SCENE III.

Qui font monter au trône ou descendre les rois ?

Il faudroit *ou en descendre.*

A peine en sa mémoire ai-je encor quelque rang ;

pour *quelque place,* n'est pas bon.

Il veut que je vous voie, et vous ne voulez pas.

Il faudroit *vous ne le voulez pas.* La vivacité de la poésie rend cette faute excusable.

SCENE IV.

De soutenir leur choc de toute sa puissance.

Cette manière de parler n'est pas exacte.

ACTE III, SCENE III.

Un sang digne des rois dont il est découlé.

Au propre, découler veut dire tomber goutte à goutte ; au figuré, il ne se dit que des choses spirituelles : *Dieu fait découler ses grâces.*

Et très-indigne aussi d'être fils de Créon ;

qui ne mérite pas le malheur d'avoir un tel père.

Et se faisant ouïr des Grecs et des Thébains.

On verra dans ces tragédies un usage très-fréquent du verbe *ouïr.* J'en parlerai dans un autre endroit. *Des Grecs et des Thébains :* ces deux noms ne devoient point être mis de manière qu'ils semblent faire entendre que les Thébains n'étoient pas Grecs. Etéocle, dans Eschyle, dit en faisant des prières pour Thèbes : « O Jupiter, n'extermine pas, par la main des Argiens, » une ville qui parle la langue grecque ! »

Si vous donnez les prix comme vous punissez.

Il falloit dire :

Si vous récompensez comme vous punissez.

Le poète a voulu éviter la rime de l'hémistiche, et l'expression *donner les prix* n'est pas bonne.

> Oui, oui, cette vertu sera récompensée.

Répétition, malgré les voyelles, dont je parlerai sur Andromaque.

> Et soudain il me l'ôte et l'engage aux combats.

Suivant la Grammaire, *il* devroit se rapporter à fils; mais dans ces seize vers il se rapporte toujours *à ciel*, sans qu'il y ait d'équivoque.

SCENE IV.

> Et lui-même à la mort il s'est précipité.

A la mort il s'est précipité ne se dit point.

> Il ne faudra cesser de régner ni de vivre.

Il faudroit en prose, ni *de régner*, ni *de vivre*.

> Et toutefois, Madame, il faut que je vous die,
> Qu'un trône est plus pénible à quitter que la vie.

Die se trouve encore dans Bajazet; j'en parlerai dans mes remarques sur cette pièce. *Un trône est plus pénible :* on ne dit point *une chose pénible à quitter*.

SCENE V.

> Les Grecs mêmes sont las de servir sa colère.

Je crois qu'il eût été mieux de dire les *alliés sont las*.

> Toutes les sûretés qu'il faut pour sa personne.

Ce mot est ici à sa place, puisque nous disons : « La personne sacrée des rois ; le roi commande son armée en personne. » Parmi les vers retranchés de cette pièce, on trouve celui-ci :

> Un roi sort à l'instant de sa propre personne...

Corneille a dit :

> Où tandis que le roi va lui-même en personne.

Il y auroit bien des choses à remarquer sur ce mot *personne* : quand il répond au *nullus* des Latins, il se dit noblement en vers :

> Toutefois en ces lieux je ne connois personne.   MITHR.

ACTE IV, SCENE I.

Et il est mal dans ce vers de Malherbe :

Tant j'ai peu d'assurance en la foi de personne,

parce qu'il ne se met régulièrement qu'avec une négative. Nous disons noblement en prose, *exposer sa personne*, pour *exposer sa vie*; mais on ne diroit point en vers, *ce héros a cent fois exposé sa personne*. *Persona* est employé par Cicéron dans le même sens que nous donnons au mot *personne*; mais *persona* ne se trouve pas dans Virgile; et s'il est dans Horace, il a rapport au théâtre, *personam formare novam*. *Personnage*, dans le même sens, est noble en vers :

D'un nouveau personnage inventez-vous l'idée ? BOIL.

Mais on ne dit point en vers, *de grands personnages*, quoiqu'on dise noblement en prose, *les grands personnages de l'antiquité*. On ne dit point en vers, dans le style noble, *sa personne si chère, son aimable personne*.

SCENE VI.

Qui vous fait mettre enfin cette haine au tombeau.

Ces métaphores étoient alors en usage.

Plus qu'à mes ennemis la guerre m'est mortelle.

Mortelle; pour *funeste* : expression qui n'est pas exacte.

Tout rebelle qu'il est, et tout mon rival même.

Qu'il est : supprimé élégamment, parce qu'il précède.

ACTE IV, SCENE I.

Voulut de nos parens punir ainsi l'inceste.

Parens : le P. Bouhours prétend que ce mot n'est pas noble quand il signifie père et mère. Je ferai voir dans mes notes sur Athalie qu'il a tort.

Et sans doute il faudra qu'elle éclate à mes yeux.

Ma *haine* : le vers précédent a rompu la suite de la phrase.

> Je veux, pour donner cours à mon ardente haine,
> Que sa fureur au moins autorise la mienne.

Haine et *mienne* : dans les différentes leçons de cette pièce, on remarque que le poëte a changé plus d'une fois cette mauvaise rime; celle-ci lui est échappée.

SCENE III.

> Me voici donc tantôt au comble de mes vœux.

Suivant le Dictionnaire de l'Académie, *tantôt* signifie *dans peu de temps*. On trouvera dans les autres pièces plusieurs exemples du contraire.

> Et qu'affectant l'honneur de céder le dernier,
> L'un ni l'autre ne veut s'embrasser le premier.

Dernier et *premier* : l'auteur ne se pardonnera plus cette rime.

> Quittez, au nom des dieux, ces tragiques pensées.

Ces tragiques pensées : il ne fera plus usage de cette épithète, quoiqu'on dise fort bien des *idées tragiques*. Nous n'avons point d'exemples, dans les bons auteurs latins, du mot *tragicus* au sens figuré.

> Mon cœur, jaloux du sort de ces grands malheureux.

Grands, pour *célèbres*, n'est pas noble ici.

> Jamais dessus le trône on ne vit plus d'un maître.

Par les changemens faits depuis la première édition, on voit que l'auteur a plusieurs fois corrigé ce *dessus*, quoiqu'on y fût alors accoutumé :

> Le dernier de mes jours est dessus l'horizon....
> Dessus mes volontés un empire suprême.   Mal.
> Mais dessus quel endroit tombera ton tonnerre... Desbar.

> Jugez donc, par l'horreur que ce méchant me donne.

J'ai déjà remarqué l'usage qu'il faisoit dans sa jeunesse de ce mot *méchant*.

> Et moi je ne veux plus, tant tu m'es odieux.

Tant tu m'es : choc dur; j'ai fait remarquer plus haut,

et tu t'étonnerois. De pareils exemples ne se trouvent que dans la première pièce.

ACTE V, SCENE II.

J'y suis courue en vain, c'en étoit déjà fait.

J'y suis courue : on dit ordinairement *j'y ai couru.*

Et que le ciel vous mît pour finir vos discords.

Discords : quoique Vaugelas, et l'Académie, dans ses Observations sur Vaugelas, permettent ce mot au pluriel en vers, il est hors d'usage; et on ne le trouvera plus dans ces tragédies.

Son frère plus que lui commence à me toucher :
Devenant malheureux, il m'est devenu cher.

Toucher et *cher :* rime normande, très-commune dans Corneille. On n'en trouvera dans ces pièces que peu d'exemples.

SCENE III.

Ses jours infortunés ont éteint leur flambeau.

On dit, *le flambeau de ses jours s'est éteint,* ou *il a éteint le flambeau de ses jours;* mais on ne dit point *ses jours ont éteint leur flambeau.* Il étoit si aisé de mettre :

De ses malheureux jours, s'est éteint le flambeau,

qu'on voit bien que l'auteur n'a pas mis une dernière main à ses pièces.

Vous avez vu, Madame, avec quelle furie
Les deux princes sortoient pour s'arracher la vie;
Que d'une ardeur égale ils fuyoient de ces lieux.

La construction n'est pas exacte : *Vous avez vu avec quelle furie.... Que d'une égale,* etc.

Par l'excès de leur haine ils sembloient réunis,
Et prêts à s'égorger, ils paroissoient amis.

Réunis et *amis :* mauvaise rime.

Mon fils, qui de douleur en soupiroit dans l'âme.

Dans l'âme ne paroît ici que pour la rime.

Il est vrai que des dieux le courroux embrasé.

Embrasé, pour *allumé*, n'est pas bon.

La couronne est à vous.

CRÉON.
Je la mets à vos pieds.

ANTIGONE.
Je la refuserois de la main des dieux même;
Et vous osez, Créon, m'offrir le diadême!

CRÉON.
Je sais que ce haut rang n'a rien de glorieux.

Diadême : mot inutile après avoir dit *la couronne*. *Haut rang* ne répond pas à *diadême*. Ces mêmes mots, *ce haut rang*, trois vers plus haut, étoient à leur place, parce qu'ils suivoient *monter sur le trône*.

SCENE IV.

Il est vrai, vous avez toute chose prospère.

Le mot *prospère*, qu'on retrouvera dans Esther, est beau en vers; mais il va mal avec *chose*.

SCENE V.

Et du même poignard dont est morte la reine.

On ne dit point *mourir d'un poignard*.

Et j'ai cru que mon âme alloit suivre ses pas.

Il falloit dire, *alloit suivre la sienne*.

SCENE dernière.

Et vous même, cruelle, éteignez vos beaux yeux.

Expression hasardée. On ne dit point d'une personne qui s'est tuée, *elle a éteint ses yeux*.

Tant d'autres malheureux dont j'ai causé les maux,
Font déjà dans mon cœur l'office des bourreaux.

Maux et *bourreaux* : rime que l'auteur ne se permettra plus, et dont on ne trouve point d'exemples chez les poètes exacts à la rime.

REMARQUES.

ACTE I, SCENE I.

J'AI déjà remarqué que le premier personnage qui paroît est trop long-temps sans se faire bien connoître. Dans Euripide, Jocaste *décline* son nom ; ce qui est un défaut que Boileau préfère au premier : « Je suis la » fille de Ménécée ; on m'appelle Jocaste : c'est le nom » que mon père m'a donné. Créon est mon frère. » Dans la suite, notre Euripide aura grande attention à faire connoître aux spectateurs, dans les premiers vers, le lieu de la scène et le premier personnage qu'il fait parler, en prenant pour modèle, non pas Euripide, mais Sophocle.

SCENE III.

OEdipe, en achevant sa triste destinée.

Le poète ne voulant pas faire, à l'exemple d'Euripide, paroître OEdipe dans cette pièce, a raison de le supposer mort.

SCENE IV.

Faites ce que j'ordonne, et venez sur mes pas.

Créon devroit suivre, ou dire la raison qui l'empêche d'obéir. Ce n'est qu'à la fin de cette scène qu'il fait attention à cet ordre, en disant :

Le roi m'appelle ailleurs ; il faut que j'obéisse.

L'intérêt de l'Etat est de n'avoir qu'un roi.
Maxime tirée d'Homère, ILIADE, 2 :
Il ne faut qu'un maître et qu'un roi.

SCENE V.

Pareils à ces torrens qui ne durent qu'un jour,
Plus leur cours est borné, plus ils font de ravage,
Et d'horribles dégâts signalent leur passage.

Cette comparaison, qui n'est que de trois vers, est encore trop longue. Les plus courtes trouvent rarement place dans un poëme, qui est l'imitation d'une conversation. Dans le Caton d'Addisson, un officier qui fait une conspiration contre Caton, dit à son complice : « Il » sera bien surpris quand il sera enveloppé de toutes » parts. C'est ainsi que l'impétueux ouragan, descendant » tout-à-coup dans les vastes plaines de la Libye, et » réunissant à la fois les vents opposés dans un mou-» vement circulaire, arrache, brise tout, enlève des » montagnes de sable, et laisse en un instant à nu la » surface de la terre. Le triste voyageur jette en vain » de toutes parts ses regards effrayés ; il ne voit que » l'affreux tourbillon qui l'enveloppe, l'engloutit et » l'étouffe. » Quand cette comparaison est enfin terminée, les deux acteurs sortent du théâtre, et l'acte finit.

SCENE VI.

Qu'en retrouvant l'amant, je retrouve l'amour.
Vers pardonnable à un jeune homme.

ACTE II, SCENE I.

Permettez que mon cœur, en voyant vos beaux yeux,
De l'état de son sort interroge ses dieux.

Ce style, qu'on trouve encore dans *Alexandre*, étoit à la mode ; et Sévère dit à Pauline :

Je n'aurois adoré que l'éclat de vos yeux ;
J'en aurois fait mes rois, j'en aurois fait mes dieux.]

ACTE II, SCÈNE II.

Et mille fois le jour je souffre le trépas.

Jocaste dira :

Me feront-ils souffrir tant de cruels trépas
Sans jamais au tombeau précipiter mes pas ?

Et dans un autre endroit :

Mourrai-je tant de fois sans sortir de la vie....
Tout ce que je puis faire, hélas, c'est de mourir !

Ces jeux d'esprit étoient alors admirés. La Médée de Corneille disoit :

Et que je sens de morts sans mourir une fois !

Les poëtes italiens et espagnols ont joué souvent sur la même pensée. J'en parlerai lorsque j'arriverai à ce vers d'*Iphigénie* :

Mourrai-je tant de fois sans sortir de la vie ?

SCÈNE II.

Madame, cet arrêt ne vous regarde pas.

« Peuvent-ils en douter, dit le P. Brumoy dans les » Réflexions sur cette tragédie ? Ignorent-ils qu'ils n'é- » toient ni l'un ni l'autre du sang de Laïus ? L'oracle » indique clairement Ménécée. C'est une *faute inex-* » *cusable*. » C'est la critique qui est inexcusable. Un oracle est toujours ambigu ; et ce mot, *le dernier*, peut s'entendre : *tout, jusqu'au dernier*. C'est ainsi qu'Antigone l'a entendu :

O Dieux, que vous a fait ce sang infortuné ?
Et pourquoi tout entier l'avez-vous condamné ?

Leur doute est donc fondé, et ils ne disent rien que de raisonnable :

Et n'est-ce pas assez du père et des enfans,
Sans qu'il aille plus loin chercher des innocens ?

Polinice dira, au commencement de la scène suivante, en parlant du ciel :

Mais puisqu'ouvertement il tient pour l'injustice,
Et que des criminels il se rend le complice.

Enfin, Jocaste dans le beau monologue se plaindra du ciel. L'auteur a toujours été très-éloigné de mettre dans la bouche de ses personnages des paroles impies. Mais dans quel sujet est-il plus naturel d'accuser le ciel?

SCENE III.

Madame, au nom des dieux, cessez de m'arrêter.

Quand Polinice paroît, il a déjà entretenu sa mère. Je suis fâché que le poète n'ait point imité Euripide, qui a peint si vivement l'entrevue d'une mère, qui recevant après une longue absence et tant de malheurs un fils malheureux, ouvre ses bras, lui dit de se jeter dans son sein, lui fait remarquer les habits de deuil dont elle est couverte, la tristesse dans laquelle elle est plongée, et lui faisant un tendre reproche sur un mariage contracté avec une fille étrangère, met au nombre de ses malheurs, celui de n'avoir point célébré elle-même les cérémonies de cet hymen. Polinice répond à sa mère en fils compatissant à ses peines, et partageant ses douleurs. Ce beau tableau seroit dans la tragédie française, si le poète eût traité ce sujet dans un âge plus avancé.

SCENE IV.

Seigneur, on est aux mains et la trève est rompue.

Polinice étoit vivement pressé par sa mère et par Hémon. Pour le tirer de cet embarras, le poète fait arriver un soldat qui annonce la rupture de la trève, et Polinice part plus irrité que jamais contre son frère: ainsi l'espérance de la réconciliation paroît perdue; mais elle reviendra dans l'acte suivant.

ACTE III, SCENE I.

Si toutefois on peut l'être avec tant d'ennuis.

Vers de jeune homme.

SCÈNE I*I*.

Dureront-ils toujours ces ennuis si funestes ?

Le P. Brumoy se contente d'appeler cette scène « *un assez beau monologue* » Elle mérite un autre éloge. Elle dut faire beaucoup d'honneur à un jeune poète, puisqu'elle en feroit à tout poète dans sa plus grande force. On y trouve exprimées en très-beaux vers, des plaintes si bien placées dans la bouche de Jocaste, que nous sommes surpris que ni Sophocle, ni Euripide n'aient fait tenir les mêmes discours à elle, à son mari et à ses enfans. Les poètes grecs ne font jamais reprocher aux dieux les événemens ordonnés par le destin; j'en dirai la raison dans la suite. Le poète français a eu la liberté de faire parler Jocaste comme il nous paroît qu'elle a dû penser. Et quand il lui fait dire des dieux :

Jusques aux bords du crime ils conduisent nos pas,

il épargne plus ces dieux de l'antiquité que Lucain, quand il met les dieux pour la cause injuste, et qu'il fait dire à Caton :

Crimen erit superis et me fecisse nocentem.

Le vers de ce monologue :

Ils nous le font commettre et ne l'excusent pas,

est exactement vrai dans la théologie païenne. Oreste tue sa mère par l'ordre d'Apollon, et est livré aux Furies quand il a commis ce crime. Et pour ne pas sortir de notre sujet, quel bien apporte le noble sacrifice de Ménécée, dont on fait le récit dans la scène suivante ? Les deux fils d'OEdipe ne se tueront pas moins, et leur mort terminera la guerre. Pourquoi donc, suivant l'oracle de Tirésias qu'Euripide fait paroître sur le théâtre, fallut-il encore pour apaiser les dieux le sang de Ménécée ? Parce qu'il descendoit de Cadmus, qui avoit tué un dragon consacré à Mars. Ce dragon, qui avoit dévoré les compagnons de Cadmus, méritoit bien la mort. N'importe, il étoit consacré à Mars; ce dieu étendra sa vengeance sur toute la race de Cadmus. Diane étoit encore moins injuste, quand elle demandoit le sang d'Iphigénie, pour venger une de ses biches que le père d'Iphigénie avoit tuée, sans intention d'insulter Diane. Ces dieux, si prompts à s'irriter, étoient implacables dans leur colère. Ils faisoient périr toute la race de celui qui avoit eu le malheur de les offenser sans le savoir.

SCENE III.

Un héros pour l'Etat s'est lui-même immolé.

On s'intéresse peu dans cette pièce au récit de la mort de Ménécée, qu'on n'a point vu; et quoique dans Euripide il ait paru sur la scène, et qu'il y ait témoigné d'admirables sentimens, on s'intéresse aussi peu au récit de cette mort, qui est une épisode fort inutile : on ne voit point comment cette mort sauve l'Etat. C'est pourtant plein de cette espérance, que ce malheureux, dans Euripide, court à la mort malgré son père : « Je vais, » dit-il en partant, sauver la ville; je rendrai le salut » à cette terre. »

Est-il possible, ô Dieux, qu'après ce grand miracle.

Elle n'en doute point dans Euripide; et lorsqu'elle apprend le sacrifice de Ménécée, elle s'écrie : « Les » dieux sont contens, cette terre est sauvée, et mes fils » sont vivans ! »

Si vous donnez les prix comme vous punissez.

Son raisonnement est juste; mais ces dieux ne récompensoient pas comme ils punissoient : leur plus grand plaisir étoit la vengeance.

SCENE VI.

Créon, dans cette scène, découvre à son confident

ACTE IV, SCENE III.

son affreuse politique. On ne voit pas la nécessité d'en faire un si grand scélérat : l'envie de régner l'engage à l'être. Mais en prend-il bien les mesures ? Pourquoi espère-t-il que l'entrevue qu'il ménage entre les deux frères, sera la cause de leur perte, et qu'ils s'étoufferont *en voulant s'embrasser ?* »

ACTE IV, SCENE I.

Ce n'est pas son orgueil, c'est lui seul que je hais.

Le poète a si bien peint la haine dans cette pièce, qu'elle dut annoncer un grand peintre des passions.

SCENE III.

Le P. Brumoy prétend que cette scène « n'est autre » chose que Sénèque et Rotrou embellis. » Euripide a servi d'original aux trois poètes, et, très-défiguré par Sénèque, n'a été embelli qu'ici. Les longs raisonnemens et les sentences jettent de la froideur dans la scène d'Euripide.

Je te l'annonce donc.

Il est plus naturel de voir ces deux frères se proposer ce combat, que de voir, dans Euripide, Polinice qui se retire en invoquant les sacrés autels, quand son frère lui ordonne de sortir. Mais la scène devoit peut-être finir à ce vers :

Je te le vais porter au bout de ce fer même.

Le reste paroît languir.

Et d'un autre soi-même on s'y verroit pressé.

Vers qu'il faut pardonner à la jeunesse, aussi-bien que celui-ci :

Montrez en vous tuant comme vous êtes frères.

Et moi je vais, cruels, vous apprendre à mourir.

On ne voit pas ce qui l'oblige à s'aller donner la mort.

ACTE V, SCENE I.

Les monologues en stances étoient à la mode; et Corneille en avoit encore mis un dans son OEdipe, représenté quatre ans avant cette pièce. Le jeune poète avoit fait cette scène bien plus longue, et il fut assez sage pour retrancher plusieurs stances, comme on le voit dans la dernière de ses lettres écrites dans sa jeunesse.

SCENE II.

L'un parmi les vivans, l'autre parmi les morts.

Vers d'un poète très-jeune.

SCENE III.

Vous avez vu, Madame, avec quelle furie
Les deux princes sortoient pour s'arracher la vie.

Ce récit n'est pas l'ouvrage d'un poète médiocre : on y trouve cependant quelques vers d'un jeune homme qui veut faire briller son esprit.

SCENE IV.

Pour couronner ma tête et ma flamme en ce jour, etc.

Mauvais jeu de mots.

SCENE VI et dernière.

Un coup de foudre est tout ce que je veux de vous.

Ce qui fait dire au P. Brumoy : « Il implore la foudre; » apparemment il n'avoit point d'épée. » Il a voulu se percer, ses gardes l'en ont empêché; c'est alors qu'il a dit :

Ah, c'est m'assassiner que me sauver la vie!

Dans les anciennes éditions, le nom d'*Attale* étoit suivi de ces mots, *et des gardes.* Ils ont été supprimés dans la suite mal à propos. Créon, devenu roi par la mort des deux frères, doit avoir des gardes. J'ai remarqué dans l'examen, qu'on ne s'attend pas à ces remords d'un homme qui se voit sur le trône, et qui a dit auparavant, acte 3 :

> Quand on est sur le trône on a bien d'autres soins,
> Et les remords sont ceux qui nous pèsent le moins.

Le chagrin d'avoir perdu Antigone lui ouvre tout-à-coup les yeux sur ses crimes ; ce qui n'est pas vraisemblable.

ALEXANDRE.

Un jeune homme qui veut essayer ses forces dans le genre dramatique, ne doit point, quelque génie qu'il ait, choisir Alexandre pour son héros. Il faut être devenu dans son art un Apelle ou un Lysippe, pour entreprendre des ouvrages :

> Fortis Alexandri vultum simulantia.   Hor.

Corneille ne reconnoissant pas Alexandre dans cette pièce, que l'auteur alla soumettre à son jugement avant que de la donner au public, lui dit qu'il avoit un grand talent pour la poésie, mais qu'il n'en avoit point pour la tragédie, et lui conseilla de s'appliquer à un autre genre. Le public, au contraire, regarda le jeune auteur comme celui qui seroit le successeur de Corneille ; et les défauts de cette pièce n'empêchèrent pas les connoisseurs d'y admirer un poète naissant.

Le grand défaut qui y règne est un amour qui en paroît faire tout le nœud, tandis qu'un des plus glorieux exploits d'Alexandre n'en paroît que l'épisode. On étoit cependant, lorsque cette pièce parut, si accoutumé à ces romans, où les héros de l'antiquité sont changés en de fades galans, que notre Alexandre même ne parut pas assez doucereux à plusieurs personnes, qui en faisoient la même critique que Boileau dans sa troisième satire, lorsqu'il met dans la bouche d'un des convives de son festin :

> Je ne sais pas pourquoi l'on vante l'Alexandre :
> Ce n'est qu'un glorieux qui ne dit rien de tendre.

D'autres soutenoient, au contraire, qu'il disoit des choses trop tendres : c'est ce qu'on lit dans la préface de la première

mière édition, « les uns soutiennent qu'Alexandre n'est » pas assez amoureux, les autres qu'il ne vient sur le » théâtre que pour parler d'amour. »

La contrariété des jugemens portés sur une pièce qui étoit l'objet des critiques et des éloges, engagea Saint-Évremont à écrire ce qu'il en pensoit, dans une Dissertation très-avantageuse à Corneille, dont il se déclare l'admirateur, et très-glorieuse en même temps au jeune poète, quoique critiqué. Il y a même apparence qu'elle lui fut utile, et contribua à lui faire prendre une meilleure route.

Saint-Évremont commence sa Dissertation par annoncer la grandeur future de celui qu'il va critiquer : « Depuis que j'ai lu Alexandre, la vieillesse de Cor- » neille me donne bien moins d'alarmes, et je n'appré- » hende plus tant de voir finir avec lui la tragédie. Mais » je voudrois qu'avant sa mort il adoptât l'auteur de cette » pièce, pour former avec la tendresse d'un père, son » vrai successeur : je voudrois qu'il lui donnât le bon » goût de cette antiquité, qu'il possède si avantageu- » sement. »

Si par ce bon goût de l'antiquité, Saint-Évremont entendoit la connoissance des bons auteurs de l'antiquité, le jeune élève de Corneille eût pu sur ce point donner des leçons à son maître. S'il entendoit la manière d'imiter les mœurs antiques, l'élève de Corneille eût soutenu à son maître qu'on les doit rapprocher des nôtres, et sur ce point ils n'eussent point été toujours d'accord. Les leçons de Corneille eussent été cependant très-utiles à son disciple, et Saint-Évremont avoit raison de souhaiter que le maître de notre théâtre eût bien voulu adopter son successeur, et le former avec la tendresse d'un père ; mais ce n'est pas connoître les hommes que de s'imaginer qu'on aura l'ambition d'adopter quelqu'un, pour en faire l'héritier d'une pareille succession. Quiconque aura régné par les talens de l'esprit, n'aura jamais une tendresse paternelle pour celui qu'il soupçonnera pouvoir devenir son successeur.

La Dissertation de Saint-Evremont contient plusieurs réflexions très-solides ; elle est trop sévère en quelques endroits. Je vais dire ce que j'en pense dans l'examen de cette pièce.

EXAMEN D'ALEXANDRE.

L'amour d'Alexandre pour Cléofile est l'âme de cette tragédie ; et cet amour, comme je l'ai remarqué, n'ayant rien de tragique, la pièce n'excite ni crainte, ni pitié, et la catastrophe n'est funeste que pour Taxile, qui n'est qu'un second personnage.

On ne voit point que l'action de la pièce conduise à une morale. L'action de la Thébaïde fait voir les suites funestes des discordes fraternelles : au lieu qu'on ne s'aperçoit point aisément de la morale qu'enseigne la tragédie d'Alexandre.

On peut même demander quelle en est l'action. Ce n'est point le triomphe d'Alexandre sur Porus, puisque ce triomphe est certain à la fin du troisième acte, et que ce qui s'est passé dans les deux premiers n'y a point contribué. L'action est celle qu'ont rapporté Justin et Quinte-Curce, Alexandre rétablissant sur le trône Cléofile, après l'avoir vaincue, parce qu'il se laisse toucher par sa beauté. Ce n'est pas cependant à Cléofile qu'Alexandre fait la guerre : elle a été vaincue auparavant ; elle a même été prisonnière d'Alexandre, qui lui a rendu la liberté. Elle l'a quitté, et c'est pour la retrouver qu'Alexandre court à tant de combats, comme Ephestion le dit à cette princesse :

Il ne cherchoit que vous en courant aux combats.
C'est pour vous qu'on l'a vu, vainqueur de tant de princes,
D'un cours impétueux traverser vos provinces.

Alexandre n'étoit pas un homme à ne courir aux combats que pour chercher une femme qui avoit été sa prisonnière. Que vient-elle faire dans le camp de Taxile? Axiane peut s'y trouver, puisqu'elle commande une armée, et qu'elle est unie aux ennemis d'Alexandre. Pourquoi donc cette Axiane, pendant le combat où son armée se trouve, est-elle retenue comme prisonnière dans le camp de Taxile? A-t-il le droit et le pouvoir de l'arrêter?

Si le lieu de la scène est la tente de Taxile, qu'y viennent faire ces princesses, et qu'y vient faire Alexandre, quand il quitte le combat? S'il y vient chercher sa maîtresse, où va-t-il quand il en sort? Il n'y a rien à faire dans le camp de Taxile. On ne voit pas non plus ce qui oblige Porus à se rendre au commencement de la pièce dans cette tente.

Je fais toutes ces remarques sans peine, parce que l'on verra dans la suite l'auteur très-attentif à observer toutes les particularités qui fondent la vraisemblance d'une action, et à suivre les principales circonstances de la vérité historique.

On a demandé quel étoit le héros de cette pièce, et Saint-Evremont a soutenu que c'étoit Porus : « Ce n'est
» pas, dit-il, qu'Ephestion ne donne une belle idée
» d'Alexandre, que Taxile, que Porus même ne parlent
» très-avantageusement de sa grandeur; mais quand il
» paroît lui-même, il n'a pas la force de la soutenir, si
» ce n'est que par modestie il ne veuille paroître un
» simple homme chez les Indiens, dans le juste re-
» pentir d'avoir voulu passer pour un Dieu parmi les
» Perses. A parler sérieusement, je ne connois ici

» d'Alexandre que le seul nom. » L'auteur avoue dans sa préface que Porus a quelque chose de plus intéressant, parce qu'il est malheureux, et malheureux avec courage, *fortiter miser;* mais qu'Alexandre est plus grand que lui dans le combat, et qu'il n'y a pas un vers dans la tragédie qui ne soit à la louange d'Alexandre. Il est certain que tout ce qu'on dit de lui, quand on en parle, en donne une très-grande idée, qu'il ne soutient pas quand il parle lui-même.

« Ces grands personnages de l'antiquité, continue
» Saint-Evremont, plus connus parmi nous que les
» vivans même, les Alexandre, les César, ne doivent
» jamais perdre leur caractère entre nos mains ; surtout
» il ne faut pas les défigurer dans la guerre, pour les
» rendre plus illustres dans l'amour. » C'est ce qu'il ne faut jamais faire, et moins encore lorsqu'on dépeint ces héros dans quelque grande action de leur vie ; et celle dont il s'agit dans cette pièce, comme l'auteur le reconnoît dans la préface, est une des plus glorieuses de la vie d'Alexandre, puisque quand il passa l'Hydaspe, que bordoit une armée formidable, ce péril lui parut le premier péril digne de lui.

Dans cette victoire qui lui fut tant disputée par Porus, n'est-ce pas le défigurer que de le faire sortir du combat avant qu'il soit fini, et tandis que les ennemis se rallient, pour venir précipitamment dans le camp d'un de ses ennemis, parler à sa maîtresse, lui qui « n'eut jamais,
» dit Saint-Evremont, de ces impatiences amoureuses,
» et à qui la victoire ne paroissoit pleine que quand il
» avoit vaincu ou pardonné? » Lucain a dit aussi de César :

Nil actum reputans si quid superesset agendum.

Et il est bien vrai qu'un héros ne quitte pas le combat

pour aller dire à une fille que *l'amour a combattu pour lui*, et que devant ses yeux, *ses aimables tyrans*,

> Ce grand nom de vainqueur n'est plus ce qu'il souhaite ;
> Qu'il vient avec plaisir avouer sa défaite.

Mais faut-il s'étonner qu'un jeune homme ait fait parler si galamment Alexandre, lorsque le grand Corneille faisoit tenir le même langage à César devant Cléopâtre ?

> C'étoit pour acquérir un droit si précieux
> Que combattoit partout mon bras ambitieux ;
> Et dans Pharsale même il a tiré l'épée,
> Plus pour le conserver que pour vaincre Pompée.
> Je l'ai vaincu, Princesse, et le dieu des combats
> M'y favorisoit moins que vos divins appas.

Cléopâtre avoit donc raison de dire que l'amour que César avoit pour elle l'accompagnoit

> Partout, en Italie, en Gaules, en Espagne,

puisqu'elle en recevoit des lettres du camp de Pharsale :

> Et de la même main dont il quitte l'épée,
> Fumante encor du sang des amis de Pompée,
> Il trace des soupirs ; et d'un style plaintif,
> Dans son champ de victoire il se dit mon captif.

Alexandre, de son camp, écrivoit de même à Cléofile :

> Cent messagers secrets m'assurent de sa flamme :
> Pour venir jusqu'à moi, ses soupirs embrasés
> Se font jour à travers de deux camps opposés.

Qui se seroit imaginé qu'Alexandre et César, dans les circonstances les plus importantes de leur vie, étoient occupés à écrire des billets doux à leurs maîtresses ? Reconnoissons le goût général que les romans avoient répandu parmi nous ; et en excusant le jeune poète, avouons, avec Saint-Evremont, qu'on ne reconnoît pas Alexandre à ce langage : mais ne disons pas, comme lui, qu'on ne reconnoît pas non plus Porus. Et pourquoi ne veut-il pas qu'un roi des Indes, quand il parle d'amour, en parle comme un autre ? Il ne s'agit point ici de cette grande différence qui doit se trouver entre un Alexandre et le reste des hommes.

Un des grands défauts de notre nation, poursuit Saint-Evremont, *est de ramener tout à elle.* Sitôt que c'est son goût, le poète qui n'écrit que pour lui plaire, doit s'y conformer, lorsqu'il le peut, sans choquer la vraisemblance; et ce n'est point la choquer que de faire parler d'amour à un Indien comme à un autre homme. Les Alexandre et les César en parloient comme nous, puisqu'ils étoient hommes. Mais comme leurs noms annoncent des hommes qui se sont distingués des autres par de grandes qualités, ce n'est qu'avec ces grandes qualités qu'il les faut présenter. Ainsi j'approuve les paroles suivantes de Saint-Evremont, en ne les appliquant qu'à Alexandre, parce que nous n'avons pas la même idée de Porus, quelque brave qu'il ait été : « Racine devoit entrer dans l'intérieur de
» Porus et d'Alexandre, et tirer du fond de ces grandes
» âmes, comme a fait Corneille, leurs plus secrets mou-
» vemens...... J'aurois souhaité que dans une scène digne
» de la magnificence du sujet, il eût fait aller la gran-
» deur de leurs âmes jusqu'où elle pouvoit aller. Si la
» conversation de Sertorius et de Pompée a tellement
» rempli nos esprits, que ne doit-on pas espérer de
» celle d'Alexandre et de Porus ? » Elle eût fait une scène admirable; mais le poète étoit trop jeune pour pouvoir développer l'intérieur de pareilles âmes. Il saura dans la suite développer les âmes d'Agrippine, de Néron, de Mithridate, et même entrer dans l'intérieur de l'âme de Joad.

Saint-Evremont pousse plus loin sa critique : « J'au-
» rois voulu, dit-il, que l'auteur nous eût donné une
» plus grande idée de cette guerre..... Tout ce que l'in-
» térêt a de plus grand et de plus précieux parmi les

» hommes, la défense d'un pays, la conservation d'un
» royaume, n'excitent point Porus au combat ; il y est
» animé seulement par les beaux yeux d'Axiane. » On
ne prétend pas justifier la tragédie contre ce reproche:
la Dissertation de Saint-Evremont contient plusieurs
réflexions très-justes ; mais on y remarque une envie
trop grande de rabaisser cette pièce. Saint-Evremont,
fâché des éloges qu'elle recevoit partout, disoit apparemment en lui-même :

> Oui, je consens qu'au ciel on élève Alexandre;
> Cependant, si je puis, je l'en ferai descendre.

Elle en est descendue : le bruit qu'elle fit à sa naissance est depuis long-temps oublié ; elle ne rappelle plus de spectateurs, quoiqu'elle puisse toujours mériter des lecteurs.

La versification, mieux soutenue que celle de la Thébaïde, toujours exacte, toujours noble, n'est pas cependant encore cette versification que le même poète fit admirer quand il eut appris de Boileau à rimer difficilement. Boileau, devenu dans ce temps son ami et son censeur, sut aussi le guérir de l'amour des pointes, qu'il cherche encore quelquefois dans cette pièce.

Elle fut représentée en 1665, sur le théâtre de Molière. On dit qu'elle tomba d'abord, et que l'auteur, attribuant cette chute au mauvais jeu d'une troupe qui n'étoit accoutumée qu'au comique, la donna à celle de l'hôtel de Bourgogne : ainsi elle fut jouée sur les deux théâtres. Les auteurs de l'Histoire du Théâtre Français soutiennent qu'elle fut jouée, pour la première fois, sur les deux théâtres le même jour. Je n'aurai pas de dispute avec eux sur un fait si indifférent, je me contente de dire qu'il ne me paroît pas vraisemblable.

NOTES

Sur la langue.

Lorsqu'a l'ouvrage de M. l'abbé d'Olivet, intitulé *Remarques Grammaticales sur Racine*, l'abbé Desfontaines opposa le sien, intitulé *Racine vengé*, l'un et l'autre ouvrage me parut contribuer à la gloire d'un poète dont les tragédies, si long-temps après leur naissance, trouvoient un pareil critique et un pareil vengeur. Quelque intérêt que j'eusse à donner toujours raison au vengeur, je lui trouvai souvent trop de zèle, et je n'approuvai point qu'il eût dit dans sa préface, « que l'ouvrage de M. l'abbé d'Olivet pouvoit être dan- » gereux pour les lettres, et en particulier pour la poésie » française. » Comme on ne critique avec cette sévérité que les choses excellentes, et dont la beauté même est cause que les moindres taches, s'il y en a (et où n'y en a-t-il point?), s'y font remarquer, de pareilles critiques n'ont pour objet que l'idée de la perfection, et par conséquent l'avantage des lettres et de la poésie.

Il est vrai que cette sévérité ne doit point être poussée trop loin. Rien n'est si contraire à la noble liberté d'une langue, que les chicanes d'un grammairien et les scrupules d'un puriste. Vaugelas nous dit « qu'il n'y a » point de locution qui ait si bonne grâce que celle que » l'usage a établie contre la règle, et qui a comme secoué » le joug de la grammaire. » Et qui autorisera l'usage, si ce n'est un habile écrivain? Quand nous l'accusons de s'écarter de la règle, c'est souvent alors qu'il sert la langue, et qu'il l'enrichit. On doit outre cela approuver la distinction que fait l'abbé Desfontaines, de la langue prosaïque et de la langue poétique : il est certain que la poésie a ses priviléges. Ceux de la nôtre sont en très-petit nombre. Cependant elle a aussi les siens; et ce que nous dirions mal en prose, nous le disons quelquefois élégamment en vers, où tout ce qui contribue à la vivacité, sans obscurité, est favorable. Je renvoie à ce que j'ai écrit là-dessus dans mes Réflexions sur la poésie, chap. 3, art. 2.

Il y a deux sortes de négligences : il y en a d'heureuses, et qui doivent être remarquées comme beautés: *Est quædam*, dit Cicéron, *negligentia diligens*. Il y en a qui sont de véritables négligences ; et les grands écrivains, plus occupés des choses que des mots, ne sont pas exempts de ces fautes. On doit les leur pardonner, lorsque surtout ils n'ont pas mis une dernière main à leurs ouvrages. Personne n'ignore que l'auteur que j'examine n'a point mis une dernière main à ses tragédies profanes, et qu'ainsi les critiques de M. l'abbé d'Olivet peuvent être bien fondées : elles ont cependant été presque toutes contredites par l'abbé Desfontaines. J'examinerai leurs différentes opinions, et je prendrai la liberté de dire aussi la mienne.

ACTE I, SCENE I.

Et qui sans balancer sur un si noble choix.

Le mot *choix* ne paroît pas propre à M. l'abbé d'Olivet, parce qu'il suppose choisir entre deux choses qui dépendent de nous. Or, il ne dépendoit pas de ces princes *de vivre ou de mourir en rois*. Il dépendoit d'eux de *présenter leur tête au joug*, ou de se réunir dans le dessein *d'en affranchir leurs provinces*. Voilà quel est leur choix, et ce sens se présente d'abord.

Son choix à votre nom n'imprime point de taches;
Son amitié n'est point le partage des lâches.

Taches et *lâches.* Je suis étonné qu'il se soit permis cette rime. *Grâce* rime à *menace*, *princesse* à *presse*, parce que la différence de la prononciation n'est pas alors si sensible que dans ces mots *taches* et *lâches.*

<blockquote>Quoiqu'il brûle de voir tout l'univers soumis.</blockquote>

Pour *desirer ardemment*, est du bel usage.

<blockquote>Vous brûlez que je ne sois partie, etc.   Iphig.</blockquote>

Ardet abire fuga, Virg.

<blockquote>Se font jour au travers de deux camps opposés.</blockquote>

Vaugelas a cru qu'*au travers* étoit meilleur qu'*à travers*. L'Académie, sur cette remarque, décide qu'il faut dire *il passa au travers du camp*, et qu'après *à travers* il faut *le*, et non pas *de* :

<blockquote>A travers les rochers la peur les précipite.   Phed.</blockquote>

<blockquote>Sans lui déjà nos murs seroient réduits en cendres.</blockquote>

Brûle-t-on des murs ? Je n'ose pourtant accuser cette expression de négligence.

SCENE II.

<blockquote>J'ai vu de rang en rang cette ardeur répandue,
Par des cris généreux éclater à ma vue.</blockquote>

J'ai vu.... éclater à ma vue : petite négligence.

<blockquote>Seigneur, si Darius avoit su se connoître.</blockquote>

L'attention du poète à rimer aux yeux autant qu'il est possible, étoit cause qu'il faisoit imprimer *connaître*, *paraître*, quand ces mots rimoient avec *maître*. C'est ce qu'on a suivi dans l'édition de 1687 et de 1702.

<blockquote>Votre empire et le mien seroient trop achetés,
S'ils coûtoient à Porus les moindres lâchetés.</blockquote>

<blockquote>Ce reste malheureux seroit trop acheté,
S'il faut le conserver par une lâcheté.   Bajaz.</blockquote>

Ce que je remarque, parce que ce poète ne se répète jamais. Je n'en connois pas d'autre exemple.

> Combien de rois brisés à ce funeste écueil !

On dit *briser à*, et *briser contre*.

> Ils viennent se briser contre le même écueil. Prol. d'Est.

> J'avouerai que, brûlant d'une noble chaleur, etc.

J'avouerai. Se prononce comme *j'avourai*. Je parlerai dans la suite de quelques verbes semblables.

> Aime la guerre autant que la paix vous est chère.

On ne peut critiquer cette construction en vers, et on la condamneroit dans la prose, où il faudroit dire, *aime* la guerre *autant que vous aimez la paix*.

> Que je portois envie au bonheur des Persans.

On n'ignore pas qu'on doit dire les *Perses*, quand on parle des anciens habitans de ce pays, et les *Persans*, lorsqu'on parle des nouveaux ; mais dans ces tragédies on verra toujours le poète se servir du mot *Persans* comme plus harmonieux. Il s'en est servi dans la tragédie d'Esther, quoiqu'il ait dit dans la préface les *Perses*. Il s'en sert ici sans y être obligé par la mesure du vers :

> Seroit-ce sans effort les Persans subjuguer ?

Il y a dit aussi :

> Ne vois-je pas le Scythe et le Perse abattus ?

Ce mot contribuoit alors à la beauté du vers ; mais il n'a jamais dit *Perses* dans Esther, comme je le remarquerai dans mes notes sur cette tragédie.

> Et vos cœurs rougiroient des foiblesses du mien.

Expression hardie, dont je parlerai ailleurs.

SCENE III.

> D'achever un dessein qu'il peut n'avoir pas pris.

Exécuter, et non pas *achever un dessein*, dit M. l'abbé d'Olivet. Je crois, avec l'abbé Desfontaines, qu'*achever* est plus énergique et très-français :

> Le dessein en est pris, je le veux achever. AND.
> De semblables projets veulent être achevés. MIT.

> Sais-je pas que Taxile est une âme incertaine ?

Puisque Vaugelas a approuvé cette manière de parler en prose, elle est permise en vers; et sa vivacité l'autorise. J'en parlerai ailleurs.

> Pourvu que ce grand cœur périsse noblement.

Diroit-on en prose : *quand mon cœur périra, ce qui suivra sa mort ne le touchera pas ?* On verra souvent dans cette poésie, *le cœur, les yeux, les bras*, pour la personne. J'en ferai remarquer les exemples.

> Mais sans perdre l'espoir de le suivre de près,
> J'attends Ephestion, et le combat après.

Près et *après* riment.

ACTE II, SCENE I.

> Non, Madame, vaincu du pouvoir de vos charmes.

Je suis étonné que M. l'abbé d'Olivet n'ait pas remarqué qu'il faut dire *vaincu par*. Malherbe a dit à la vérité :

> Je suis vaincu du temps;

mais cet hémistiche, que Boileau répétoit souvent dans sa vieillesse, est si heureux, que la faute y devient une beauté.

> N'en doutez point, Seigneur, mon âme inquiétée.

Quoi qu'en dise M. l'abbé d'Olivet, cet *inquiétée* ne fait aucune peine, non plus que dans le vers d'Andromaque :

> La Grèce en ma faveur est trop inquiétée.

Ne dit-on pas dans la conversation : *vous vous inquiétez trop ?* Pourquoi ne dira-t-on pas : *votre âme est trop inquiétée ?* On sous-entend naturellement *de ses réflexions*.

ACTE II, SCENE II.

> Je tremble pour mon frère, et crains que son trépas
> D'un ennemi si cher n'ensanglante le bras.

Tour hardi.

> Repousser les efforts du Persan et du Scythe.

Il pouvoit mettre, *et du Perse et du Scythe*.

SCENE II.

> Et de sang et de morts vos campagnes jonchées.

Il est vrai qu'on ne dit point *des campagnes jonchées de sang*. Il est encore vrai que la construction n'est pas exacte, et qu'il n'y auroit plus rien à critiquer, si le poète eût dit :

> Vous les verriez planter jusque sur vos tranchées,
> Et vous verriez de morts vos campagnes jonchées.

Il n'a pas ignoré que cette manière étoit plus grammaticale ; il a choisi l'autre comme plus poétique.

> Tout ce peuple captif, qui tremble au nom d'un maître,
> Soutient mal un pouvoir qui ne fait que de naître.
> Ils ont, pour s'affranchir, les yeux toujours ouverts;
> Votre empire n'est plein que d'ennemis couverts ;
> Ils pleurent en secret leurs rois sans diadêmes.

Ils ont.... Ils pleurent. Ce qui répond à *ce peuple captif*, nom collectif.

> Quel est ce grand secours que son bras nous octroie?

Suivant le Dictionnaire de l'Académie, *octroyer* n'est guère en usage qu'en style de chancellerie et de finance. Il falloit ajouter, et en vers : quand il y est placé à propos, comme ici, il a une grâce que n'auroit pas un autre mot.

> Et que maître absolu de tous tant que nous sommes.

Faute d'impression ; il faut *tout*, suivant la décision de Vaugelas : *ils crient tout d'une voix*, et non pas *tous d'une voix*. Il faut dire, *de tout tant que nous sommes*. Si des femmes parloient, *de toutes tant que nous sommes;* l'on dit, *ces femmes toutes raisonnables qu'elles sont;* et il faut dire, *cette femme tout ingrate qu'elle est.*

>Dessous un même joug rangent tous les humains.

Dans les diverses leçons de la pièce précédente, *dessous*, dont on se servoit alors, est plusieurs fois changé. Celui-ci échappa à la même attention.

>Où l'on découvre encor les vestiges d'un roi.

Expression hardie et belle.

>Mais un roi l'attendoit au bout de l'univers,
>Par qui le monde entier a vu briser les fers.

Mais un roi l'attendoit.... Par qui. Construction qui ne seroit pas exacte en prose, et qu'on ne peut ici condamner.

>Et du plus ferme empire ébranlant les colonnes.

Quand il y auroit une faute dans cette construction, je ne la crois pas si considérable qu'elle le paroît à M. l'abbé d'Olivet; et comme le tour est vif, sans aucune obscurité, j'ai peine à m'imaginer que l'auteur eût changé ces vers. Il n'a pas ignoré que le second gérondif *ébranlant* ne se rapportoit pas au même substantif auquel se rapporte le premier gérondif *arrachant.*

SCENE V.

>Après, dans votre camp j'attendrai votre sort.

Après, pour *ensuite,* fait quelque peine en vers. Corneille a dit, dans le Cid :

>Après, ne me répond qu'avecque cette épée.

ACTE III, SCENE I.

>Quoi, lorsque mes sujets, mourant dans une plaine, etc.

N'y auroit-il pas ici une faute de l'imprimeur ? Et n'étoit-il pas plus naturel de dire :

> Quoi, lorsque mes sujets combattant pour leur reine
> Sur les pas de Porus, meurent dans une plaine,
> Qu'au prix de tout leur sang ils signalent leur foi,
> Que le cri des mourans, etc.

> Et, si l'on vous croyoit, le soin qui vous travaille.

Soin : je parlerai de ce mot à la fin du dernier acte.

> Ah, je n'en doute plus, et ce front satisfait.

On diroit en prose, *cet air satisfait; ce front* est plus poétique. Dans Bérénice :

> Quand je pouvois paroître à ses yeux satisfaits.

Le *front* est ici pour *les yeux.*

SCENE II.

> Mais enfin contre moi sa vaillance irritée.

Vaillance : mot qui est beau en vers.

SCENE III.

> Et cet âpre courroux, quoi qu'elle en puisse dire.

Apre, au sens figuré, est beau en vers. Corneille a dit :

> Mais cette âpre vertu.

Boileau s'en est servi au sens naturel :

> Durant l'âpre saison.

>   Et certes son visage
> Porte de sa grandeur l'infaillible présage.

Certes, quoique vieux, est beau en vers, quand il est placé à propos comme ici, et dans Britannicus. *Certes plus je médite.*

SCENE VI.

> Dans les cœurs les plus durs inspireront l'amour.

On ne dit pas ordinairement *inspirer dans*, et la critique de M. d'Olivet est juste. Cependant il étoit si aisé de tourner autrement le vers,

> Même aux cœurs les plus durs inspireront l'amour.

que l'auteur a sans doute approuvé *inspirer dans.*

> Comme si les beaux nœuds où vous me tenez pris.

Tenez pris : expression qui ne paroît pas noble.

> Une fierté si belle
> Alloit entre nous deux finir notre querelle.

Une fierté qui va finir une querelle.

> Nous a fait dans la foule ensevelir nos coups.

Mot admirable dans la bouche d'Alexandre, quand il ne tue que des hommes ordinaires.

ACTE IV, SCENE I.

> M'entretenir moi seule avecque mes douleurs.

On voit par les diverses leçons, que l'auteur avoit corrigé partout *avecque*. Celui-ci lui est échappé.

> Il est temps que mon âme au tombeau descendue.

Image poétique et belle, quoique l'âme ne descende point au tombeau.

SCENE II.

> Et voyant de son bras voler partout l'effroi.

L'effroi d'un bras, pour *l'effroi qu'il cause*, ne fait aucune peine en vers. Le bras signifie le héros; et c'est en ce style poétique que Boileau a dit :

> Et tandis que ton bras va la foudre à la main.

Corneille dit dans le Cid :

> Commander que son bras, nourri dans les alarmes.

Et quoique l'Académie eût condamné ce vers, il ne le changea pas. Ce *voyant* se rapporte si naturellement à la personne, qu'on ne peut le reprendre. Ces phrases absolues sont très-ordinaires, surtout dans le style poétique.

> Tant de morts dont l'Hydaspe a vu couvrir ses rives.

C'est-à-dire, tant d'hommes dont les corps couvrent aujourd'hui les rives de l'Hydaspe. Cette manière de parler qui seroit condamnée en prose, est belle en poésie, à cause de la vivacité; mais je n'approuverois pas de même le vers de Boileau, Art Poët. chap. 3 :

De tous ses amis morts, un seul ami resté.

Qu'ai-je fait pour venir accabler en ces lieux, etc.

Pour *que vous vinssiez*. On verra ce poète faire un fréquent usage des ellipses. On doit approuver en vers tout ce qui contribue à la vivacité, sans nuire à la clarté.

SCÈNE III.

Eh bien, dépouille enfin cette douceur contrainte.

Il fera toujours *dépouiller* actif :

Avez-vous dépouillé cette haine si vive? ATHAL.

SCÈNE IV.

Ne laissez point languir l'ardeur qui vous travaille.

Il a dit plus haut, *le soin qui vous travaille*. Ce mot se dit en vers. Cependant *l'ardeur qui vous travaille* a quelque chose qui fait de la peine.

ACTE V, SCÈNE I.

Oui, oui, si son amour ne peut rien obtenir.

Je parlerai sur Andromaque de ce *oui* répété.

D'eux-mêmes en cent lieux ont laissé la moitié.

Hardie et belle expression. On ne dit ordinairement *la moitié de soi-même*, que dans le sens figuré. La même chose est dite ici dans le sens naturel ; et ce sens devient figuré par l'hyperbole, qui ne paroît pas trop forte. Ces soldats dont plusieurs ont perdu leurs membres, ont répandu tant de sang, qu'ils semblent avoir laissé la moitié de leurs corps.

TOME V.

SCÈNE II.

> . . . Et qu'enfin son courage
> Tombe sur tant de morts qui ferment son passage.

Le courage ne tombe pas. C'est peut-être une faute d'imprimeur. L'auteur pouvoit avoir mis :

> Et malgré son courage,
> Tombe sur tant de morts qui ferment son passage.

REMARQUES.
ACTE I, SCÈNE I.

L'EXPOSITION du sujet est très-claire : la scène se passe dans le camp de Taxile, à cause que sa sœur doit avoir une si grande part à la pièce; mais il falloit expliquer ce que Porus et Axiane viennent faire dans ce camp. Porus lui dit, troisième scène :

> Retirons-nous d'un camp où l'encens à la main, etc.

Et Axiane lui dit :

> Courez vers votre armée, etc.
> . . . .
> Et c'est vous retenir trop long-temps en ces lieux.

Pourquoi Porus y est-il venu avec Axiane, dont les troupes sont unies aux siennes ?

> Cent messagers secrets m'assurent de sa flamme.

J'ai parlé dans l'examen de ces billets doux d'Alexandre.

> Les beaux yeux d'Axiane ennemis de la paix.

Les Italiens, à qui nous reprochons leurs *concetti*, ne nous épargnent pas lorsqu'ils peuvent nous reprocher le même défaut. Ces six vers sont condamnés par Muratori, dans son Traité de la parfaite Poésie, liv. 2 ; et voici sa raison : *Questi contraposti, ed acute reflexioni non sono naturali, et verisimili perche son troppo in-*

gegnose. Je souscris à cette condamnation, en ajoutant que Muratori auroit pu observer, que le poëte qui dans ses deux premières pièces a fait cette faute, a été depuis le plus grand ennemi de ces pensées trop ingénieuses.

SCÈNE II.

Loin de le mépriser j'admire son courage.

On n'est jamais mieux loué que quand on l'est par son ennemi ; et tout ce que dans cette pièce Porus dit d'Alexandre, rend Alexandre admirable :

Ce foudre étoit encore enfermé dans la nue.

Quel beau vers, aussi bien que celui qui va suivre :

Et la foudre en tombant lui fit ouvrir les yeux!

Et ceux-ci :

C'est un torrent qui passe, et dont la violence, etc.

La versification de cette pièce annonça un grand poëte.

ACTE II, SCÈNE I.

Puis-je croire qu'un prince, au comble de la gloire, etc.

Éphestion s'est annoncé à elle, comme

Le fidèle confident du beau feu de son maître ;

et elle a dit dans le premier acte :

Cent messagers secrets m'assurent de sa flamme.

Elle ne doit donc pas douter qu'Alexandre ne se souvienne encore d'elle.

SCÈNE II.

Cette scène, pour la grandeur des choses et la beauté des vers, est comparable aux scènes les plus vantées. Taxile lui-même y parle en héros.

Voit enfin sur ses bords flotter nos étendards.

Il est étonnant que le poëte n'ait point, dans cette tragédie, fait une description de la manière dont Alexandre passa ce fleuve. Il n'est parlé que du combat, et il n'est rien dit de ce fameux passage.

> Vous adorez des dieux qui nous doivent leurs temples.

Vers très-heureux, à cause de Bacchus.

> Qui peut tout sur mon cœur, et rien sur mes Etats.

Sentiment bien glorieux pour Taxile et pour Alexandre.

> Quelle étrange valeur qui, ne cherchant qu'à nuire, etc.

Boileau vantoit beaucoup ce tableau d'Alexandre. « Il » est, disoit-il, de la main d'un poète héroïque; et celui » que j'en ai fait est de la main d'un poète satirique. »

> S'en alla follement, et croyant être dieu,
> Courir comme un bandit qui n'a ni feu ni lieu, etc.

> Seroit-ce sans effort les Persans subjugués ?

Porus, dans tous ces beaux vers, ne dit rien que de conforme à ce que pensoit Alexandre lui-même, qui trouva dans les Indes des périls dignes de lui.

SCÈNE V.

> Victorieux ou mort mériter votre chaîne.

Ces paroles doucereuses dans la bouche d'un prince qui vient de dire des choses si grandes, doivent étonner. Porus partant pour aller combattre Alexandre, doit-il s'appeler *un prince infortuné*, qui ignore à *quelle gloire il est destiné ?* Nos romans avoient mis ce style à la mode parmi les héros.

ACTE III, SCÈNE I.

> Je ne puis au combat voir marcher mon armée.

Elle eût dit *conduire*, si elle eût été guerrière. Elle n'étoit donc point dans le camp pour conduire elle-même les troupes. Les rois de l'Orient menoient avec eux leurs femmes et leurs filles; mais cette Axiane, qui n'a ni mari ni père, et qui a une armée qu'elle ne commande pas, ne paroît donc dans cette pièce que pour y être la maîtresse de Porus. Taxile lui a dit auparavant :

> Madame, je m'en vais disposer mon armée.
> Porus fait son devoir, et je ferai le mien.

Cependant les soldats de Taxile ne combattent pas :

> Le camp de Taxile
> Garde dans ce désordre une assiette tranquille.

Alexandre avoue que Taxile n'a point combattu :

> Maître de ses Etats, il a pu se résoudre
> A se mettre avec eux à couvert de la foudre.

Il y a apparence que Porus, sans attendre Taxile, a livré le combat ; cependant Taxile s'y est trouvé, puisqu'il a vu les bataillons de Porus *rompus et renversés*, et qu'il a vu Alexandre, qu'il semble avoir été féliciter de sa victoire. On étoit alors moins attentif à la conduite d'une action, parce qu'on ne vouloit qu'entendre parler d'amour. Je remarque des fautes qu'on ne trouvera plus dans les pièces suivantes.

SCENE III.

> Mais de ce même front l'héroïque fierté.

On reconnoît dans ces vers la même physionomie qu'on admire dans ce beau buste d'Alexandre que le Roi possède.

> Il a fait à son tour éclater sa bonté.

Alexandre n'étoit pas capable d'avoir tant de bonté pour un traître.

SCENE V.

> Ne tardez point, allez où l'amour vous appelle.

Quand il renvoie si promptement le frère pour rester seul avec la sœur, lorsqu'il dit des choses si galantes à cette sœur qu'il vient chercher, tandis que les armées combattent encore, et que lui-même, qui a trouvé dans Porus un rival digne de son estime, après l'avoir joint, n'y songe plus parce qu'il a été séparé *par un gros de soldats*, on a raison de ne pas reconnoître Alexandre.

SCENE VI.

Tout ce qu'Alexandre dit de galant dans cette scène, eut sans doute alors beaucoup d'admirateurs; mais leurs applaudissemens n'empêchèrent pas le jeune poète de prendre dans la pièce suivante une route toute différente, pour réussir dans son art.

> Quand l'Océan troublé vous verra sur son onde, etc.

On peut mettre ces vers au nombre des plus beaux que l'auteur ait faits.

> Et la terre en tremblant, se taire devant vous.

Et siluit terra in conspectu ejus. C'est l'expression de l'Ecriture-Sainte sur Alexandre.

ACTE IV, SCENE I.

Axiane se trouve seule au lieu de la scène, qui est la tente de Taxile. Où est allé Alexandre, qui va y revenir? Et où est allée Cléofile? Quand Alexandre, à la fin de la scène suivante, quittera Axiane, où ira-t-il? Et pourquoi reste-t-il dans le camp de Taxile? Dans Iphigénie, le lieu de la scène est aussi une tente; mais la vraisemblance y est très-exactement observée.

> Et pourquoi te cachois-je avec tant de détours, etc.

Elle ne doit pas se repentir d'avoir si bien caché son secret; elle a parlé assez clairement, en disant à Porus, à la fin du second acte :

> La victoire est à vous, si ce fameux vainqueur
> Ne se défend pas mieux contre vous que mon cœur.

SCENE II.

Un ennemi si noble a su m'encourager.

Cependant prêt à joindre ce rival si noble, il l'a perdu de vue, et est venu parler d'amour.

Et le jour a partout éclairé mes combats.

Vers très-beau, mais qui ne le justifie pas contre le reproche qu'on lui fait. La trahison de Taxile diminue beaucoup l'éclat de sa victoire.

Et que personne enfin ne vous hait avec moi.

Le poëte sait faire paroître Alexandre grand, par tout ce qu'en disent ses ennemis.

Triomphez; mais sachez que Taxile en son cœur, etc.

Muratori, que j'ai cité plus haut, condamne encore cet endroit, en ajoutant : « Je suis certain que Racine, » cet homme d'un goût si exquis, eût désapprouvé, dans » un âge plus avancé, ces traits de jeunesse, et n'eût » point fait parler Axiane avec ces ingénieux concetti. » Racine, dans un âge plus avancé, n'eût point traité ce sujet, ou l'eût traité différemment.

Vos larmes ont assez honoré sa mémoire.

Il veut qu'elle essuie promptement ses larmes, puisque si Porus est mort, il ne l'est que depuis un moment. C'est pourquoi, quand il a dit *sa cendre*, ce mot ne peut être excusé que comme une expression poétique.

ACTE V, SCENE I.

On ne voit pas quelle raison ramène au lieu de la scène Alexandre et Cléofile. Dans les pièces suivantes, aucun personnage n'entre et ne sort sans raison.

Des pays inconnus même à leurs habitans.

Description pompeuse, sans faux brillans.

SCENE II.

Qu'une âme généreuse est facile à séduire.

Vérité dont l'auteur étoit si pénétré, qu'il l'a dite plus d'une fois :

Cette défiance
Fut toujours d'un grand cœur la dernière science.
On le trompe long-temps..... BRITANN.
Un cœur noble ne peut soupçonner en autrui
La bassesse et la malice
Qu'il ne sent point en lui. ESTHER.

SCENE III ET DERNIÈRE.

Joint Taxile, le frappe, et lui perçant le cœur, etc.

Ce traître mérite sa punition. Le spectateur est content de l'apprendre, et de voir Porus rétabli sur son trône. Dans cette pièce le vice est puni, la valeur est récompensée ; mais le nœud de la pièce ne conduisant point à cette catastrophe, la fable n'est point construite en vue d'un point de morale : ce qui est un très-grand défaut.

Oui, Madame, pleurons un ami si fidèle:

Comme Alexandre est amoureux de la sœur de Taxile, il faut lui pardonner cet éloge d'un traître, ou plutôt il faut pardonner au jeune poète une faute où tant d'exemples l'entraînoient. Les héros galans étoient du goût de son siècle. Il va faire parler l'amour sur le ton dont il doit parler dans la tragédie; et s'il retombe une autre fois dans la faute de mettre un amour qui ne soit pas passion théâtrale, ce sera par complaisance pour la princesse qui lui demanda Bérénice.

ANDROMAQUE.

> Autant qu'un homme assis au rivage des mers
> Voit d'un roc élevé, d'espace dans les airs ;
> Autant des immortels les coursiers intrépides
> En franchissent d'un saut. Iliad.

Lorsqu'on voit un jeune homme passer tout à coup d'*Alexandre* à *Andromaque*, on croit le voir par un saut aussi étonnant que celui de ces coursiers, franchir autant d'espace. Cette vigueur lui fut inspirée par Boileau devenu son ami, et par ses ennemis.

Animé par leurs critiques, et n'osant en même temps offrir une pièce sans amour, à une nation accoutumée à n'entendre parler que de l'amour, il entreprit de contenter sa nation, et de rendre à la tragédie sa dignité. Ceux qui l'accusent de l'avoir avilie, lui rendent bien peu de justice, puisqu'au contraire il l'a réformée. C'est lui qui en a banni ces personnages épisodiques, qui ne paroissoient que pour soupirer, sans contribuer au nœud de la pièce : il a fait naître le nœud de la pièce de cette passion même qui est alors théâtrale, et devient entièrement tragique, quand elle est furieuse, et combattue par quelqu'autre passion. C'est par le choc de ces passions que la tragédie jette un trouble agréable dans les spectateurs, qu'elle ennuie bientôt, après les avoir amusés quelque temps, quand elle ne leur présente que de tendres langueurs.

Corneille, comme je le dirai plus au long dans la suite, croyant l'amour nécessaire à toute tragédie, et ne le croyant pas assez noble pour y devoir occuper la première place, jugea qu'il falloit l'y mettre toujours à la seconde. Son successeur jugea au contraire qu'il falloit, ou ne lui en donner aucune, ou lui donner la première. La peinture de cette passion devient alors théâtrale, et même utile pour les mœurs.

Riccoboni, qui dans son ouvrage intitulé *De la Réformation du Théâtre*, forme le projet d'un théâtre où l'on ne recevra que des pièces instructives, et dont toutes les pièces dangereuses seront rejetées, en exclut la tragédie d'Alexandre, parce que l'amour y est représenté comme la noble passion d'un héros, au lieu qu'il y admet la Thébaïde et Andromaque.

Il y reçoit la Thébaïde comme pièce qui est presque sans amour, et fait cette réflexion remarquable : « Racine n'ignoroit pas que l'amour ne peut trouver » place parmi le majestueux, l'intéressant et le lugubre » d'une action tragique : et s'il n'eût pas craint de ré- » volter le public, en critiquant le goût général de son » siècle, il l'eût déclaré dans la préface de cette pièce. » Il savoit et sentoit à merveille cette vérité ; mais par » malheur pour le théâtre moderne, non-seulement il » n'eut pas la force de la déclarer, il n'osa pas même » la pratiquer. Il se livra, malgré ses lumières, à la » corruption générale de ses prédécesseurs et de ses » contemporains. »

Le même Riccoboni reçoit sur son théâtre Andromaque, comme le modèle le plus parfait de la manière dont l'amour doit être présenté sur la scène : « Rien » n'est plus capable, dit-il, de nous inspirer une crainte » salutaire de l'amour, que les excès et les transports » effrénés où cette passion entraîne les trois principaux » acteurs de cette tragédie ; et leur misérable sort » devient une excellente leçon, pour nous corriger par » les impressions de la terreur. »

Voilà sans doute l'utile leçon qu'enseigne cette tragédie; ce qui ne l'empêcheroit pas de rendre ce théâtre qu'imagine Riccoboni très-dangereux, parce qu'une peinture si vive des transports de l'amour est ordinairement plus capable de les exciter en nous que de nous en inspirer une crainte salutaire. Quoi qu'il en soit, le poëte ayant eu en vue dans cette pièce une leçon utile aux hommes, a satisfait à la plus importante règle de son art, et a pu, comme poëte, se féliciter de l'utilité d'un ouvrage dont il a dans la suite gémi comme chrétien.

Il chercha un sujet propre au dessein qu'il prit de rendre à la tragédie sa majesté sans en bannir l'amour, et il le trouva dans trois vers de Virgile; mais il ne trouva ni dans Virgile, ni dans Euripide, le plan, qu'il suivit. Suivant Virgile, Pyrrhus traita en jeune vainqueur sa captive Andromaque, et, après lui avoir fait épouser un de ses esclaves, épousa Hermione, l'enlevant à Oreste qui le tua aux pieds des autels. Dans Euripide, Pyrrhus qui a deux femmes à la fois, Hermione et Andromaque, est tué par le peuple dans le temple de Delphes, et Oreste n'est pas son meurtrier.

Le poëte français, en conservant ces quatre personnages avec la même catastrophe, a su faire un sujet tout nouveau, d'autant plus tragique que tout y devient grand, par l'intérêt que toute la Grèce y prend. Son repos et la tranquillité des Etats de Pyrrhus dépend du parti qu'il va prendre; ce qui donne à ses foiblesses même un air de grandeur, parce que lorsqu'il méprise Hermione, il méprise son père Ménélas; et quand il brave Oreste, il brave en la personne de cet ambassadeur toute la Grèce prête à s'armer contre lui.

Le sujet de cette pièce est la mort de Pyrrhus. Son amour pour Andromaque, qui le rend infidèle à Hermione, et la fureur d'Hermione qui trouve dans Oreste un amant prêt à la venger, est ce qui forme le nœud, et conduit à la catastrophe. Ainsi, nul personnage épisodique. Cette pièce n'est point, comme le dit le P. Saverio (1), *tragedia episodica, a due fila*. On n'y perd jamais de vue la principale action, puisqu'il n'y a qu'une action et qu'un intérêt, comme le dit Rousseau dans une de ses lettres : « Les quatre intérêts des quatre per- » sonnages se réunissent en un seul intérêt, ou pour » mieux dire en une seule action. » L'action est implexe, et n'est point double. La tragédie qu'Euripide a faite sous le même titre est toute différente, comme je l'ai fait voir dans un examen de ces deux pièces, qui est imprimé dans les Mémoires de l'Académie des Belles-Lettres, et dans mes Réflexions sur la Poésie, et que je ne puis me dispenser de rappeler ici.

EXAMEN DE L'ANDROMAQUE D'EURIPIDE

ET

DE LA PIÈCE FRANÇAISE QUI PORTE LE MÊME TITRE.

Dans cette tragédie française, comme dans celle d'Euripide, on trouve la célèbre Andromaque, mère affligée, et rivale malgré elle de la violente Hermione. Voilà presque toute la ressemblance que les deux tragédies ont entr'elles : le sujet est différent, et même le caractère d'Andromaque l'est aussi. On croit voir deux différentes princesses qui ont un même nom. Il n'en faut point chercher d'autre raison que la diffé-

(1) Jésuite italien qui a écrit sur la poésie.

rence des temps dans lesquels les deux poètes ont vécu, et celle des peuples pour qui ils ont travaillé. Chaque poète s'est conformé aux mœurs et au goût de sa nation. Si le poète français eût vécu à Athènes, il eût fait l'Andromaque grecque ; et si le poète grec eût vécu à Paris, il eût fait l'Andromaque française. Pour montrer la vérité de ce que j'avance, il est nécessaire de donner en peu de mots le plan de la tragédie grecque.

Le fils d'Achille, qui a épousé Andromaque sa captive, dont il a un fils nommé Molossus, et qui depuis a encore épousé Hermione, la fille de Ménélas, dont il n'a point d'enfans, est allé consulter l'oracle de Delphes. Hermione veut profiter de cette absence pour perdre Andromaque sa rivale. Andromaque, pour éviter sa fureur, s'est réfugiée dans le temple de Thétis, après avoir caché son fils : c'est dans ce temple qu'Euripide la représente gémissant sur ses malheurs passés, et sur ceux qu'elle craint encore. Hermione arrive, princesse pleine d'orgueil, de jalousie et d'emportement : elle annonce à sa rivale une mort prochaine, et l'insulte sur son mariage avec Pyrrhus, lui reprochant d'avoir osé entrer dans le lit d'un homme qui est le meurtrier de son époux et de son fils. Il semble qu'Andromaque auroit dû s'excuser alors sur son esclavage, et sur la nécessité où elle étoit d'obéir à son maître ; mais elle fait une réponse qui nous paroît peu décente, suivant nos mœurs, et que je ne rapporte point, parce qu'il n'est pas ici nécessaire d'entrer dans le détail de cette tragédie. Dans ce moment, Ménélas qui a découvert Molossus, le vient présenter à sa malheureuse mère, et la menace d'égorger son fils à ses yeux, si elle ne sort de son asile. Andromaque n'ayant pu le fléchir, se résout à sacrifier sa vie plutôt que celle de son fils : elle quitte l'autel qu'elle tenoit embrassé, et se livre à la fureur de Ménélas. Lorsque ce roi cruel et perfide fait traîner au supplice la mère et l'enfant, arrive le vieux Pélée qui s'y oppose. Il s'élève entre lui et Ménélas une dispute qui dégénère bientôt en injures atroces, et qui nous montre combien les mœurs antiques étoient différentes des nôtres. Ménélas, plus orgueilleux que brave, cède la place à Pélée, qui délivre Andromaque. Hermione abandonnée de son père, se livre à ses remords, et, dans la crainte du retour de Pyrrhus, veut se donner la mort, lorsqu'elle voit arriver Oreste à qui elle avoit été promise avant que d'épouser Pyrrhus : elle implore son secours. Oreste profite de cette circonstance pour la reprendre. A peine Pélée a-t-il appris l'enlèvement d'Hermione, qu'on lui vient annoncer la mort de Pyrrhus, tué dans une sédition qu'Oreste a excitée à Delphes : son corps est apporté sur le théâtre ; et Pélée qui le pleure, est consolé par Thétis qui lui prédit que le jeune Molossus, reste du sang des Æacides, régnera dans la Thessalie, et aura une longue suite de descendans : ce qui prouve que Molossus est l'objet important de cette pièce.

On ne peut justifier cette tragédie d'un grand défaut, qui est la duplicité d'action. Ces deux actions n'ont entr'elles aucun rapport nécessaire, et la seconde semble suivre de trop près la première.

Il est plus aisé de justifier Euripide contre ceux qui jugeant des anciens sur nos mœurs, condamnent le caractère qu'il donne à Andromaque. Est-ce là, disent-ils, cette Andromaque si fameuse par son attachement pour Hector ? Elle ne pleure que pour un Molossus, enfant d'un second mariage, et appelle *l'œil de sa vie*, ce fils qui doit être le sujet de sa honte. Virgile la fait parler bien différemment. Au seul nom de Pyrrhus elle baisse les yeux, et s'écrie : « Qu'heureuse est la

» princesse qu'une prompte mort a dérobée aux ca-
» prices d'un vainqueur insolent ! »

 Nec victoris heri tetigit captiva cubile.

 Il est vrai que Virgile en cet endroit remplit l'idée que nous avons d'Andromaque; mais Euripide avoit un autre objet. Ce n'étoit pas de la veuve d'Hector dont il avoit besoin, mais de la mère de Molossus. Ce Molossus intéressoit les Athéniens plus qu'Astyanax : il étoit le sang d'Achille et de Pyrrhus, et le chef d'une famille qu'ils voyoient encore sur le trône; d'ailleurs, il étoit né d'une mère étrangère, particularité essentielle à cette pièce. Elle fut composée dans la chaleur de la guerre du Péloponèse, et après cette peste horrible, qui ayant ravagé Athènes, donna lieu à deux lois, dont la première admettoit aux droits de citoyens tous les fils des Athéniens, quoique nés de mères étrangères; et la seconde permettoit d'épouser deux femmes pour réparer les pertes causées par la guerre et par la peste. Le but d'Euripide est de rendre odieuse cette seconde loi, en montrant les inconvéniens de la polygamie, et de rendre la première agréable par la vue de Molossus, issu du sang des Grecs, dont les descendans régnoient en Epire.

 Je sais que M. Hardion (1) dans deux savantes dissertations sur l'Andromaque d'Euripide, est d'un autre sentiment. Il prétend que cette loi favorable à la polygamie, n'a jamais été réelle, quoiqu'Athénée en parle, et que le but d'Euripide a été de montrer les inconvéniens des priviléges qu'on avoit pendant quelque temps accordés aux bâtards dans Athènes, et le désordre que causoit dans les familles ce mélange de femmes étrangères et de citoyennes, d'épouses et de concubines. Il est inutile de discuter ici ces deux sentimens, parce

---

(1) Mémoire de l'Académie des Belles-Lettres, tome 8.

que de tous les deux il résulte également qu'Euripide dans cette tragédie, a eu un objet particulier à son temps et à sa ville, auquel les Athéniens prenoient intérêt. Les pièces alors avoient souvent un rapport très-direct aux affaires de l'Etat; et dans une ville libre, il étoit permis aux poètes de dire sur le théâtre, ce qu'il étoit permis à tout citoyen de dire dans la tribune aux harangues.

Cette liberté ne peut être permise parmi nous; et nos poètes n'ayant pour objet que le plaisir des auditeurs, et l'utilité des mœurs, c'est avec raison que le poète français a abandonné le sujet d'Euripide pour en faire un propre pour nous, en exposant dans un tableau agréable et utile, les différens transports de l'amour, et les désordres qu'excite souvent cette dangereuse passion. Il conserve en même temps à ses personnages les caractères que leur donnent les anciens: les premiers vers font reconnoître celui qui est appellé *tristis Orestes*: on reconnoît aussi en Pyrrhus, *stirpis Achilleæ fastus, juvenemque superbum*. Hermione est, comme dans Euripide, une furie, qui ne respire que la vengeance.

Les malheurs d'Andromaque ne sont pas moins célèbres dans l'antiquité que ses vertus. Ovide lui-même, peu accoutumé à louer les femmes, la regarde comme un exemple de chasteté; et Virgile, par son *Hector ubi est?* a peint son caractère. Elle avoit eu cependant des enfans de Pyrrhus, et elle avoit Hélénus pour troisième mari. Son état de captive la justifioit. Comme un vainqueur disposoit de ses esclaves à son gré, Andromaque dans le lit de Pyrrhus n'en paroissoit pas aux anciens, moins chaste, ni moins fidelle à Hector; et Hélénus, son troisième mari, étoit le frère d'Hector. Cependant ces circonstances auroient, suivant nos mœurs, défiguré le modèle de vertu que le poète vouloit présenter: c'est

pourquoi

pourquoi il suppose qu'Andromaque, quoique captive, est chez un maître respectueux qui se contente de l'effrayer par ses menaces, quand il ne peut l'attendrir par ses soupirs; et cette supposition ne choque point la vraisemblance, puisque dans tous les temps le véritable amour a dû inspirer des sentimens respectueux. Le poète suppose aussi qu'Astyanax vit encore; et cette supposition n'a rien non plus qui choque la vraisemblance.

Par ces deux suppositions, Andromaque devient le modèle de la vertu la plus parfaite qu'une femme puisse avoir. Cette vertu est éprouvée par un cruel et dangereux combat : elle voit son maître à ses pieds : ce maître est un prince aimable qui lui offre son cœur, son empire, son bras même pour relever les ruines de Troie, venger Hector, et couronner Astyanax. Andromaque doit-elle rejeter ces offres? Le peut-elle même, puisque le prince qui parle à ses pieds, peut se lever quand il le voudra, et parler en maître? Rien n'est capable d'ébranler son austère vertu, que la menace qu'on lui fait d'immoler son fils à ses yeux. Elle voit d'un côté la couronne qui lui est offerte, et de l'autre le fer prêt à tomber sur la tête de son fils: quel parti doit-elle prendre? Sera-t-elle une mère barbare, ou une épouse infidèle? On dira peut-être que cette fidélité aux cendres d'un époux est une vertu imaginaire, et que la mort ayant rompu les liens de l'hymen, la veuve redevient maîtresse de sa foi. Andromaque est persuadée du contraire, lorsqu'elle s'écrie:

Hélas, pour la promettre est-elle encore à moi?

Un second mariage n'est point un crime, mais il est du moins une preuve de foiblesse : une personne dont le cœur n'a jamais été occupé que du même objet, est plus estimable qu'une personne dont le cœur a été livré successivement à deux objets différens; et quand le poète fait dire à Andromaque :

> Ma flamme pour Hector fut jadis allumée,
> Avec lui dans la tombe elle s'est enfermée,

il lui donne le même sentiment dont étoit pénétrée Didon, lorsqu'elle disoit :

> Ille meos, primus qui me sibi junxit, amores
> Abstulit, ille habeat secum servetque sepulcro.

Cette vertu n'est donc point imaginaire : elle est rare, à la vérité; mais la tragédie doit proposer les modèles des vertus les plus rares.

Si Andromaque est l'exemple de l'amour conjugal, elle ne l'est pas moins de l'amour maternel. Ce n'est point, comme dans Euripide, pour un Molossus, enfant dont le sort intéressoit les Athéniens, mais qui nous auroit été indifférent, que nous voyons couler ses larmes: elle ne pleure qu'Astyanax, ce gage unique d'un hymen qui lui est si cher;

> Ce fils, sa seule joie et l'image d'Hector;

ce dernier rejeton d'une famille si illustre et si nombreuse,

> Reste de tant de rois sous Troie ensevelis;

ce précieux trésor dérobé aux fureurs d'Ulysse, *flebile matris furtum miseræ.*

Le noble caractère d'une épouse si fidelle, et d'une mère si tendre, digne toujours d'admiration et de compassion, a rendu cette tragédie victorieuse des critiques qu'elle essuya d'abord. Le commentateur de Boileau rapporte que le grand Condé condamnoit le caractère de Pyrrhus, qu'il trouvoit trop emporté, trop farouche, et même malhonnête homme, puisqu'il manque de parole à Hermione. L'auteur a conservé à Pyrrhus le caractère qu'il a dans Virgile, et dans la Troade de Sénèque ; il en a même adouci la férocité. Il est vrai que Pyrrhus manque de parole à Hermione ; mais en amour les héros ne se piquent pas ordinairement de probité. D'ailleurs, Pyrrhus n'est pas le héros de cette pièce ; c'est Andromaque qui en est l'héroïne ; et quand Pyrrhus en seroit le héros, il n'est pas nécessaire que les mœurs du héros d'un poëme soient toujours estimables, comme Aristote l'a observé.

Boileau, convaincu que dans le poëme tragique tout doit être noble, tout doit exciter la terreur ou la pitié, critiquoit dans cette pièce une peinture trop naturelle de nos foiblesses, ou, pour mieux les nommer, de nos extravagances amoureuses. Je me souviens que daignant un jour m'entretenir de ces matières, quoique je fusse encore très-jeune, après m'avoir avoué qu'il avoit long-temps, comme un autre, admiré la scène fameuse qui commence par ce vers :

Eh bien, Phœnix, l'amour est-il le maître?

il m'assura qu'il avoit depuis changé de sentiment, ayant reconnu qu'elle ne s'accordoit pas avec la dignité du cothurne. En effet, me dit-il, qu'on ôte le nom de Pyrrhus de cette scène, et qu'on ne songe plus au fils d'Achille ; qu'y trouve-t-on que la peinture de ces folles incertitudes que Térence dépeint dans ce vers :

Excludit, revocat, redeam? Non si obsecret?

Il m'ajouta qu'il se repentoit d'avoir fait cette réflexion trop tard, parce que s'il l'eût faite dans le temps, il eût obligé l'auteur à supprimer ce morceau. Je remarquai alors le sévère jugement de ce grand critique, et quel avoit été son empire sur son ami, puisqu'il ne doutoit point de la docilité avec laquelle il eût sacrifié une scène si brillante. (1)

---

(1) Dans les lettres de Rousseau, imprimées à la fin de la dernière

Boileau connoissoit mieux qu'un autre le prix de la tragédie d'Andromaque, puisqu'il la faisoit aller à la postérité de pair avec Cinna :

>Déjà comme les vers de Cinna, d'Andromaque,
>Courir marqués au coin de l'immortalité.

Mais les critiques qu'on ne fait qu'en vue d'une plus grande perfection, font honneur à celui qui les sait bien faire, et à celui qui les sait bien recevoir. Cette tragédie, malgré toutes les critiques, a plu, et plaît encore ; il ne s'agit donc plus que d'examiner à quels charmes elle a dû sa fortune.

Les ressorts du cœur humain y sont parfaitement développés : on y voit ces emportemens, ces fureurs, ces incertitudes qui accompagnent l'amour, la guerre et la paix tour-à-tour, *bellum, pax rursum*, comme dit Térence. Le trouble y croît de scène en scène, et tient toujours le spectateur en suspens ; mais le même art le tient également en suspens dans la tragédie de Bajazet, et les mêmes fureurs de l'amour y sont dépeintes. Cependant cette tragédie ne va point de pair avec Andromaque. Par quel mérite celle-ci a-t-elle obtenu un des premiers rangs ? Elle l'a obtenu, suivant mon sentiment, par le rapport nécessaire qu'ont tous les personnages au principal objet.

Tout ce qui n'a pas un rapport indispensable à l'action de la tragédie, ne nous intéresse pas, comme nous intéresse ce qui en est inséparable. Atalide contribue à l'action de Bajazet, mais non point par un rapport indis-

---

édition de ses OEuvres, on en trouve une, où, en parlant de cette scène, il dit qu'il l'a toujours condamnée en l'admirant, parce que quelque belle qu'elle soit, elle est plutôt dans le genre comique ennobli que dans le genre tragique ; et, ajoute-t-il, « quand l'amour n'est point » tragique, il devient petit et bas ; et nous n'avons presque point de » tragédies dans notre langue qui ne soit gâtée par-là. » Cette réflexion de Rousseau est remarquable.

pensable. Bajazet pourroit résister aux propositions de Roxane, par d'autres raisons que par celles d'un autre amour. On peut retrancher de la tragédie de Bérénice le personnage d'Antiochus ; et celui d'Eriphile, de la tragédie d'Iphigénie ; mais dans Andromaque aucun des personnages amoureux ne peut être retranché : le sujet est la mort de Pyrrhus. Son amour pour Andromaque, la résistance de cette princesse, la jalousie d'Hermione, son empire sur Oreste ; voilà ce qui contribue nécessairement à l'accomplissement de l'action. Le poète, comme a fort bien remarqué Rousseau, a su réunir quatre intérêts différens dans un seul intérêt: c'est par-là que ces amours différens se réunissent tous pour le sujet principal, et deviennent des amours tragiques.

La versification naturelle de cette pièce a encore contribué beaucoup à son succès : il n'est pas inutile de s'arrêter sur cette réflexion.

Le véritable style de la tragédie est peu connu : il ne doit pas être pompeux, comme le style du poëme héroïque ; il ne doit pas non plus être simple, comme le style de la comédie. Chez les Grecs et les Romains, le vers iambe étoit le vers propre à toutes les pièces de théâtre, parce qu'il est, comme dit Horace, *alternis aptus sermonibus*, il est propre à la conversation, et s'éloigne moins que les autres vers de la prose grecque et latine, où les iambes sont fréquens. Notre langue, dont la versification ne consiste pas dans la mesure des syllabes brèves ou longues, n'a point de vers propres à chaque espèce de poëme ; ce n'est que par un style plus ou moins élevé, qu'on se forme au goût du sujet qu'on traite ; et la tragédie étant un poëme en dialogues, ne doit point être écrite en vers pompeux, qui ne conviennent point à une conversation, ni en vers simples, parce que cette conversation est noble. C'est donc ce milieu entre la pompe du vers héroïque, et la simplicité du vers comique, cette noblesse sans affectation, et ce naturel sans bassesse, qu'il est difficile d'observer toujours. Les vers de la tragédie d'Andromaque paroissent toujours simples sans bassesse, et harmonieux sans pompe : j'en cite pour exemple cet endroit qu'un génie médiocre eût cru devoir orner de grandes figures. Andromaque, prête à s'immoler, recommande ainsi son fils à sa confidente :

> Fais connoître à mon fils les héros de sa race :
> Autant que tu pourras, conduis-le sur leur trace ;
> Dis-lui par quels exploits leurs noms ont éclaté :
> Plutôt ce qu'ils ont fait que ce qu'ils ont été.
> Parle-lui tous les jours des exploits de son père,
> Et quelquefois aussi parle-lui de sa mère.
> Mais qu'il ne songe plus, Céphise, à nous venger :
> Nous lui laissons un maître, il le doit ménager.
> Qu'il ait de ses aïeux un souvenir modeste.
> Il est du sang d'Hector, mais il en est le reste, etc.

On ne trouve dans ces vers ni imagination, ni figures, ni épithètes : les expressions y sont aussi naturelles que les sentimens. La rime seule les distingue de la prose, et cependant ils sont toujours nobles et harmonieux.

Lorsque cette tragédie fut représentée en 1667, elle fit, dit-on, le même bruit qu'avoit fait le Cid : elle étoit dans un genre tout nouveau. Ceux qui vouloient de l'amour devoient être contens ; ceux qui vouloient du grand tragique, devoient l'être aussi ; et c'étoit alors que Saint-Evremont avoit un véritable sujet de se consoler de la vieillesse de Corneille. Il se contenta cependant d'écrire dans une lettre : « Andromaque a bien l'air
» des belles choses ; il ne s'en faut presque rien qu'il
» n'y ait du grand. Ceux qui n'entrent point dans les
» choses l'admirent ; ceux qui veulent des choses pleines, y chercheront je ne sais quoi qui les empêchera

» d'être tout-à-fait contens. Vous avez raison de dire
» que la pièce est déchue par la mort de Montfleuri :
» car elle a besoin de grands comédiens, qui remplis-
» sent par l'action ce qui lui manque. »

Les grands comédiens sont morts : Andromaque vit et vivra autant que le Théâtre Français. Les partisans de Corneille attribuoient le succès des pièces de son rival au jeu des acteurs, auxquels il communiquoit, par ses leçons, le grand talent qu'il avoit pour la déclamation ; et Saint-Evremont étoit du nombre de ceux qui rejetoient sur les comédiens une partie de la gloire d'Andromaque. Il eût dû expliquer ce qu'il entendoit par *ces beautés pleines*, qui, selon lui, manquoient à cette pièce, dont il porta le même jugement dans une autre lettre, en ces termes : « Elle m'a semblé très-
» belle ; mais je crois qu'on peut aller plus loin dans
» les passions, et qu'il y a encore quelque chose de
» plus profond dans les sentimens que ce qui s'y trouve.
» Ce qui doit être tendre n'est que doux, et ce qui
» doit exciter la pitié ne donne que de la tendresse ;
» cependant, à tout prendre, Racine doit avoir plus de
» réputation qu'aucun autre, après Corneille. » L'éloge est bien foible ; car qui étoient les autres ? Si Andromaque n'excite point la pitié, si Oreste n'excite point la terreur, quelle autre tragédie est donc plus capable d'exciter ces deux passions ? Saint-Evremont ne porte point son jugement en critique éclairé.

Subligny, auteur peu connu, quoiqu'il ait été honoré d'un article dans le dernier supplément de Moréri, se distingua par une critique en forme de comédie, « n'ayant, dit-il, dans sa préface, d'autre motif que de
» rendre service à l'auteur d'Andromaque, à qui la
» fureur des applaudissemens pouvoit persuader qu'il
» avoit atteint la perfection. La France (ajoute-t-il)

» a intérêt de ne point arrêter au milieu de sa carrière,
» un homme qui promet véritablement de lui faire
» beaucoup d'honneur. » Subligny, dans ce dessein,
entreprit de faire voir que la tragédie d'Andromaque
n'étoit point, comme on le disoit, un ouvrage parfait
pour la conduite et la pureté du langage, et que l'auteur
n'avoit point encore surpassé Corneille; mais il avouoit
qu'on en pouvoit tout attendre. « Le temps, dit-il, amène
» toutes choses; et comme l'auteur d'Andromaque est
» jeune aussi bien que moi, j'espère qu'un jour je n'ad-
» mirerai pas moins la conduite de ses ouvrages, que
» j'admire aujourd'hui la noble impétuosité de son
» génie. »

Cette comédie, quoique très-peu plaisante, fut représentée avec succès, suivant ce que l'auteur dit dans sa préface. Je rapporterai dans les notes sur la langue, et dans les remarques, quelques-unes des critiques qu'elle contient.

NOTES

Sur la langue.

On voit par la critique de Subligny, que la pureté du langage procura à cette pièce une partie des applaudissemens qu'elle reçut à sa naissance. On s'aperçut que le poète, en inventant, non des mots, mais des alliances de mots et des tours de phrases, faisoit pour ainsi dire une langue nouvelle; et ces tours qui ne nous étonnent plus aujourd'hui, parce qu'ils sont devenus familiers à la langue, furent critiqués et applaudis : critiqués par ceux qui étoient servilement attachés à la grammaire, et applaudis par ceux qui sentirent que c'étoit donner à la langue de la grace et de la noblesse, que de l'affranchir

ACTE I, SCENE I.

quelquefois de la servitude grammaticale. La vivacité des passions peintes dans cette tragédie, inspira à l'auteur cette vivacité de style.

ACTE I, SCENE I.

> Ma fortune va prendre une face nouvelle ;
> Et déjà son courroux semble s'être adouci, etc.

L'abbé Desfontaines prétend que l'auteur n'a pu personnifier ici la fortune, en disant *son courroux*, puisqu'il ne parle pas de la fortune en général, mais de celle d'un particulier : « Voilà donc, dit-il, une vraie » faute de pensée échappée à Racine. » Je doute que cette critique eût engagé le poète à changer ce mot. Il a pu poétiquement personnifier la fortune d'Oreste, c'est-à-dire, son destin, son sort, son génie, suivant le langage des anciens. C'est ici leur Δαίμων, qui signifioit génie, et fortune.

> J'en rends grâces au ciel, qui m'arrêtant sans cesse, etc.

Il faut toujours dire en prose *rendre grâces ;* mais la poésie a ses priviléges, et dit également *rendre grâce :*

> Rendez grâce au seul nom qui retient ma colère. IPH.

> Prêt à suivre partout le déplorable Oreste.

Le déplorable Oreste. Quoique, suivant la décision de l'Académie, cette épithète ne doive s'appliquer qu'aux choses, et non aux personnes, on trouve encore :

> Vous voyez devant vous un prince déplorable. PHED.
> Phèdre épargnoit plutôt un père déplorable. ID.
> Déplorable Sion.... ESTH.
> Déplorable héritier de ces rois triomphans. ATH.

Ces exemples n'ont-ils pas autant d'autorité qu'une décision dont la raison ne frappe pas ?

> Détestant ses rigueurs, rabaissant ses attraits,

On *rabaisse* l'orgueil, disoit Subligny, mais on ne *rabaisse pas* des attraits. Cette critique n'engagea pas l'auteur à changer ce mot.

> Mais admire avec moi le sort dont la poursuite, etc.

M. l'abbé d'Olivet demande si l'on peut dire *la poursuite du sort. Oui*, répond l'abbé Desfontaines, poursuite *peut s'entendre passivement comme activement.*

> Mais enfin cette veuve inhumaine
> N'a payé jusqu'ici son amour que de haine ;
> Et chaque jour encore on lui voit tout tenter
> Pour fléchir sa captive, ou pour l'épouvanter.

M. d'Olivet dit que suivant la grammaire ce *lui* doit se rapporter à *veuve inhumaine*. Quand la grammaire le voudroit, le sens, qui est si clair, s'y oppose : ce qui fait que l'abbé Desfontaines appelle cette observation *une délicatesse superflue et incommode.*

> Soupirer à ses pieds moins d'amour que de rage.

Soupirer de rage : expression hardie et belle.

SCENE II.

> Oui, comme ses exploits nous admirons vos coups.

Ce sont donc, disoit Subligny, *les exploits du fils d'Achille, puisqu'il n'y a encore que ce fils qui ait été nommé.* Subligny pouvoit avoir raison au tribunal de la grammaire, et être condamné à celui du bon sens. On rapporte si nécessairement *ses exploits* à Achille, qu'un autre nom ne vient pas dans la pensée.

> Hector tomba sous lui, Troie expira sous vous.

Il falloit dire, suivant Subligny : *Troie tomba sous vous, Hector expira sous vos coups.* Critique puérile ; on dit poétiquement qu'une ville expire.

> Et vous avez montré, par une heureuse audace, etc.

Et plus bas :

> Voilà ses yeux, sa bouche, et déjà son audace.

Dans notre langue, *audace* se prend ordinairement en mauvaise part, à moins qu'on n'y joigne une épithète :

> De qui nulle vertu n'accompagne l'audace.

ACTE I, SCENE II.

Cependant Boileau l'a employé en bonne part sans épithète :

> Que Corneille pour lui ranimant son audace.
>
> Qu'il s'essaiera sur vous à combattre contr'eux.

Voici quelques exemples de mots pareils, où une voyelle ne change point la prononciation :

> Que tout autre que lui me paieroit de sa vie. Brit.
>
> Je l'avouerai pourtant. Ath.
>
> Ne sacrifiera point aux pleurs des malheureux. Mith.
>
> Avant la fin du jour vous me justifierez. Beren.
>
> Vous louerez mon silence. Id.
>
> Tu le nierois en vain. Bajaz.
>
> Son sang criera vengeance. Corn.
>
> Que ne publieront point l'erreur et l'imposture.
>
> Je n'oublierai jamais.

L'*e* qui se trouve immédiatement après une voyelle à la pénultième du futur de l'indicatif, ou du premier imparfait du subjonctif, ne fait ni ne sert à faire, suivant Richelet, aucune syllabe en prose ni en vers.

> La Grèce en ma faveur est trop inquiétée.

Est trop inquiétée. Beau en vers, pour *a trop d'inquiétude.*

> Les vainqueurs tout sanglans partagèrent leur proie.

Dans ces phrases, *les champs tout fumans, les hommes tout couverts, les vainqueurs tout sanglans, tout* est adverbe, et ne l'est plus avec un adjectif féminin : *Les Amazones toutes sanglantes, les femmes toutes éplorées,* une *pensée toute neuve.* On ne peut rendre raison de cet usage.

> La vieillesse et l'enfance
> En vain sur leur foiblesse appuyoient leur défense ;

nous disoient qu'il falloit épargner leur foiblesse.

> Oui, les Grecs sur le fils persécutent le père.

Phrase barbare, dit M. l'abbé d'Olivet. Il étoit aisé de mettre *dans le fils.* L'expression seroit plus exacte, le vers moins beau. Subligny qui ne critique point ce vers, s'attache au suivant :

> Il a par trop de sang acheté leur colère.

« De quel sang, disoit-il ? Si c'est du sang des Grecs, » il faut *attiré*. Ce n'est pas la mode de payer celui » dont on achète, de sa propre monnaie ; ce n'est pas du » sang d'Hector, il n'y a pas d'apparence qu'Hector ait » *acheté* la colère de ses ennemis par la perte du sang » des siens, etc. » Tout ce raisonnement n'engagea pas l'auteur à changer ce vers, dont le sens se présente sans aucune équivoque.

SCENE IV.

Me cherchiez-vous, Madame ?

Nous ne devons pas être surpris que Pyrrhus parle en termes respectueux à sa captive. La tragédie est l'imitation d'une conversation noble ; nous y faisons dans notre langue parler les hommes aux femmes, en les appelant, suivant notre usage, *madame* ; on ne se sert de ce terme qu'en leur adressant la parole. Si Pyrrhus, parlant d'Andromaque, disoit : *que cherche ici madame ?* ce *madame* seroit ridicule, parce que l'usage ne l'a point introduit de cette manière. Quelques personnes désapprouvent nos poètes d'avoir reçu ce mot dans le style de la tragédie : pourquoi, disent-elles, n'ont-ils pas reçu de même *monsieur ?* On y a suppléé par *seigneur :* et *madame*, adressé aux femmes, est comme *seigneur*. Dans les tragédies espagnoles et italiennes, on s'adresse aux femmes en prononçant leur nom. Rodrigue, dans le Cid, dit toujours *Chimène*. Cinna dit toujours *Emilie ;* la confidente même d'Emilie l'appelle par son nom : Corneille a enfin employé le mot *madame*. Auguste dit à Livie :

> Vous m'avez bien promis des conseils d'une femme,
> Vous me tenez parole, et c'en sont là, Madame.

Corneille a fait moins souvent usage de ce mot, que les poëtes suivans. Puisqu'il est reçu dans notre poésie noble, on ne doit pas craindre de s'en servir. Il n'en est pas de même en prose; et je crois que M. l'abbé d'Olivet, lorsque dans ses traductions il fait dire à Démosthènes *Athéniens*, a raison de ne pas imiter M. de Toureil, qui lui fait dire *messieurs*. Dans les tragédies italiennes et espagnoles, les personnages ont coutume de se tutoyer, comme font Rodrigue et Chimène dans le Cid. Notre tragédie n'admet plus cette manière de se parler, et cependant le *toi* est resté dans notre poésie la plus élevée en s'adressant à Dieu et au roi; et ce même mot, par un caprice de l'usage, ne peut être employé en s'adressant à une femme. *Grand Dieu, veux-tu toujours... Grand roi, veux-tu toujours;* et un poëte ne dira pas *Grande Reine, veux-tu?* On a ri avec raison de ce vers de la Motte : *Taisez-vous, me dis-tu, Prince.*

<Un espoir si charmant me seroit-il permis?

Quoique, suivant M. l'abbé d'Olivet, *espoir* ne se doive employer qu'en parlant des choses qui sont à venir, je doute que l'auteur eût changé une expression si naturelle.

<Digne objet de leur crainte !
Un enfant malheureux qui ne sait pas encore , etc.

Dans Athalie, *un malheureux enfant* est plus doux. J'ai toujours soupçonné ici une faute de ponctuation.

<Digne objet de leur crainte,
Un enfant ! Malheureux qui ne sait pas encore, etc.

<Captive toujours triste, importune à moi-même,
Pouvez-vous souhaiter qu'Andromaque vous aime?

Captive toujours triste, pouvez-vous souhaiter, etc. Construction irrégulière et belle, dont les exemples sont fréquens dans ces tragédies.

<Brûlé de plus de feux que je n'en allumai.

Ce n'est pas seulement la rime qu'on peut critiquer dans ce vers, comme je l'observerai dans les remarques.

> Oui, mes vœux ont trop loin poussé leur violence.

Subligny disoit que *des vœux ne poussent point leur violence*, parce qu'ils n'ont point d'action. M. l'abbé d'Olivet croit qu'il faudroit supprimer la négative; je suis de l'avis de l'abbé Desfontaines, qui ne trouve rien qu'à approuver dans ces deux vers.

> Et peut-être après tout en l'état où je suis, etc.

Cet *après tout* est du style de conversation, et ne semble pas devoir trouver place dans le style noble. Il en trouve une si naturelle dans ce vers, qu'il ne paroît plus du style simple.

> Peut-être, en le voyant, votre amour plus timide
> Ne prendra pas toujours sa colère pour guide.

Si l'on vouloit demander ce que c'est qu'un *amour plus timide, qui ne prend point la colère pour guide*, et chicaner tous ces mots en puriste, on feroit des critiques ridicules; ces deux vers n'ont jamais présenté d'autre sens que celui-ci. « Peut-être, en le voyant, la » crainte de le perdre, redoublant votre amour pour » lui, vous rendra plus attentive à me plaire. » Dans cette pièce, où les passions parlent avec tant de vivacité, tout est plein de ces tours, qu'on admire, qu'on n'entend jamais de deux façons, et qu'on est surpris de si bien entendre, lorsqu'on veut les examiner en grammairien.

ACTE II, SCÈNE I.

> Vous croyez qu'un amant vienne vous insulter?

Nous sommes étonnés de lire dans Vaugelas sur *insulter : ce mot est nouveau, mais excellent*. Il ajoute que Coeffeteau, tenté de s'en servir, ne l'osa jamais faire, « tant il étoit religieux à ne point user d'au- » cun terme qui ne fût en usage. » Pourquoi ce mot a-t-il été si tard en usage parmi nous, puisqu'il est latin? Il vient *d'insilire*, et dans le sens naturel veut dire *sauter sur quelque chose*. Dans Virgile, *Insultare solo, et Floribus insultant*. Géorg. Mais dans l'Enéid., liv. 8, *huic capiti insultans*. Dans Cicéron, *insultare in omnes*, et dans Salluste, *insultare bonos*. Ces exemples font voir que lorsque nous disons *insulter quelqu'un*, et *insulter aux malheurs de quelqu'un*, nous nous servons de ce mot, comme les latins s'en sont servi.

> Mais vous ne dites point ce que vous mande un père.

Ce n'est pas qu'elle ait reçu une lettre de Ménélas, et que *mander* soit ici comme nous disons dans la conversation : *il m'a mandé dans sa lettre que*, etc. Il est pour *commander :*

> Mon père avec les Grecs m'ordonne de partir.

C'est l'ordre qu'elle a reçu par le message de Pylade ; elle l'a vu, et n'a point encore vu Oreste, qui a dit à Pylade à la fin de la première scène :

> Va donc disposer la cruelle
> A revoir un amant qui ne vient que pour elle.

> Allons, n'envions plus son indigne conquête.

Pour dire, *ne soyons plus jaloux de l'indigne femme qui a fait sa conquête*.

> Ou la forçant de rompre un nœud si solennel.

Le nœud qui le doit unir avec moi. Hermione parle avec tant de passion, qu'elle ne suit pas l'ordre prescrit par la syntaxe, et qu'on entend cependant tout ce qu'elle veut dire : elle répétera à Pyrrhus, acte 4, *un nœud si solennel*.

> Vous pensez que des yeux toujours ouverts aux larmes
> Se plaisent à troubler le pouvoir de vos charmes,
> Et qu'un cœur accablé de tant de déplaisirs
> De son persécuteur ait brigué les soupirs ?
> . . . .
> Et sans armer mes yeux d'un moment de rigueur, etc.

> *Toujours ouverts aux larmes :* expression qu'on a vue dans le troisième vers de la Thébaïde :
>> Mes yeux depuis six mois étoient ouverts aux larmes.

On peut remarquer *des yeux qui se plaisent à troubler un cœur qui brigue des soupirs*, et, six vers après, *armer ses yeux d'un moment de rigueur.*

>> Me voyoit-il de l'œil qu'il me voit aujourd'hui?

On diroit en prose, *dont il me voit aujourd'hui.*

>> Avant qu'il me trahît, vous m'avez tous trahie.

Tous ces nominatifs qui précèdent : *ma famille, les Grecs, nos vaisseaux, les exploits, ses feux, mon cœur, toi-même,* que gouvernent-ils? Une construction exacte n'auroit pas cette beauté : ce style est celui de la passion, et la passion ne consulte pas la syntaxe.

SCENE II.

>> Que tous mes pas vers vous sont autant de parjures.

Des pas qui sont des parjures.

>> Qui n'apaisoient leurs dieux que du sang des mortels.

On dit ordinairement *apaiser avec le sang.*

>> Ils n'ont qu'à m'interdire un reste d'espérance.

Des yeux qui interdisent l'espérance, et des yeux qui disent encore ce qu'ils ont dit toujours.

>> Que parlez-vous du Scythe et de mes cruautés?

Le tour naturel, *pourquoi parler du Scythe,* etc. étoit moins vif.

>> Le cœur est pour Pyrrhus, et les vœux pour Oreste.

Un puriste eût dit, *les vœux sont pour Oreste.*

>> Venez dans tous les cœurs faire parler vos yeux.

Faire parler des yeux dans le cœur; et plus bas : *La haine un effort d'amour.* Je ne puis que faire remarquer quelquefois ces expressions, qui ont fait dire que l'auteur

ACTE II, SCENE III.

l'auteur s'étoit *fait un langage qui n'appartient qu'à lui :* il ne le faut jamais juger sur les règles ordinaires de la grammaire. Ce n'étoit ni par ignorance, ni par distraction qu'il y manquoit.

Faisons de notre haine une commune attaque.
Attaquons-le tous deux avec la même haine.

Allez lui faire entendre
Que l'ennemi des Grecs ne peut être son gendre.

Lui se rapporte à Pyrrhus ; et *son gendre*, du vers suivant, se rapporte à Ménélas. Ce que je remarque, quoiqu'il n'y ait aucune équivoque. Le mot *gendre*, qui est bien placé dans la bouche d'Hermione, quoiqu'il ne paroisse pas noble en poésie, donnera lieu à une remarque dans Britannicus.

Du Troyen ou de moi faites-le décider ;
Qu'il songe qui des deux il veut rendre ou garder.

On range ces mots sans songer à la syntaxe : *Faites-le décider, qui des deux, du Troyen ou de moi, il veut rendre ou garder.*

SCENE III.

Oui, oui, vous me suivrez ; n'en doutez nullement.

On a vu *oui, oui* dans la Thébaïde, et j'ai réservé à en parler ici. Le Dictionnaire de Trevoux dit que la voyelle qui précède *oui* doit naturellement se perdre, qu'il est libre cependant de dire *je crois que oui*, ou *je crois qu'oui*. La voyelle doit se perdre devant le verbe *ouïr : on l'a condamné sans l'ouïr.* Dans Britannicus :

Quoi, Seigneur, sans l'ouïr, une mère !

Il n'en est pas de même de l'adverbe *oui*. On dit nécessairement : *Il n'a répondu ni oui, ni non. Il hésite entre le oui et le non. Que ce oui est terrible à prononcer !* Il faut dire *que oui*, et non pas *qu'oui*. Ainsi la voyelle ne se perdant pas devant cet adverbe, on dit fort bien en vers,

TOME V. Aa

oui, oui. En voici cependant le dernier exemple dans ces tragédies.

<small>Il n'attend qu'un prétexte à l'éloigner de lui.</small>

Prétexte pour est plus régulier ; *à* se dit fort bien en vers et dans Britannicus :

<small>Pour trouver un prétexte à vous plaindre de lui.</small>

SCENE V.

<small>Je n'ai trouvé que pleurs mêlés d'emportemens.</small>

Le P. Bouhours dit sur *emportement* : « Nous avons » vu naître ce mot, sans que nous sachions précisé- » ment qui en est l'auteur. Nous savons seulement » qu'il naquit dans les guerres civiles. »

<small>Et ne voyois-tu pas dans mes emportemens,
Que mon cœur démentoit ma bouche à tous momens ?</small>

Boileau a dit *les sages emportemens de Malherbe.* Puisque nous disons *s'emporter* : *La fureur m'emportoit*, et dans Molière :

<small>Ah, vous êtes dévot, et vous vous emportez !</small>

que Vaugelas a écrit *Alexandre s'emportoit aisément*, et que nous disions *un homme emporté*, nous devions dire aussi *emportement.* On verra dans l'acte suivant :

<small>Et quel étoit le fruit de cet emportement ?</small>

<small>Et toujours plus farouche,
Cent fois le nom d'Hector est sorti de sa bouche.</small>

Tour que j'ai remarqué plus haut.

<small>Voilà ses yeux, sa bouche, et déjà son audace, etc.</small>

Audace en bonne part sans épithète. *Voyez plus haut.*

<small>Je veux la braver à sa vue, etc.</small>

Braver : en italien *bravare*, en espagnol *bravear.* L'étymologie de ce mot est incertaine. Le Dictionnaire de l'Académie de Madrid le dit allemand. Suivant

ACTE III, SCENE VI. 371

Ménage il est latin. De *probus*, d'où est venu *preux*, s'est fait *brovus* et *bravus*.

<blockquote>A de nouveaux mépris l'encourager encore.</blockquote>

Encourager à des mépris, pour *rendre plus fière*.

<blockquote>Sans parens, sans amis, sans espoir que sur moi,
Je puis perdre son fils, peut-être je le dois.</blockquote>

Sans parens, sans amis,.... Je puis perdre. Même tour que j'ai déjà remarqué.

ACTE III, SCENE I.

<blockquote>Le dessein en est pris, je le veux achever.</blockquote>

Achever un dessein : bien dit en poésie, comme je l'ai déjà remarqué sur Alexandre.

<blockquote>Vous l'accusez, Seigneur, de ce dessein bizarre.</blockquote>

Il faut lire ici *destin*, et *desseins* à la fin du vers suivant ; ce qui est conforme à l'édition de 1682, et à celle de 1702. Elle veut dire, *vous l'accusez de la bizarrerie de sa destinée, qui lui fait épouser ce qu'il n'aime pas; cependant*, etc.

<blockquote>Et que ses yeux cruels, à pleurer condamnés,
Me rendent tous les noms que je leur ai donnés.</blockquote>

Me rendent tous les noms. On ne peut critiquer cette expression : cependant des yeux rendent-il des noms ?

SCENE III.

<blockquote>N'avons-nous d'entretien que celui de ses pleurs ?</blockquote>

C'est-à-dire, que le sujet de ses pleurs : ellipse qui peut-être ne méritoit pas la critique de M. l'abbé d'Olivet.

SCENE VI.

<blockquote>Sans espoir de pardon m'avez-vous condamnée ?</blockquote>

Si elle disoit, *me vois-je condamnée*, le grammairien le plus sévère n'y trouveroit rien à reprendre ; et je suis persuadé que M. d'Olivet, qui a critiqué *m'avez-vous*, trouve lui-même ce tour plus poétique.

> Et que, finissant là sa haine et nos misères, etc.

On ne trouve point à redire à ce tour, quoique la construction ne soit pas suivie.

> Il ne séparât point des dépouilles si chères.

En ce sens *dépouilles* mot poétique. Pétrarque dit de Laure : *Lasciando in terra la sua bella spoglia*.

SCENE VII.

> Voyez si mes regards sont d'un juge sévère.

Il faudroit en prose *sont ceux*.

> Combien je vais sur moi faire éclater de haines !

Celle d'Hermione, celle de Ménélas, celle de toute la Grèce : c'est pourquoi *haine* est au pluriel. Malherbe a dit : *des courroux, des peurs*; ce que Ménage approuve, parce que la poésie, comme hyperbolique, aime les pluriels, et parce qu'Horace a dit *paces, obliviones*. Malgré cette raison qu'apporte Ménage, nous ne pouvons mettre au pluriel *paix*, *oubli*, et plusieurs autres mots. On s'est justement moqué des *patiences* de Benserade.

SCENE VIII.

> Ainsi le veut son fils que les Grecs vous ravissent.

Elle laisse sous entendre, *si vous n'épousez pas Pyrrhus*. La vivacité de la conversation permet qu'on supprime ce qui s'entend si naturellement.

> Pensez-vous qu'après tout ses mânes en rougissent ?

On a demandé comment des *mânes* peuvent rougir. Ceux qui ont fait cette question ne connoissoient pas le style poétique.

ACTE IV, SCENE I.

Et traîné sans honneur autour de nos murailles.

Il est certain qu'il n'y a point d'honneur à être traîné de la sorte : ce mot cependant, qui rend l'*inglorius*, rend le vers plus poétique que s'il y avoit *traîné honteusement*.

J'irai voir expirer encor
Ce fils, ma seule joie et l'image d'Hector.

Voir expirer. Cet *encor* répond à ce qu'elle vient de dire : elle a vu expirer Priam, ses frères, tout un peuple, verra-t-elle expirer *encore*, etc.

Et que résolvez-vous ?

Vaugelas a décidé qu'il falloit dire *vous résolvez, nous résolvons*, quoiqu'on dise *je résoudrai, je résoudrois*.

ACTE IV, SCENE. I.

Le soin de mon repos me fit troubler le leur.

Vaugelas observe qu'Amiot fait souvent une faute plutôt que de dire *le leur*, pour éviter la cacophonie des deux *ll* : en quoi il dit qu'il a tort, parce « qu'il vaut » mieux satisfaire l'entendement que l'oreille, et qu'il » ne faut avoir égard à celle-ci qu'on n'ait premièrement » satisfait l'autre. » Il remarque encore que plusieurs personnes écrivent *vous le vous figurez*, plutôt que *vous vous le figurez*, pour éviter une pareille cacophonie ; mais il soutient qu'on n'y doit point avoir égard : et il a raison, parce que l'oreille étant accoutumée à ces pronoms qui reviennent souvent, n'est point frappée de cette cacophonie. Ainsi dans ce vers, *me fit troubler le leur*, et dans celui de Britannicus, *vous vous le figurez*, on ne trouve aucune dureté.

Fais-lui valoir l'hymen où je me suis rangée.

Cette expression, qui ailleurs pourroit déplaire, a ici de la beauté, parce qu'elle fait sentir qu'Hermione n'y a consenti que malgré elle.

> Plutôt ce qu'ils ont fait que ce qu'ils ont été.

On ne peut s'exprimer plus simplement. Cependant que ce seul mot, *ont été*, fait penser de choses, à cause de celui qui précède, *ce qu'ils ont fait!* Tantum series juncturaque pollent.

SCENE III.

> Croirai-je que vos yeux à la fin désarmés,
> Veulent. . . .

Des *yeux désarmés qui veulent!*

> Qu'Hermione est le prix d'un tiran opprimé;
> Que je le hais; enfin, Seigneur, que je l'aimai?

Cette rime *aimai, opprimé*, pareille à celle qu'on a vue plus haut, *allumai, consumé*, est exacte à l'oreille, parce que nous peignons les mêmes sons avec des caractères différens, comme *Romains, chemins. Je promets, jamais* : cependant la rime est toujours plus agréable quand elle contente l'oreille et les yeux.

> Mais cependant, ce jour il épouse Andromaque.

Puisqu'il pouvoit dire si aisément *aujourd'hui cependant*, il a eu ses raisons de préférer *ce jour*, que critique M. l'abbé d'Olivet.

> De mes lâches bontés mon courage est confus.

Un *courage confus des bontés.*

SCENE V.

> Je voulus m'obstiner à vous être fidèle.

S'obstiner à être fidèle.

> Je t'aimois inconstant, qu'aurois-je fait fidèle?

Ce vers si connu est l'exemple qu'on doit opposer à toutes les chicanes des grammairiens et des puristes. On a toujours bien dit, quand on a dit si bien, qu'il est est impossible de mieux dire.

ACTE V, SCENE I.

Tu lui parles du cœur, tu la cherches des yeux.

Dans ton cœur c'est à elle que tu parles. Cette expression, *parler du cœur*, est hardie et belle.

SCENE VI.

*Gardez de négliger
Une amante en fureur qui cherche à se venger.*

Négliger n'est pas ici dans le sens ordinaire. *Ne négligez pas une amante.* Mais *ne négligez pas ce qu'elle vient de vous dire. Gardez de.* On dit ordinairement *gardez-vous de.* On dit aussi absolument *garder de tomber.*

ACTE V, SCENE I.

Sans pitié, sans douleur au moins étudiée !

Expression qui essuya la raillerie de Subligny, et ne nous choque point aujourd'hui.

Je tremble au seul penser du coup qui le menace.

Penser, qui ne se dit plus en prose, est quelquefois noble en vers :

Qu'à des pensers si bas mon âme se ravale. POLIEUC.

Il pense voir en pleurs dissiper cet orage.

L'auteur a cru sans doute cette manière d'écrire aussi correcte que celle-ci, *se dissiper l'orage*, dont il pouvoit également se servir.

Je parerai d'un bras les coups de l'autre main.

Quelques puristes voudroient *je parerai d'un bras les coups de l'autre bras*, ou *une main parera les coups de l'autre main.*

*Non, non, encore un coup, laissons agir Oreste.
Qu'il meure.* . . . .

Ce *qu'il* se rapporte suivant la syntaxe à Oreste, et on ne songera jamais à l'y rapporter.

Ah, devant qu'il expire. . . . . .

On diroit aujourd'hui *avant qu'il*; mais, comme l'observe M. l'abbé d'Olivet, « il ne faut pas faire un » crime à Racine d'avoir quelquefois usé d'expressions » qui n'étoient pas encore vieilles de son temps. » Ces expressions sont en très-petit nombre.

SCENE II.

Et d'un œil où brilloient sa joie et son espoir,
S'enivrer en marchant du plaisir de la voir.

S'enivrer en marchant, etc. *S'enivrer d'un œil où brilloient*, etc. Ces alliances de mots sont remarquables.

Phœnix même en répond, qui, etc.

Suivant l'abbé d'Olivet, ce *qui* devroit suivre *Phœnix*, le nominatif. *Je crois qu'il a raison*, dit l'abbé Desfontaines ; *mais en vers il ne faut pas prescrire des lois si sévères*.

L'a conduit exprès
Dans un fort éloigné du temple et du palais.

Exprès rime à *palais* : rime qu'il faut mettre dans le très-petit nombre de celles que s'est permises un poëte si exact.

Mais il se craint, dit-il, soi-même plus que tous.

Il pouvoit dire également *lui-même*; il a donc préféré *soi-même*. Vaugelas, le P. Bouhours, et M. l'abbé d'Olivet, sur ce vers, donnent des règles sur l'usage de *soi* et de *lui*. Je me contenterai de rapporter quelques exemples de nos meilleurs écrivains, qui prouvent l'incertitude des règles :

Quels démons, quels serpens traîne-t-elle après-soi ? A<small>ND</small>.
Sa fureur s'irritant soi-même dans son cours. B<small>RIT</small>.
Un témoin irrité qui s'accuse lui-même. I<small>BID</small>.
S'il ne m'attache à lui par un juste hyménée. B<small>AJ</small>.
Un cœur noble ne peut soupçonner en autrui,
　　La bassesse et la malice
　Qu'il ne sent point en lui. E<small>STH</small>.

Il se ramène en soi n'ayant plus où prétendre. Cin.
Qu'il fasse autant pour soi comme je fais pour lui. Polieuc.
Si l'honnête homme en soi doit souffrir des défauts. Boil.
Un cœur noble et content de ce qu'il trouve en lui. Ibid.
Chacun pris dans son air est agréable en soi. Ibid.
Tout auteur qui voudra vivre encore après lui. La Font.

On lit dans la Grammaire Raisonnée : *Caton se tua soi-même*, *Lucrèce se tua soi-même;* et dans M. Bossuet, Histoire Universelle : *Lucrèce déshonorée se tua elle-même*. M. Pascal écrit : *L'homme qui n'aime que soi ne craint rien tant que d'être seul avec soi*. L'abbé Desfontaines, dans ses Observations, a cité ces deux vers du Poëme de la Religion :

La terre cependant, à ses ordres fidelle,
Emporte Galilée et son juge avec elle;

et a soutenu qu'il falloit dire *avec elle*, et non pas *avec soi*.

Ses yeux pour leur querelle, en dix ans de combats,
Virent périr vingt rois qu'ils ne connoissoient pas.

Elle pouvoit dire *sa querelle* : elle a bien raison de préférer *la querelle des yeux*.

Et je charge un amant du soin de mon injure.

Du soin de mon injure pour *du soin de venger mon injure*.

SCENE III.

Pyrrhus m'a reconnu; mais sans changer de face, etc.

Vaugelas a remarqué la bizarrerie de l'usage, qui n'admet plus dans le style noble ces mots *poitrine* et *face*. On dit encore *face* en parlant de Dieu, et dans ces phrases : *soutenir en face*, *résister en face*. Ce mot peut aussi être bien placé en vers, comme ici. Par quelle bizarrerie le mot *facies*, si noble dans la langue latine, ne l'est-il pas dans la nôtre? *Faccia* est noble en italien; et les Espagnols, qui ne font presque aucun usage de leur *faz*, se servent ordinairement de *cara* ou de *rostro*.

ANDROMAQUE.

Le traducteur de l'Imitation dit à Dieu : *Mestres tu amable rostro ;* cependant *rostrum,* chez les Latins, n'a jamais signifié le visage de l'homme, mais quelquefois le menton.

Pour tous mes ennemis je déclare les siens, etc.

M. l'abbé d'Olivet trouve ce *tous* mal placé. Cette critique est un peu sévère.

Et n'impute qu'à toi ton lâche parricide.

Vaugelas observe que dans notre langue on n'appelle pas seulement *parricide* celui qui a tué son père, mais quiconque a commis un meurtre horrible. Dans Cicéron, *fratricida, matricida.* Notre langue n'a point reçu *matricide,* et nous disons très-rarement *fratricide.*

L'a fait pour son malheur pencher vers ma rivale.

On n'hésite point à rapporter ce vers à Pyrrhus, dont pourtant Hermione n'a point parlé depuis qu'elle a repris la parole.

SCÈNE DERNIÈRE.

Grâce aux dieux, mon malheur passe mon espérance !

Expression imitée de celle de Virgile : *Si tantum potui sperare dolorem* !

Pour qui sont ces serpens qui sifflent sur vos têtes ?

Le poète, en multipliant la lettre *s* dans ce vers, a eu attention à l'harmonie imitative.

REMARQUES.

Du lieu de la scène et des confidens.

L'ACTION d'une tragédie devant être une action grande qui intéresse tout un Etat, devroit toujours, comme chez les anciens, se passer dans un lieu public, devant des témoins. Le retranchement des chœurs est cause que nous en avons fait une action presque privée, qui quelquefois se passe, dit Rousseau, *sous la cheminée; ce qui ôte à la tragédie beaucoup de majesté.* Il ajoute que les poëtes se sont donné volontairement une torture pénible, en réduisant toute l'étendue locale de leur action à celle d'une chambre ou d'un cabinet: *ce qui fait*, dit-il, *qu'il est presque impossible que la plupart des scènes ne soient tirées aux cheveux pour les amener dans une chambre.*

J'avoue que si l'on excepte Athalie, dont l'action se passe dans un temple, le jour d'une grande fête, on peut dire que dans nos plus belles tragédies l'action ressemble à une action privée qui se passe dans une chambre ; ce qui rend notre tragédie moins majestueuse que celle des Grecs. Donner au lieu de la scène l'étendue d'une ville, ou même celle d'un palais, comme Corneille a fait dans Cinna, ce n'est plus observer l'unité de lieu. Il faut nécessairement que pendant toute la pièce, le lieu où paroissent tous les personnages soit le même que celui où le premier personnage a paru; et il vaut mieux encore que l'action se passe *sous la cheminée*, pourvu que la chambre soit toujours la même, que si elle changeoit. Dans les tragédies que j'examine, Bérénice est la seule dont l'action se passe dans un cabinet : celle des autres se passe ou dans une tente, ou dans le vestibule d'un palais. Il faut regarder ce vestibule comme un lieu d'assemblée, où viennent s'entretenir ceux qui demeurent dans le palais, et par où il faut passer pour aller dans les différens appartemens. Notre action tragique se passant ordinairement dans l'intérieur d'un palais, on n'a pu imaginer un lieu plus vraisemblable.

Dans cette pièce, le lieu de la scène est une salle du palais de Pyrrhus, où Oreste vient l'attendre : *Vous attendez le roi*, lui dit Pylade. Pyrrhus sort de son appartement pour l'y venir trouver, et c'est par cette salle qu'Andromaque passe pour aller chez son fils :

> Je passois jusqu'aux lieux où l'on garde mon fils.

Quand Hermione sait qu'Oreste veut lui parler, elle vient l'attendre dans cette salle :

> Pylade va bientôt conduire ici ses pas.

Ainsi les scènes sont amenées dans cette salle sans être *tirées aux cheveux*. Mais pourquoi, dira-t-on, Hermione, au cinquième acte, vient-elle y faire un monologue qu'elle pouvoit faire dans sa chambre ? Elle vient attendre les nouvelles de ce qui s'est passé au temple : ceux qui viendront le lui apprendre, passeront par cette salle qui conduit à son appartement. C'est ainsi que l'unité du lieu se trouve vraisemblable dans nos tragédies bien conduites. Vraisemblance cependant qu'il ne faut pas toujours critiquer trop sévèrement : il faut se prêter à la fiction.

Le retranchement des chœurs nous a encore obligés d'avoir recours aux personnages de confidens. Le P. Saverio, qui les attribue à nos romans où l'on ne voit point un chevalier sans son écuyer, les appelle des personnages sans vraisemblance et inutiles, *inverisimili ed oziosi*. Ils ne sont point contre la vraisemblance, puisque les princes ont ordinairement des favoris. Ils deviennent les témoins de l'action, ce qui la rend un peu publique. Ils sont froids, *oziosi*, quand ils ne viennent que pour écouter et répondre *oui et non*; mais quand ils sont de véritables favoris, comme Pylade, Phœnix, Narcisse, Paulin, Théramène, etc. ils ne sont point froids.

Durée de l'Action.

Quoique, suivant une règle fondée sur l'autorité d'Aristote, il soit permis aux poètes de donner à la durée de l'action l'espace d'un tour de soleil, c'est-à-dire de douze heures, la vraisemblance est bien mieux observée quand il ne faut pas plus de temps pour la durée de l'action que pour la représentation de la pièce. Cette perfection se trouve dans celle-ci et dans presque toutes celles du même auteur.

ACTE I, SCENE I.

Et déjà son courroux semble s'être adouci, etc.

Horace veut qu'Oreste soit toujours un personnage triste, *tristis Orestes*, Art. Poet. Ce précepte d'Horace est bien exécuté dans cette pièce : Oreste n'y dit rien qui ne témoigne un homme plongé dans la mélancolie. Ce n'est plus à la vérité cet Oreste poursuivi par les Furies, qui va s'asseoir sur cette pierre dont il est parlé dans Pausanias, et trouve sur cette pierre un soulagement à ses fureurs. Quoiqu'absous du meurtre de sa mère par l'aréopage, quoique purgé encore depuis par une célèbre expiation chez les Trézéniens, les Furies n'avoient cessé de le tourmenter; et il n'en fut entièrement délivré qu'après avoir enlevé dans la Tauride la statue de Diane. Quand ce crime eut été entièrement expié, il songea à ravoir Hermione que Pyrrhus avoit épousée. Il n'étoit donc plus poursuivi par les Furies quand il tua Pyrrhus, mais il étoit toujours poursuivi par les remords de sa conscience, par les Furies de ses crimes, comme dit Virgile, *Scelerum Furiis agitatus Orestes*: c'est pourquoi, à la fin de cette pièce, il croit voir revenir les Furies. Dans cette pièce il ne parle jamais du meurtre de sa mère; et Hermione elle-même, dans sa fureur, ne lui reproche pas ce crime, dont elle lui parle dans la lettre faite par Ovide. La vue d'un homme souillé du sang de sa mère eût été odieuse aux spectateurs : le poète a si bien ménagé les choses, qu'Oreste paroît accablé de tristesse et déchiré de remords, sans qu'on en soupçonne la véritable raison.

> Hélas, qui peut savoir le destin qui m'amène?

« Que celui qui par *destin* entend *la volonté et la puissance de Dieu*, garde, dit saint Augustin, sa manière de penser, et corrige sa manière de parler : » *sententiam teneat, linguam corrigat.* Nous n'avons pas besoin de la corriger, parce que dans notre langue *destin* est souvent un mot vide de sens, qui ne signifie que bonheur ou malheur, événement, condition. Josabet dit de Joas :

> Sait-il déjà son nom et son noble destin?

C'est-à-dire, qu'il est du sang royal. Lorsque le grand visir dit :

> Songe que du récit, Osmin, que tu vas faire,
> Dépendent les destins de l'empire ottoman, etc.

il fait assez entendre que ces destins dépendent de lui. Nous avons conservé le mot des anciens, *destin*, comme celui d'*astre* :

> Sous quel astre ennemi faut-il que je sois née. MITHR.
> Mais des heureux regards de mon astre étonnant. BOIL.

Les anciens entendoient par le destin une force invincible qui rendoit tous les événemens nécessaires : *ineluctabile, insuperabile, inexorabile fatum.* OEdipe étoit coupable par ces ordres du destin, que les dieux ne pouvoient changer, comme le dit le chœur dans Sénèque :

> Quidquid patimur mortale genus,
> Quidquid facimus, venit ex alto.
> Omnia certo tramite vadunt,
> Non illa deo vertisse licet.

Oreste étoit de même coupable et tourmenté, parce que le destin l'avoit ordonné. C'est ce qu'il ne dit jamais dans cette pièce, parce que nous sommes bien éloignés de penser sur le destin comme les anciens;

ACTE I, SCENE I.

mais le poète fait parler Oreste comme parleroit un homme à qui tout a été contraire, et qui se regarderoit comme né malheureux : il diroit qu'il est l'objet de la haine du ciel, comme Oreste le dit à Pylade :

> Mais toi, par quelle erreur veux-tu toujours sur toi
> Détourner un courroux qui ne cherche que moi ?...
> Evite un malheureux.

Hermione lui dit :

> Tu m'apportes, cruel, le malheur qui te suit.

Il se regarde comme l'objet de la colère des dieux :

> Méritons leur courroux, justifions leur haine.

Il dit au ciel, quand il apprend la mort d'Hermione :

> Ta haine a pris plaisir à former ma misère,
> J'étois né pour servir d'exemple à ta colère,
> Pour être du malheur un modèle accompli.

Dans ces plaintes si vives, il ne dit rien que la passion ne fasse dire parmi nous à un homme souvent malheureux. C'est le langage de la nature, que le poète français a imité, en évitant le langage des poètes de l'antiquité sur la force invincible du destin.

> Ami, n'accable point un malheureux qui t'aime.

Cette liberté que prend Oreste de tutoyer Pylade, qui ne lui répond qu'avec respect en l'appelant toujours *Seigneur*, avoit déplu à Subligny, qui fit remarquer que Pylade étoit égal à Oreste, puisqu'il étoit fils d'un roi de la Phocide ; et cette critique fit quelque temps fortune. Pylade, quoique fils d'un roi, pouvoit respecter dans Oreste le fils de celui qui avoit été le roi des rois, et le chef de l'armée des Grecs : il peut encore respecter dans Oreste un homme revêtu du caractère d'ambassadeur de la Grèce. Mais Pylade n'est point ici un confident subalterne ; Oreste l'appelle son ami :

> J'abuse, cher ami, de ton trop d'amitié.

Ce sont les deux amis inséparables. Il est vrai que le poète n'ayant besoin que de ses quatre premiers personnages, Pylade, tout prince qu'il est, ne doit faire qu'un second personnage ; ce qui nous est fort indifférent. Il est plus important d'observer que comme depuis six mois ces deux amis ont été séparés par une tempête, Pylade qui est arrivé à la cour de Pyrrhus long-temps avant Oreste, est en état de l'instruire de tout ce qui s'y passe, quand il le retrouve, et qu'en lui dévoilant l'intérieur de cette cour, en lui peignant le caractère des trois personnages qui vont paroître, il fait aux spectateurs, dans ce premier entretien, toute l'exposition du sujet.

Toujours de ma fureur interrompre le cours.

Le poëte attribue habilement à un désespoir amoureux cette fureur d'Oreste :

Traînant de mers en mers sa chaîne et ses ennuis,

pour en cacher la véritable cause, le crime d'Oreste.

Hermione à Pyrrhus prodiguoit tous ses charmes.

Il veut seulement dire *réservoit*. Quelques personnes ont critiqué ce vers, comme présentant une idée fort éloignée de celle d'Oreste. Hermione, demandée à son père par les ambassadeurs de Pyrrhus, est venue avec eux en Epire :

Je vous vis avec eux arriver en Epire.

Elle y a été reçue en reine :

Je vous reçus en reine, etc.

mais Pyrrhus n'a jamais été touché de ses charmes, et n'a été occupé que d'Andromaque. Ainsi, par ce vers :

Hermione à Pyrrhus prodiguoit tous ses charmes,

Oreste veut dire seulement qu'Hermione, qui l'a oublié, ne songe qu'à plaire à Pyrrhus. Suivant Ovide, Hermione que Pyrrhus avoit épousée malgré elle, le détestoit, et n'aimoit qu'Oreste; suivant Euripide, Hermione est la femme de Pyrrhus, et l'aime, puisqu'elle se plaint qu'Andromaque lui enlève son cœur;

suivant

ACTE I, SCENE II.

suivant Virgile, elle étoit aussi la femme de Pyrrhus; et Andromaque, suivant Euripide et Virgile, a été reçue comme captive dans le lit de son vainqueur:

> Victoris heri tetigit captiva cubile.

Il est aisé de voir avec quel art le poète français a su rendre ce sujet convenable à nos mœurs.

> Toute la Grèce éclate en murmures confus.

C'est ce qui jette un grand intérêt dans cette pièce : le repos de la Grèce dépend du succès de l'ambassade d'Oreste, et l'on prévoit quel sera ce succès quand Pylade lui dit :

> Pressez. Demandez tout, pour ne rien obtenir.

Voilà le trouble de la pièce préparé.

> Et fait couler des pleurs qu'aussitôt il arrête.

C'est ce qu'on apercevra dans toute la pièce : de même qu'on verra toujours Hermione se flatter que Pyrrhus la viendra *presser de reprendre son cœur*, l'on verra toujours le triste Oreste incertain s'il va trouver *ou la vie ou la mort*. Le violent Pyrrhus irrité de la demande des Grecs en aimera davantage Andromaque ; ainsi ,

> Plus on veut les brouiller, plus on va les unir.

SCENE II.

Le spectateur n'est point surpris de voir arriver Pyrrhus, puisque Pylade vient de dire à Oreste, *vous attendez le roi*. Cette seconde scène finit lorsque Pyrrhus envoie Oreste à Hermione : après l'avoir ainsi renvoyé, il reste avec son confident, et Andromaque paroît, parce qu'elle passoit pour aller voir son fils. L'acte finit quand Pyrrhus la laisse libre d'aller voir ce fils :

> Allez, Madame, allez voir votre fils.

Aucun personnage n'entre et ne sort qu'on n'en sache la raison.

> Et, la flamme à la main, les suivra sur les eaux.

Cette belle image mérite bien qu'on pardonne au poète d'avoir négligé ce *costume* dont j'ai parlé dans le discours préliminaire. Les vaisseaux des Grecs, comme on voit dans Homère, étoient tirés à terre, au bord de la mer, et ce fut là, et non point *sur les eaux*, qu'Hector y porta la flamme.

> Je songe quelle étoit autrefois cette ville, etc.

Belle peinture de la vanité des grandeurs humaines. Quelle différence entre ce morceau sur la ruine de Troie, et la déclamation de Sénèque, qui fait dire à Hécube que le corps de Priam manque d'un sépulcre et de flamme pour être brûlé, lorsque Troie est en feu!

> Caret sepulchro Priamus, et flammâ indiget,
> Ardente Troja.

> La vieillesse et l'enfance
> En vain sur leur foiblesse appuyoient leur défense.

Priam et Astyanax, tous deux dans une foiblesse égale, l'un par la vieillesse, et l'autre par l'enfance. Quelle poésie pour exprimer ce que permet dans la prise d'une ville la justice militaire! La victoire et la nuit sont personnifiées; ce qui est plus poétique que ce que dit Sénèque :

> Sed regi frænis nequit
> Et ira, et ardens hostis, et victoria
> Commissa nocti.

> La Victoire et la Nuit plus cruelles que nous.

Ce vers offre une image bien plus vive que celui de Sénèque : *Victoria commissa nocti.*

> De mes inimitiés le cours est achevé.

Imité de Sénèque :

> Quidquid eversæ potest
> Superesse Trojæ, maneat : exactum satis
> Pœnarum, et ultra est.
> Meus captis quoque
> Scit parcere ensis.

SCENE IV.

Me cherchiez-vous, Madame ?

C'est parler bien respectueusement à sa captive : Pyrrhus la traite en princesse, parce qu'il en est amoureux, et qu'il veut s'en faire aimer.

Digne objet de leur crainte.

Dans Sénèque, elle dit à Ulysse, en lui montrant Astyanax :

Hic puer, hic est terror, Ulysse,
Mille carinis.

Faut-il qu'un si grand cœur montre tant de foiblesse ?

Les rois seroient heureux si toutes les femmes leur répondoient de même.

Brûlé de plus de feux que je n'en allumai.

Muratori, en approuvant le sentiment de Pyrrhus, trouve qu'il l'explique avec trop d'esprit : *Il sentimento e ben pensato, ma spiegato in guisa troppo ingegnosa.* Il a raison de faire cette critique, et de dire qu'il n'y a *aucun rapport entre des fers véritables, un feu réel, et les fers et les feux imaginaires de l'amour.* C'est la dernière faute de cette nature qu'on pourra reprocher au même poète. Muratori, qui ne lui passe pas cette faute, justifie dans les poètes de sa nation des fautes de cette nature qui sont bien moins pardonnables.

Allez, Madame, allez voir votre fils.

Voilà quel est toujours Pyrrhus :

Il fait couler des pleurs qu'aussitôt il arrête.

ACTE II, SCENE I.

Oreste doit reprendre le fil de l'action, puisque Pyrrhus l'a envoyé à Hermione. Le spectateur est impatient de savoir comment il en sera reçu. Cet entretien va se passer devant lui. Hermione vient au lieu de la scène attendre Oreste. Lorsqu'Oreste, chargé par elle d'aller faire décider Pyrrhus entr'elle et Andromaque, se flatte que Pyrrhus, épris d'Andromaque, lui cédera Hermione; Pyrrhus qui a été voir Andromaque, et *n'a trouvé que pleurs mêlés d'emportement*, vient, dans le transport de sa colère, dire à Oreste qu'il épouse Hermione, et le retient pour être le témoin de son hymen. Il le charge de lui porter cette nouvelle, et reste avec son confident pour s'applaudir du parti qu'il a pris. Il semble que l'action aille finir ; mais dans cette scène, tandis qu'il s'irrite contre Andromaque, l'amour reprend ses droits, et le fait tomber dans l'incertitude de ce qu'il doit faire :

Faut-il livrer son fils ? Faut-il voir Hermione ?

Voilà l'action renouée ; et pendant l'intervalle du second au troisième acte, le spectateur est en suspens, et souhaite d'apprendre quel parti enfin aura pris Pyrrhus.

Je lui veux bien encore accorder cette joie.

Hermione est ici, comme dans Euripide, fière, emportée et cruelle. Elle ne craint la vue d'Oreste que parce qu'il sera témoin de son humiliation ; et toute humiliée qu'elle est, si Pyrrhus revenoit à elle, elle se figure qu'il reviendroit en suppliant :

S'il venoit à mes pieds me demander sa grâce.

C'est une femme orgueilleuse, méprisée de celui qu'elle aime : quel sujet de fureur ! *Spretæque injuria formæ*. Roxane est dans la même situation : même sujet de chagrin, de fureur et de vengeance, et cependant ces deux tableaux ne se ressemblent point.

Mais vous ne dites point ce que vous mande un père.

Elle est si occupée de l'infidélité de Pyrrhus, qu'elle a oublié de dire à sa confidente quel ordre Pylade lui vient d'apporter de la part de son père.

ACTE II, SCENE II.

> Si je le hais, Cléone! Il y va de ma gloire, etc.

Pyrrhus dira de même, quand il se croira guéri de son amour,

> D'aujourd'hui seulement je jouis de ma gloire;

et de même qu'Hermione ne veut pas fuir, *pour laisser à sa fureur le temps de croître encore*, Pyrrhus voudra retourner chez Andromaque, *pour donner à sa haine une libre étendue*. Mais Pyrrhus, qui est un héros, se vante d'être guéri :

> Dis plutôt qu'aujourd'hui commence ma victoire.

Hermione, au contraire, dit à sa confidente :

> Crois que je n'aime plus. Vante-moi ma victoire.

Elle ne la vante pas elle-même, parce qu'elle est plus sincère que Pyrrhus. On est toujours surpris de cette fécondité d'imagination, qui fait que le poète, dans ses tragédies, a peint de tant de manières différentes les mêmes mouvemens du cœur.

> Hélas, pour mon malheur, je l'ai trop écouté!

Quelle liaison entre ces vers et les précédens? Aucune. Hermione n'a pas entendu ce que sa confidente lui a dit; elle ne songe pas non plus à lui répondre : elle ne songe qu'à Pyrrhus. Dans son malheur, elle se croit trahie par tout le monde, et même par sa confidente.

SCENE II.

> L'heureux empressement qui vous porte à me voir.

Elle est bien éloignée de parler ici comme elle pense, puisque quand elle l'a vu arriver, son premier mouvement a été de dire :

> Ah, je ne croyois pas qu'il fût si près d'ici!

> J'ai mendié la mort chez des peuples cruels, etc.

Il veut parler de ce fameux combat entre Pylade et lui, dont il est parlé dans Cicéron, lorsque l'un des deux devoit être sacrifié dans la Tauride.

> Si d'une Phrygienne il devenoit l'époux !

Elle ne la nomme ni *captive*, ni une *Troyenne*, mais *Phrygienne*, par un plus grand mépris.

SCENE III.

> Sauve tout ce qui reste et de Troie et d'Hector, etc.

Voilà un ambassadeur qui oublie de quelle commission il est chargé ; mais c'est un amant, et toutes les folies de l'amour sont rassemblées dans cette pièce.

SCENE IV.

> Seigneur, par ce conseil prudent et rigoureux, etc.

Comme ambassadeur, il ne peut l'en détourner. Que peut-il répondre de mieux ?

> Voyez-la donc. Allez. Dites-lui que demain, etc.

C'est ici un autre amant que sa passion aveugle. S'il étoit véritablement changé pour Hermione, il ne lui enverroit pas apprendre par un autre une si grande nouvelle ; il la lui porteroit lui-même, comme Phœnix le lui dira :

> Vous même à cet hymen venez la disposer.
> Est-ce sur un rival qu'il s'en faut reposer ?

SCENE V.

Lorsque mes réflexions sur cette tragédie parurent pour la première fois dans les Mémoires de l'Académie des Belles-Lettres, l'abbé Desfontaines, qui en rendit compte dans ses Observations, désapprouva la manière dont j'y parlois de cette fameuse scène. Il m'en fit un crime, parce qu'il ne fit pas attention que je n'avançois rien qu'en m'autorisant de Boileau, cet excellent juge. Rousseau a pensé comme Boileau, et a écrit dans une de ses lettres à M. Brossette : « J'ai toujours condamné cette scène en l'admirant, parce que, quelque belle

» qu'elle soit, elle est plutôt dans le genre comique
» ennobli, que dans le genre tragique. Cependant, si
» c'est une faute, on doit être bien aise que Racine l'ait
» faite, par les beautés dont elle est parée. » Elle est
tout entière prise dans la nature ; mais tout ce qui est
vrai n'est pas propre à la tragédie. Boileau avoit remarqué qu'à ce vers que Pyrrhus dit à son confident,

> Crois-tu, si je l'épouse,
> Qu'Andromaque en son cœur n'en sera pas jalouse?

on sourioit toujours; effet que rien ne doit causer dans une tragédie : *Grande sonant tragici.* Ovid.

> Voilà ses yeux, sa bouche, et déjà son audace, etc.

Imité de ce que Sénèque fait dire à Andromaque, en parlant de son fils :

> Hos vultus meus
> Habebat Hector, talis incessu fuit,
> Habituque talis, sic tulit fortes manus,
> Sic celsus humeris, fronte sic torva minax.

Tout ceci est mieux dit en un seul vers.

> Commencez donc, Seigneur, à ne m'en parler plus,

parce que, comme dit Ovide :

> Qui nimium multis, non amo dicit, amar.

> Retournons-y. Je veux la braver à sa vue, etc.

C'est ce qu'Ovide ne conseille pas :

> Nec peccata refer, ne diluat, ipse favebis.

Le Misanthrope de Molière vient, une lettre à la main, pour confondre Célimène ; il donne une libre étendue à sa colère, en lui disant :

> Que le sort, les démons, et le ciel en courroux
> N'ont jamais rien produit de si méchant que vous.

Et après tant d'injures, et malgré la preuve qu'il a de son infidélité, c'est lui qui demande pardon.

> Moi l'aimer : une ingrate, etc.

Ovide dit encore :

> Parce queri : melius sic ulciscere tacendo.

4

ACTE III.

Oreste vient attendre Hermione, à qui il doit annoncer, de la part de Pyrrhus, une nouvelle qui le désespère. Hermione arrive, et la satisfaction avec laquelle elle reçoit la nouvelle de son hymen avec Pyrrhus, oblige Oreste à la quitter avec courroux. Tandis qu'elle se livre à la joie avec sa confidente, Andromaque vient se jeter à ses pieds, et lui demander sa protection auprès de Pyrrhus pour son fils. Hermione que sa prière importune, lui fait une réponse fière, et la quitte. Pyrrhus entre, et dédaigne d'aborder Andromaque, qui après s'être jetée aux pieds d'Hermione, se voit encore réduite à se jeter aux pieds de Pyrrhus. Il se laisse attendrir; et toujours prêt à essuyer les larmes qu'il a fait couler, il déclare à Andromaque qu'il va bientôt venir la prendre pour la conduire au temple, et y couronner ou perdre son fils à ses yeux. La voilà donc redevenue maîtresse de son sort, qui dépend du parti qu'elle va prendre. Si elle le prend sur-le-champ, l'action sera finie : le poète trouve l'art de la suspendre, et de faire en sorte qu'Andromaque puisse revenir dans l'acte suivant. Il lui fait dire qu'elle va délibérer sur le tombeau de son époux. Dans l'intervalle du troisième au quatrième acte, le spectateur, qui sait qu'elle est allée faire cette importante délibération, attend son retour avec impatience, et ne peut prévoir qui des deux, d'Hermione ou d'elle, triomphera à la fin.

SCENE I.

Ces gardes, cette cour, l'air qui nous environne, etc.

Dans le palais d'un prince on doit se méfier de tout; et, comme dit Junie à Britannicus,

Ces murs mêmes, Seigneur, peuvent avoir des yeux.

Mais qui s'étoit avisé de dire qu'il faut se méfier de l'air même qui dépend du prince ? Cette pensée, quoique hardie, est ici placée si naturellement, qu'on ne peut que l'approuver.

> Tout dépend de Pyrrhus, et surtout Hermione,

parce qu'elle aime à en dépendre.

> Jamais il ne fut plus aimé.

Pylade, que l'amour n'aveugle pas, sait ce qu'il faut penser du courroux d'Hermione. Plus on se livre à sa colère, plus on aime.

> Je ne sais de tout temps quelle injuste puissance, etc.

Oreste, dans l'excès de son désespoir, paroît murmurer contre la Providence ; mais il faut considérer qu'il n'est plus à lui dans cette scène. Son confident lui a dit :

> Je ne vous connois plus. Vous n'êtes plus vous-même.

Et il lui a répondu :

> Je suis las d'écouter la raison.

Il a vanté son innocence, et il dit en même temps :

> Abandonne un coupable.

Du reste, ayant tué sa mère pour obéir à Apollon, il peut se croire innocent et coupable.

> Allons, Seigneur, enlevons Hermione.

Pylade, quand il l'a vu en fureur, lui a répondu d'abord :

> Hé bien, il la faut enlever,
> J'y consens,

et a su adroitement ajouter des raisons capables de le détourner de ce dessein. Quand il voit que ces raisons ne sont point écoutées, et que la fureur de son ami redouble, il feint de l'approuver et de penser comme lui, *dùm furor in cursu est, currenti cede furori.* Ovid. On verra de même le grand visir approuver ce que lui dit Roxane en fureur, parce qu'il voit qu'elle n'est pas en *état de l'entendre.*

> Charmant, fidèle, enfin rien ne manque à sa gloire.

Pyrrhus n'a plus que des perfections, quand Hermione croit qu'il revient à elle : c'est ainsi qu'Agrippine, qui ne voit que des vices dans son fils quand elle est sans crédit, change de ton quand elle croit revenir en faveur, et dit de lui :

> Non, il le faut ici confesser à sa gloire,
> Son cœur n'enferme pas une malice noire.

SCENE IV.

> Que la veuve d'Hector pleurant à vos genoux ?

Andromaque, obligée de se jeter tantôt aux pieds d'Hermione, tantôt à ceux de Pyrrhus, peut bien dire, comme dans Euripide, « précipitée d'une fortune brillante, jamais femme ne fut et ne sera plus malheureuse. »

> Ma flamme par Hector fut jadis allumée, etc.

Imité de Virgile :

> Ille meos primus qui me sibi junxit, amores
> Abstulit, ille habeat secum, servetque sepulchro.

> Mais il me reste un fils.

Dans cette prière tout est humble, noble et tendre.

> Que craint-on d'un enfant qui survit à sa perte?

C'est ce qu'elle dit dans Sénèque :

> Hæ manus Trojam erigent.
> Nullas habet spes Troja, si tales habet.

> Faites-le prononcer : j'y souscrirai, Madame.

Andromaque l'a appelée *madame* en commençant sa prière : Hermione finissant sa réponse par *madame*, fait sentir la raillerie et le mépris qui règne dans sa réponse.

SCENE VI.

Où donc est la princesse?

C'est Hermione qui est la princesse. Pyrrhus veut faire accroire qu'il vient pour la chercher; et lorsque ne la trouvant pas, il ne se retire point, Andromaque dit à sa confidente :

Tu vois le pouvoir de mes yeux.

N'auroit jamais d'un maître embrassé les genoux.

C'est ce qu'elle dit à Ulysse dans Sénèque :

Ad genua accido
Supplex, Ulysse, quamque nullius pedes
Novere dextram, pedibus admoveo tuis.

Et mon époux sanglant traîné sur la poussière.

C'est en dire assez, et Sénèque cherche inutilement l'esprit, quand il dit qu'Achille traînoit Hector et Troie :

Hectorem et Trojam trahens.

Je n'ai pu soupçonner ton ennemi d'un crime.

L'ennemi de toute ta famille. Pyrrhus n'a point combattu contre Hector, mais il est le fils de son meurtrier; et Andromaque, en s'adressant à Hector, trouve le secret d'avouer devant Pyrrhus des sentimens qui doivent le flatter, parce qu'au même moment elle en demande pardon à Hector.

Va m'attendre, Phœnix.

Il avoit dit à Phœnix qu'il verroit Andromaque à ses pieds sans s'émouvoir :

Je la verrois aux miens, Phœnix, d'un œil tranquille;

il l'y voit, et il va à son tour se jeter aux siens : il ne veut pas que Phœnix soit témoin de sa foiblesse.

SCENE VII.

On peut vous rendre encor ce fils que vous pleurez.

Il va essuyer encore toutes les larmes qu'il a fait couler.

SCENE VIII.

> Quoi, je lui donnerois Pyrrhus pour successeur ?

J'ai épousé, dit-elle dans Euripide, *les meurtriers d'Hector*:

> Φὸ εὖσι ϑ Εκτορος νυμφευὸμαι.

> Songe, songe, Céphise, à cette nuit cruelle, etc.

Quelle vive description des horreurs de cette nuit ! Qu'auroit vu de plus celui qui en eût été témoin ? *O nuit qui a enveloppé Troie dans ton filet !* s'écrie le chœur dans l'Agamemnon d'Eschyle.

> Ce fils, ma seule joie, et l'image d'Hector, etc.

Imité de Sénèque :

> O gnate, magni certa progenies patris,
> Spes una Phrygibus, unica afflictæ domus,
> Veterisque soboles sanguinis nimium incliti
> Nimiumque patri similis !

Et dans un autre endroit :

> O dulce pignus, o decus lapsæ domus,
> Summumque Trojæ funus ! O Danaum timor !
> Genitricis ô spes vana !

> Il demanda son fils, il le prit dans ses bras.

Le poète n'oublie pas de placer dans sa tragédie le beau tableau qu'Homère a fait des adieux d'Hector et d'Andromaque, et il ajoute ces paroles tendres, qu'Andromaque ne dit pas dans Homère :

> O cendres d'un époux ; ô Troyens ; ô mon père !
> O mon fils, que tes jours coûtent cher à ta mère !

Elle s'adresse en même temps à Hector, aux Troyens, à son père et à son fils.

> Allons sur son tombeau consulter mon époux.

Elle pouvoit dire dans cette scène tout ce qu'elle dira dans la scène suivante. C'est un grand art d'en avoir su faire deux scènes, que partage le temps dont Andromaque a besoin pour aller sur le tombeau d'Hector. Il

ACTE IV, SCENE I.

ne devoit pas avoir un tombeau dans l'Epire, ni auprès du palais de Pyrrhus; mais le poète profite de celui dont parle Virgile :

> Hectoreum ad tumulum, viridi quem cespite inanem
> Et geminas, causam lacrymis, sacraverat aras.

ACTE IV.

Andromaque vient annoncer à sa confidente le parti que lui a inspiré la vue du tombeau de son époux, et lui déclarer ses dernières volontés : elle se retire dès qu'elle aperçoit Hermione qui vient attendre Oreste qu'elle a fait appeler. Il vient, reçoit d'elle l'ordre d'assassiner Pyrrhus, et, après avoir fait d'inutiles remontrances, sort pour aller exécuter cet ordre. Pyrrhus, avant que d'aller au temple, vient déclarer lui-même à Hermione qu'il se sépare d'elle, et sort pour aller conduire Andromaque au temple. Ils y vont pendant l'intervalle du quatrième au cinquième acte, et le spectateur attend la nouvelle de ce qui s'y est passé.

SCENE I.

> Oui, je m'y trouverai. Mais allons voir mon fils.

Elle renferme son secret dans ces mots obscurs, de même qu'Agamemnon renferme le sien dans ceux-ci :

> Vous y serez, ma fille.

> A Pyrrhus, à mon fils, à mon époux, à moi.

Voilà tous ceux qu'elle contente, et tous les devoirs qu'elle remplit.

> Céphise, c'est à toi de me fermer les yeux.

Devoir qu'on rendoit aux morts chez les Grecs et chez les Romains. L'ombre d'Agamemnon se plaint dans l'Odyssée de ce que sa femme n'a pas daigné lui fermer les yeux.

Plutôt ce qu'ils ont fait que ce qu'ils ont été.

Ajax, dans Sophocle, avant que de se jeter sur son épée, dit à son fils :

> O mon fils, sois un jour plus heureux que ton père :
> Du reste, avec honneur tu peux lui ressembler.

Ce que Virgile a imité :

> Disce puer virtutem ex me, verumque laborem,
> Fortunam ex aliis.

Le sentiment d'Andromaque, qui est le même, paroît exprimé avec plus de tendresse et de simplicité.

> Qu'il ait de ses aïeux un souvenir modeste.

Elle veut, dans Sénèque, qu'il les oublie :

> Pone ex animo reges atavos
> Magnique senis jura per omnes
> Inclita terras : excidat Hector,
> Gere captivum.

Elle dit plus ici, quand au lieu d'un entier oubli, elle demande *un souvenir modeste*. Médée, dans Longepierre, dit à ses enfans :

> Soumettons-nous, mes fils; cédons à la fortune :
> Quittez cette fierté, près des rois importune ;
> Votre sort est changé, changez aussi de vœux :
> L'abaissement, mes fils, convient aux malheureux.
> Oubliez votre sang, oubliez vos ancêtres :
> Esclaves, apprenez à ménager des maîtres.

Ces vers, qui sont assez beaux, paroissent froids quand on a lu ceux d'Andromaque.

SCENE II.

Les deux personnages qui parloient dans la scène précédente disparoissent, et deux autres viennent s'entretenir d'autres choses. C'est ce qui se pratiquoit communément dans nos anciennes pièces ; et dans Cinna, la cinquième scène du quatrième acte n'est liée en aucune façon avec la quatrième : Auguste et Livie sortent d'un côté ; Emilie paroît de l'autre. Ce défaut ne se trouve point ici : il n'y a aucun vide. Andromaque voit Hermione, et la fuit.

> Vous vous taisez, Madame; et ce cruel mépris, etc.

Elle doit se taire : *Curæ leves loquuntur, ingentes stupent.* Cet état d'étonnement est ici dépeint. Hermione, à treize vers de sa confidente qu'elle n'a point écoutés, ne répond que par

> Fais-tu venir Oreste?

Elle ne parle à Oreste, quand il arrive, que d'une manière brusque et coupée:

> Je veux savoir, Seigneur, si vous m'aimez.
> Vengez-moi, je crois tout.

SCENE III.

> Ne vous suffit-il pas que je l'ai condamné.

Quelle fierté et quelle fureur ! Elle voudroit aller elle-même *percer* le cœur qu'elle n'a pu toucher, et c'est une grâce qu'elle fait à Oreste de le charger de cette affreuse commission, *notumque furens quid femina possit.* VIRG.

> De mourir avec lui que de vivre avec vous.

C'est lui dire assez clairement qu'elle ne l'aime point, et qu'elle aime Pyrrhus. Pourquoi donc Oreste veut-il obéir à cette furie ? Il est dépeint dans cette pièce tel que les anciens l'ont dépeint, poussé par le destin cruel. Il l'a dit dès le commencement :

> Je me livre en aveugle au transport qui m'entraîne;

et il a dit à Hermione :

> Et le destin d'Oreste
> Est de venir sans cesse adorer vos attraits.

SCENE V.

Voici la scène qui attira à la pièce beaucoup de censeurs. Il est vrai que Pyrrhus en paroissant, pourroit dire aux spectateurs comme à Hermione :

> Vous ne m'attendiez pas.

Lorsqu'on accusoit Pyrrhus de n'être point un honnête homme, parce qu'il amusoit une princesse qu'il n'aimoit point, la critique étoit puérile ; mais ici ce n'est pas seulement à la probité, c'est à l'humanité qu'il manque. Est-il permis de venir chercher une personne pour l'insulter dans son malheur, quand on est soi-même la cause de son malheur ? Mais dans quelle circonstance Pyrrhus aborde-t-il Hermione ? Dans le moment qu'elle vient d'ordonner qu'il soit assassiné, dans le moment qu'elle a dit :

> Ma vengeance est perdue,
> S'il ignore en mourant que c'est moi qui le tue.

Son arrivée jette un trouble agréable par la curiosité qu'elle inspire dans les spectateurs, d'entendre ce que vont se dire ces deux personnages. C'est une de ces situations que les grands maîtres sont seuls capables d'inventer. Ainsi cette scène produit un bel effet, et en même temps dispose les spectateurs à écouter tranquillement le récit de la mort de Pyrrhus. Ce prince leur paroîtra mériter son malheur ; et dans toute cette scène ils se rangent du parti d'Hermione, dont les reproches sont bien fondés.

> De la fille d'Hélène à la veuve d'Hector.

C'est ce qu'a fait Pyrrhus jusqu'à présent. Il a été tantôt à l'une, et tantôt à l'autre ; mais il n'a été à Hermione que par colère contre Andromaque.

> Cherche un reste de sang que l'âge avoit glacé.

Sur la mort du vieux Priam, Sénèque dit, dans la Troade :

> Ensis senili siccus e jugulo rediit ;

et dans l'Agamemnon :

> Vidi, vidi senis in jugulo
> Telum Pyrrhi vix exiguo sanguine tingi.

Ovide

ACTE V, SCENE I.

Ovide dit de même :
> Exiguumque senis Priami Jovis ara cruorem
> Combiberat.

Ce bras qui s'enfonce pour chercher un reste de sang que l'âge a glacé, est une image bien plus poétique.

> Mais, Seigneur, en un jour ce seroit trop de joie.

Elle quitte tout-à-coup le style de fureur pour prendre un style respectueux, et reprend bientôt le style de fureur :

> Perfide, je le vois :
> Tu comptes les momens que tu perds avec moi !

SCÈNE VI.

> Seigneur, vous entendez : gardez de négliger, etc.

Il n'a point entendu ses menaces, et il n'entend point encore l'avis que lui donne son confident. Sourd à tout, lorsqu'il s'en va en disant :

> Andromaque m'attend, Phœnix, garde son fils.

Il fait connoître l'ivresse d'une passion qui est cause qu'il va en aveugle se précipiter dans son malheur.

ACTE V.

Hermione vient attendre la nouvelle de ce qui s'est passé au temple, où elle a envoyé sa confidente, dans l'espérance que Pyrrhus, en la voyant, aura quelque remords. Elle se flatte jusqu'au dernier moment qu'il se repentira, et demande à sa confidente, sitôt qu'elle la revoit :

> L'ingrat a-t-il rougi lorsqu'il t'a reconnue ?

Quand elle est assurée que Pyrrhus n'a des yeux que pour Andromaque, sa colère redouble : elle veut aller elle-même l'immoler ; et sitôt qu'elle a appris par Oreste que Pyrrhus est mort, elle court au temple, et se tue sur lui. Oreste déchiré par les remords de son crime, frappé des adieux d'Hermione, et de la nouvelle de sa mort, perd le jugement. Telle est la tragique catastrophe dont l'amour est l'auteur.

SCÈNE I.

Ai-je vu ses regards se troubler un moment?

Num fletu ingenuit nostro, num lumina flexit, etc. VIRG.

Je parerai d'un bras les coups de l'autre main.

Telle est ordinairement la vengeance des amans, et celle des pères.

SCÈNE II.

Sans joie et sans murmure, elle semble obéir.

Quel beau portrait de la vertueuse Andromaque!

Que de cris de douleur le temple retentisse.

Elle n'apprendra jamais assez promptement la nouvelle de la mort de Pyrrhus; et cette nouvelle, quand elle l'apprendra, fera son désespoir.

SCÈNE III.

Il est mort!

Oreste est si hors-de-lui-même, qu'il n'entend pas le sens de cette exclamation, ni de celle qui suit

Qu'ont-ils fait!

Il continue son récit, et plus il décrit les circonstances de cet événement, croyant contenter Hermione, plus il la désespère : ce qui est plus vraisemblable, que de la supposer capable d'entendre tranquillement tout ce que lui disoit d'abord Andromaque, que dans la première édition Oreste amenoit comme une victime qu'il venoit livrer à Hermione. Oreste est déjà assez coupable, sans lui faire commettre cette injustice. La noblesse des sentimens d'Andromaque, qui se voyoit, depuis l'assassinat de Pyrrhus,

Deux fois veuve, deux fois esclave de la Grèce,

et réduite à verser des larmes *pour un autre qu'Hector*, fut cause apparemment que son retour sur le théâtre ne choqua point d'abord les spectateurs, puisque Subligny ne le reproche point à l'auteur, qui dans la suite s'en fit lui-même un reproche. Il trouva que la présence d'Andromaque refroidissoit une scène qui doit être vive, et il sacrifia sans peine des vers qu'un poète moins accoutumé à en faire de beaux eût eu peine à sacrifier. Ils ne se trouvent plus dans la deuxieme édition de cette tragédie : on les a mis dans l'avertissement de l'édition de 1736. Philips qui, en 1712, traduisit cette piece en anglais, y ajouta à la fin les trois scènes dont on trouve la traduction dans les Réflexions de l'abbé du Bos. Philips suppose qu'Andromaque revient pour promettre à Pyrrhus, dont le corps est apporté sur le théâtre, les honneurs qu'il mérite. En même temps elle entend un bruit de guerre qui annonce la proclamation d'Astyanax. La tragédie devant laisser le spectateur dans la tristesse, celle-ci doit finir par les fureurs d'Oreste.

Et je le reconnois pour le roi des Troyens.

Couronner la veuve d'Hector, remettre sur le trône son fils, dont toute la Grèce demande la mort, et braver ainsi la Grèce à la vue de son ambassadeur, c'est s'exposer à être déchiré par tous les Grecs témoins de cette cérémonie. C'est aussi sous leurs coups que tombe Pyrrhus, comme il le mérite, et non pas sous les coups d'Oreste, qui n'est pas moins coupable, puisque *son ardeur*, comme il le dit, *a servi d'exemple aux Grecs*. Il en fut le meurtrier, suivant Virgile; mais le poète français a voulu sauver au spectateur l'horreur de voir Oreste souillé du sang de Pyrrhus.

Pourquoi l'assassiner? Qu'a-t-il fait? A quel titre?
Qui te l'a dit?

Que d'interrogations à la fois!

Il m'aimeroit peut-être; il le feindroit du moins.

Ce même vers se trouve dans une comédie de Montfleury, intitulée *le Mari sans Femme*, et représentée en 1663, par conséquent faite quatre ans avant Andromaque. L'auteur d'Andromaque a-t-il été capable de voler à un très-médiocre poète le meilleur vers qu'il ait peut-être fait? Supposé qu'il en eût été capable, ce vol eût été bientôt reconnu, puisque Montfleury, comédien, et père de l'auteur des comédies, faisoit le personnage d'Oreste dans Andromaque. Il eût crié *au vol*, en s'entendant dire à lui-même par Hermione un vers de son fils. Il y a donc apparence que Montfleury le fils ayant trouvé ce vers d'Hermione très-convenable à son sujet, effaça un des siens dans cette comédie, et le mit à la place.

Il est certain que le père de ce Montfleury faisoit le rôle d'Oreste en 1667, puisque Robinet, dans les vers cités dans l'Histoire du Théâtre François, tom. 10, disoit :

> Et cet Oreste frénétique,
> Là, personnage épisodique,
> Est figuré par Montfleuri,
> Qui fait mieux que feu Mondori.

Comme on avoit dit que Mondori étoit mort des grands efforts qu'il avoit faits en jouant Hérode dans Marianne, on a voulu aussi que Montfleury soit mort des grands efforts qu'il fit en jouant Oreste dans Andromaque. Mondori, qui tomba en apoplexie en jouant Hérode, ne mourut que long-temps après cet accident, qui lui fit quitter le théâtre. Il est vrai que Montfleury, après avoir joué Oreste, revint chez lui avec une fièvre dont il mourut en peu de jours : ce qui fit dire à la

Gazette citée dans l'Histoire du Théâtre Français, tom. 7, sur Montfleury :

> Lequel a, jouant Oreste,
> Helas, joué de son reste !
> O rôle tragique et mortel !

La plaisanterie de Guéret, dans son Parnasse réformé, plaisanterie rapportée par M. Baillet dans ses Jugemens des Savans, a toujours fait croire que le rôle d'Oreste avoit causé la mort de ce comédien. Ceux qui sont curieux de pareils faits les trouveront discutés dans l'Histoire du Théâtre Français.

> Traître, qu'elle ait produit un monstre tel que toi.

Ils sont l'un et l'autre de cette famille qu'Horace appelle *Sævam Pelopis domum*.

SCENE IV.

> Quoi, j'étouffe en mon cœur la raison qui m'éclaire, etc.

C'est ce qu'étouffent tous ceux qui s'abandonnent à l'amour.

> Je viole en un jour les droits des souverains,
> Ceux des ambassadeurs, et tous ceux des humains.

Il n'oublie aucune des circonstances qui font l'énormité de son crime. *Les droits des humains* qu'il a violés sont ceux de l'hospitalité. Dans Iphigénie en Tauride, lorsqu'il propose à sa sœur de tuer Thoas, elle lui représente les droits sacrés de l'hospitalité qu'il violeroit.

SCENE V.

> Aux ordres d'Andromaque ici tout est soumis.

Le spectateur instruit du sort d'Andromaque, étant satisfait, l'auteur a bien senti qu'il avoit eu tort de la faire revenir après la catastrophe.

> S'il reprenoit ici sa rage avec ses sens.

Ce n'est ici qu'un égarement d'esprit; mais Pylade craint le retour de ces accès de rage auxquels il étoit sujet avant que d'être délivré des Furies. Il étoit alors θεομανῶ λυσσῃ δαρεις. Euripide a fait la description de cet accès.

L'état où tombe Oreste à la fin de cette tragédie, paroît une punition divine, qui satisfait le spectateur, aussi-bien que la mort d'Hermione, qui s'est fait justice à elle-même. Les trois coupables sont punis, et la vertueuse Andromaque paroît récompensée; mais comme elle a perdu son défenseur dans Pyrrhus, la Grèce n'a plus rien à craindre du fils d'Hector. Ainsi la catastrophe délivrant la Grèce de ses inquiétudes, cause une révolution, et est comme l'achèvement complet de son triomphe sur Troie. C'est pour cela que cet événement arrive un an après la ruine de cette ville. Pyrrhus a dit à Andromaque:

> Mon cœur désespéré d'un an d'ingratitude.

Le poète ne pouvoit le reculer davantage: il n'eût point été vraisemblable que les Grecs eussent laissé vivre plusieurs années Astyanax, qui est dépeint dans cette pièce comme un enfant

> Qui ne sait par encor
> Que Pyrrhus est son maître, et qu'il est fils d'Hector.

C'est l'âge que lui donne Homère, qui le dépeint dans les bras d'une nourrice, quand Hector l'embrasse en partant pour le combat; au lieu que Sénèque, dans la Troade, en fait un enfant en âge de connoître ses malheurs, et de se jeter aux pieds d'Ulysse. Mais comment, dira-t-on, le poète français a-t-il pu placer cet événement un an après la prise de Troie, puisqu'Oreste étoit au berceau quand les Grecs partirent pour le siége de Troie, comme Arcas le dira à Agamemnon dans Iphigénie :

Votre Oreste au berceau va-t-il finir sa vie?

Il est vrai que suivant Homère Ægyste vécut avec Clytemnestre sept ans après la mort d'Agamemnon ; que suivant Euripide, la mort de Pyrrhus et l'enlèvement d'Hermione par Oreste, n'arrivèrent que neuf ou dix ans après la ruine de Troie, et que le Molossus, fils d'Andromaque et de Pyrrhus, qu'Euripide fait parler dans sa pièce, est d'âge à se connoître. Mais le poète français, qui pour changer les événemens de la fable doit avoir encore plus de liberté que les poètes grecs, qui en avoient beaucoup, peut supposer dans cette pièce que quand Agamemnon a été tué, Oreste étoit en âge de venger sa mort, l'a vengée, et un an après est venu à la cour de Pyrrhus. Ce n'est point sur des contrariétés qui nous sont très-indifférentes qu'on doit chicaner un poète, quand il les fait servir à l'ornement de son sujet. Un spectateur qui voit représenter Iphigénie, et entend dire qu'Oreste est au berceau, ne s'avise point de reprocher au poète que cet âge ne s'accorde point avec l'âge que dans une autre de ses pièces il a donné à ce même Oreste. On trouve des contrariétés bien plus remarquables dans les tragédies d'Euripide.

Des pièces de l'auteur que j'examine, Andromaque est, je crois, la seule dont la grande réputation ait engagé un Anglais, non pas à la traduire (ce qui paroît trop servile aux poètes anglais), mais à en faire une imitation suivie, sous un autre titre. Ce n'est point que l'imitateur ne trouve pas son original assez parfait, puisqu'il avoue dans sa préface qu'il ne se sent pas capable d'en rendre toutes les beautés, mais il ne convient pas apparemment à un poète anglais de suivre pas à pas les nôtres en interprète soumis; il doit, en conservant le fond des choses, réunir *à la correction française la vivacité anglaise*, suivant un des vers du prologue de cette pièce :

With french correctness and with british fire.

Dans ce prologue, composé par le célèbre Steele, les spectateurs sont instruits qu'Andromaque, représentée autrefois en France, *lorsque la France étoit dans sa gloire, et que son roi étoit jeune,*

When France was glorious, and her monarch young,

après cent représentations parut toujours nouvelle; et l'auteur du prologue, certain qu'elle plaira également aux spectateurs anglais, leur dit : *écoutez en silence, vous applaudirez en pleurant :*

Attend with silence, you'll applaud with tears.

Ce même Steele, auteur du prologue, avertissant les spectateurs que dans cette tragédie les règles sur les unités sont observées, condamne les poètes de sa nation, qui croient pouvoir ne s'y point assujettir, parce que Shakespeare ne s'y est point assujetti : « Est-ce donc,
» s'écrie-t-il, à ces nains et à ces pygmées de prendre
» pour exemple le grand Shakespeare ? A un génie qui ne
» connoît point de bornes, tout est permis ; Shakespeare
» peut parcourir la terre, la mer et les airs : »

Shakespear could travel thro' earth, sea, and air.

La tragédie ne doit pas être difficile à un homme qui peut prendre pour le lieu de la scène la terre, la mer, et les airs. J'ignore quel fut le succès d'Andromaque, devant des spectateurs accoutumés à admirer les désordres de Shakespeare. Le poète français a dû leur paroître froid.

M. Philips, son imitateur, retranche et ajoute à l'original tout ce qu'il veut. Je ne m'arrête point à parler de ces changemens, faits pour réunir *à la correction française la vivacité anglaise* ; j'observerai seulement que dans les endroits même où M. Philips paroît vouloir suivre son original il s'en écarte beaucoup. Son Oreste entrant sur le théâtre, aperçoit Pylade et s'écrie. « O Pylade, qu'est-ce que la vie sans un ami ? A ton » aspect la lumière renaît dans mon âme ténébreuse ; » mon espérance se ranime ; le contentement revient en » moi. O ma joie, ô ma consolation ! » Ce n'est point par de pareils transports que l'Oreste français fait connoître sa satisfaction. La tristesse, qui ne le quitte jamais, règne jusque dans sa joie : et il se contente de dire que le courroux de son destin *semble s'adoucir* ; ce que le traducteur italien a parfaitement rendu :

> Prender vuol nuova faccia il mio destino,
> E gia par, che pietoso abbia perduto
> Molto del suo rigor.

La traduction italienne de cette pièce, bien différente de l'imitation anglaise, conserve toutes les figures et toutes les images de l'original. Mais dans des vers sans rime, et d'une mesure différente, offre-t-elle la même poésie, et procure-t-elle le même plaisir à nos oreilles ? Que dirons-nous donc de la pièce anglaise intitulée *The distret Mother?*

Que les étrangers qui ignorent notre langue, ou qui ne la connoissent qu'imparfaitement, ne jugent donc point de nos poètes, quand ils n'en peuvent parler que sur des traductions, quelque bonnes que leur paroissent ces traductions. Que d'exemples ne pourrois-je pas apporter pour prouver ce que j'avance ! Je me borne à deux exemples. Pyrrhus dit à Oreste :

> Je songe quelle étoit autrefois cette ville
> Si superbe en remparts, en héros si fertile,
> Maîtresse de l'Asie ; et je regarde enfin
> Quel fut le sort de Troie, et quel est son destin.
> Je n'y vois que des tours que la cendre a couvertes,

> Un fleuve teint de sang, des campagnes désertes,
> Un enfant dans les fers.

Lorsqu'en prononçant ces vers qui contiennent deux peintures, notre voix qui en finissant la première est tombée au milieu d'un vers, *maîtresse de l'Asie*, est obligée en finissant la seconde de tomber de même au milieu d'un vers, *un enfant dans les fers*, nous sommes frappés d'une harmonie que ne nous rendent point ces vers du traducteur italien :

> Io mi depingo in mente
> Quale era già questa citta superba
> Cosi altera di mura, è cosi piena
> D'Eroi, donna dell' Asia è vedo insieme, etc.

Je ne rapporte point les vers anglais, parce qu'il a plu à l'imitateur de faire dire la même chose à deux personnages. Oreste dit à Pyrrhus : « Rappelez-vous, Seigneur, quelle étoit cette ville redoutable. Rappelez-vous ses murs, ses remparts, ses portes d'airain, ses rois, ses héros, ses armées. » Pyrrhus répond : « Je me rappelle toutes ces choses, et je les vois toutes en poussière, excepté un enfant qui est dans l'esclavage : »

> All but a child, and he in bondage held.

Etoit-il donc nécessaire de faire un pareil changement, pour réunir *la vivacité anglaise à la correction française* ?

Je cite pour second exemple ces deux vers si simples :

> Parle-lui tous les jours des exploits de son père,
> Et quelquefois aussi parle-lui de sa mère.

M. Philips les a ainsi rendus :

> Dwel on the exploits of his immortal father,
> And sometimes Let-him hear his mother's name.

Les voici plus fidèlement rendus par le traducteur italien :

> A lui parla ogni giorno
> Del valor di suo padre, è qualche volta
> Della tua bocca esca il mio nome ancora.

Retrouve-t-on dans ces deux traductions l'admirable simplicité de l'original ?

Cette simplicité est très-louée par l'imitateur anglais, qui se plaint dans sa préface de ce que plusieurs écrivains de sa nation cherchent le sublime dans un style enflé, « ne faisant pas attention, dit-il, que dans le » style comme dans les manières c'est une noble sim- » plicité qu'on admire, et que le sublime qui naît des » sentimens de la nature, ne frappe jamais tant, que » quand il est dégagé de la pompe du langage. » Quoique persuadé de cette vérité, M. Philips, quand il s'écarte de son original, tombe lui-même, ce qui est très-remarquable, dans le défaut qu'il reproche aux poètes de sa nation.

On m'a assuré que l'Andromaque de M. Philips étoit souvent représentée à Londres. Comment une pièce de cette nature peut-elle être applaudie sur un théâtre dont Shakespeare paroît être encore le héros ?

LES PLAIDEURS.

On a eu raison de mettre dans l'édition de 1736, à la suite d'Andromaque, la comédie des Plaideurs, qui fut composée peu de temps après, et qui cependant avoit toujours été placée à la fin du premier volume des OEuvres de l'auteur : ce qui prouve que le Recueil de ses OEuvres n'a point été fait par lui-même, et qu'il n'en a conduit aucune édition. Il n'eût pas manqué de mettre cette comédie, quelque honneur qu'elle fasse à son esprit, au nombre de ses premiers ouvrages, puisqu'elle est le badinage d'un jeune homme qui ne l'avoit d'abord destinée qu'au Théâtre Italien. Il chercha à se consoler par cette plaisanterie, d'un procès qu'il avoit perdu, et il n'a plus songé depuis à s'égayer dans un pareil genre. Ce n'est pas qu'il n'y fût très-propre ; il étoit naturellement porté à la raillerie, et la savoit manier finement. Cette petite pièce peut faire dire de lui, ce qu'il a dit de Corneille : « Il étoit capable de s'abaisser, » et de descendre jusqu'aux plus simples naïvetés du » comique, où il est encore inimitable. »

On n'a point cherché à l'imiter dans un genre pareil à celui de la comédie des Plaideurs : genre d'autant plus difficile qu'il paroît très-facile, n'étant qu'une simple imitation de choses très-communes, et qui paroissent basses. Ce fut par cette raison que le public, qui ne sentit pas d'abord la finesse de la plaisanterie qui regnoit dans cette pièce, la reçut mal. Ce n'étoit, disoit-on, qu'une farce : étoit-il permis de rire d'un procès criminel contre un chien ? On reconnut dans la suite, que ce qui paroît farce cesse de l'être quand il contribue à la peinture d'un ridicule ; et cette pièce vit toujours, tandis que tant d'autres, composées dans ce genre, qu'on appelle le haut comique, sont oubliées, quoique pleines de la métaphysique de l'amour. Peut-on rire, disoit-on encore, d'une pièce pleine de termes de chicane ? On reconnut dans la suite que ce n'étoit point les termes de chicane qui faisoient rire, mais la manière dont le poète en faisoit usage. Une des satires de Furetière, faite avant cette comédie, n'avoit pas eu un grand succès, quoique composée par un homme d'esprit. Cette satire est remplie de termes de chicane que disent, en jouant à la boule, des procureurs qui ne savent parler que leur langue.

Quand une boule pousse une autre en son chemin,
Elle a lettres, dit-on, pour la conforte main.
C'est subrogation, quand elle entre en sa place.
Distraction se fait alors qu'elle la chasse ;
Et c'est réintégrande, alors qu'elle revient.
Ayant un peu gauchi du chemin qu'elle tient,
Quand elle tourne ailleurs c'est un déclinatoire.
Va-t-elle un peu trop doux ? C'est lors le petitoire, etc.

Cette satire, qui paroît d'abord plaisante, devient bientôt ennuyeuse, parce que la même plaisanterie, si long-temps répétée, à propos d'un jeu de boule, fatigue. Mais on rit lorsque Dandin dit en sautant par la fenêtre :

Çà, pour nous élargir, sautons par la fenêtre.
Hors de cour ;

ou quand il dit à ceux qui veulent qu'il s'aille coucher :

Obtenez un arrêt comme il faut que je dorme ;

parce que tous ces traits peignent la passion de ce juge, et que cette passion est le ridicule que le poète attaque. Il sait d'ailleurs, sans s'écarter du principal objet, diversifier tous ces traits. Le ridicule d'un juge qui croit qu'on ne peut vivre sans juger, est différent du ridicule d'un plaideur qui croit qu'on ne peut vivre sans plaider, et du ridicule d'un avocat qui croit que chercher de grandes phrases dans les plus petites causes, c'est bien parler. Tous ces traits différens rassemblés dans cette comédie, forment le tableau de ce ridicule que la fureur des procès jette dans plusieurs personnes; et toute comédie qui sera une imitation fidelle d'un ridicule pris chez les hommes, les fera rire. Molière qui se connoissoit en fidelles imitations des ridicules, se déclara contre le public pour cette pièce, en disant tout haut, quand il la vit représenter, que ceux qui s'en moquoient méritoient qu'on se moquât d'eux. La première fois que cette pièce, si méprisée à Paris, fut jouée devant le roi, la cour confirma le jugement de Molière, comme je l'ai rapporté dans les Mémoires de la vie de l'auteur : d'où l'on ne doit pas conclure que la cour ne puisse, comme le public de Paris, se tromper dans ses premiers jugemens sur pareilles choses; mais ce qui choqua Paris ne choqua point la cour. On s'étoit imaginé à Paris qu'il étoit honteux de rire d'une pièce qui avoit l'air d'une farce, et on s'imaginoit aussi que c'étoit manquer de respect à tous les gens de robe : la cour, qui n'eut pas les mêmes scrupules, trouva risible ce qui étoit risible, et n'eut pas honte de rire.

Le poète qui n'a point eu, comme je l'ai remarqué, d'imitateur dans ce genre de comédie, n'en étoit pas l'inventeur. Non-seulement il a pris son sujet dans Aristophane, il l'a traité dans la manière d'Aristophane, mais en y joignant sa manière, il a été imitateur et original, comme une courte comparaison le fera connoître.

Comparaison des Plaideurs et de la comédie d'Aristophane, intitulée les Guêpes.

Le principal personnage des deux pièces est un juge que la passion de juger a rendu si fou qu'il faut le tenir enfermé : ainsi le sujet est le même, mais la conduite est différente. Les comédies d'Aristophane ne roulent pas, comme les nôtres, sur une intrigue amoureuse qui se termine par un mariage : il ne paroît point de femme dans celle-ci, si ce n'est une vendeuse de pain, qui vient à la fin de la pièce demander justice. L'objet des deux poètes est d'attaquer les mauvais juges : mais nos comédies ne peuvent qu'être assaisonnées d'une raillerie douce, et générale, sur les défauts ordinaires aux gens d'une certaine profession, sans nommer personne ; au lieu que plusieurs comédies d'Aristophane sont des satires cruelles contre les principaux de l'Etat, que le poète nomme, contre les Athéniens et leur gouvernement. Ce n'est pas un seul juge qu'Aristophane tourne en ridicule dans les Guêpes, c'est tout le corps des juges d'Athènes. Il ne les épargne ni sur leurs injustices, ni sur leur avarice, ni sur le dérèglement de leurs mœurs ; il les fait paroître en corps sous la figure de Guêpes, pour marquer qu'ils sont toujours armés d'aiguillons, et qu'ils ne cherchent qu'à faire du mal. Le juge qui est le principal acteur, a la maladie de vouloir toujours juger, et surtout condamner. Il n'aime qu'à faire du mal et à gagner de l'argent ; il s'imagine jour et nuit être au tribunal, et tourner dans ses doigts les petites pierres qui servoient de suffrage ; il s'imagine aussi que son coq a été gagné par argent, pour ne l'éveiller que tard. Tous ses traits de folie ont obligé son fils à le tenir enfermé ; mais tantôt il se met sous le ventre de son âne qui sort, comme Ulysse sous un bélier pour s'échapper de l'antre du Cyclope, tantôt il se sauve par la fenêtre : on voit de même dans les Plaideurs, le juge qui enfermé par son fils, saute par la fenêtre, ou paroît dans les gouttières ou par le soupirail pour juger.

Lorsque le juge d'Aristophane est enfermé chez lui, les autres juges, ses confrères, passent le matin devant sa porte, et l'appellent pour aller avec eux au lieu où ils vont rendre la justice. Il leur répond qu'il est retenu prisonnier par la cruauté d'un fils ; *qui ne me permet point*, dit-il, *de juger, ni de faire du mal*. Ce juge ne déguise point sa méchanceté avec ses confrères, parce qu'ils se ressemblent tous. Ses confrères l'exhortent à s'échapper pendant que son fils dort : il prend une corde pour descendre par la fenêtre. Son fils accourt ; tous les juges, déguisés en Guêpes, le poursuivent avec leurs aiguillons ; le fils prétend que c'est pour rendre plus heureux son père, qu'il l'empêche d'aller juger ; le père, en présence du chœur, plaide contre son fils, et fait voir quelle est la puissance d'un juge, qu'il compare à celle d'un roi, et les avantages d'une profession dans laquelle on gagne tous les jours de l'argent. A ce plaidoyer le fils répond par un autre, et tous deux révèlent les iniques mystères du gouvernement.

Le fils ne pouvant persuader à son père de préférer les amusemens et les festins, au plaisir de toujours juger, lui conseille, voulant contenter sa folie, de tenir audience dans son domestique, et de juger ses esclaves. Dans ce moment on entend crier après un chien qui a emporté un fromage, et un fromage de Sicile. Quel crime ! L'occasion est belle d'exercer l'office de juge : deux chiens paroissent, l'un est accusateur et plaide, l'autre se défend. Les petits du criminel sont présentés au juge pour l'attendrir : son intention cependant est de condamner le coupable. Mais en mettant le suffrage dans le vase, il met par distraction le suffrage qui absout. Au désespoir de cette méprise, qu'il regarde comme une honte pour lui, il en demande pardon aux dieux. Enfin il consent à suivre les conseils de son fils, à quitter le métier de juge, et à ne plus songer qu'à réjouissances et festins. Il se livre à la débauche avec tant d'excès, qu'il est toujours ivre, et, après avoir battu et volé, s'attire tant d'affaires, qu'on vient de tous côtés demander justice contre lui. Ainsi cet homme qui n'aimoit qu'à condamner les autres, devient un criminel que la justice ne doit pas épargner.

Ce précis de la comédie des Guêpes fait voir que la copie est en bien des choses conforme à l'original. Les deux poètes, dans plusieurs bouffonneries propres à faire rire le peuple, ont jeté beaucoup de ce sel attique, si agréable aux personnes d'un goût délicat. L'éloignement des temps et des mœurs, et l'ignorance de plusieurs allusions, sont cause qu'une grande partie de ce sel répandu dans Aristophane est perdue pour nous; ce qui est aisé à concevoir, puisque même la comédie des Plaideurs a beaucoup de traits qui n'ont plus aujourd'hui le même agrément que dans la nouveauté, à cause de l'application qu'on en faisoit, du temps de l'auteur, à des personnes connues. Il y avoit alors, par exemple, un président si amoureux de son métier, qu'il l'exerçoit dans son domestique. Quand son fils lui représentoit qu'il avoit besoin d'un habit neuf, il lui répondoit gravement *présente ta requête*, commme Dandin disoit, *présente ta requête comme tu veux dormir*: et quand le fils lui avoit présenté sa requête, il y répondoit par un *soit communiqué à sa mère*. La scène entre la comtesse et Chicanneau, s'étoit passée entre la comtesse de Crissé et un fameux plaideur, chez M. Boileau le greffier; et l'actrice qui faisoit ce rôle étoit habillée comme cette dame. Tout ouvrage satirique a certains agrémens que le temps efface ; mais l'ouvrage subsiste toujours, quand il contient une critique fine de quelque défaut commun chez les hommes, et qui mérite d'être tourné en ridicule. Le défaut qui est l'objet de ces deux comédies, est de tous les temps, et a régné à Athènes comme à Paris. Une place qui met un homme en état de décider de la vie et de la fortune des autres, et qui en même temps lui rapporte de l'argent, peut flatter son amour-propre et son avarice. Les poëtes comiques, dans leurs imitations, peuvent et doivent même ajouter au vrai, pourvu qu'ils ne s'écartent pas de la vraisemblance. Il n'est pas commun de voir un juge tel que celui qu'Aristophane a dépeint, mais il n'est pas impossible qu'il se trouve.

Le Dandin des Plaideurs est le même ; il croit que sa place l'élève au-dessus de toute la noblesse, parce qu'il a vu des gentilshommes l'attendre dans sa cour, et pour se chauffer venir *tourner sa broche*. Sa profession est bonne, puisque chaque ruban de son fils *lui coûte une sentence ;* il est fort content *des étrennes d'un juge*; le solliciteur qui commence sa sollicitation par lui parler *d'un quartaut de vin* est écouté avant les autres ; quand on lui propose de donner audience, il demande qui lui *paiera ses vacations ;* il parle *de ses épices ;* sa femme est capable d'emporter *les serviettes du buvetier* ; et son portier, qui n'ouvre sa porte qu'à ceux qui le paient, rend compte de ses profits à son maître. Il est capable de se laisser encore corrompre par une autre passion : il dit à une jeune fille, *à qui veux-tu faire perdre la cause?* Il lui propose pour partie de plaisir, d'aller *voir donner la question.* Il est porté, comme celui d'Athènes, à faire du mal ; et lorsqu'après s'être endormi à l'audience, il se réveille en sursaut, il prononce *aux galères*.

A ce tableau des extravagances d'un mauvais juge, le poète français en a joint un autre dont il n'a point trouvé l'original dans le poète grec. C'est le tableau des extravagances de ceux qui, dominés par la passion de la chicane, sont toujours prêts à faire marcher les huissiers, sans considérer dans combien de procédures et de frais entraînent les plus petits procès. Quoiqu'on ait adjugé à la comtesse qui paroît dans cette pièce, une pension suffisante pour vivre honnêtement, elle se trouve très-malheureuse de n'avoir plus la liberté de plaider contre mari, père et enfans. Elle raconte ses malheurs à Chicanneau, qui a la même fureur qu'elle, et leurs confidences mutuelles se terminent par une querelle qui cause un procès criminel. Une comédie qui a pour objet de corriger en riant de pareilles extravagances, dont on ne voit que trop d'exemples dans le monde, à un objet utile ; et pour faire voir le ridicule de ces passions, elle emploie des bouffonneries qui font quelquefois plus d'effet que des leçons sérieuses. C'est par une de ces bouffonneries que le poète français fait sentir le ridicule d'une éloquence fort en usage de son temps, et beaucoup plus ancienne, puisqu'elle est toute pareille à celle de cet avocat de Rome à qui Martial dit : « Vous me parlez de la bataille de Cannes » et de la guerre de Mithridate, parlez de mes trois » chèvres. »

> Tu Cannas, Mithridaticumque bellum.....
> Magna voce sonas, manuque totâ :
> Jam dic, posthume, de tribus capellis.

La comédie des *Guêpes* et celle des *Plaideurs* sont semblables en bien des choses, et différentes en beaucoup d'autres : elles sont semblables parce qu'elles ont un même objet, et elles sont différentes parce qu'elles ont été faites pour amuser deux peuples dont les mœurs sont très-différentes. On ne voit point dans Aristophane d'amant qui se déguise en commissaire pour pouvoir entretenir une fille, parce que les comédies grecques ne rouloient pas comme les nôtres sur une intrigue d'amour, et même amusoient souvent le peuple et les spectateurs de bon goût sans aucun personnage de femmes. Parmi nous c'est une espèce de nécessité qu'il y ait une intrigue amoureuse dans toute comédie, et qu'elle se termine par un mariage. Mais ce n'est pas ici le lieu de parler de cet usage, assez ridiculement établi.

Riccoboni, dans *sa Réformation du Théâtre*, regarde le dénouement des *Plaideurs* comme dangereux pour les mœurs, parce que c'est, selon lui, un mauvais exemple à donner que celui d'un amant qui, à la faveur d'un déguisement, fait signer à un père son contrat de mariage. Comme une signature surprise de cette façon, s'il étoit possible, ne produiroit jamais dans la société, l'effet que le poète suppose qu'elle produit dans sa pièce pour la pouvoir terminer par un mariage, cette fiction, ne pouvant être regardée que comme plaisanterie de comédie, et examinée de près n'étant pas même vraisemblable, ne donne point un exemple qu'on puisse mettre en pratique; et il seroit à souhaiter que les pièces de théâtre n'offrissent jamais rien de plus dangereux à la jeunesse.

Riccoboni ne trouve que ce défaut dans cette pièce qu'il estime beaucoup; et je rapporterai son jugement, parce qu'ayant fait une étude particulière des comédies modernes des différentes nations, et ayant lui-même travaillé dans ce genre, il doit en parler en homme éclairé. Voici ce qu'il dit de cette pièce :

« La comédie des Plaideurs de M. Racine, est la

» pièce la plus singulière que j'aie trouvée dans tous
» les théâtres de l'Europe : il y corrige deux passions,
» qui à la vérité paroissent rarement dans le monde,
» mais qui ne sont jamais médiocres dans ceux qui s'y
» laissent entraîner.

» Les juges ordinairement exercent leur charge ou
» avec une attention scrupuleuse, ou avec une vicieuse
» nonchalance. On croiroit qu'il ne peut pas y en avoir
» un seul qui souhaitât avec empressement d'avoir des
» procès à juger, et l'on s'imagineroit plutôt qu'un tel
» emploi est regardé comme une gêne très-pénible
» et très-ennuyeuse. Il est cependant vrai qu'il se trouve
» aussi des juges qui ont la fureur de juger : tant il est
» constant que la malice des hommes peut se faire une
» passion des choses même les plus sérieuses, et en
» apparence les moins satisfaisantes !

» D'un autre côté, l'on entend bien des clameurs
» contre l'usage et la nécessité d'avoir des procès......
» Cependant il n'est que trop vrai qu'il y a des per-
» sonnes qui ne sauroient vivre sans procès, qui les
» cherchent, et qui sur des prétextes très-frivoles, at-
» taquent leurs parens, souvent même leurs amis, seu-
» lement pour avoir le plaisir de plaider.

» M. Racine, avec tout l'art dont il étoit capable, a
» tourné ces deux passions en ridicule; en sorte que
» depuis Molière, j'ai peine à croire que le vrai style
» de la comédie se soit conservé nulle part aussi bien
» que dans la comédie des Plaideurs. »

Comme à Athènes la profession de juge étoit fort lucrative, il y devoit avoir un grand nombre de juges dignes de la censure d'Aristophane; mais le poète grec, qui a tourné en ridicule la fureur de juger, n'ayant pas songé, comme le poète français, à tourner en ridicule la fureur de plaider, on peut croire que les plaideurs n'étoient pas si communs à Athènes que parmi nous : on accuse en effet notre nation d'aimer plus qu'une autre la chicane et les procès. Dans les Lettres sur les Anglais et les Français, écrites par un Suisse, homme philosophe, et qui avoit beaucoup voyagé, voici ce qu'on lit : « Si les officiers de justice » sont en très-grand nombre en France, les gens qui » leur donnent lieu d'exercer leurs offices, et qui se » ruinent en procès, le sont au-delà de tout ce qu'on » peut dire. Les Français sont sans contredit la nation » du monde où il y a le plus de plaideurs. Quand on les » envisage par cette double folie, on se souvient des » deux personnages ridicules d'une de leurs comédies, » et on est tenté de faire une application plus générale » du vers qui les caractérise : »

L'un veut plaider toujours, l'autre toujours juger.

On croiroit, à entendre ce philosophe suisse, qu'une moitié de notre nation est composée d'officiers de justice, et l'autre moitié de plaideurs. Il est vrai que dans le temps où cette comédie fut faite, l'amour de la chicane étoit beaucoup plus répandu qu'aujourd'hui : ce fut peut-être ce qui engagea le poète à la composer, et ce fut peut-être aussi ce qui fut cause qu'elle fut d'abord très-mal reçue à Paris. Quand Cervantes entreprit de tourner en ridicule un défaut très-commun dans sa nation, il n'y trouva pas d'abord beaucoup de rieurs.

Dans mes réflexions générales sur la poésie dramatique, je rechercherai quelle est la nature du plaisir que cause la comédie, et quelle est la nature du sel attique.

NOTES

Sur la Langue.

ACTE I, SCENE I.

Tous les plus gros monsieurs me parloient chapeau bas.

Messieurs au pluriel ne se dit que par un homme de la condition de Petit-Jean.

Tous les jours le premier aux plaids, et le dernier, etc.

Aux plaids : mot qui se dit pour *audiences* dans les provinces.

Il y seroit couché sans manger et sans boire.

Il y seroit couché : faute d'impression, *il s'y seroit couché.*

Pour s'échapper de nous Dieu sait s'il est allaigre.

On doit écrire *alègre.*

SCENE III.

Oh, Monsieur, je vous tien.

Je vous tien : sur ce vers de Bajazet, *Je vous en averti*, je parlerai de ces licences qu'on ne doit point prendre.

SCENE IV.

Je ne veux de trois mois rentrer dans la maison.
De sacs et de procès j'ai fait provision.

Maison rime à *provision*, on verra encore rimer, *écrivons* et *rebellions*, *donc* et *pardon*, *création*, *désavouer* et *payer.* Le poète, si sévère sur la rime dans ses tragédies, s'est donné quelque liberté dans une comédie.

LES PLAIDEURS,

SCENE V.

> Et la pauvre Isabelle,
> Invisible et dolente, est en prison chez elle.

Dolente ne se dit plus que dans le style badin.

> Elle voit dissiper sa jeunesse en regrets, etc.

L'amour se *dissipe* en fumée, mais on ne *dissipe* pas sa jeunesse en regrets. La remarque de M. l'abbé d'Olivet est très-juste. Je ne sais cependant si le poète eût changé deux vers si naturels.

> Il vous eût arrêté le carrosse d'un prince ;
> Il vous l'eût pris lui-même ; et si dans la province, etc.

Il vous eût arrêté…. Il vous l'eût pris : ce *vous*, quoiqu'entièrement inutile, est d'usage dans le style familier, et semble ajouter plus de force à ce qu'on dit.

SCENE VI.

> Qu'on ne laisse monter aucune âme là-haut.

Dans le style familier, *âme* pour personne : *On n'y trouve pas une âme.*

SCENE VII.

> Monsieur, que je vous die……

Je remarquerai ce *die* qui se trouve dans Bajazet, dans mes notes sur cette pièce.

> Hé, quelque soixante ans.

L'auteur, dans la prose, se servoit ordinairement de ce *quelque* pour *environ*.

ACTE II, SCENE III.

> Tenez, voilà le cas qu'on fait de votre exploit.
> CHICANNEAU.
> Comment, c'est un exploit que ma fille lisoit !

Lisoit rime avec *exploit*, à cause de l'ancienne prononciation des gens de pratique.

ACTE I, SCÈNE I.

Va, je t'acheterai le Praticien François.

Le Praticien François : même prononciation. Outre cela, *françois*, qui rime avec *rois*, ne peut rimer avec les noms en *ais*.

SCENE VI.

On ne veut pas rien faire ici qui vous déplaise.

Léandre déguisé en commissaire, fait à dessein cette faute de *pas mis avec rien*.

ACTE III, SCENE III.

A déchiré la robe. On en verra les pièces.
Pour nous justifier, voulez-vous d'autres pièces?

Pièces et *pièces* : rimes heureuses quand deux mots semblables ont une signification différente. On a vu plus haut, *se mettre de la partie*, et pour rime *adverse partie*. Plus bas, *cet enfant-là* rime avec *rappelez-la*. Malherbe aimoit ces rimes. Il a fait rimer *manie* fureur, avec *manie* verbe. Pétrarque a fait un sonnet tout entier de rimes pareilles ; c'est alors une affectation puérile : ce qui paroît travail cesse de plaire.

REMARQUES.

Le lieu de la scène est, comme dans les comédies anciennes, une place publique. L'action se passe vis-à-vis la maison du juge, près de laquelle est la maison de Chicanneau.

ACTE I, SCENE I.

Tel qui rit vendredi, dimanche pleurera.

Ce portier ressemble à Sancho ; il aime les proverbes.

> Il est vrai qu'à Monsieur j'en rendois quelque chose.
> Nous comptions quelquefois.

Ces sortes de comptes se font assez souvent.

> Ne se coucher qu'en robe et qu'en bonnet carré.

Le juge, dans Aristophane, voudroit être changé en une de ces petites pierres qui servoient de suffrages. On ne pouvoit mieux rendre la même plaisanterie que par ce vers.

> Il fit couper la tête à son coq, de colère, etc.

La plaisanterie de ce coq que le juge croit gagné par les plaideurs, est dans Aristophane.

SCENE IV.

> Compare, prix pour prix,
> Les étrennes d'un juge à celles d'un marquis.

Ce juge est pareil à celui que dépeint Aristophane, amoureux de sa profession comme très-lucrative.

> Elle eut du buvetier emporté les serviettes, etc.

Il avoit en vue la femme de ce lieutenant-criminel, si fameux par son avarice, et par le portrait qu'en a fait Boileau.

SCENE V.

> Ses rides sur son front gravoient tous ses exploits.

Parodie d'un vers du Cid. On prétend que cette plaisanterie déplut à Corneille.

SCENE VI.

> Un grand homme sec, là, qui me sert de témoin,
> Et qui jure pour moi lorsque j'en ai besoin.

Quel est le plus coupable, de celui qui fait le métier de témoin, ou de celui qui en a un à ses gages ?

SCENE VII.

De dits, de contredits, enquêtes, compulsoires, etc.

Une suite de procédure, ennuyeuse par elle-même, devient plaisante, étant racontée de cette façon.

Deux bottes de foin cinq à six mille livres!

Les traits des poëtes comiques, paroissent quelquefois outrés, et ne le sont pas. Il est rapporté dans l'éloge historique de M. Boivin l'aîné, qu'il soutint un procès pour une redevance de vingt-quatre sols, dont il prétendoit qu'une maison qu'il avoit achetée en Normandie, devoit être exempte : ce procès, qu'il perdit, dura douze ans, et lui coûta douze mille livres de frais.

Je ne la serai point.

Ainsi dans toutes les éditions : suivant la règle cependant il faudroit *le*, ce que le poète n'ignoroit pas; mais il a dû faire parler une plaideuse suivant l'usage de parler des femmes. *Le* eût été mal ici, et même on ne peut condamner Corneille de faire répondre à Théodore, lorsqu'on l'accuse d'être chrétienne, *oui, je la suis, Madame;* parce que toutes les femmes parlant ainsi, l'usage l'emporte sur la règle, qui n'en est pas moins certaine : *Etes-vous reine? Je le suis. Etes-vous la reine? Je la suis.*

ACTE II, SCENE I.

Me charge d'un exploit pour monsieur Chicanneau, etc.

Comment l'exploit peut-il être déjà remis à un huissier? La scène qui y a donné lieu est la dernière de l'acte précédent. Il faut faire attention que l'action de la pièce a commencé pendant la nuit :

Ma foi pour cette nuit il faut que je m'en donne,

scène première; et la septième scène s'est passée avant

quatre heures du matin. Chicanneau a dit en sortant de chez lui:

> Quatre heures vont sonner.

Comme le premier acte s'est passé de très-grand matin, il faut supposer un intervalle un peu long entre cet acte et le second.

SCENE IV.

> Bon, c'est de l'argent comptant.

La plaisanterie sur les huissiers est imitée de ce que Rabelais rapporte des Chicanoux. L'Intimé, dans le premier acte, a dit de son père:

> Si dans la province
> Il se donnoit en tout vingt coups de nerfs de bœuf,
> Mon père pour sa part en emboursoit dix-neuf.

Rabelais dit d'un Chicanoux, que « si en tout le terri-» toire n'étoient que trente coups de bâton à gagner, il » en emboursoit toujours vingt-huit et demi : » et lorsqu'il est assommé de coups « il est aise comme un » roi ou deux. »

SCENE VIII.

> Allez lui demander si je sais votre affaire.

C'est-à-dire, *allez lui donner de l'argent.* C'est par où il faut commencer.

SCENE XIV.

> Fermons l'œil aux présens, et l'oreille à la brigue.

Ce juge à qui des plaideurs ont recommandé leurs intérêts, en se réclamant, l'un du P. Cordon, l'autre d'un cousin de ses neveux, ou du bâtard de son apothicaire; ce juge qui après avoir rebuté un plaideur, commence à l'écouter lorsqu'il lui entend parler d'un quartaut de vin, est cependant un juge qui prononce gravement:

> Fermons l'œil aux présens, et l'oreille à la brigue.

ACTE III, SCENE I.

Mais je vous prie au moins de bien solliciter.

Dans les deux vers précédens il paroît avoir approuvé le sage avis qu'on lui a donné ; mais il n'est pas prêt à en profiter.

SCENE III.

Messieurs, quand je regarde avec exactitude, etc.

Comme Petit-Jean est un portier, on lui a fait son plaidoyer, et il a besoin d'un souffleur. L'Intimé, qui est le secrétaire du juge, est ici l'habile avocat. Il commence par l'exorde de l'oraison de Cicéron *pro Quintio* : un avocat en plaidant pour un pâtissier contre un boulanger, s'étoit servi du même exorde. Cette éloquence avoit été autrefois fort à la mode. Belièvre demandant à la reine Elisabeth la grâce de Marie Stuart, dans un long discours que rapporte M. de Thou, l. 86, non content de raconter plusieurs traits de l'histoire ancienne, cite des passages d'Homère, de Platon et de Callimaque. Du temps de notre poète, nos avocats avoient encore coutume de remonter au déluge, de raconter des faits inutiles à leur cause, de remplir leurs discours de longs passages des anciens, et, pour faire voir leur érudition, de rapporter beaucoup de citations : c'est pour cela qu'on voit ici des passages d'Ovide et de Lucain, et qu'on entend citer non-seulement le Digeste, mais Aristote, Pausanias, et des Jurisconsultes qui n'ont pas plus de rapport à cette cause que Pausanias, comme Rebuffe, qui écrivit dans le seizième siècle sur les matières bénéficiales, et Amenophus, Jurisconsulte grec, qui a écrit sur le droit byzantin, et dont l'ouvrage, qui est une espèce de manuel, est nommé en latin *Promptuarium*. Des plaisanteries de cette nature ne faisant point rire le parterre, la pièce tomba d'abord.

> Je veux dire la brigue et l'éloquence, car, etc.

Lorsque le poète termine un vers par *car*, et qu'après un autre vers qui finit par *reprendre*, il commence le suivant par *haleine*, nous sentons aisément qu'il veut tourner en ridicule la déclamation des mauvais avocats. C'est ce que ne peut sentir un étranger qui ne sait notre langue que par la lecture de nos livres. Ce *car* à la fin d'un vers ne le frappe point, ou s'il l'y trouve mal placé, il n'en soupçonne pas la raison. Je donne cet exemple pour faire voir combien peu nous sommes en état de sentir toutes les plaisanteries qui sont dans Aristophane.

> Notre père par qui nous fûmes engendrés.

Raillerie des orateurs qui croient orner leurs discours par de grandes phrases qui n'ajoutent rien. Ce *notre père*, répété sans raison, touche le juge imbécille, à qui cette ridicule péroraison fait dire :

> Ce que c'est qu'à propos toucher la passion !

Dans Aristophane, les petits chiens sont aussi présentés. Souvent à Athènes les enfans des accusés montoient auprès des juges, pour les toucher par leurs larmes et leurs prières ; et les juges, quand ils se sentoient attendris, leur disoient *descendez*. Le juge dans cette pièce, ému par ce spectacle, s'écrie trois fois : *descendez*, καταβα, καταβα, καταβα ; et honteux de ce qu'il pleure, il aime mieux attribuer ses larmes à un mets qu'il a mangé, qu'à la compassion.

SCENE IV ET DERNIÈRE.

ISABELLE.

Vous êtes occupé.

DANDIN.

Moi ! Je n'ai point d'affaire.

Il vient de dire qu'il étoit occupé : quand il voit une jeune fille, il n'a plus d'affaire.

ACTE III, SCENE IV.

Savez-vous que j'étois un compère autrefois ?

Beau sujet de vanité pour un vieillard! Il n'arrive que trop souvent aux personnes âgées de se rappeler avec plaisir les extravagances de leur jeunesse, et de se glorifier de choses dont le souvenir les devroit faire rougir.

N'avez-vous jamais vu donner la question ?

Proposer cette partie de plaisir à une jeune fille! Trait de raillerie contre ces juges pour qui ce cruel spectacle est une fête. Ceux que leur devoir oblige d'y assister, remplissent ordinairement avec peine cette triste fonction.

BRITANNICUS.

> Au Cid persécuté Cinna doit sa naissance,
> Et ta plume peut-être aux censeurs de Pyrrhus
> Doit les plus nobles traits dont tu peignis Burrhus.

Boileau par ces vers consoloit son ami des critiques que sa tragédie d'Andromaque avoit essuyées, et lui faisoit voir qu'elles n'avoient servi qu'à lui donner plus de vigueur, et que ses envieux conspiroient à sa gloire, parce qu'un noble génie,

> Plus on veut l'affoiblir, plus il croît et s'élance.

Quelque belle en effet que soit la pièce d'Andromaque, quand l'auteur passe à celle de Britannicus, on peut bien dire *qu'il croît et s'élance*. Cette pièce est celle des rois, des ministres, et de tous les courtisans. Les rois y apprennent dans quel abyme ils peuvent tomber, quand ils n'écoutent que leurs flatteurs; les ministres apprennent de Burrhus avec quel courage ils doivent dire la vérité à leurs maîtres, s'ils veulent mériter la confiance dont ils sont honorés; les courtisans apprennent d'Agrippine à modérer leur ambition, s'ils ne veulent pas s'attirer une disgrâce certaine; enfin tous les honnêtes gens, dont le défaut commun est trop de franchise, apprennent de Britannicus à être prudens et réservés dans leurs discours, et à songer que rarement, et surtout à la cour, ils vivent avec leurs semblables.

Quelque convenable que soit cette pièce au théâtre dont Riccoboni formoit le projet, il la met au nombre de celles qu'il faudroit corriger : il veut qu'on en supprime

supprime les amours de Néron, de Britannicus et de Junie, afin, dit-il, *qu'il ne soit point question d'amour dans une pièce si estimable.*

La sévérité de Riccoboni, dont je ne puis que louer le motif, me paroît trop grande. L'amour dans cette tragédie n'a rien de dangereux, puisqu'il rend plus estimables un jeune prince et une jeune princesse, qui, destinés à être unis, *quand l'empire devoit suivre leur hymenée,* ne se consolent dans leur disgrâce que par l'espérance de cette même union :

> Et qui s'aident l'un l'autre à porter leurs malheurs.

L'amour de Néron redouble la haine qu'on a pour lui, lorsque, non content d'avoir dépouillé ce prince de l'empire qui lui appartenoit, il veut encore lui ôter la seule consolation qui lui reste.

On peut dire encore que l'amour, quoiqu'il ne soit pas absolument nécessaire à cette tragédie, n'y est point épisodique, puisqu'il est toujours lié avec l'action, dont il cause la catastrophe, qui devient presque certaine au moment où Néron surprend son rival aux pieds de Junie.

Cette pièce si belle, et qui fait faire tant d'utiles réflexions, fut très-mal reçue, parce qu'on ne va point au spectacle pour réfléchir, et qu'on y cherche le plaisir du cœur plutôt que celui de l'esprit, comme je le dirai dans mes réflexions générales sur la tragédie. Pour découvrir toutes les beautés que celle-ci renferme, il faut la méditer comme quand on lit Tacite. Les ennemis de l'auteur avoient coutume de dire qu'il devoit le succès de ses pièces à l'habileté des acteurs. Ce n'étoit pas du jeu des comédiens qu'il pouvoit attendre le succès d'une tragédie qui gagnera toujours davantage à une lecture attentive, qu'à la représentation la mieux exécutée. Le temps de la représentation est trop rapide pour une pièce qui donne toujours à penser.

Ce fut ce mérite si nouveau qui excita contre celle-ci tant d'ennemis, comme on le voit par l'ancienne préface, que l'auteur supprima, quand il vit le public rendre justice à son ouvrage. L'application qu'il s'y faisoit des plaintes de Térence contre un vieux poète mal intentionné, « qui venoit briguer des voix contre » lui jusqu'aux heures où l'on représentoit ses pièces, » ne doit point faire soupçonner Corneille d'une basse jalousie; mais ses partisans, qui formoient un parti très-considérable, et employoient toutes sortes de moyens pour nuire aux pièces de son rival. Je vais rechercher par quel mérite celle-ci a été victorieuse des cabales et des critiques.

EXAMEN DE BRITANNICUS.

J'examinerai la conduite de cette pièce, en la suivant de scène en scène dans mes remarques. Je ne m'arrête ici qu'aux caractères, dont l'auteur a pris l'idée dans Tacite, et qu'il a traités de façon qu'il en paroît le créateur.

NÉRON.

Néron devenu monstre, eût été trop horrible pour être présenté sur le théâtre, et la mort d'Agrippine seroit un sujet mal choisi. Un poète qui a osé mettre sur notre théâtre la mort de Néron, soutient dans sa préface que de même qu'on est curieux de voir les traits de Néron sur son buste antique et sur les médailles, on est curieux de les voir marqués par la poésie. Néron dans cette pièce, entroit sur le théâtre en disant :

Spectre affreux, laisse-moi,

parce qu'il croyoit toujours voir à ses côtés l'ombre de sa mère ; et prêt à se tuer, il disoit à cette ombre :

> Fuis loin de moi, fuis, ombre criminelle ;
> Attends-tu que forçant encor les lois du sort
> Une seconde fois je te donne la mort?

Il ne faut pas demander pourquoi une pièce pareille est tombée dans l'oubli : le buste de Néron ne présentant que les traits de son visage, peut exciter la curiosité; au lieu que la peinture de son âme, quand il est devenu le meurtrier de sa mère, ne peut faire qu'horreur. Il devient dans cette pièce meurtrier de son frère ; mais conduit par l'artifice de son flatteur à ce premier crime, il ne le commet qu'après avoir plus d'une fois écouté ses remords. Ainsi Néron, monstre naissant, est le tableau le plus rare que la poésie ait pu inventer : ce qui fait voir sa supériorité sur la peinture. Un peintre, qui n'a que le moment d'une action à représenter, ne peut peindre l'âme que dans une situation. Le poète ici a su peindre une âme dans ce terrible passage de la vertu au crime, et au crime sans retour. Ce n'est pas que Néron ait jamais été sincèrement vertueux, mais il a paru l'être, il a même fait quelques efforts pour l'être; il a été quelquefois frappé de la beauté de la vertu, son penchant l'entraîne au crime ; à chaque pas qu'il fait, il s'avance vers le précipice; quand il est au bord, il s'arrête, il le considère, il hésite et se trouble; il écoute de mauvais conseils, ces conseils calment un trouble salutaire qui enfin ne renaîtra plus, et Néron tombera d'abyme en abyme. Le poète a représenté dans son tableau ces deux momens, celui dans lequel Néron arrivé au bord du précipice s'arrête, et celui dans lequel il s'y plonge avec joie.

Quand il paroît pour la première fois sur la scène,

c'est un fils qui songe encore à ce qu'il doit à sa mère:

> N'en doutez point, Burrhus, malgré ses injustices
> C'est ma mère, et je veux ignorer ses caprices.

Il songe aussi à ce qu'il doit à sa femme, à ses gouverneurs, à son peuple, à lui-même. Tout l'arrête:

> Octavie, Agrippine, Burrhus,
> Sénèque, Rome entière, et trois ans de vertus.

Les discours de son flatteur lui apprendront à mépriser ces obstacles, et à devenir un tyran. Il est tout prêt à l'être, puisqu'il se fait un barbare plaisir de forcer Junie à voir le prince qu'elle aime, en lui annonçant qu'il va se cacher pour être témoin de leur entretien, et que la mort de cet amant sera le salaire

> D'un geste ou d'un soupir échappé pour lui plaire.

Il met son plaisir à tourmenter ce rival, il se fait *de sa peine une image charmante.*

Au commencement du troisième acte, il commence à ne plus vouloir écouter Burrhus, qui l'exhorte à étouffer une passion naissante; ce qui fait dire à Burrhus, quand il est seul:

> Enfin, Burrhus, Néron découvre son génie.

Quand il surprend son frère aux pieds de Junie, il ne connoît que la violence. Il appelle ses gardes, fait arrêter Junie et Britannicus, et ordonne qu'on change la garde d'Agrippine. Lorsqu'au second acte il avoit ordonné l'exil de Pallas, il en avoit dit la raison à Burrhus:

> Pallas de ses conseils empoisonne ma mère.

Maintenant il ne dit plus ses raisons; et quand Burrhus veut lui représenter que c'est une mère, et qu'il faut l'entendre, il est lui-même menacé d'être arrêté s'il continue à vouloir faire le censeur.

Voilà Néron qui s'avance vers le précipice, et qui en paroît encore plus près dans l'audience qu'il accorde à sa mère. Il s'adoucit avec elle, et sa douceur est une perfidie ; il satisfait à ses demandes, pour se délivrer d'elle ; il paroît souhaiter de se réconcilier avec son frère, il demande à l'embrasser, *mais c'est pour l'étouffer*, comme il l'avoue à Burrhus, qui alarmé de cet aveu se jette à ses pieds, et, par ses remontrances, ses prières, ses larmes, vient à bout de l'attendrir. Pour profiter du trouble qu'il a su exciter, et réconcilier promptement les deux frères, il court chercher Britannicus ; mais en allant le chercher, il laisse un moment la place à Narcisse ; et ce moment, qui détruit tout le passé, décide du plus affreux avenir qu'on ait jamais vu. Néron veut d'abord résister à Narcisse, le voilà au bord du précipice ; il le considère, et s'effraie. Il a promis à Burrhus, il le craint, et il craint ses sujets qui l'appelleront un empoisonneur. Narcisse en peu de mots sait calmer ces troubles ; et Néron, qui s'abandonne à lui, et qui ordonne la mort de son frère, le voit mourir sans que ce spectacle excite en lui le moindre trouble. Ce crime a ouvert le passage à toutes les semences de crimes qu'il avoit jusque-là renfermées dans son cœur. Il rencontre sa mère ; il n'est ni ému par ses reproches, ni alarmé de ses prédictions : rien ne le touche plus ; et sans daigner répondre à sa mère, il sort avec Narcisse, qu'il prend par le bras en lui disant, *Narcisse, suivez-moi*. Ce dernier mot annonce qu'il est devenu un monstre : et voilà l'ouvrage d'un flatteur.

AGRIPPINE.

Agrippine est la digne mère d'un Néron : elle est parvenue par le crime à faire régner son fils, dans la seule intention de régner elle-même. Elle peut le faire empereur, mais elle ne peut se soumettre à son empire : *Filio dare imperium, tolerare imperitantem nequibat*. Tacit. Avide de la domination, tout crime qui l'y conduira ne lui coûtera rien; et quand il le faut, elle sait sacrifier à cette passion les autres passions plus ordinaires aux femmes : *Nihil domi impudicum, nisi dominationi expediret*. Une soumission aveugle dans son fils, est la reconnoissance qu'elle exige de ce qu'elle a fait pour lui : ainsi ses reproches, ses leçons, ses menaces, ses plaintes, n'ont aucun crédit; son fils sait le motif qui la fait parler.

Elle dévoile d'abord son odieux caractère, en disant à sa confidente qu'elle se soucie peu que Néron soit un modèle de vertu :

>Ah, que de la patrie il soit s'il veut le père;
>Mais qu'il songe un peu plus qu'Agrippine est sa mère!

Elle lui avoue qu'elle prête son appui à Britannicus, pour qu'il tienne la balance entre son fils et elle, et qu'elle est indifférente aux honneurs qu'elle reçoit de la part de son fils, quand elle voit son crédit tomber. Elle reçoit avec fierté Burrhus, qui vient lui parler de la part de Néron, et s'oublie dans sa vivacité jusqu'à faire entendre à Burrhus que Néron la doit craindre :

>En me réduisant à la nécessité
>D'éprouver contre lui ma foible autorité
>Il expose la sienne.

C'est son ambition qui met tout en mouvement dans la pièce : elle donne rendez-vous à Britannicus chez Pallas, et quand Pallas est exilé, elle accuse Burrhus de cet exil, et de l'enlèvement de Junie. Imprudente dans tous ses discours, elle ne craint pas d'annoncer à Burrhus qu'elle ira présenter Britannicus aux soldats, et que pour perdre Néron, qu'elle n'appelle plus son fils, ni l'empereur, ni César, mais *le fils d'Ænobarbus*, elle avouera en présence de l'armée tous les crimes qu'elle a commis pour faire Néron empereur : *exils, assassinats, poison*. Elle en apprendroit encore

d'autres (jusqu'où l'emportement conduit une femme!)
si Burrhus ne l'arrêtoit au milieu de cette horrible
confession, en lui disant :

> Madame, ils ne vous croiront pas.

Quand Néron pour l'apaiser lui accorde une audience,
Burrhus qui l'y conduit, lui donne ce sage conseil :

> Défendez-vous, Madame, et ne l'accusez pas.

Mais peut-elle se contraindre? Elle ne cesse de l'accuser; elle veut que ce soit lui qui se justifie, et qui lui demande pardon. Lorsque Néron, pour se débarrasser d'elle, lui donne quelques marques d'amitié, elle oublie ce qu'elle vient de dire elle-même, que les caresses de Néron, dès son enfance, n'ont jamais été *que de feintes caresses*. Sitôt que son fils paroît la remettre dans son crédit, il n'est plus un ingrat, ni un perfide :

> Non, il le faut ici confesser à sa gloire,
> Son cœur n'enferme point une malice noire.

Elle se vante devant Junie d'avoir tout changé :

> Il suffit, j'ai parlé, tout a changé de face.

Ses emportemens ont commencé l'action de la pièce; ses discours imprudens et ses menaces en amènent la catastrophe; elle est cause de la mort de Britannicus, comme le dit Néron :

> Elle m'a fatigué de ce nom ennemi;
> Et je ne prétends pas que sa coupable audace
> Une seconde fois lui promette ma place.

Elle sera cause que son fils tombera dans tous les crimes qu'elle lui prédit; et avant qu'il la fasse périr, elle paroît déjà punie, à la fin de cette pièce, de sa fierté et de sa folle ambition, parce que son fils ne la voulant plus écouter, elle a entièrement perdu cette autorité dont l'amour lui a fait commettre tant de crimes.

BURRHUS.

Entre une mère si odieuse, et un fils si horrible,

qui ne donne sa confiance qu'à un affranchi dont l'âme est plus vile que la naissance, le poète a placé le plus vertueux de tous les hommes. Il n'a eu garde de faire jouer un si beau rôle à Sénèque, qui, malgré sa sévère philosophie et ses grands principes de morale, étoit un fade adulateur, et un homme dévoré de l'amour des richesses. Pour ne le point faire paroître dans cette pièce, il le suppose absent de Rome:

> Sénèque dont les soins pourroient me soulager,
> Occupé loin de Rome, ignore ce danger.

Il choisit Burrhus, loué par Tacite pour la sévérité des mœurs, *severitate morum*, et dont la mort affligea Rome, qui se souvenoit de sa vertu: *Civitati grande desiderium ejus mansit, per memoriam virtutis*. Cette vertu n'étoit pas si ferme, puisque Néron avant que de faire mourir sa mère, prévint de son dessein Burrhus, et qu'après l'exécution de son crime, quand il fut déchiré de remords, ce fut Burrhus qui parut le premier pour le consoler; mais il suffit qu'il ait eu à Rome la réputation d'homme vertueux, pour que le poète en fasse son héros; et les nobles sentimens qu'il lui inspire conviennent mieux à un homme d'armée, qu'à un faux philosophe comme Sénèque.

Tous deux s'opposoient sans cesse, dit Tacite, à l'orgueil d'Agrippine; et Burrhus, pour la gloire de son maître et le bonheur de Rome, devoit s'opposer à l'ambition d'une femme qui avilissoit la majesté de l'empire. Cependant il n'indispose jamais le fils contre la mère, il travaille toujours à les réconcilier. Il sait remontrer à Néron, qu'il ne faut pas condamner une mère sans l'entendre. Et quand il est seul avec la mère, il sait lui remontrer qu'elle doit respecter son fils:

> Ce n'est plus votre fils, c'est le maître du monde....
> Quoiqu'il soit votre fils, et même votre ouvrage,
> Il est votre empereur.

On ne doit pas s'attendre à trouver en lui un courtisan délié ; c'est un vieux officier qui a apporté à la cour cette austérité de mœurs qu'il avoit conservée dans les emplois militaires : il sait allier cependant cette austérité avec la prudence d'un courtisan. Quand il est avec Agrippine, qu'il tâche de rendre plus circonspecte dans ses discours, il prend le parti de Néron, qu'il tâche toujours de justifier par les raisons qu'il peut inventer. Mais s'il prend le parti du fils quand il est avec la mère, il prend le parti de la mère quand il est avec le fils, et se conduit avec tant de prudence, que pendant quelque temps Néron le croit d'intelligence avec Agrippine, et Agrippine le croit dévoué à Néron, qu'il ne cesse d'excuser devant elle : s'il a fait enlever Junie, s'il a exilé Pallas, s'il a de la froideur pour sa mère et son frère, Burrhus cherche des prétextes pour le justifier, et fait toujours espérer des suites heureuses.

Il est lui-même long-temps à en espérer, quoiqu'il ait de grandes craintes, parce qu'il connoît le génie de son élève. Il fait dans la seconde scène une magnifique description de son règne ; mais il ne pense pas toujours tout ce qu'il dit. C'est le caractère que lui donne Tacite. Quand Néron jouoit des instrumens en public, et vouloit être applaudi, Burrhus applaudissoit et gémissoit : *Aderat Burrhus laudans ac mœrens.* Ainsi dans cette pièce, quand il justifie Néron, il gémit intérieurement : il espère long-temps ; mais quand il aura perdu toute espérance, il ne le justifiera plus.

Avec quel contentement cet honnête homme amène Agrippine à l'audience de Néron, quoiqu'il ne soit pas de son intérêt qu'elle revienne en crédit ! Il va jusqu'à vouloir excuser l'ordre que Néron lui a donné de la garder, et lui répondre d'elle :

> Si son ordre au palais vous a fait retenir,
> C'est peut-être à dessein de vous entretenir.

Agrippine ne lui témoigne aucune reconnoissance, ne daigne pas même lui répondre, et, dès qu'elle aperçoit Néron, le renvoie en lui disant avec fierté, *qu'on me laisse avec lui.* Elle pousse l'injustice contre lui, jusqu'à l'accuser, lorsqu'elle le voit revenir dans le moment qu'il a cru celui d'une sincère réconciliation :

> Que ce même Burrhus, qui nous vient écouter,
> A votre porte enfin n'ose plus m'arrêter.

Loin que les soupçons d'Agrippine aigrissent Burrhus, il n'y paroît pas faire attention : il n'est occupé qu'à rétablir la paix, et il répond à Néron de l'innocence de Britannicus, quoiqu'il ne puisse ignorer que Britannicus, qui ne l'a point chargé de ses intérêts, déteste Néron :

> Non, il ne vous hait pas,
> Seigneur ; on le trahit, je sais son innocence.
> Je vous réponds pour lui de son obéissance.

Quelle douleur pour un pareil ministre de voir toutes ses espérances trompées ! Quand il a vu commettre ce crime, dont il croyoit avoir détourné son maître, il quitte une cour qu'il déteste, et vient, auprès d'Agrippine,

> Pleurer Britannicus, César, et tout l'Etat.

Néron paroît, il laisse Agrippine lui parler. Pour lui, il garde le silence, et dédaigne de faire des reproches à un homme dont il n'espère plus rien. Et pourquoi, lui qui jusqu'à ce moment avoit toujours conservé de l'espérance, l'a-t-il entièrement perdue ? Ce n'est pas à cause du crime que Néron vient de commettre, mais à cause de la tranquillité qu'il a conservée en le commettant :

> Son crime seul n'est pas ce qui me désespère,
> La jalousie a pu l'armer contre son frère ;

> Mais s'il vous faut, Madame, expliquer ma douleur,
> Néron l'a vu mourir sans changer de couleur.
> Ses yeux indifférens ont déjà la constance
> D'un tyran dans le crime endurci dès l'enfance :
> Qu'il achève, Madame, et qu'il fasse périr
> Un ministre importun qui ne le peut souffrir.

Quand on vient avertir Agrippine, que Néron au désespoir du parti qu'a pris Junie, peut attenter sur ses jours, qu'il faut le secourir, et que le temps presse, il y laisse courir Agrippine, quoiqu'elle le presse de venir avec elle, et souhaite que Néron commette le dernier de ses crimes en se donnant la mort : ce qu'il ne dit cependant que d'une manière obscure. Ce Burrhus est bien plus admirable que celui de Tacite, qui va consoler Néron quand il a fait mourir sa mère ; mais la poésie, comme dit Aristote, est plus morale et plus instructive que l'histoire.

JUNIE ET BRITANNICUS.

Ce sont ces deux personnages qui excitent la pitié et la crainte. Tous les deux intéressent et attendrissent par leur âge, leur aimable caractère, leurs malheurs passés, et leurs périls présens. La franchise est une vertu convenable à leur jeunesse. Junie, qui n'a jamais été à la cour, n'a point appris à dissimuler : elle avoue à Néron qu'elle aime Britannicus, et elle fait cet aveu parce que sa bouche est toujours l'interprète de son cœur. Cependant, comme la méfiance et la dissimulation sont plus naturelles aux femmes qu'aux hommes, elle prévoit des dangers que Britannicus ne soupçonne pas, et s'aperçoit, dès le premier jour qu'elle est à la cour, que la bouche et le cœur n'y sont pas d'intelligence ; elle s'y méfie de tout le monde, d'Agrippine, de Narcisse, et surtout de Néron, à qui cependant elle ne parle jamais qu'avec respect. Le jeune prince, bien éloigné de cette prudence, ne se méfie pas même de Narcisse, et il croit tout ce qu'on lui dit; il compte sur le crédit d'Agrippine; il ne peut retenir sa colère devant Néron, et sitôt qu'il apprend qu'il est invité à son festin, il ne doute pas que cette invitation ne soit la marque d'une sincère réconciliation; il est empressé d'aller à ce festin, et croit les inquiétudes de Junie mal fondées. Il court en aveugle à un malheur qu'il s'est attiré par toutes ses imprudences. Il a été assez hardi pour reprocher à Néron

> Tout ce qu'a de cruel l'injustice et la force,
> Les empoisonnemens, le rapt et le divorce.

Il s'est uni à Agrippine et à Pallas, il a confié à Narcisse qu'il ne se croyoit pas entièrement déchu de l'empire, et qu'il espéroit retrouver les amis de son père. Le poète le fait paroître aussi coupable qu'il peut l'être, parce que le spectateur n'aime point voir périr un personnage entièrement innocent ; mais les fautes de Britannicus paroissent pardonnables à cause de sa jeunesse et de ses malheurs : ce qui fait qu'on appréhende pour lui, la suite de ses imprudences, et qu'ainsi il excite la crainte et la pitié.

Britannicus, loin d'être crédule à l'excès, étoit, suivant Tacite, *intelligens falsi*, etc. Junie, loin d'être une princesse vertueuse, est appellée par Tacite, *festivissima omnium puellarum*. Ce seroit cependant une injustice de reprocher au poète d'avoir changé ces deux caractères, parce qu'il est permis à tout poète de donner les caractères qu'il veut aux personnages qu'il introduit, quand ces personnage n'ont jamais joué un grand rôle dans l'histoire, de même qu'il lui est permis de changer quelques faits lorsqu'ils sont peu importans. Junie fut exilée long temps avant la mort de Britannicus, et Narcisse ne vivoit plus quand ce même événement arriva : c'est ce que savent ceux qui ont lu Tacite. Mais le grand nombre de ceux qui remplissent le parterre n'a pas lu Tacite : par conséquent, lorsque l'abbé du Bos (1) relève comme une faute considérable, dans cette tragédie, la hardiesse d'avoir changé le caractère de Junie, et d'avoir ressuscité Narcisse, il s'expose à passer sur le Parnasse pour un pédant.

Un poète qui prend un fait historique pour sujet d'une tragédie, n'altère point la vérité de ce fait quand il y change quelques circonstances très-indifférentes au spectateur. Son but n'est pas de lui apprendre le détail de ce fait tel que les historiens l'ont écrit, mais de l'instruire par l'imitation d'un fait célèbre dans l'histoire ; et il lui suffit alors de conserver les principales circonstances de ce fait, et les caractères des principaux personnages. L'auteur de cette tragédie pouvoit introduire une autre princesse qui eût un autre nom que celui de *Junie*, il a donné ce nom à la princesse dont il avoit besoin pour rendre Néron jaloux de Britannicus ; il a supposé cette princesse très-vertueuse, ce qui lui étoit très-permis. Il vouloit peindre un prince livré à un flatteur : comme le personnage d'un flatteur convient à un homme né esclave, il a fait revivre Narcisse, qui avoit si tristement brillé sous Claude. De pareilles libertés prises par un poète, ne seront jamais condamnées par ceux qui connoissent la poésie. Je n'ai parlé jusqu'à présent que des beautés générales de cette tragédie ; j'examinerai dans les remarques les beautés de détail.

La versification de cette tragédie est toute différente de la versification des tragédies qui la précèdent, et de celles qui la suivent.

---

(1) Réflexions sur la Poésie.

Cette pièce fut jouée au mois de décembre 1669. Un nommé Robinet, qui écrivoit alors en vers dans un style platement burlesque, l'histoire des pièces de théâtre, et que les historiens du théâtre français citent souvent, se vante en écrivant l'histoire de cette tragédie, d'en avoir fait une sur le même sujet,

> D'un autre ignorant le projet.

Il prétend que dans la sienne, qu'il croit fort bonne, il règne moins d'uniformité, qu'il a mis plus de passion dans les caractères de Néron et d'Agrippine, qu'il a mieux préparé les incidens,

> Et étant dans la catastrophe
> Un tant soit peu plus philosophe,
> Je ne la précipite point.

J'ignore en quoi ce Robinet a été plus philosophe, ne connoissant son nom et ses vers que par l'Histoire du Théâtre Français : avant que de la lire, je n'avois point entendu parler du Britannicus de Robinet.

L'auteur du *Bolœana* rapporte que Boileau lui dit un jour, « *en présence du fils de M. Racine*, que le » dénouement de Britannicus étoit puéril, et que » Junie se faisoit religieuse, comme si le couvent des » vestales étoit un couvent d'Ursulines. » Il disoit encore, ajoute le même auteur, *que Britannicus étoit trop petit devant Néron*. Si Boileau eût pensé de cette façon, dans le temps que son ami composa cette tragédie, il lui eût fait changer ce dénouement, et il eût trouvé en lui la même obéissance qu'il trouva, lorsqu'il lui fit supprimer la scène dont je parlerai bientôt. Et si Boileau dans les dernières années de sa vie eût fait part à ses amis d'une pareille réflexion, ou je la lui aurois entendu faire, ou elle m'eût été rapportée par quelqu'un de ses amis, et surtout par mon frère : je suis donc très-convaincu que Boileau n'a jamais dit ce que lui fait dire ici M. de Monchenai, qui en écrivant le recueil qu'il a intitulé *Bolœana*, n'a pas toujours été bien servi par sa mémoire.

NOTES.

Sur la Langue.

COMME l'auteur a imité dans cette pièce le style concis et énergique de Tacite, on y trouve plus souvent que dans les autres ces *alliances de mots dont on n'a presque pas aperçu l'audace.* J'en ferai remarquer quelques-unes.

ACTE I, SCENE I.

Qu'errant dans le palais, sans suite et sans escorte, etc.

Dans Andromaque, acte cinq et scène première :

Errante et sans dessein, je cours dans ce palais.

On se sert également du participe ou du gérondif :

Et la Crète fumant du sang du Minotaure. PHED.
Et la triste Italie encor toute fumante. MITHR.

Britannicus le gêne, Albine; et chaque jour, etc.

Que ce *gêne* fait entendre de choses !

Toujours la tyrannie a d'heureuses prémices.

Heureuses prémices : tout le monde entend *d'heureux commencemens*, et *prémices* est plus poétique que *commencemens*. Ainsi je trouve que l'abbé Desfontaines a raison de répondre à la critique de M. l'abbé d'Olivet, sur ce mot *prémices*, qu'avoir *d'heureuses prémices* est une façon de parler poétique et élégante, qu'on peut employer même en prose dans le style noble.

Il sait, car leur amour ne peut être ignorée, etc.

Amour pour *la passion de l'amour*, est indifféremment masculin ou féminin ; mais « ayant le choix libre,

» dit Vaugelas, j'userois plutôt du féminin que du mas-
» culin, selon l'inclination de notre langue, qui se porte
» d'ordinaire au féminin plutôt qu'à l'autre genre. »

<blockquote>Du moins son changement ne vient pas jusqu'à nous.</blockquote>

C'est-à-dire, *nous ne nous apercevons pas s'il est changé pour vous*; ce qui est si clair, qu'on n'examine pas si l'expression est exacte : *un changement qui va jusqu'à quelqu'un*.

<blockquote>Votre nom est dans Rome aussi saint que le sien.</blockquote>

Ce mot *saint* est ici très-juste. Il n'est point dans le sens qu'il a dans ce vers de Virgile, *O sanctissima conjux*, mais dans le sens que lui donne le verbe *sancio*. Il veut dire, *auguste*, *vénérable*, et c'est dans ce sens qu'Ovide a dit :

<blockquote>Illud amicitiæ sanctum ac venerabile nomen. Trist. l. 1. El. 8.</blockquote>

<blockquote>Je vois mes honneurs croître, et tomber mon crédit.</blockquote>

M. l'abbé d'Olivet remarque qu'il faudroit dire *et mon crédit tomber*; mais qu'il faut *pardonner* cette inversion, à cause de la contrainte du vers. L'abbé Desfontaines répond que *le pardon n'est pas nécessaire où il n'y a point de faute*.

<blockquote>Vers sa chute à grands pas tous les jours s'achemine.</blockquote>

Dans notre langue, *s'acheminer* présente l'idée d'un homme qui avance lentement. C'est ce qui fait la beauté de ce vers. La ruine d'Agrippine s'avance *à grands pas* à ses yeux, et *s'achemine* à ceux de Néron. Le P. Bouhours dit que *cheminer* dans le figuré est nouveau. Quoi qu'il en soit, dans ce vers, *s'achemine*, comme mot vieux, a beaucoup de grâce. *Voyez*, dit M. Bossuet, dans une de ses oraisons funèbres, *dans quel sentier la vertu chemine, doublement à l'étroit*, etc.

> Sa réponse est dictée, et même son silence.

Dicter un silence.

SCENE II.

> Certes plus je médite, et moins je me figure, etc.

Par un usage bizarre, nous ne pouvons écrire sans *s*, *certes*, quoiqu'il vienne du latin *certe*; ce mot qui est devenu vieux, est quelquefois noblement placé en vers, et même en prose. Vaugelas et Patru l'employoient souvent. Boileau dans sa traduction de Longin, a coutume d'employer *certainement*.

> Que vous m'osiez compter pour votre créature.

Je ne sais si l'on trouve un autre exemple de ce mot employé en vers aussi noblement, et cependant Agrippine se sert de ce mot ironiquement.

> Vous dont j'ai pu laisser vieillir l'ambition
> Dans les honneurs obscurs de quelque légion.

Une ambition qui vieillit dans des honneurs obscurs.

> Je puis l'instruire au moins combien sa confidence, etc.

Si l'on écrivoit en prose *je vous instruirai combien*, on écriroit mal. *Je puis l'instruire*, présente ici le même sens que *je puis lui apprendre*. Le poëte dit encore dans Bérénice :

> Bérénice est instruite
> Que vous voulez ici la voir seule et sans suite.

Et dans Athalie :

> Bientôt de Jézabel la fille meurtrière
> Instruite que Joas voit encor la lumière, etc.

Dans ce dernier vers il pouvoit dire *apprenant que Joas*. Il a donc préféré *instruite que*.

> Entre un sujet et lui doit laisser de distance.

La distance que le prince laisse entre lui et son sujet.

> Pour deux que l'on cherchoit en eût présenté mille, etc.

Suivant la décision de Vaugelas, *mille* n'a point de pluriel, et on parle mal quand on dit : *Je vous ai milles obligations*.

> Ainsi que par Cesar, on jure par sa mère.

Ces expressions *jurer par quelqu'un*, et un *nom saint*, nous transportent à Rome, elles sont prises de la langue latine. *Jurandasque tuum per nomen ponimus aras*.

> Pour trouver un prétexte à vous plaindre de lui ?

On diroit en prose *de vous plaindre*.

> Et vos embrassemens
> Ne se passeront-ils qu'en éclaircissemens ?

Des embrassemens qui se passent en éclaircissemens.

> Ah, quittez d'un censeur la triste diligence !

Ce mot *diligence* qui dans ce sens est latin, est ici très-heureusement employé.

> Et n'avertissez point la cour de vous quitter.

Notre verbe *avertir* n'avoit point encore été employé dans un sens si beau.

SCENE IV.

> Trafiquent avec lui des secrets de mon âme.
> Quoi qu'il en soit, Narcisse, on me vend tous les jours.

Trafiquer des secrets d'une âme. Boiléau a dit *trafiqua du discours*. L'Académie Française a oublié à ce mot dans son Dictionnaire, d'observer qu'il se dit très-noblement au figuré.

> C'est à vous de choisir des confidens discrets.

On ne peut dire également *de* et *à*.

> C'est à vous à choisir, vous êtes encor maître. Act. iv.

ACTE II, SCENE II.

Mes yeux, sans se fermer, ont attendu le jour.

Pour *j'ai attendu le jour sans fermer les yeux.*

Soit que son cœur, jaloux d'une austère fierté, etc.

Le sens de ces deux vers se présente si naturellement qu'on n'examine pas l'union de ces mots *un cœur jaloux de la fierté qui envie sa beauté.*

Ses yeux sont déjà faits à l'usage des larmes ;

Tous les yeux, et surtout ceux des enfans sont faits à l'usage des larmes. Cette expression est ici singulière, et très-élégante. *Des yeux instruits par des charmes sont faits à l'usage des larmes.* C'est-à-dire, quoiqu'il soit encore très-jeune, les charmes de Junie lui ont appris à verser des larmes d'amour.

Mon génie étonné tremble devant le sien.

Ce mot *génie* dans le sens qu'il est ici employé, n'est pas de notre langue. Il est latin ; et le poète fait allusion à ce que rapporte Plutarque dans la vie d'Antoine. Il perdoit toujours contre Octave quand il jouoit aux dés ; sur quoi un devin lui dit : *Eloignez-vous tant que vous pourrez de ce jeune homme, votre génie redoute le sien.*

Et que, de temps en temps, j'irrite ses ennuis.

Irriter les ennuis. *Je me plais à la chagriner.*

Et veut de vos secrets être instruit par ma bouche.

Il faudroit en prose *et il veut.*

Impatient, surtout, de revoir ses amours.

Ses amours pour *l'objet qu'il aime*, est du style de conversation ; c'est un affranchi qui s'exprime de cette manière.

Seigneur, bannissez-le loin d'elle.

Ce *le loin* paroît dur, et *le leur*, comme je l'ai

fait remarquer sur Andromaque, ne le paroît pas. Notre oreille s'accoutume aux mots qu'on dit souvent. Corneille a écrit dans la suite du Menteur, *vous vous entre-entendez*, ce qu'on ne peut prononcer.

SCENE III.

Et quel autre, Seigneur, voulez-vous que j'implore ?

Comme il n'a été parlé que d'Octavie, il semble qu'il faudroit *et quelle autre* ; on sous-entend *quel autre appui :* ainsi *quel* est plus élégant que *quelle*.

De grâce, apprenez-moi, Seigneur, mes attentats.

Attentats : ce mot renferme ici une ironie qui n'y seroit plus si Junie disoit *mes crimes*.

M'avez-vous sans pitié relégué dans ma cour ?

Un empereur relégué dans sa cour. Ménage qui a soutenu que *cour* ne venoit pas de *curia*, mais de *cortis*, mot de la basse latinité, prétendoit qu'il falloit écrire *court*. Malherbe par cette raison l'a fait rimer avec *il accourt*, et La Fontaine avec *faire cour*. Depuis long-temps nous écrivons et nous prononçons *court*, qui ne peut rimer avec les mots en *ourt*. Malherbe qui ne vouloit pas qu'on fît rimer des mots dont la prononciation est différente, quand on prononce exactement, avoit raison de ne pas permettre qu'on fît rimer *avoit eu* avec *vertu*, *maux* et *eaux*, *eux* et *yeux*, mais il avoit tort de condamner ces rimes *innocence*, *puissance*, *grand*, *prend*, *Romains*, *chemins*, parce que quoiqu'elles contentent l'oreille, elles ne contentent pas les yeux. Ce fut par cette raison que Corneille qui avoit mis d'abord dans Cinna,

Et malgré la fureur de ton lâche dessein,
Je te la donne encor comme à mon assassin,

changea dans la suite, et mit *de ton lâche destin*, quoique *destin* ne soit point à sa place.

La sévérité de nos premiers poètes sur la rime est une suite de l'exemple de Malherbe, qui imposoit des lois très-dures. Il ne vouloit pas qu'on fît rimer les mots qui avoient ensemble quelque convenance, comme *montagnes* et *campagnes*. Ces *rimes*, disoit-il, *sont trop faciles à trouver*. Par la même raison nos bons poètes ne font jamais rimer *bonheur* et *malheur*, *ami* et *ennemi*, *dernier* et *premier*; ils n'ont cependant jamais fait difficulté sur *père* et *mère*, *sommeil* et *réveil*, *accuser* et *s'excuser*. Malherbe, ne vouloit pas qu'on fît rimer deux noms propres, comme *Thessalie* et *Italie*. Corneille a fait rimer *Italie* et *Emilie*. Dans cette pièce *Claudius* rime à *Domitius*, *Octavie* à *Livie*. Nos poètes se sont aussi permis de faire rimer deux mots dérivés du même mot, comme *commettre* et *promettre*, *combattre* et *abattre*, rimes que désapprouvoit Malherbe, qui n'approuvoit pas même *séjour* et *jour*. Il exhortoit toujours les poètes à chercher des rimes difficiles, et leur disoit que les rimes rares conduisoient à de nouvelles pensées. On ne doit avoir sur la rime, ni la sévérité de Malherbe, ni l'indulgence de quelques poètes modernes.

Ne parlons plus ici de Claude et d'Agrippine.

Sur la tragédie de Bérénice à l'occasion de *Titus* ou de *Tite*, je parlerai des noms propres grecs et latins, que nous francisons quelquefois.

Et ne peut dignement vous confier aux mains
A qui Rome a commis l'empire des humains.

Suivant la règle, le relatif *qui* dans les cas obliques ne se doit attribuer qu'aux personnes. On pourroit dire qu'ici les *mains* sont pour la personne : il est certain qu'on aime mieux *à qui Rome a commis*, que *auxquelles on commet*.

Dont je n'ai pu de loin soutenir la clarté, etc.

On dit à un roi, *la majesté*, *la splendeur de votre*

rang, et non pas *la clarté*. Ici ce mot qui répond à *cette nuit profonde*, est amené si naturellement qu'il paroît nécessaire.

> Il a su me toucher
> Seigneur, et je n'ai point prétendu m'en cacher.

Lorsque *prétendre* signifie vouloir absolument, il doit être suivi de *que* comme plus bas,

> Et je ne prétends pas que sa coupable audace....
> Je prétends qu'à mon tour l'inhumaine me craigne.

Lorsque *prétendre* signifie seulement avoir intention, on met quelquefois *de* après. *Ne prétendez donc pas de faire accroire.* (M. Pascal.) Mais on peut retrancher *de* comme dans ce vers, et dans celui qu'on a vu plus haut,

> Prétendez-vous long-temps me cacher l'empereur.

> Et ce sont ces plaisirs et ces pleurs que j'envie.

On pourroit dire également, *et c'est de tels plaisirs, de tels pleurs,* etc. M. Bossuet qui dans une de ses oraisons funèbres a dit, *ce n'est pas seulement des hommes, c'est des montagnes, c'est des ravines, c'est des précipices,* pouvoit dire également, *ce sont des montagnes,* etc. Dans le Joseph de l'abbé Genest, *mais que vois-je? c'est eux.*

SCENE VI.

> Mais parmi ce plaisir quel chagrin me dévore?

Cette manière de parler n'est pas tout-à-fait exacte, *parmi* ne devant être placé qu'avec un pluriel ou un nom collectif.

> Quel démon envieux
> M'a refusé l'honneur de mourir à vos yeux?

Sur ce vers de Mithridate,

> Que le démon de Rome a formée et nourrie,

j'expliquerai ce mot *démon*, qui dans le langage de l'antiquité signifioit *génie*.

ACTE III, SCENE I.

Elle sait son pouvoir; vous savez son courage;
On diroit en prose, *quel est son pouvoir.*

Vous condamniez vos yeux à quelques jours d'absence.
Pour dire, *être quelques jours sans la voir.*

SCENE IV.

Quoi, tu ne vois donc pas jusqu'où l'on me ravale?
Ravale qui est encore dans Phèdre, est un de ces vieux mots que la poésie conserve.

SCENE V.

Et ranger tous les cœurs du parti de ses larmes.
Expression très-belle.

SCENE VI.

Je la voudrois haïr avec tranquillité.
Ne la plus aimer.

N'a point de l'empereur médité la défaite.
Une femme qui médite la défaite d'un homme.

SCENE VII.

Seigneur, j'ai d'autres soins que de vous affliger.
En prose il faudroit *que celui de vous affliger.*

Hélas, pour son bonheur, Seigneur, et pour le nôtre.
Pour son malheur, auroit le même sens et seroit moins élégant.

De mille autres secrets j'aurois compte à vous rendre.
L'inversion est hardie; mais elle est condamnable, quand elle ne cause aucune obscurité.

SCENE VIII.

Je me cache à vos yeux, et me dérobe aux siens.
L'auteur qui pouvoit mettre, *je puis me cacher à vos*

yeux comme aux siens, a trouvé une élégance dans ces deux expressions : *Je me cache... Je me dérobe.*

Ma fuite arrêtera vos discordes fatales.

Discorde n'a de pluriel qu'en vers.

SCENE IX.

Quoi, Seigneur, sans l'ouïr ?

L'auteur qui pouvoit mettre également *sans l'entendre*, a préféré *ouïr* qu'il emploie souvent,

De l'ouïr par ma voix dicter mes volontés. Brit.
Et sans plus rien ouïr. Iphig.
Tu vas ouïr le comble des horreurs. Phed.

Je ne sais pourquoi le P. Bouhours veut que ce mot se dise particulièrement d'un bruit passager qu'on entend par hasard, comme *en passant j'ai ouï une belle voix*. Il a écrit lui-même dans le premier entretien d'Ariste et d'Eugène, « *le bruit des flots de la mer est » un mugissement épouvantable qu'on ne peut ouïr » sans frayeur.* » M. Pascal se sert souvent de ce mot: « *vous avez ouï le langage de la ville de paix, et » vous avez ouï le langage de la ville de trouble.* » Et ailleurs, « *ce magistrat est dans la place où il doit » rendre la justice, le voilà prêt à ouïr avec une gra- » vité exemplaire.* » Quoique Corneille ait mis trois fois *oyez* dans un vers de Polyeucte,

Oyez, dit-il ensuite, oyez peuple, oyez tous.

oyez n'est plus d'usage même en prose, et nous ne nous servons de ce verbe ni au présent, ni à l'imparfait, ni au futur. Il n'en est pas de même chez les Espagnols. *Habla tu segnor, porque tu siervo oye... oye hijo mio... muchos oyen al mundo que à dios.* Imit.

ACTE IV, SCENE II.

Je souhaitai son lit, dans la seule pensée, etc.

Je souhaitai son lit : expression poétique que j'examinerai sur Phèdre.

ACTE V, SCENE I.

> Je vous nommai son gendre et vous donnai sa fille.

J'examinerai sur Iphigénie, en quelle occasion *gendre* devient en vers un mot noble.

> J'eus soin de vous nommer, par un contraire choix, etc.

Par un contraire choix : transposition qui, suivant M. l'abbé d'Olivet, *a quelque chose de sauvage*, et qui paroît élégante à l'abbé Desfontaines.

> Ses gardes, son palais, son lit m'étoient soumis.

Parce qu'on n'en pouvoit approcher sans la permission d'Agrippine.

> De son fils en mourant lui cachèrent les pleurs.

Pour *lorsqu'il étoit mourant;* cette construction est un peu vicieuse aussi bien que celle qu'on va trouver plus bas,

> Du fruit de tant de soins à peine jouissant
> En avez-vous six mois paru reconnoissant?

à peine se devant rapporter *à reconnoissant*. De telles hardiesses ne sont pas à imiter.

> J'ai vu favoriser de votre confiance, etc.

Quoiqu'il y ait *favoriser* dans la première édition, je soupçonne une faute d'impression, qui s'est perpétuée dans les éditions suivantes : ne doit-on pas lire *j'ai vu favorisés*.

SCENE IV.

> Leur prompte servitude a fatigué Tibère.

Une servitude qui fatigue celui qui l'impose.

ACTE V, SCENE I.

> Ces yeux que n'ont émus, ni soupirs, ni terreur,
> Qui m'ont sacrifié l'empire et l'empereur.

Des yeux qui sacrifient. *Sacrifier* en ce sens étoit alors nouveau, comme le remarque le P. Bouhours.

> Je crois qu'à mon exemple impuissant à trahir, etc.

Cette manière de parler devenue très-française, étoit regardée comme barbare par le P. Bouhours qui reprochoit à MM. de Port-Royal d'avoir mis dans la traduction de l'Imitation *impuissant à vous taire*.

> Il hait à cœur ouvert, ou cesse de haïr.

Haïr à cœur ouvert.

> Je me rendrois suspect par un plus long séjour.

Si je demeurois plus long-temps. *Séjour*, Dictionnaire de l'Académie Française, *le temps qu'on emploie à demeurer dans un même lieu*.

SCENE III.

> Il s'épanchoit en fils qui vient en liberté, etc.

Il s'épanchoit en fils. Mot au figuré très-beau dans Phèdre :

> Mon cœur pour s'épancher n'a que vous et les dieux.

SCENE V.

> Narcisse veut en vain affecter quelque ennui.

Ce mot *ennui* semble n'être point assez fort, aussi bien que dans la dernière scène en parlant des malheurs de Junie, *et plaignant son ennui* : en vers, *ennui* se dit souvent de la plus grande douleur.

SCENE VI.

> Mais des coups du destin je ne puis pas répondre.

Il peut dire également *je ne puis pas*, et *je ne puis vous répondre*.

SCENE VIII ET DERNIÈRE.

> Il rentre ; chacun fuit son silence farouche.

Fuir un silence. Quand on voudroit examiner à la rigueur cette expression, on la trouveroit très-juste.

Peut-on faire entendre en moins de mots, que le silence de Néron étant la preuve de sa fureur, chacun s'enfuit? C'est par ces alliances de mots, que le poète dit les choses avec tant de vivacité, et se fait une langue qui semble n'être qu'à lui.

Vient de son désespoir aigrir l'inquiétude.

On pourroit demander encore ce que c'est que *l'inquiétude d'un désespoir.* Tout le monde entend par ces deux vers, que si on laisse Néron seul, il est à craindre que la nuit et la solitude n'augmentent son désespoir. Quand on se fait entendre si clairement de tout le monde, on écrit bien.

REMARQUES.

Lieu de la Scène et durée de l'Action.

LE lieu de la scène est connu par les premiers vers de la pièce. C'est une salle où est la porte de l'appartement de Néron : on passe par cette salle pour aller dans l'appartement d'Octavie ; quand Junie paroît, elle dit à Néron : *J'allois voir Octavie.* Agrippine qui a appris l'enlèvement de Junie, vient pour en demander la raison à son fils : elle apprend qu'il n'est point encore éveillé. L'action de la pièce ne commence pas cependant du grand matin : les deux consuls sont déjà venus pour saluer Néron; mais sa porte n'est point encore ouverte, parce qu'à cause de l'enlèvement de Junie, il a passé la nuit sans dormir; comme il le dira,

Mes yeux sans se fermer ont attendu le jour.

Ainsi il ne faut presque pas plus de temps pour la durée de l'action que pour celle de la représentation. Je ferai observer au cinquième acte que la catastrophe arrive en plein jour.

L'action est la mort de Britannicus, que suit nécessairement la disgrâce d'Agrippine. L'action est, pour ainsi dire, commencée pendant la nuit, par l'enlèvement de Junie qui cause les deux premières scènes, et la troisième dans laquelle Agrippine irritée, s'unit à Britannicus, et lui donne rendez-vous chez Pallas.

ACTE I, SCENE I.

Quoi, tandis que Néron s'abandonne au sommeil.

Quel tableau dans ces premiers vers! Celle qui a gouverné long-temps tout l'Empire, vient seule attendre à la porte de son fils, qu'il soit jour chez lui, tandis que ce fils que l'amour a empêché de dormir pendant la nuit, *s'abandonne au sommeil*. Les personnes les plus fières, sont celles à qui les bassesses coûtent le moins, quand ces bassesses peuvent servir à les élever.

La mère de César veille seule à sa porte.

Au quatrième vers le spectateur apprend que celle qu'il voit seule et sans escorte est la mère de l'empereur.

Les chagrins qu'il me cause
M'occuperont assez tout le temps qu'il repose.

En s'occupant de ses chagrins avec sa confidente, elle va les apprendre aux spectateurs, et leur dévoiler l'intérieur de la cour de Néron. Cette première scène, quoiqu'elle se passe avec une confidente, est une des plus belles scènes de nos tragédies.

Britannicus le gêne, Albine, et chaque jour
Je sens que je deviens importune à mon tour.

Ces deux vers annoncent le sujet, la disgrâce de Britannicus, et celle d'Agrippine. Pour se bien mettre au fait, il faut lire les paroles suivantes de Tacite dont les passages orneront souvent ces remarques. « Agrippine avoit signalé sa puissance par la mort de quelques personnes qui lui déplaisoient. Burrhus et Sé-

» nèque voyant jusqu'où elle étoit capable de s'emporter,
» s'unirent contre elle. Ils tâchoient de retenir Néron,
» en l'amusant par des plaisirs permis, et en même
» temps s'opposoient à la violence d'Agrippine. » *Ibaturque in cædes, nisi Afranius Burrhus, et Annœus Seneca obviam issent. Hi rectores imperatoriæ juventæ, et pari in societate potentiæ concordes, diversa arte ex æquo pollebant. Burrhus militaribus curis, et severitate morum, Seneca præceptis eloquentiæ, et comitate honestâ, juvantes invicem, quo facilius lubricam principis ætatem, si virtutem aspernaretur, voluptatibus concessis retinerent. Certamen utrique unum erat contra ferociam Agrippinæ.* Ces deux gouverneurs avoient bien raison de s'opposer au pouvoir d'Agrippine : ce qui est cause que dans cette pièce, elle paroît si irritée contre Burrhus, et ne parle qu'avec mépris de Sénèque.

Avez nommé César l'heureux Domitius.

Le père de Néron se nommoit *Domitius Ænobarbus*. *Néron* étoit un surnom que Tibère et Claude avoient pris, et qui, suivant Suétone, vouloit dire dans la langue des Sabins, *fort* et *courageux*.

Au temps de ses consuls croit être retournée.

La première fois que Néron parla au sénat, il lui promit de lui laisser reprendre son ancienne autorité, et il tint parole quelque temps : *Nec defuit fides, multaque arbitrio senatus constituta sunt.* Il est dit cependant, scène II, que les deux consuls étoient venus au lever de Néron. Le titre de consul, depuis les empereurs, étoit un titre d'honneur, qu'on ambitionnoit encore, quoiqu'il ne donnât aucun crédit.

Enfin Néron naissant
A toutes les vertus d'Auguste vieillissant.

Cette comparaison de Néron naissant avec Auguste

vieillissant, est dans le Traité de Sénèque de la Clémence. *Comparare mansuetudini tuæ audebit Augustum, etiam si in certamen juvenilium annorum deduxerit senectutem plusquam maturam.*

Il se déguise en vain.

Elle a déjà dit plus haut :

L'impatient Néron cesse de se contraindre.

Néron joua d'abord le personnage d'hypocrite. *Nero flagitiis, et sceleribus velamenta quæsivit.* Tac. Dans ses harangues il parloit toujours de sa clémence. *Clementiam suam obstringens crebris orationibus.* Son affectation à en parler toujours donna lieu de penser qu'il étoit très-éloigné d'avoir cette vertu : ce fut ce qui engagea Sénèque à lui adresser ses deux livres, *de Clementiâ*. Comme il lui dit qu'il est dans l'âge où Auguste prit les armes contre la république, *cum hoc ætatis esset quod tu nunc es*, et qu'Auguste avoit dix-neuf ans quand il prit les armes contre la république, Sénèque fit ce Traité lorsque Néron n'avoit que dix-neuf ans, c'est-à-dire, lorsqu'on vantoit les douceurs de son règne; et ce traité fait bien voir que Néron se contraignoit. Quand il y fait la peinture des inquiétudes d'un tyran, qu'il oppose à la tranquillité d'un bon prince, on voit qu'il craint que son élève ne suive son penchant à la cruauté ; et quand il lui soutient que la bonté est naturelle en lui, parce qu'on ne peut si long-temps porter le masque, on voit qu'il craint à tout moment que le masque ne tombe. *Difficile hoc fuisset si non naturalis tibi ista bonitas esset, sed ad tempus sumpta : nemo enim potest personam diù ferre.* Cette idée d'un masque ne seroit pas venue à Sénèque, s'il n'eût été convaincu que Néron se déguisoit. Agrippine dans cette scène en est également convaincue.

Je lis sur son visage.

En regardant les médailles de Néron et son buste,

ACTE I, SCENE I.

nous lisons sur son visage, ce qu'Agrippine y lisoit.

Des fiers Domitius l'humeur triste et sauvage.

Domitius étoit suivant Suétone, *arrogans, immitis.*

La fierté des Néron qu'il puisa dans mon flanc.

Parce qu'Agrippine étoit de la famille des Claudiens, qui avoient pris le surnom de Néron, comme on le voit dans Horace :

Quid debeas, o Roma Neronibus, etc. Od. 4, l. 4.

De Rome, pour un temps, Caïus fut les délices.

Suétone dit que Caïus Caligula dans sa jeunesse même, ne pouvoit cacher son naturel affreux et cruel, *naturam sævam atque probrosam.* Cependant quand il fut nommé empereur, les vœux de toute la terre parurent satisfaits. Ce prince tant souhaité, *exoptatissimus princeps*, ayant été élevé dans les camps, étoit connu des soldats : la mémoire et les malheurs de son père Germanicus le faisoient aimer : on lui donnoit les noms les plus tendres : il commença son règne en affectant la clémence : il jeta au feu un libelle qu'on lui présentoit, disant qu'il n'auroit jamais d'oreilles pour les délateurs. Enfin il se livra à son naturel, et Suétone écrivant sa vie, change tout-à-coup en disant : « J'ai parlé jus- » qu'à présent d'un prince, je vais maintenant parler » d'un monstre. » *Hactenus quasi de principe, reliqua ut de monstro narranda sunt.* On peut dire la même chose dans l'histoire de Néron.

Que m'importe après tout que Néron plus fidèle, etc.

Ce n'est ni de la vertu de son fils, ni du bonheur de la patrie, dont Agrippine se soucie.

Ah, que de la patrie il soit s'il veut le père !

Elle fait allusion au titre de *père de la patrie*, que Néron reçut dès la première année de son règne. Tibère l'avoit refusé quelque temps par une fausse modestie. Ce titre *pater patriæ*, le plus beau qu'un souverain puisse mériter étoit donné à des monstres.

> Britannicus par moi s'est vu précipiter.

Elle fait dans cette scène le personnage que Tacite peint dans ces deux mots, *Agrippina muliebriter fremere*. Dans ses plaintes elle apprend aux spectateurs les principaux événemens dont la connoissance est nécessaire pour l'intelligence de la pièce, et lorsqu'elle veut devenir l'appui d'un prince dont elle a causé la ruine, elle révèle la politique qui la fait agir.

> Votre nom est dans Rome aussi saint que le sien.

C'est ce que Burrhus lui va dire encore,

> Ainsi que par César on jure par sa mère.
>
> Qu'on porta les faisceaux couronnés de lauriers.

Ceux qui accusoient Agrippine devant Néron lui faisoient un crime d'avoir souffert de pareils honneurs : *Quod consortium imperii, juraturasque in feminæ verba prætorias cohortes, idemque dedecus senatus et populi speravisset*. Néron, au quatrième acte, lui fera ce reproche :

> Vous avez vu cent fois nos soldats en courroux
> Porter en murmurant leurs aigles devant vous :
> Honteux de rabaisser par cet indigne usage
> Les héros dont encore elles portent l'image.
>
> Lorsqu'il se reposoit sur moi de tout l'Etat.

Voilà le seul objet de ses desirs, et pourquoi elle craint que son fils ne s'ennuie de lui obéir : *exueret obsequium in matrem*.

> Et que derrière un voile invisible et présente, etc.

Velo discreta, quæ visum arceret, auditum non adimeret.

> Ce jour, ce triste jour frappe encor ma mémoire, etc.

Il semble qu'elle aille parler d'un jour fatal à l'Etat, elle va parler d'un jour où Néron pour l'honneur de l'Etat l'État fit habilement ce qu'il devoit faire : *Specie pietatis obviam itum dedecori.*

Vers sa chute à grand pas chaque jour s'achemine.

Infracta paulatim potentia matris.

Présider l'un ou l'autre à tous nos entretiens.

Unis ensemble contre elle, ils ne la laissoient pas parler seule à son fils.

SCENE II.

Au nom de l'empereur j'allois vous informer, etc.

Elle n'a point tant de sujet de se plaindre, Néron la respecte encore, puisqu'aussitôt après l'enlèvement de Junie, il charge Burrhus d'en aller dire les raisons à Agrippine. Ainsi Burrhus vient au lieu de la scène en sortant de l'appartement de Néron, pour aller chez Agrippine qu'il trouve à la porte de Néron.

Puisqu'il le veut, entrons ; il m'en instruira mieux.

Ce n'est que de Néron même qu'elle veut recevoir cette explication. Quelle fierté dans ses discours, et quelle sagesse dans les réponses de Burrhus !

Non, je ne trouble point ses augustes secrets, etc.

La colère la fait parler ainsi ; elle venoit de dire à sa confidente :

Surprenons, s'il se peut, les secrets de son âme.
Cependant, voulez-vous qu'avec moins de contrainte, etc.

Elle est outrée de ce que Burrhus ne la laisse pas entrer ; elle le lui dira à la fin de la scène :

Quand Burrhus à sa porte ose me retenir ?

Elle s'en plaindra devant Néron, act. IV :

Que ce même Burrhus qui nous vient écouter,
A votre porte enfin n'ose plus m'arrêter.

Dans ce moment elle n'en dit rien à Burrhus, parce qu'elle veut s'éclaircir avec lui d'autre chose ; elle étouffe sa colère. Le poète connoissoit bien le cœur humain dans toutes ses passions.

Prétendez-vous long-temps me cacher l'empereur ?

Dans ce discours, tous les mots sont dictés par l'orgueil.

Moi, fille, femme, sœur et mère de vos maîtres !

Ce beau vers est imité de Tacite : *Venerationem augebat feminæ, quam imperatore genitam, sororem ejus qui rerum potitus sit, et conjugem et matrem fuisse.* Agrippine, fille de Germanicus frère de Claude, femme de Claude, et mère de Néron, étoit fille, sœur, nièce, femme et mère des Césars.

Néron n'est plus enfant. N'est-il pas temps qu'il règne ?

Certe finitam Neronis pueritiam.

Pour se conduire enfin, n'a-t-il pas ses aïeux ?

Exueret magistrum, satis amplis doctoribus instructus, majoribus suis.

D'un soldat qui sait mal farder la vérité.

Agrippine lui a reproché *les honneurs obscurs de quelque légion*, et lui il ne s'appelle qu'un soldat.

J'en dois compte, Madame, à l'empire romain, etc.

C'est ce que doivent se dire tous les gouverneurs des princes. C'est à l'Etat qu'ils doivent compte de l'éducation dont ils sont chargés : s'ils élèvent dans l'ignorance celui qui doit un jour gouverner, quel tort ils font à l'Etat !

Falloit-il dans l'exil chercher des corrupteurs ?

Parce qu'Agrippine fit rappeler Sénèque de l'exil, où il avoit été envoyé sous Claudius.

N'ose-t-il être Auguste et César que de nom ?

On donnoit aux empereurs, sitôt qu'ils étoient élus, les titres d'*Auguste* et de *César*.

Tout l'empire n'est plus la dépouille d'un maître.

Un étranger qui, en lisant cette tragédie, cherchera *dépouille* dans un dictionnaire, pourra-t-il jamais comprendre tout ce qu'à cet endroit fait entendre ce mot?

Thraséas au sénat, Corbulon dans l'armée.

Quand on lit un vers si naturel, dont la rime amène cet hémistiche du vers suivant, *malgré leur renommée*, s'imagine-t-on que la rime gêne les poètes?

Les déserts, autrefois peuplés de sénateurs, etc.

Imitation d'un passage du Panégyrique de Pline : *Insulas quas modo senatorum, jam delatorum turba compleverat.*

Que le sang de César ne se doit allier, etc.

Pour justifier Néron de l'enlèvement de Junie, il se sert adroitement de la même raison dont on se servit pour engager Claude à épouser Agrippine, *ne claritatem Cæsarum aliam in domum ferret.*

Et n'avertissez point la cour de vous quitter.

Un étranger ne trouvera pas non plus dans nos dictionnaires le sens qu'il faut donner ici au verbe *avertir*. Que de beautés nous échappent de même dans les fameux écrivains de l'antiquité!

Et peut-être, Madame, en accuser les soins
De ceux que l'empereur a consultés le moins.

Par ces deux derniers vers, il fait assez entendre que ses avis ne sont pas suivis, et que si dans toute la scène il a justifié son élève, dans son cœur il ne le justifie pas; et voilà Burrhus : *laudans ac mœrens.*

SCÈNE III.

Ah, Prince, où courez-vous? Quelle ardeur inquiète, etc.

L'arrivée de Britannicus est bien naturelle. Il a appris l'enlèvement de Junie; il accourt au palais.

Je ne m'explique point. Si vous voulez m'entendre,
Suivez-moi chez Pallas où je vais vous attendre.

Ce n'est que trop s'expliquer : peut-elle lui tenir un

pareil discours, et lui donner un rendez-vous chez Pallas, en présence de Burrhus et de Narcisse, qui iront en instruire Néron? La passion aveugle cette femme ambitieuse, et toute prudence l'abandonne.

SCENE IV.

Que vois-je autour de moi, que des amis vendus, etc.

Dès que Néron fut adopté, on eut soin d'écarter de Britannicus tout serviteur qui eût pu lui être fidèle : *Desolatus etiam paulatim servilibus ministeriis... etiam libertorum si quis incorrupta fide, depellitur.* Et ailleurs, *ut proximus quisque Britannico neque fas neque fidem pensi haberet, olim provisum erat.* Britannicus, dans cette situation, ne devoit donc se fier à personne, et cependant il ne songe pas à soupçonner Narcisse, qui lui avoit été laissé par son père comme un serviteur que la reconnoissance devoit rendre fidèle ; c'est ce que Burrhus lui reprochoit dans la scène supprimée :

> Ce prince, à ses bienfaits mesurant votre zèle,
> Crut laisser à son fils un gouverneur fidèle,
> Et qui sans s'ébranler verroit passer un jour
> Du côté de Néron la fortune et la cour.

Je vais la voir, l'aigrir, la suivre, et s'il se peut, etc.

Irrité de l'enlèvement de Junie, il unit ses ressentimens à ceux d'Agrippine ; et en allant la trouver chez Pallas, il se rend coupable. Pendant l'intervalle de cet acte au suivant, Narcisse va instruire Néron de ce qu'il vient d'apprendre.

ACTE II, SCENE I.

N'en doutez point, Burrhus : malgré ses injustices, etc.

Malgré tous les injustes reproches dont Agrippine a accablé Burrhus, il vient donc de parler en sa faveur à Néron, puisque Néron l'assure qu'il saura respecter sa mère :

> C'est ma mère, et je veux ignorer ses caprices.

Il en est encore persuadé, et c'est ce qu'il va bientôt oublier.

> Le ministre insolent qui les ose nourrir.

L'orgueil avoit rendu insupportable cet affranchi : *Pallas tristi arrogantiâ modum liberti ingressus, tædium sui moverat.* Pline, dans la lettre vingt-neuf du septième livre, rapporte l'insolente inscription mise sur le tombeau de ce Pallas, après avoir dit à son ami : « Vous » rirez, ensuite vous serez indigné, et enfin vous rirez, » en lisant ce que vous ne pourriez croire si vous ne le » lisiez. »

> Vous, Narcisse, approchez; et vous, qu'on se retire.

C'est avec Narcisse, plutôt qu'avec Burrhus, qu'il veut rester seul.

SCENE II.

> Depuis un moment, mais pour toute ma vie.

Caractère emporté. Il s'imagine que cette passion, qui ne fait que commencer, durera toute sa vie.

> J'employois les soupirs, et même la menace.

Dans la scène suivante, il emploiera tantôt les soupirs, et tantôt la menace.

> Et c'est cette vertu, si nouvelle à la cour, etc.

La vertu étonne et charme un Néron même.

> Qui, dès qu'à ses regards elle ose se fier,
> Sur le cœur de César ne les vienne essayer.

Tableau des femmes de la cour.

> Las de votre grandeur.

Quel mot pour irriter Néron contre son frère !

3

Maître, n'en doutez point, d'un cœur déjà charmé, etc.

Un honnête homme diroit à son prince : *votre grandeur pourra la séduire, elle s'attachera à votre fortune, et jamais à votre personne.* Un vil flatteur veut persuader le prince qu'il sera en effet aimé.

Sénèque, Rome entière et trois ans de vertus.

Trois ans de vertus paroissent quelque chose de beau aux yeux même de Néron.

Non que pour Octavie un reste de tendresse, etc.

Il la haïssoit, *fato quodam, an quia prævalent illicita,* dit Tacite.

Me fait un long récit de mes ingratitudes.

Et plus elle lui faisoit ces reproches, plus elle l'irritoit : *Multa muliebriter fremere, quantoque fœdiora exprobrabat, acrius accendere.*

SCENE III.

J'allois voir Octavie, et non pas l'empereur.

Aucun personnage n'entre sur la scène qu'on n'en sache la raison. Junie, que pendant la nuit on a amenée au palais, veut aller voir l'impératrice : pour aller à son appartement, il faut qu'elle passe par le lieu de la scène; elle y trouve Néron.

Je ne vous nierai point, Seigneur, que ses soupirs, etc.

C'est ici l'ingénuité et l'innocence. L'amour de Junie pour ce prince, à qui elle a été destinée pour épouse dans un temps plus heureux, cet amour si constant pour ce même prince devenu si malheureux, paroît dans Junie une vertu; et un pareil amour est digne de la tragédie.

JUNIE.
Et quel est donc, Seigneur, cet époux ?
NÉRON.
Moi, Madame.

Réponse fière dans la bouche d'un amant.

Les dieux ont prononcé. Loin de leur contredire, etc.

Les crimes de sa mère l'ont fait ce qu'il est, et il ose dire que ce sont les dieux.

Des jours toujours à plaindre et toujours enviés.

Un jeune prince qui s'amusoit, comme on le verra dans la suite, à conduire des chars, et à chanter sur le théâtre, ne donnoit pas ses jours aux veilles et aux alarmes; mais l'amour est éloquent.

La gloire d'un refus sujet au repentir.

Il commence à menacer : jusqu'à présent il a parlé en amant, il va parler en maître. Il a dépeint à Narcisse son amour, comme un amour très-violent; mais c'est l'amour d'un Néron.

SCENE VI.

Ceux qui désapprouvent cette scène, parce que, disent-ils, s'aller cacher pour entendre une conversation, est un jeu puéril qui ne convient pas au sérieux de la tragédie, ne font pas attention que ce n'est pas ici un jeu, mais une cruauté dont Néron seul est capable. Il veut que Junie prononce elle-même à son amant l'arrêt de son bannissement; elle sera même la cause de sa mort, s'il lui échappe un geste, un soupir, ou un regard. Il lui a dit, en la quittant :

Madame, en le voyant, songez que je vous vois.

Quelle situation que celle de Junie, qui sait que Néron l'entend et la voit! Et qu'une pareille scène doit exciter l'attention du spectateur!

Madame, quel bonheur me rapproche de vous?

Que d'interrogations à la fois, et quelle vivacité devant une personne qui reste immobile!

Ces murs même, Seigneur, peuvent avoir des yeux.

C'est ce que se doivent toujours dire ceux qui vivent à la cour.

> Et jamais l'empereur n'est absent de ces lieux.

Et jamais l'empereur; et à la fin, *l'empereur va venir*. Elle prononce d'un ton respectueux *l'empereur*, au lieu que Britannicus ne le nomme que *Néron*.

> La mère de Néron se déclare pour nous.

Par cet aveu, que Néron entend, Britannicus va se perdre, et perdre Agrippine; c'est pourquoi Junie, jusque-là muette et immobile, lui coupe la parole en s'écriant:

> Ah, Seigneur, vous parlez contre votre pensée!

Et c'est elle-même qui fait parler Britannicus contre sa pensée, puisqu'il n'a jamais rendu hommage à la vertu de Néron. Est-il vraisemblable, dit-on, qu'une jeune fille élevée dans la retraite ait une si grande présence d'esprit, et sache si bien la dissimulation? Ces critiques puériles ne méritent pas qu'on s'arrête pour y répondre. La poésie, comme la peinture, doit embellir la nature. D'ailleurs, des princesses élevées à la cour des empereurs, étoient de bonne heure instruites à déguiser leurs sentimens. Tacite dit de la jeune Octavie: *quamvis rudibus annis, dolorem, caritatem, omnes affectus abscondere didicerat.*

SCÈNE VIII.

> Par de nouveaux soupçons, va, cours le tourmenter.

Nouvelle cruauté de la part de Néron.

> La fortune t'appelle une seconde fois,
> Narcisse; voudrois-tu résister à sa voix?

Il arrive très-souvent à la représentation de cette pièce, que l'acteur ne peut prononcer ces quatre vers à cause du murmure qu'excite contre lui l'indignation des spectateurs. Le poète, qui a voulu peindre un homme très-odieux, a donc bien réussi. Narcisse à qui Néron a ordonné d'aller augmenter les peines de Britannicus,

ACTE III, SCENE II.

en lui inspirant de nouveaux soupçons, va s'acquitter de cette commission pendant l'intervalle de cet acte au suivant; et le spectateur attend quel parti aura pris Britannicus, après le froid accueil que lui a fait Junie.

ACTE III.

Pour ne point interrompre mes remarques sur le texte imprimé, je remets à la fin celle que j'ai à faire sur la scène qui n'a point été imprimée, et qui devoit être la première de cet acte.

SCENE I.

Pallas obéira.

Burrhus, qui au commencement du second acte a été chargé de porter à Pallas l'ordre de son exil, revient instruire Néron du succès de sa commission. L'exil de Pallas irritera davantage Agrippine contre Burrhus et Néron; et Néron ayant surpris Britannicus aux genoux de Junie, va faire arrêter les deux amans et sa mère : ainsi le trouble de la pièce ira toujours en croissant.

A d'inutiles cris puissent-ils s'arrêter!

Son intention n'est pas d'indisposer le fils contre sa mère, mais de l'avertir des dangers où il s'expose, et lui faire renoncer à un amour dont il prévoit les suites funestes. C'est à cet amour qu'il en veut venir.

Des vertus d'Octavie, indignes de ce prix, etc.

C'est le devoir d'un sage gouverneur de rappeler son prince à l'amour conjugal, et à la fuite d'un objet dangereux.

SCENE II.

Enfin, Burrhus, Néron découvre son génie.

Néron lui a dit d'un ton railleur, que l'amour est une

science qu'il n'entend point, et qu'on ne doit pas jusque-là rabaisser sa sévérité. Burrhus, qui sent l'aigreur de cette plaisanterie, voit s'approcher le danger qu'il a toujours craint : il n'y a plus de temps à perdre pour y remédier ; et par ce court monologue, il fait bien voir que quand il a justifié Néron, il n'a point dit tout ce qu'il pensoit.

SCENE III.

De les flatter lui-même, et nourrir dans son âme, etc.

Qu'il est dur à un honnête homme d'être accusé des choses dont il est le plus incapable ! Burrhus vient d'exhorter Néron à ménager Agrippine, et à respecter les vertus d'Octavie, et le voici accusé d'inspirer à son élève

Le mépris de sa mère, et l'oubli de sa femme.

Ah, l'on s'efforce en vain de me fermer la bouche !

Après l'exil de Pallas, dit Tacite, *præceps Agrippina ruere ad terrorem et minas, adultum jam esse Britannicum.*

Des crimes dont je n'ai que le seul repentir.

Elle en veut avoir le fruit ; et elle ne l'a point quand elle ne gouverne pas.

J'irai, n'en doutez point, le montrer à l'armée, etc.

Ituram cum illo in castra... Audiretur hinc Germanici filia, inde debilis rursus Burrhus, et exul Seneca.

De l'autre, l'on verra le fils d'Ænobarbus, etc.

Quand elle est irritée, elle ne l'appelle ni César, ni Néron, ni l'empereur, ni son fils : c'est le fils d'Ænobarbus.

Je confesserai tout, exils, assassinats,
Poison même...

Nec abnuere se quæ cuncta infelicis domus mala

patefierent....suas in primis nuptias....suum veneficium.

Madame, ils ne vous croiront pas.

Que Burrhus est admirable quand il interrompt une femme qui fait l'aveu de ses crimes, afin qu'elle n'aille pas plus loin ! Combien d'autres crimes Agrippine auroit pu révéler ! On n'auroit pas eu de peine à la croire, et cependant Burrhus l'assure qu'on ne la croira pas : accablé de ses injustes plaintes, il la quitte, en l'assurant qu'il va continuer à ramener vers elle le cœur de Néron : quel beau portrait d'un honnête homme !

SCENE IV.

Ah, lui-même à mes yeux puisse-t-il se montrer !

Comment auroit-elle écouté les conseils de Burrhus ? Elle n'écoute pas même ceux de sa confidente. La cause de cette grande colère, est la nouvelle passion de Néron. S'il a une maîtresse, elle aura tout le crédit : c'est à sa mère plus qu'à sa femme que Néron donne une rivale.

Quand je devrois du ciel hâter l'arrêt fatal.

On lui avoit prédit que son fils, s'il devenoit empereur, la feroit mourir, et elle avoit répondu, *occidat dum imperet.*

SCENE V.

Madame, nos malheurs trouvent des cœurs sensibles.

Nemo adeo expers misericordiæ fuit, quem non Britannici fortunæ mæror adficeret.

Prince, que dites-vous ?

Malgré tout ce qu'elle a paru souhaiter, et les menaces qu'elle vient de faire, elle est effrayée à la première nouvelle que Britannicus lui donne de ses espérances ; et voilà ce qui l'engagera à avoir un entretien avec Néron. C'est ainsi que tout est lié de scène en scène, et forme la continuité de l'action. L'abbé Nadal sur cet endroit a fait cette réflexion, que dans les pièces d'un auteur médiocre, les incidens sont des morceaux détachés, qui donnent au spectacle sa durée, sans donner à l'action ses parties essentielles, *au lieu que*, dit-il, *dans celles de Racine tout est nécessité*. On admire l'art d'enchaîner les choses dans cette pièce surtout, et dans Bajazet.

SCENE VI.

Et qui sait si l'ingrate, en sa longue retraite, etc.

Il faut être aussi méchant que Narcisse, pour accuser Junie d'une pareille intention.

SCENE VII.

Retirez-vous, Seigneur, et fuyez un courroux, etc.

Il est bien naturel que Junie qui a causé tant de chagrin à Britannicus, soit empressée de le tirer d'erreur. Elle le vient chercher au lieu de la scène, parce qu'elle est assurée de n'y point trouver Néron :

Je me suis échappée
Tandis qu'à l'arrêter sa mère est occupée.

SCENE VIII.

Néron, que Narcisse a couru avertir, paroît tout à coup ; et quoique cette arrivée si imprévue doive interdire Britannicus, il lui répond dans toute cette scène avec tant de fermeté et de grandeur d'âme, que Boileau n'a jamais pu penser ce qu'on lui fait dire dans le *Bolœana*, que ce prince étoit trop petit devant Néron.

Ce lieu le favorise.

Il a raillé Burrhus, il raille ici Britannicus et Junie ;

dans l'acte suivant il raillera sa mère : la raillerie est ordinaire aux caractères méchans.

> Et l'aspect de ces lieux, où vous la retenez.

Puisqu'il est dans le palais de son père.

> Qu'un jour Domitius me dût parler en maître.

Allusion heureuse à un fait que rapporte Tacite. Néron étoit adopté, et Claudius vivoit encore : Britannicus ayant rencontré Néron, l'appela *Domitius*; ce qui irrita Néron et Agrippine. Suétone dit qu'il l'appela *Ænobarbus*.

> Tout ce qu'a de cruel l'injustice et la force, etc.

Ici Britannicus s'échappe, et dit ce qu'il ne lui est pas permis de dire devant son souverain.

> Heureux ou malheureux, il suffit qu'on me craigne.

Ces paroles d'un tyran, *oderint dum metuant*, ne peuvent être mieux placées que dans la bouche de Néron.

SCENE IX.

> Arrêtez :
> J'ignore quel projet, Burrhus, vous méditez.

Néron ne pouvoit souffrir aucun obstacle à ses volontés, et il étoit dangereux de désapprouver sa conduite : *ut sceleribus promptus, ita audiendi quæ fecerat, insolens erat*. Cependant un jour qu'il étoit irrité contre sa mère, Burrhus osa lui représenter qu'il falloit donner à tout le monde le temps de se défendre, et surtout à une mère : *cuicunque, nedum parenti, defensionem tribuendam esse*; c'est la remontrance qu'il fait ici :

> Quoi, Seigneur, sans l'ouïr! Une mère!

Le voilà menacé lui-même d'être arrêté. Burrhus, dans l'intervalle de cet acte au suivant, exécute l'ordre qu'il a reçu, et le spectateur attend quelle en sera la suite.

ACTE IV.

L'audience que Néron donne à sa mère, au lieu de ramener la paix, augmente le trouble. Néron fatigué du nom de Britannicus, qu'Agrippine répète si souvent, prend la résolution de perdre son frère, et confie son dessein à Burrhus, qui par ses remontrances et ses prières l'en détourne, et le force à consentir à une réconciliation. Tandis que pour la hâter il va chercher Britannicus, Narcisse entre, détruit l'ouvrage de Burrhus, et Néron incertain du parti qu'il doit prendre, ou de la réconciliation ou de la vengeance, sort avec Narcisse pour en aller délibérer.

SCENE I.

Oui, Madame, à loisir vous pourrez vous défendre.

Cette suite de discours fait connoître que Burrhus, qui a reçu ordre d'arrêter Agrippine, et qui ne la quitte point, depuis que Néron lui a dit *répondez-m'en*, a engagé Néron à accorder une audience à sa mère. Il amène Agrippine à cette audience; et faisant l'office de médiateur, il tâche de justifier Néron, en disant que s'il a fait arrêter Agrippine, c'est peut-être à dessein de l'entretenir. Il répète à Agrippine les conseils qu'il lui a déjà donnés; mais la fière Agrippine ne paroît pas les écouter, et le renvoie avec mépris sitôt qu'elle aperçoit Néron.

Oui, Madame, à loisir vous pourrez vous défendre.

Elle s'est plaint, dans le premier acte, que Néron ne la voyoit jamais en particulier :

En public, à mon heure, on me donne audience.

Néron, dit Tacite, ne l'alloit voir qu'accompagné, et lui rendoit une visite très-courte, *post breve osculum discedens*. Elle obtient ici une audience secrète.

> La cour autour de vous ou s'écarte ou s'empresse, etc.

Sitôt qu'on voyoit sa disgrâce approcher : *statim relictum Agrippinæ limen, nemo solari, nemo adire.* Tac. Cette audience secrète que Néron accorde à Agrippine, auroit dû naturellement se passer, ou dans l'appartement de Néron, ou dans celui d'Agrippine. Elle se passe au lieu de la scène :

> César lui-même ici consent de vous entendre.

Mais personne n'y peut entrer, parce que Burrhus reste à la porte avec les gardes. Il faut toujours supposer, dans nos tragédies, ce lieu de la scène où se passe toute l'action : ce qui ne choque en rien la vraisemblance.

SCENE II.

> Approchez-vous, Néron, et prenez votre place.

Obligée à venir se justifier devant son maître, c'est elle qui va l'accuser. Elle parle d'abord comme si elle lui commandoit : *approchez-vous.* Elle ne l'appelle ni mon fils ni César, et elle semble lui permettre de s'asseoir auprès d'elle.

> Vous régnez : vous savez combien votre naissance, etc.

Elle va lui dire tout ce qu'il sait : et rappeler à un mauvais cœur les sujets de reconnoissance qu'il doit avoir, c'est l'irriter davantage. Néron n'aime pas que sa mère lui fasse *un long récit de ses ingratitudes.* Elle va le lui faire; et ce long récit qui l'ennuie, n'ennuie point le spectateur, qui apprend l'histoire du règne de Claudius et toutes les intrigues d'Agrippine.

> Etoient même sans moi d'inutiles degrés.

Ils étoient inutiles au fils de Domitius.

> Quand de Britannicus la mère condamnée, etc.

Dans une tragédie, le nom de Messaline a quelque

chose d'odieux, et le poète sait habilement employer une périphrase.

> Parmi tant de beautés qui briguèrent son choix, etc.

Comme le dit Tacite, *ambitu feminæ arserant. Huic Pallas, illi Callistus aderant.* Il s'agissoit de trouver une femme à un prince qui étoit *cælibis vitæ intolerans, et conjugum imperio obnoxius.*

> Qui de ses affranchis mendièrent les voix.

Le règne de Claudius fut celui de ses affranchis : il ne donnoit sa confiance qu'à des âmes viles : *orto apud libertos certamine, quis deligeret uxorem Claudio.*

> Son maître, chaque jour caressé dans mes bras, etc.

Prævaluerant hæc adjuta Agrippinæ illecebris, quæ ad eum per speciem necessitudinis, crebro ventitando, pellicit patronum.

> Mais ce lien du sang qui nous joignoit tous deux, etc.

Necdum celebrare solemnia nuptiarum audebant nullo exemplo, deductæ in domum patrui, fratris filiæ. Le mariage d'un oncle avec sa nièce fut très-nouveau pour les Romains : *nova nobis in fratrum filias conjugia.* Des particuliers ont, parmi nous, moins de peine à obtenir cette permission que n'en eut alors un empereur romain.

> Le sénat fut séduit, une loi moins sévère, etc.

Tacite rapporte, au commencement du livre douze, comment le sénat fut séduit, et rendit la loi qui permettoit à l'avenir à un oncle d'épouser sa nièce. Un seul Romain osa suivre l'exemple de Claudius, et ne le suivit que pour faire sa cour à Agrippine.

> Mit Claude dans mon lit, et Rome à mes genoux.

Quel vers ! *Ubi matrimonii certa fuit, struere majora.... versa ex eo civitas, et cuncta feminæ obediebant.* Ceux qui savent l'imbécille complaisance de Claude

ACTE IV, SCENE II.

Claude pour Agrippine sentent toute la beauté de ce vers, et pourquoi Agrippine, au lieu de dire qu'elle eut l'honneur d'entrer dans le lit de Claude, fait entendre que Claude eut l'honneur d'être reçu dans le sien.

Silanus, qui l'aimoit, s'en vit abandonné, etc.

Die nuptiarum Silanus sibi mortem conscivit.

Claude vous adopta, vaincu par ses discours, etc.

His evictus biennio majorem natu Domitium, filio anteponit.

Eloigna de son fils tous ceux de qui le zèle, etc.

J'ai rapporté plus haut le passage de Tacite.

Et ce même Sénèque, et ce même Burrhus, etc.

Elle le choisit pour se faire une créature d'un homme célèbre : *Veniam exilii pro Senecâ impetrat, lætum in publicum rata, ob claritatem studiorum ejus.*

Qui depuis.... Rome alors estimoit leurs vertus.

Depuis qu'ils s'opposent à ce qu'elle gouverne, elle s'imagine qu'ils ont perdu toute leur ancienne réputation.

Favorisoient en vous Germanicus mon père.

Il falloit que la mémoire de Germanicus fût bien chère aux Romains, à qui Caligula devoit avoir appris qu'un héros peut avoir pour fils un monstre.

Il laissa pour son fils échapper quelque plainte, etc.

Agrippine se rendit maîtresse de ses derniers soupirs : *Ne admotus supremis Claudius ad amorem filii rediret.*

Il mourut. Mille bruits en courent à ma honte.

Elle pourroit dire *à notre honte*, puisque, suivant Suétone, Néron commença à être parricide par Claudius. S'il ne fut point l'auteur de sa mort, il en fut du moins complice : *Parricidia et cædes à Claudio exorsus est, cujus necis si non autor, at conscius fuit ;* et

Agrippine, suivant Tacite, *non ministrorum egens, de genere veneni consultavit.*

J'arrêtai de sa mort la nouvelle trop prompte.

Vocabatur interea senatus, votaque pro incolumitate principis, consules et sacerdotes nuncupabant, cum jam exanimis vestibus et fomentis obtegeretur, dum res firmando Neronis imperio componuntur.

Et tandis que Burrhus alloit secrètement, etc.

Comitante Burrho, Nero egreditur ad cohortem, illatusque castris imperator consalutatur : sententiam militum secuta patrum consulta.

Othon, Sénécion, jeunes voluptueux.

Burrhus et Sénèque consentoient à de pareilles liaisons, dans l'espérance que l'amour des voluptés adouciroit la férocité du caractère de Néron.

Et sans vous fatiguer du soin de le redire, etc.

Quelle expression ironique, aussi bien que la suivante, *votre bonté, Madame!* Agrippine l'a accusé de crimes véritables, en lui reprochant l'enlèvement de Junie et la disgrâce d'Octavie, qui est, lui a-t-elle dit,

Prête à sortir du lit où je l'avois placée.

Néron a dit à Narcisse, dans le second acte, qu'il redoute Agrippine quand elle atteste devant lui *les saints droits d'un nœud qu'elle a formé.* Il a avoué l'impression que faisoient sur lui les discours de sa mère :

Mon génie étonné tremble devant le sien.

Néron dans cet acte n'est plus le même; Narcisse l'a changé. Loin que son *génie tremble*, il ne songe point à se justifier, et ne lui répond qu'avec une raillerie amère,

Seul recours d'un ingrat qui se voit confondu.

Ce pouvoir que vos cris sembloient redemander.

Quel terme de mépris !

> Publioient qu'en mourant, Claude avec sa puissance,
> M'avoit encor laissé sa simple obéisssance.

Néron, qui avoit tant d'obligation à l'empereur Claudius, n'en parloit qu'avec mépris, dit Suétone, *modo stultitiæ, modo sævitiæ arguens.* Sans ce mépris, Sénèque eût-il osé composer sa satire sur la mort de Claudius, c'est-à-dire, de celui qui avoit adopté son élève ?

> Les héros dont encor elles portent l'image.

Les Romains à leurs enseignes attachoient les images de leurs Césars. Ces enseignes étoient sacrées, et ces Césars avoient été mis au nombre des dieux. Suétone dit d'un roi des Parthes : *Aquilas et signa romana, Cæsarumque imagines adoravit.* Dans la colonne Trajane, on voit ces images attachées aux enseignes ; ce qui est cause qu'on les voit aussi dans les tableaux de la bataille de Constantin par Raphaël et M. le Brun. Nous aimerions mieux en retrouver dans les cabinets des curieux ; mais je ne crois pas qu'il nous en reste : nous ne savons que par les historiens qu'elles rendoient les enseignes si pesantes, que pour en porter une, il falloit être très-robuste.

> Ils me reprocheroient, non des cris impuissans, etc.

Qui non verba impatientiâ caritatis, aliquando incauta, sed ea crimina objiciant, quibus nisi à filio mater absolvi non posset.

> Que je suis malheureuse !

Après les reproches et les injures, une femme pleure, gémit, s'adresse au ciel.....

> Que de Britannicus on calme le courroux.

Elle demande tout à-la-fois ; et son ambition qui l'aveugle, l'empêche de s'apercevoir que quand Néron lui accorde tout ce qu'elle demande, il est impossible qu'il parle sincèrement.

> Que ce même Burrhus, qui nous vient écouter.

Burrhus ne manque de respect ni à elle ni à Néron. Il est resté dehors pendant leur entretien : il entend que l'entretien finit, parce que Néron toujours assis s'est levé brusquement, en prononçant à haute voix :

> Et bien donc prononcez, que voulez-vous qu'on fasse ?

Burrhus, qui ne peut quitter Agrippine que quand elle est avec Néron, entre pour recevoir les ordres de Néron; et comme il est entré sans avoir été appelé, Agrippine l'accuse *d'être venu les écouter;* ce qui donne lieu à la magnifique scène qui va suivre, et à laquelle on ne devoit pas s'attendre, Néron ayant menacé Burrhus de le faire arrêter : mais Néron vient d'être convaincu qu'Agrippine est son ennemie. Sans ce mot d'Agrippine, Néron n'eût pas confié son secret à Burrhus, qu'il regardoit comme *un censeur prêt à le contredire.* Aussi va-t-il lui dire :

> Mais son inimitié vous rend ma confiance.

Quel art d'amener les scènes !

SCENE III.

Néron a dit :

> Gardes, qu'on obéisse aux ordres de ma mère.

Burrhus, qui n'est plus obligé de la garder et d'en répondre, reste avec Néron, qu'il félicite de cette heureuse réconciliation.

> J'embrasse mon rival, mais c'est pour l'étouffer.

Il fait cette affreuse confidence à Burrhus, parce qu'il s'imagine qu'elle lui sera agréable.

> Elle m'a fatigué de ce nom ennemi.

Voilà ce qu'une femme a gagné par ses menaces continuelles : *Urgentibus Agrippinæ minis, occulta molitur, parari venenum jubet.*

ACTE IV, SCENE III.

>Elle va donc bientôt pleurer Britannicus ?

Burrhus retient l'exclamation qui semble devoir suivre ce qu'il vient d'entendre : il ne paroît ni surpris ni indigné, parce qu'il veut savoir si le projet de Néron est médité et préparé ; c'est pourquoi il répond tranquillement :

>Elle va donc bientôt, etc.

>Avant la fin du jour je ne le craindrai plus.

Burrhus, certain qu'il n'a plus qu'un moment pour pouvoir arrêter le coup, va employer ce moment.

>Non, quoi que vous disiez, cet horrible dessein
>Ne fut jamais, Seigneur, conçu dans votre sein.

Ce *non* est si hardi devant un prince qui ne vouloit jamais être contredit, que Néron ne fait que répondre dans son étonnement, *Burrhus !* Et Burrhus qui a osé commencer, ose poursuivre.

>J'aurai devant les yeux je ne sais quel amour, etc.

Les bons princes n'appellent point cet amour *un je ne sais quel amour*, parce que, comme le hasard ne le leur donne pas, il ne le leur ôte pas. Le peuple n'est jamais inconstant pour eux.

>C'est à vous à choisir, vous êtes encor maître.

Il n'est plus le maître, et il n'a plus à choisir, puisqu'il a été capable de ne répondre à sa mère qu'avec ironie, mépris et perfidie, et de lui tout promettre, dans l'intention d'embrasser son rival pour l'étouffer ; mais on ne peut espérer de rappeler celui qui renonce à la vertu, qu'en lui montrant le portrait de la vertu.

>Vertueux jusqu'ici, vous pouvez toujours l'être.

Il ne l'a jamais été, et Burrhus le sait bien. Il a voulu prendre le masque de la vertu : Burrhus veut lui persuader que, sous ce masque même qui le gênoit, il a été plus heureux qu'il ne le sera quand il s'en sera délivré. C'est dans cette même intention que Sénèque lui adressa son Traité sur la Clémence, en lui disant : « Je vais faire, César, l'office d'un miroir, et vous » présenter à vous-même. » *Scribere de Clementia, Nero Cæsar, institui, ut quodammodo speculi vice fungerer, et te tibi ostenderem.* Quelle image de la clémence! C'est ainsi cependant qu'il faut lui parler pour flatter son amour-propre; et Burrhus, sans dire à Néron qu'il va faire l'office d'un miroir, n'emploie d'autre moyen dans ce discours, pour le ramener, que celui de le présenter à lui-même.

Il vous faudra, Seigneur, courir de crime en crime, etc.

Imité de Sénèque : *Hoc enim inter cætera, vel pessimum habet crudelitas, quod perseverandum est nec ad meliora patet regressus : scelera enim sceleribus tuenda sunt.*

Britannicus mourant excitera le zèle, etc.

Sénèque lui fait cette peinture d'un règne cruel : *Crudele regnum, turbidum, tenebrisque obsitum inter trementes... frequens vindicta : paucorum odium reprimit, omnium irritat : parentes enim, liberique eorum qui interfecti sunt, et propinqui et amici in locum singulorum succedunt.* C'est ce que Burrhus dit en deux vers :

Ces vengeurs trouveront de nouveaux défenseurs,
Qui, même après leur mort, auront des successeurs.

Craint de tout l'univers, il vous faudra tout craindre.

Le tyran, dit Sénèque, *sæpe mortem timet, sæpius optat, invisior sibi quàm servientibus.*

Vous fait-elle, Seigneur, haïr votre innocence ?

Sénèque veut lui faire accroire qu'il est le seul prince qui ait encore joui de son innocence : *Rarissimam laudem, et nulli adhuc principum concessam, concupisti innocentiam... ingens tibi onus imposuisti.*

ACTE IV, SCENE III.

> Partout, en ce moment, on me bénit, on m'aime.

C'est le même discours que lui fait tenir Sénèque : *Possum in quâlibet parte urbis, solus incedere, sine timore, quamvis nullus sequatur comes, nullus ad latus gladius... Quid pulchrius est, quàm vivere optantibus cunctis, et vota non sub custode nuncupantibus ?* La peinture d'un bon roi paroîtra belle dans quelqu'endroit qu'elle soit placée ; mais elle fait une impression bien plus vive quand elle est présentée à un prince dans la situation où se trouve ici Néron. Les habiles poètes savent placer à propos les maximes.

> Le sang le plus abject vous étoit précieux.

Parcimonia etiam vilissimi sanguinis.

> Je voudrois, disiez-vous, ne savoir pas écrire.

Pourquoi faut-il que ce mot si beau soit sorti de la bouche de Néron : *Vellem nescire litteras ?* « O paroles, » s'écrie Sénèque, dignes d'être entendues de toutes » les nations, dignes du siècle où le genre humain » vivoit dans l'innocence ! » Burrhus, qui sans faire le déclamateur comme Sénèque, se contente de lui rappeler ce mot comme par hasard, parce que sa mémoire le lui rappelle : *un jour, il m'en souvient*, fait sur lui une impression plus vive.

> Mais je vois que mes pleurs touchent mon empereur.

Voilà le pouvoir de l'éloquence ; et ce moment est pareil à celui où Cicéron vit tomber les papiers de la main de César. Burrhus voit Néron qui se trouble, et se laisse tomber dans son fauteuil.

> Je vois que sa vertu frémit de leur fureur.

Il sait que ce n'est pas une vertu, et que son caractère est la férocité ; mais il veut lui persuader que ce n'est pas lui qui a conçu cette pensée, et qu'elle lui a été inspirée par des perfides. Tout ce discours de

Burrhus, qui rassemble ce que Sénèque a dit de plus beau dans son Traité de la Clémence, est un modèle d'éloquence.

> J'y cours, je vais presser un entretien si doux.

Il y doit courir, son zèle doit l'emporter chez Britannicus : cependant il laisse un moment Néron seul, et tout est perdu.

SCENE IV.

> Seigneur, j'ai tout prévu pour une mort si juste.

Il ne faut pas s'imaginer voir entrer Narcisse d'un côté du théâtre, dans le même moment que Burrhus sort de l'autre. Néron, qui pendant l'entretien avec sa mère avoit été assis, et s'étoit levé en finissant, a été debout tandis que Burrhus lui a parlé : lorsqu'il s'est senti troublé, il est tombé dans son fauteuil. Burrhus sort en disant qu'il va chez Britannicus ; Néron reste plongé dans la rêverie, et Narcisse entre.

> Pour une mort si juste.

Après le discours qu'on vient d'entendre, cette épithète fait frémir : on ne dira point que le poète l'a cherchée pour rimer à *Locuste*.

> Le poison est tout prêt. La fameuse Locuste, etc.

Locusta inter instrumenta regni habita. Tac.

> Je me garderai bien de vous en détourner.

Il reconnoît donc que c'est un crime : il a cependant appelé cette mort, *une mort si juste*. Quand il voit son maître changé, il change de langage ; et en l'assurant qu'il ne veut pas le détourner d'un crime, il va l'y engager. Il commence par inspirer à Néron des craintes, et il l'irrite ensuite contre Agrippine, Burrhus et Sénèque, sans paroître en avoir le dessein.

ACTE IV, SCENE IV.

Quoi donc? Qu'a-t-elle dit? Et que voulez-vous dire?

Pourquoi le poëte n'a-t-il pas mis : *et que veux-tu me dire?* Jamais Néron n'a dit *vous* à Narcisse. Néron est si troublé de ce qu'il vient d'entendre, qu'il ne sait à qui il répond.

Elle s'en est vantée assez publiquement.

Les discours imprudens d'Agrippine hâtent la catastrophe.

Leur prompte servitude a fatigué Tibère.

Allusion à ce mot de Tibère : *ô homines ad servitutem paratos.* On vit sous Tibère les Romains, comme le dit Tacite, *ruere in servitium.* Qui eût cru que ce peuple, si long-temps jaloux de sa liberté, et qui traitoit les rois avec tant de mépris, gouverné par des monstres, donneroit l'exemple de la plus honteuse servitude, et prodigueroit à ces monstres même ce titre si beau, et si rarement mérité, *de père de la patrie!*

Rome, sur les autels prodiguant les victimes, etc.

Tout ce que dit Narcisse des Romains est véritable.

J'ai promis à Burrhus, il a fallu me rendre.

C'est la dernière voix de ses remords, que Narcisse va étouffer. Il lui a d'abord fait entendre qu'il s'agissoit de la sûreté de sa vie : il a intéressé son amour pour Junie, sa haine pour Agrippine, sa passion pour la tyrannie; enfin, pour l'irriter contre ses gouverneurs, il le prend par l'endroit le plus sensible, en réveillant la folle ambition qu'il avoit de briller sur le théâtre. Elle étoit si grande, que sa jalousie contre Britannicus venoit en partie, suivant Suétone, de ce que la voix de Britannicus étoit plus belle que la sienne : *Britannicum, non minus æmulatione vocis, quæ illi jucundior suppetebat, quàm metu ne quando apud hominum gra-*

tiam paterna memoriâ prævaleret, veneno aggressus est.

> Il excelle à conduire un char dans la carrière, etc.

Detrectare vim ejus currus regentis, illudere voces, quoties caneret.

> A se donner lui-même en spectacle aux Romains.

J'ai rapporté dans les Mémoires sur la vie de l'auteur, l'impression que firent ces vers sur Louis XIV, qui dans sa jeunesse dansoit quelquefois en public.

> Viens, Narcisse : allons voir ce que nous devons faire.

Si Néron sortoit déterminé, l'action seroit finie : il sort pour aller délibérer. Le spectateur prévoit quelle sera la décision d'un conseil tenu avec Narcisse; cependant il reste dans l'incertitude jusqu'à la quatrième scène de l'acte suivant. La délibération de Néron, et les apprêts du festin, se passent pendant l'intervalle de cet acte au suivant.

ACTE V.

Néron a dit à Burrhus :

> Dans mon appartement qu'il m'attende avec vous.

Britannicus vient pour se rendre dans l'appartement de Néron, où on lui a dit qu'on préparoit le festin de la réconciliation. Sa chère Junie l'accompagne jusqu'à la porte de cet appartement : ils ont la liberté de se voir depuis que la paix est annoncée.

SCÈNE I.

> Pour moi, quoique banni du rang de mes aïeux, etc.

Cette déclaration d'amour est bien différente de celle que Néron faisoit à cette même Junie : celle-ci est d'un homme qui aime sincèrement; l'autre étoit celle d'un tyran.

ACTE V, SCENE III.

> Un si grand changement
> Peut-il être, Seigneur, l'ouvrage d'un moment?

Cette réflexion se présente si nécessairement, qu'on demandera pourquoi elle ne se présente ni à Britannicus, ni à Agrippine, qui doivent si bien connoître la cour et la perfidie. Britannicus, jeune prince qui n'a que des sentimens nobles, croit que tous les hommes sont comme lui, et ne peuvent cacher leur amour ni leur haine. Agrippine est emportée par son ambition, qui lui fait croire sincère tout ce qui flatte son amour-propre. Junie, que l'ambition n'aveugle pas, et qu'intimide l'amour, est la seule qui soupçonne la trahison.

> Il hait à cœur ouvert, ou cesse de haïr.

Qu'on est heureux du moins quand on n'a que ces ennemis qui *haïssent à cœur ouvert!*

> Aux pompes de sa cour préférer ma misère.

Le caractère noble et vertueux de Junie rend son amour digne de la tragédie.

SCENE II.

> Prince, que tardez-vous? Partez en diligence.

Lorsque Junie retient Britanicus tant qu'elle le peut, et condamne son empressement à se rendre chez Néron, Agrippine qui entre, condamne son retardement. Elle ne prévoit pas la trahison, parce qu'elle a reçu les caresses de son fils, comme Tacite dit qu'elle les recevoit, *facili fœminarum credulitate ad gaudia.*

SCENE III.

> Il suffit, j'ai parlé, tout a changé de face.

Que d'amour-propre dans ce vers; et qu'une femme qui parle ainsi est femme!

> Par quels embrassemens il vient de m'arrêter!

Néron étoit *factus naturâ velare odium fallacibus*

blanditiis; et ce tableau est copié de l'endroit où Tacite rapporte que Néron résola de faire mourir sa mère, lui rendit une dernière visite, et l'accabla de caresses : *Pluribus sermonibus, modo familiaritate juvenili, et rursus adductus quasi seria consociaret, arctius oculis et pectori inhærens*. Quel monstre ! Comment Agrippine, qui le connoissoit, et qui a dit elle-même :

<blockquote>
Il se déguise en vain, je lis sur son visage
Des fiers Domitius l'humeur sombre et sauvage,
</blockquote>

peut-elle si aisément oublier ce qu'elle lit sur ce visage quand elle est mécontente ! Elle ne devoit pas ignorer qu'il n'y a point de réconciliation sincère chez les princes, qui sont quelquefois aussi constans dans leur haine, qu'inconstans dans leur amitié.

SCENE V.

<blockquote>Madame, il faut quitter la cour et l'empereur.</blockquote>

C'est le parti que sait prendre un honnête homme, et qu'une Agrippine est incapable de prendre.

<blockquote>Le fer ne produit point de si puissans efforts, etc.</blockquote>

La catastrophe n'est point précipitée : le poison fit ce prompt effet, et ce récit est conforme à l'histoire, excepté que le poëte suppose que le poison fut mis dans la coupe présentée à Britannicus pour faire les libations, et que Tacite dit que ce prince ayant trouvé trop chaude la boisson qu'on lui présenta, on y versa de l'eau froide qui étoit empoisonnée. C'est de ce passage que s'autorisent ceux qui prétendent que les Romains mettoient l'eau chaude au nombre des voluptés de la table, comme si nos repas, où l'on boit à la glace, ne commençoient pas par une soupe très-chaude, et ne finissoient pas par du café très-chaud : mais ce n'est pas ici le lieu d'examiner cette dispute élevée entre quelques savans, au sujet des boissons chaudes dont les Romains faisoient usage.

ACTE V, SCENE VI.

La moitié s'épouvante et sort avec des cris.

Trepidatum à circunstantibus, diffugiunt imprudentes, et quibus altior intellectus, resistunt defixi, et Neronem intuentes.

Cependant sur son lit il demeure penché.

Ut erat reclinis; les Romains mangeoient couchés sur des lits. Agrippine et Octavie étoient à ce repas, suivant Tacite, et le repas continua après un moment de silence, *post breve silentium, repetita convivii lætitia.* Ici le repas est troublé, comme il le doit être, ou plutôt il ne commence point. Burrhus sort, et un moment après Néron sort aussi : le reste de la pièce se passe en plein jour. Il est vrai que Junie a dit plus haut qu'elle craignoit que Néron *n'eût choisi la nuit pour cacher sa vengeance.* Ce festin pouvoit durer jusque pendant la nuit; mais Néron empoisonne Britannicus en faisant les libations, avant que le repas commence.

SCENE VI.

NÉRON.

Dieux !

AGRIPPINE.

Arrêtez, Néron ; j'ai deux mots à vous dire.

Néron est effrayé de rencontrer sa mère.

Ma main de Claude même aura tranché les jours.

C'est à cette mort qu'il doit l'empire, et il raille sa mère sur un crime dont il a été complice.

Je prévois que tes coups viendront jusqu'à ta mère.

C'est ce qu'elle prévit, dit Tacite, quand elle vit mourir Britannicus : *Is pavor, ea consternatio mentis, quamvis vultu premeretur, emicuit. Quippe sibi supremum auxilium ereptum, et parricidii exemplum intelligebat.*

> Qu'après t'être couvert de leur sang et du mien,
> Tu te verras forcé de répandre le tien.

Cette prédiction d'Agrippine est heureusement placée à la fin de cette pièce. Néron ne peut y paroître puni; mais les spectateurs le regardent comme déjà puni, par l'affreux avenir qu'annonce cette prédiction, qu'ils savent avoir été accomplie.

> Narcisse, suivez-moi.

Lorsque sans daigner répondre à sa mère, ni parler à Burrhus qu'il voit présent, il sort en appelant Narcisse, il est devenu monstre, et Burrhus n'a plus rien à espérer.

SCENE VII.

> Ah ciel, de mes soupçons quelle étoit l'injustice !

C'est ainsi que tôt ou tard l'innocence est reconnue. Burrhus qui a été suspect à Agrippine et à Néron, a déjà été justifié par Néron dans le quatrième acte : il l'est encore ici par Agrippine.

> Son crime seul n'est pas ce qui me désespère.

Si Néron n'étoit que l'empoisonneur de son frère, Burrhus espéreroit encore : mais Néron est parricide tranquille, la vue de son premier crime ne l'a point ému; Burrhus, qui n'a plus rien à espérer, ne souhaite que la mort.

SCENE VIII et dernière.

> Ils la mènent au temple, où depuis tant d'années, etc.

On ne recevoit point parmi les Vestales une fille au-dessus de dix ans; mais devant des spectateurs à qui cette règle est peu connue, et fort indifférente, le poëte peut supposer une exception faite par le peuple, en faveur de la vertueuse et malheureuse Junie. C'est ce qui paroît cependant à l'abbé du Bos une faute inexcusable. « Il fait donner, dit-il, par le peuple une » dispense d'âge : événement ridicule par rapport à

» ces temps-là, où le peuple ne faisoit plus les lois. »
Un homme d'esprit peut-il, par une critique si pitoyable,
attaquer un dénouement si heureux ? Lorsque le
spectateur apprenant que Narcisse est déchiré par le
peuple, apprend aussi que Junie est, par la protection
du peuple, à l'abri de la fureur de Néron, il est
content ; et le grand objet du poète est de le contenter.
Quand cette pièce parut, on plaisanta sur Junie qui
se fait religieuse; et trente ans auparavant on n'avoit
point plaisanté, dans Corneille, *une religieuse* bien plus
singulière. Dans son Clitandre, pièce où le lieu de la
scène est, comme il est dit dans la préface, *au choix du
lecteur;* mais dont le sujet, qui est dans nos mœurs,
demande que le lieu de la scène soit à Paris, où le roi
d'Ecosse se trouve par hasard, une fille demande à ce
roi la permission d'entrer dans les Vestales :

> Souffrez que pour pleurer mes actions brutales,
> Je fasse ma retraite avecque les Vestales, etc.

Mais, Burrhus, allons voir jusqu'où vont ses transports.

L'ambitieuse Agrippine ne perd jamais l'espérance ;
Burrhus qui ne s'intéresse qu'à l'Etat, et qui a perdu
toute espérance, ne suit point Agrippine qui va chez
Néron ; il va d'un autre côté, en disant :

> Plût aux Dieux que ce fût le dernier de ses crimes !

Ce vers ne peut se rapporter à la mort de Britannicus,
dont il n'a point été parlé dans cette scène. Burrhus,
qui vient d'entendre dire que Néron est prêt à se tuer,
souhaite que ce crime soit son dernier crime : il feroit
le bonheur public. Il ne s'explique pas si clairement ;
mais c'est ce que doit penser un homme qui va dans
la retraite

> Pleurer Britannicus, César et tout l'Etat.

Dans cette pièce, qu'on peut appeler parfaite en son
genre, on est surpris de voir tous les ressorts que

l'ambition fait jouer à la cour, si bien développés par un jeune poëte qui ne connoissoit encore la cour que par la lecture de Tacite. Il l'a connue dans la suite par expérience; et dans le temps où il y a été le plus heureux, il a toujours pu dire qu'il vivoit dans un séjour étranger pour lui.

Réflexions sur une scène supprimée de cette tragédie.

J'ai réservé à parler ici d'une scène qui ne fut jamais ni jouée ni imprimée, et qui étoit la première du troisième acte.

Burrhus allant chez Néron, et trouvant Narcisse qui y va aussi, lui reproche son assiduité à faire sa cour, lorsque son devoir l'attache à Britannicus, et qu'il doit, en gouverneur fidèle,

Sacrifier au fils tout ce qu'il tient du père.

Narcisse répond qu'il fait sa cour à celui à qui tout le monde la doit faire; et Burrhus lui réplique :

Près de Britannicus vous le servirez mieux.

Néron n'a pas besoin que vous l'assuriez de votre fidélité,

Sa grandeur lui répond de votre obéisssance.

Et il vous tiendroit peut-être plus de compte des soins que vous rendriez à Britannicus, que de tous ces hommages de courtisan,

Oubliés dans la foule aussitôt que rendus.

Narcisse soupçonne Burrhus de ne lui parler que par jalousie; et alors Burrhus cessant de le ménager, l'accuse d'être la cause du trouble. Narcisse se plaint d'être accusé injustement, et dit qu'il fera bientôt connoître son innocence. Burrhus s'écrie alors :

Plût aux Dieux qu'en effet ce reproche vous touche !
Je vous aiderai même à me fermer la bouche.

Sentiment

Sentiment digne de Burrhus, prêt à devenir l'ami de ce Narcisse, pourvu que de concert avec lui il veuille travailler à la réunion.

> Du sang de nos Césars réunissons le reste ;
> Rapprochons-les, Narcisse, au plutôt, dès ce jour,
> Tandis qu'ils ne sont point séparés sans retour.

J'ai rapporté dans les Mémoires sur la vie de l'auteur, cette scène entière, et la sage réflexion de Boileau, qui la fit supprimer.

Lorsqu'on la lit, et que par les sentimens comme par les vers, on la trouve digne du reste de la pièce, on est tenté de l'approuver : une attention plus sérieuse ramène au sentiment de Boileau. Burrhus manque à la prudence quand il confie ses intentions à un traître, et quand il espère le pouvoir changer par ses remontrances : il ne doit pas s'abaisser jusqu'à lui parler, et ces deux hommes ne se doivent jamais trouver ensemble sur la scène.

J'ignore si cette tragédie, qui comme toutes les autres du même auteur a été traduite en vers hollandais, et imprimée en 1729, a été représentée sur le théâtre d'Amsterdam. Je ne crois pas qu'elle ait été traduite, ni même imitée par aucun poète anglais. Elle paroîtra dans peu à Madrid, traduite en espagnol. L'abbé Conti la prit pour modèle, lorsqu'il voulut, dans son *Drusus*, peindre d'après Tacite le règne de Tibère : et il dit dans sa préface avoir appris en France, que l'auteur de Britannicus avoit eu aussi le dessein de traiter la mort de Drusus. J'ai peine à croire qu'il eût choisi pour le sujet d'une tragédie, un événement si peu vraisemblable, que Tacite l'a regardé comme une fable. La tragédie de l'abbé Conti n'offre que des crimes qu'on a peine à concevoir. Cet abbé étoit un homme d'un mérite distingué; mais il n'est pas donné à tout poëte de savoir peindre d'une manière agréable et instructive l'affreuse cour de ces empereurs, et de savoir mettre Tacite en vers. J'aurai occasion dans la suite de parler du *Drusus* de l'abbé Conti, et du reproche qu'il fait aux Français dans sa préface, de ne mettre sur leur théâtre que des malheurs causés par l'amour; ce qui vient, dit-il, de ce qu'ils passent la plus grande partie de leur vie à faire l'amour. *I Francesi, che occupano, una buona parte della lor vita negli amori, non vogliono su'l theatro, che iventure amorose.* Quand nous mériterions ce reproche de la part de nos voisins (ce que j'examinerai dans la suite), il ne devroit pas nous être fait dans la préface d'une tragédie où la nièce d'Auguste, infidelle épouse, conspire avec Séjan, dont elle est amoureuse, la mort de son mari. De pareilles amours ne souillent point le théâtre Français.

BÉRÉNICE.

J'écrivois mes réflexions sur la tragédie de *Britannicus* avec tant de satisfaction, que j'avois peine à finir; et en arrivant à celle de *Bérénice* j'ai quelque peine à commencer. Malgré toutes les beautés dont cette pièce est remplie, on n'y remarque point, comme dans les deux précédentes, un génie qui *croît et s'élance*. Qui l'a pu empêcher de continuer son vol, en s'élevant toujours? La froideur du public pour Britannicus, et les ordres d'une princesse qui lui imposa un sujet qu'il n'avoit pas choisi. Il ne pouvoit se tirer plus heureusement de la faute d'avoir obéi; et l'on admirera toujours dans cette pièce la fecondité d'un génie qui de ces trois mots de Suétone, *invitus invitam dimisit*, a su tirer une tragédie qui fut reçue bien plus favorablement que ne l'avoit été celle de *Britannicus*. Elle n'a point conservé toute cette brillante fortune qu'elle eut dans sa naissance; et quoiqu'elle n'ait point cessé de plaire, quoiqu'elle fasse toujours verser des larmes, quand il se trouve quelque actrice capable (ce qui est, dit-on, très-rare) de bien rendre toute la passion et la délicatesse de son rôle, elle n'est point du nombre de celles qui plaisent assez pour être souvent redemandées.

Eh pourquoi, dans une nation à qui l'on n'ose présenter une pièce sans amour, cette pièce toute pleine d'amour, et de l'amour le plus tendre, cette pièce admirable, par l'abondance, la vivacité, la délicatesse des sentimens, et par l'élégance de l'expression, n'est-elle pas du nombre de celles qu'on redemande toujours? L'amour qui n'est que tendresse, n'étant point une passion tragique, n'excite jamais en nous cette émotion qui fait le grand plaisir de la tragédie. La nation n'a donc point entendu ses propres intérêts, quand elle a engagé ces deux grands poëtes à mettre toujours l'amour sur le théâtre.

EXAMEN DE BÉRÉNICE.

Henriette-Anne d'Angleterre, ayant imposé à nos deux grands poëtes tragiques un sujet qui n'étoit point tragique, Corneille donna à sa pièce le titre bizarre de *Comédie Héroïque* ; et au lieu de tirer l'action de sa pièce des trois mots de Suétone que j'ai rapportés, il inventa, en s'autorisant d'un passage de Xiphilin, une action toute différente; et mettant ensemble les deux frères, Tite et Domitien, avec deux maîtresses, Bérénice et Domitie, fille de Corbulon, il conduisit l'action d'une façon si singulière, qu'on ne sait quel amant choisissent les deux maîtresses, ni quelle maîtresse choisissent les deux amans ; parce qu'ils ne savent ni les uns ni les autres ce qu'ils veulent ni ce qu'ils aiment, et qu'on a eu raison de dire qu'un coup de dez pouvoit les accorder tous quatre. Ne voulant point faire de son Tite un héros de tendresse, il lui a donné une grandeur gigantesque. Quand la fille de Corbulon lui dit que le cœur n'appartient qu'aux dieux, il lui répond avec un orgueil qui va jusqu'à l'impiété :

> Et moi, qui suis des dieux la plus visible image,
> Je veux ce cœur comme eux, et j'en veux tout l'hommage.

Et il parle de ses exploits en fanfaron :

> Mon nom par la victoire est si bien affermi,
> Qu'on me croit dans la paix un lion endormi;

Mon réveil incertain du monde fait l'étude :
Mon repos en tous lieux jette l'inquiétude ;
Et tandis qu'en ma cour les aimables loisirs
Ménagent l'heureux choix des jeux et des plaisirs,
Pour envoyer l'effroi sous l'un et l'autre pole,
Je n'ai qu'à faire un pas et hausser la parole.

Ces vers, à qui ces expressions, *l'un et l'autre pole*, et *hausser la parole*, donnent un air burlesque, renferment cependant une image sublime, que Santeuil rendit en ces beaux vers latins, sur le roi méditant la conquête de la Hollande :

Sic cœptis favet usque meis victoria, ut hostes
Me quoque pace datâ timeant, credantque leonem
Qui male sopitos premit alto corde furores,
Ancipiti dudum meditans bella horrida somno.
Nec tam blanda Venus mediâ dominatur in aulâ
Quin Marti tantum annuerim, mox palleas orbis.

Le dénouement de l'intrigue, dans la pièce de Corneille, est encore plus singulier que l'intrigue. On vient annoncer dans la dernière scène que le sénat et le peuple approuvent que Tite épouse Bérénice ; aussitôt Bérénice déclare à Tite qu'elle ne veut plus l'épouser :

C'est à force d'amour que je m'arrache au vôtre,
Et je serois à vous si j'aimois comme une autre.

Tite de son côté prend le parti de renoncer au mariage. Bérénice lui représente qu'il doit souhaiter des enfans :

Vous vous devez des fils, et des Césars à Rome,
Qui fassent à jamais revivre un si grand homme.

A quoi Tite répond :

Pour revivre en des fils, nous n'en mourons pas moins.

Et résolu de ne jamais se marier, il assure à son frère l'empire après sa mort, comme une succession dont il peut disposer.

Bérénice, dit M. Fontenelle, *fut un duel, et la victoire resta au plus jeune*. Je ne dois donc pas parler davantage de la pièce de Corneille, dont je n'ai parlé que pour faire voir qu'il cherchoit quelquefois le merveilleux hors de la nature. Son rival qui ne s'écartoit jamais d'elle, en traitant ce même sujet, chercha le merveilleux dans la simplicité même du sujet, se bornant à peindre la cruelle séparation de deux personnes qui s'aiment, et à qui il donne des caractères très-estimables, afin qu'elles intéressent davantage.

Titus, amant tendre et fidèle, est en même temps un héros qui depuis qu'il n'est plus à lui, mais à l'empire, est prêt à renoncer à tout ce qu'il aime, et à lui-même : il veut donner à l'univers le reste de ses jours, et est incapable de renverser les lois de Rome, et de fonder son bonheur sur le débris de ces lois. C'est à Bérénice à qui il doit toute sa réputation, c'est pour lui plaire et se rendre digne d'elle qu'il a acquis ce caractère bienfaisant qui le fait tant aimer : il lui doit tout ; il trouve tout en elle, beauté, gloire, vertu, et cependant il est résolu de s'en séparer pour jamais.

Bérénice, si intéressante par sa triste situation, le devient encore davantage par les qualités de son cœur. Elle se croit au jour qu'un empereur étant devenu libre par la mort de son père, d'accomplir ce qu'il lui a promis depuis long-temps, elle va devenir son épouse, et impératrice. Dans ce moment de sa grandeur, elle ne paroît d'abord sur le théâtre que pour venir attendre un ami qui souhaite lui parler ; elle se dérobe avec joie à la foule

> De tant d'amis nouveaux que lui fait la fortune,
> Pour chercher un ami qui lui parle du cœur.

Cet ami l'a suivie, lorsqu'elle étoit malheureuse : elle veut partager avec lui une fortune dont elle se croit certaine ; et sans s'irriter contre un homme qui choisit un pareil jour pour se déclarer son amant, elle lui pardonne sa témérité, et reçoit ses adieux avec peine. La première fois qu'elle revoit Titus, depuis qu'il est empereur, elle attribue la cause de sa froideur au chagrin que lui a causé la mort de son père, ou à quelque mouvement de jalousie : ce qui la console.

Lorsqu'Antiochus, qu'elle croyoit parti, vient lui annoncer, par l'ordre de Titus, que Titus va se séparer d'elle, elle soupçonne le ministre intéressé d'une pareille commission, de la tromper; elle lui défend d'oser davantage paroître devant elle : il est impossible que Titus lui soit infidèle, elle va lui parler; mais en quel état y va-t-elle? Son inquiétude est déjà cause que toute sa parure est en désordre, et que ses cheveux sont épars; sa confidente veut les remettre en état, elle s'y oppose en lui disant :

Laisse, laisse, Phénice, il verra son ouvrage.

Pourquoi donc est-ce son ouvrage? Il ne lui a encore rien dit, et elle a raison de soupçonner la sincérité de celui qui lui a parlé de sa part; cependant elle est déjà pleurante et échevelée. Lorsqu'ayant entendu de la bouche même de Titus, prononcer un arrêt qu'elle n'a pu faire révoquer par ses larmes, elle se livre au désespoir : elle ne fait point comme Didon des imprécations, elle ne cherche point à épouvanter par des menaces, elle ne souhaite pas qu'un vengeur sorte de ses cendres : ce vengeur, dit-elle à Titus,

Je ne le cherche, ingrat, qu'au fond de votre cœur.

Quels sont les ennemis qu'on armera contre lui? Sa douleur, son amour, son sang :

Je me remets sur eux de toute ma vengeance.

Retirée chez elle, elle demande la mort. Elle est prête d'expirer, elle entend prononcer le nom de Titus : ce nom la rappelle à la vie; elle a toujours les yeux tournés vers l'appartement de Titus. Quand elle le revoit, et lui entend dire qu'il se prépare à se donner la mort, et qu'Antiochus qui survient lui dit aussi

4

que la mort va le délivrer de ses peines, comme elle n'a aimé dans Titus que Titus, et qu'elle ne peut plus douter d'en être aimée, elle est satisfaite, elle enseigne à ces deux princes la véritable grandeur d'âme : elle ne les verra plus, et vivra; qu'ils vivent aussi et renoncent à la voir, tous trois serviront d'exemple à l'univers,

>De l'amour la plus tendre et la plus malheureuse
>Dont il puisse garder l'histoire douloureuse.

Pourquoi donc cet amour si tendre et si malheureuse entre deux personnes si estimables, dont le tableau est présenté par un grand peintre, ne fait-il pas sur nous la même impression que l'amour de Didon pour Enée ? Un de ces deux amours est tragique, et l'autre ne l'est pas. Quand l'amour ne gémit que parce qu'il est troublé dans la possession de ce qu'il aime, ses plaintes nous causent quelque émotion : et Bérénice nous attendrit ; mais comme ce spectacle ne nous présente que la nature seule gémissante de ses foiblesses, il ne nous remplit point *de cette tristesse majestueuse* qui fait le plus grand plaisir de la tragédie. Mais quand l'amour est involontaire, la raison et la nature qui combattent l'une contre l'autre, gémissent ensemble ; et la passion, ennoblie par ce combat, devient théâtrale. Ce n'est pas le sang que fait verser l'amour qui le rend tragique ; c'est la nature du combat qu'il livre à un cœur. Quand il ne conduiroit pas Didon jusqu'à se percer de l'épée dont Enée lui a fait présent, il seroit toujours tragique; et il commence à l'être lorsque Didon, avant que de s'y livrer, jure, en disant *sed mihi vel tellus*, etc. qu'elle ne s'y livrera jamais, et renouvelle à son époux, qui est dans le tombeau, la promesse de lui garder sa foi : *Ille habeat secum, servetque sepulcro*. Séduite par deux divinités, elle trahira son serment et sa gloire ; ce qui causera son désespoir. Bérénice n'est déchirée que par sa passion : Didon est déchirée par sa passion et par ses remords.

Il se passe à la vérité dans le cœur de Titus un combat entre la raison et la nature. Ce prince n'est dans un état si violent, que parce qu'il craint de déplaire au sénat et au peuple; ce qui le rend d'autant plus estimable, que le pouvoir d'un empereur étoit sans bornes, et qu'il peut, comme Paulin l'en assure, renverser les lois sans rien craindre :

> Vous pouvez tout aimer : cessez d'être amoureux,
> La cour sera toujours du parti de vos vœux.

Si par ce respect pour des lois qu'il peut si aisément braver il veut paroître un héros, il doit donc rompre sa chaîne en héros. Il n'en est plus un cependant lorsque voulant parler à Bérénice, il n'a pas la force d'achever le discours qu'il a commencé, lorsqu'il pleure, et qu'étant avec son confident, il se trouble jusqu'à lui faire cet aveu :

> PAULIN.
> Quoi, Seigneur!
> TITUS.
> Je ne sais, Paulin, ce que je dis;
> L'excès de ma douleur accable mes esprits.

Ce prince qui veut que son règne fasse le bonheur de l'univers, répète souvent qu'il va mourir; et tout homme, quand il dit que l'amour va lui coûter la vie, n'inspire point l'admiration, et n'inspire même qu'une pitié très-médiocre. Il peut nous attendrir, à cause de cette sensibilité que la nature a mise en nous aux plaintes de tous ceux qui se disent malheureux; mais au moment même que ses plaintes nous attendrissent, nous sentons en nous-mêmes quelque envie de rire, parce que l'amour qui n'est qu'amour, quoiqu'appelé tant de fois *la passion des belles âmes*, nous paroît toujours puéril.

La tragédie de Bérénice, qui dans sa naissance avoit un agrément particulier, parce qu'elle faisoit penser à d'autres amours qu'à ceux de Titus, fut très-bien reçue. Les larmes cependant qu'elle faisoit verser, n'empêchèrent point qu'elle ne fût attaquée par plusieurs critiques, et même par quelques-unes de ces plaisanteries qui font rire le public. Je n'en parle point ici, parce que j'ai rapporté dans les Mémoires sur la vie de l'auteur, tout ce que je savois d'historique.

Elle fut jouée en 1670 à l'Hôtel de Bourgogne, dans le même temps que la Bérénice de Corneille étoit représentée sur le théâtre du Palais-Royal. Les deux poëtes, si différens dans la conduite du même sujet, ayant aussi nommé différemment leur héros, l'un *Titus*, et l'autre *Tite*, il parut une comédie intitulée *Titus et Tite*. Quoique le sel de cette comédie n'ait plus aujourd'hui rien de piquant pour nous, elle est encore plus agréable à lire que la pesante critique que l'abbé de Villars, auteur du *Comte de Gabalis*, fit des deux pièces. C'est de cette critique dont il est parlé dans la préface de la Bérénice que j'examine ici.

Elle fut victorieuse des critiques et des plaisanteries, et sera toujours regardée comme un chef-d'œuvre dans son genre, qui n'est point (ce que je suis obligé d'avouer) un genre tout à fait tragique : et même, si l'on prend à la rigueur les principes d'Aristote dont je parlerai dans la suite, on n'ose la nommer *tragédie*, puisque la pitié qu'elle excite n'est pas celle qui jette un grand trouble dans l'âme, et qu'elle n'excite aucune crainte. On ne craint point pour Titus : s'il étoit capable de mourir d'amour, on riroit de sa mort; et qu'a-t-on à craindre pour Bérénice? Son amant qui la couronne sur tant d'Etats, s'empresse lui-même à essuyer les larmes qu'il fait couler. Il n'est pas nécessaire de remarquer qu'Antiochus, personnage épisodique, ne peut exciter ni crainte ni pitié; l'amour dans un second personnage, comme l'a dit l'auteur lui-même dans la préface de sa Thébaïde, est une *passion comme étrangère au sujet, et qui ne peut produire que de médiocres effets.*

La morale d'une pièce qui représente le triomphe de la raison et du devoir sur la passion, n'est point douteuse; mais quand la passion est peinte avec des couleurs si vives et si séduisantes, il est bien à craindre qu'on n'en soit plus touché que de la morale. Quelle pièce apprend mieux que celle-ci à parler un langage qui rarement est innocent, et qui ne peut jamais l'être, quand il est si tendre? Riccoboni n'hésite pas non plus à la rejeter de son théâtre, « parce que, dit-il, » une action tragique de cette nature, malgré la supé- » riorité avec laquelle Racine l'a traitée, ne peut inspirer » que des maximes dangereuses. »

L'expression dont il se sert n'est pas juste. Le poète n'a jamais dans cette tragédie, ni dans les autres, inspiré aucune maxime dangereuse; mais il a présenté des peintures qui sont toujours extrêmement dangereuses; et ce qui a été depuis, comme tout le monde le sait, le sujet de ses larmes, il les a rendues par la vivacité de son pinceau encore plus dangereuses qu'elles ne le sont ordinairement.

Riccoboni, en rejetant par cette raison quelques-unes de ses pièces, lui rend cette justice, qu'il savoit mieux qu'un autre que les tendresses et les jalousies des amans ne sauroient trouver que fort peu de place parmi le majestueux, l'intéressant et le lugubre d'une action tragique, et qu'il s'est livré, *malgré ses lumières, au goût général de son siècle, qu'il a craint de révolter.* C'est ce qu'il dit en parlant de la Thébaïde, et ce que tout le monde doit penser comme lui.

Est-il vraisemblable qu'un homme qui a été capable

de faire Britannicus, suive son choix et son goût quand il entreprend Bérénice? Il veut contenter la cour, il veut plaire à son siècle, et il s'écarte du chemin où son goût le conduisoit. Ne l'avoit-on pas même forcé de s'en écarter par le froid accueil qu'on avoit fait à Britannicus? Quelle peine eut le public à reconnoître enfin le mérite de cette pièce! Un jeune poëte peut-il avoir assez de courage pour se roidir contre un goût général, et pour continuer à s'exposer aux chagrins que lui causeront des pièces telles que Britannicus, quand il voit qu'une pièce qui ne parle que d'amour est applaudie de la cour et de la ville, et fait couler des larmes jusqu'à la trentième représentation? Il étoit cependant moins flatté de ces larmes, dont il parle dans la préface de Bérénice, que de la justice rendue à la fin à Britannicus. « Si j'ai, dit-il » dans la préface de cette pièce, fait quelque chose » de solide, et qui mérite quelque louange, la plupart » des connoisseurs demeurent d'accord que c'est Bri- » tannicus. »

Il reconnoît donc qu'une pièce de ce genre est *quelque chose de solide*, et qui lui fait plus d'honneur qu'une autre : et puisque malgré cela il ne se flatte point d'avoir le suffrage du public, mais seulement celui des connoisseurs, on voit assez que c'est le public qui a engagé le poëte à travailler dans un autre genre, de même qu'il a engagé le sublime Corneille à mettre de l'amour dans toutes ses pièces.

Si la tragédie française n'a donc pas été portée à la perfection que demande ce genre sublime de poésie, n'en accusons pas les deux hommes qui ont été les plus capables de l'y porter. C'est nous-mêmes qui les en avons empêchés; ainsi n'en accusons que ce goût frivole qu'avoit répandu parmi nous la fureur des romans. Ce goût changera peut-être. Le public, après une si longue froideur pour Athalie, a enfin reconnu le mérite de cette pièce, qui doit nous apprendre quel est le vrai goût de la tragédie. Notre nation reconnoîtra peut-être à la fin que l'amour n'est que très-rarement digne d'y trouver place; mais quand elle voudra des tragédies parfaites sans amour, retrouvera-t-elle des hommes pareils aux deux poètes dont elle n'a pas profité, comme elle en pouvoit profiter?

NOTES

Sur la Langue.

ACTE I, SCENE I.

DANS cette pièce toujours *Titus*, dans celle de Corneille toujours *Tite*. M. d'Andilly et M. Bossuet écrivent *Tite*. En vers, *Titus* a plus de grâce. On a vu dans la tragédie de Britannicus *Claude* et *Claudius*. Nous ne devons donner la terminaison française qu'aux noms célèbres; cependant il y a des exceptions. Corneille est le seul qui ait dit, *Romule*, *Agrippe*, *Brute*, et *Crasse*. On dit les *Gracques*, Cornélie mère des *Gracques*, et il faut dire nécessairement *Tiberius Gracchus*. Nous disons *Cirus*, *Pyrrhus*, *Porus*, l'historien *Tacite*, l'empereur *Tacite*; *Antoine*, et non pas *Antonius*; *Phidias*, *Epaminondas*, *Pythagore*, et non pas *Pythagoras*; *Clio, Calypso, Didon, Strabon, Corbulon*; ce qui prouve que nous n'avons point sur ceci de règle certaine : on doit consulter son oreille et l'usage.

SCENE III.

Change le nom de reine au nom d'impératrice.

On dit ordinairement changer *en* : l'on peut dire

aussi changer *au*, M. l'abbé d'Olivet avouant lui-même qu'on dit *le pain changé au corps de Jésus-Christ*.

<blockquote>Ont rendu Bérénice ingrate à vos bontés.</blockquote>

Puisque Vaugelas a écrit *ingrat à la fortune*, l'abbé Desfontaines a eu raison de répondre à M. l'abbé d'Olivet qu'on pouvoit dire, surtout en vers, *ingrat à vos bontés*, de même que dans Britannicus, *impuissant à trahir*, et dans Iphigénie :

<blockquote>Les dieux à vos desirs toujours si complaisans.</blockquote>

Trop de sévérité appauvrit la langue; et l'on ne doit pas proscrire des tours autorisés et commodes.

<blockquote>Et de qui la valeur par vos soins secondée, etc.</blockquote>

On peut dire également *de qui* et *dont*:

<blockquote>Héros dont la valeur étonne l'univers.
Jeune et vaillant héros dont la haute sagesse, etc.</blockquote>

et dans Mithridate, *un traître*....

<blockquote>De qui nulle vertu n'accompagne l'audace.
Il se souvient du jour illustre et douloureux
Qui décida du sort d'un long siége douteux.</blockquote>

On a vu aussi plus haut *adorateur* et *grandeur*. On pardonne ces rimes dans un long ouvrage, lorsqu'elles s'y trouvent rarement.

SCENE IV.

<blockquote>Reçut le premier trait qui partit de vos yeux.</blockquote>

Quelle élégante image !

<blockquote>Mes pleurs et mes soupirs vous suivoient en tous lieux.</blockquote>

Des pleurs qui suivent.

<blockquote>Et laissa leurs remparts cachés sous leurs ruines.</blockquote>

Expression hardie et juste : ce qui formoit les remparts subsite toujours, quoique renversé : ainsi les remparts sont cachés sous leurs ruines.

<blockquote>Dans l'Orient désert quel devint mon ennui !</blockquote>

Dans l'Orient désert : quelle épithète ! J'en parlerai dans les remarques.

A vos heureux transports viendront joindre les leurs.

On a vu dans Andromaque, *me fit troubler le leur*, et j'ai remarqué qu'il n'y avoit point de dureté.

SCÈNE V.

Ces flambeaux, ce bûcher, cette nuit enflammée,
Ces aigles, ces faisceaux, ce peuple, cette armée, etc.

Quelle énumération ! *Ces flambeaux, ce bûcher, la nuit, les aigles, les faisceaux*, etc. De quoi tous ces nominatifs accumulés sont-ils suivis ? D'une exclamation : *ciel, avec quel respect*, etc. Bérénice dans sa vivacité ne s'assujettit point à une construction grammaticale.

De son règne naissant consacre les prémices.

Consacrer les prémices, pour *commencemens*. On dit *les prémices de mon travail* : on peut dire aussi *les prémices d'un règne*.

ACTE II, SCÈNE I.

Il en étoit sorti, lorsque j'y suis couru.

Et dans la scène suivante :

Ma langue embarrassée
Dans ma bouche vingt fois a demeuré glacée.

Dans le premier exemple, comme M. l'abbé d'Olivet l'observe, *je suis accouru* seroit mieux, et dans le second *est demeurée* seroit mieux ; mais il ne faut point resserrer la langue des poètes dans des entraves grammaticales.

SCÈNE II.

Qu'au travers des flatteurs votre sincérité, etc.

Quelle belle image ! Pour faire passer la vérité jusqu'aux rois, il faut écarter la foule des flatteurs.

Et de si belles mains
Semblent vous demander l'empire des humains.

Des mains qui demandent l'empire.

Survit dans tous les cœurs après la liberté.

On dit *survivre à*; on peut dire aussi *après*, c'est-à-dire, *vit encore dans les cœurs après la liberté.*

Et que Rome avec lui tombant à vos genoux, etc.

Ici *tombante* seroit mal.

Encore un coup, allons, il n'y faut plus penser.

Encore un coup : expression familière, que la vivacité du dialogue ennoblit dans la tragédie.

SCENE IV.

De combien de malheurs pour vous persécutée,
Vous ai-je pour un mot sacrifié mes pleurs ?

Tour élégant pour dire, *combien un mot de vous m'a fait oublier de peines !*

Moi, qui mourrois le jour qu'on voudroit m'interdire
De vous....

TITUS.

Madame, hélas, que me venez-vous dire ?

Interdire rime avec *dire* : le simple et le composé ne riment pas; mais quand un des deux mots offre un sens qui paroît tout différent, la rime est dans les règles.

SCENE V.

Comme vous, je me perds d'autant plus que j'y pense.

D'autant plus étoit alors en usage. *Plus* a pris sa place. On diroit aujourd'hui : *Je me perds plus j'y pense.*

Je me comptois trop tôt au rang des malheureux.

Malheureux est ici plus noble que n'eût été *malheureuse.*

ACTE III, SCENE I.

Sur ma seule grandeur j'arrête ma pensée.

Arrêter sa pensée sur sa grandeur.

Et

ACTE IV, SCENE I.

<blockquote>Et lorsqu'avec mon cœur, ma main peut s'épancher, etc.</blockquote>

On dit ordinairement *épancher*, c'est-à-dire, *verser*. Quoique *s'épancher* au sens figuré ne se trouve pas dans le Dictionnaire de l'Académie Française, il est très-élégant : dans Britannicus, *il s'épanchoit en fils*; et dans Phèdre, *mon cœur peut s'épancher*. La main ne s'épanche pas, elle épanche :

<blockquote>Ma main de cette coupe épanche les prémices.</blockquote>

Cependant *s'épancher* est dit ici de la main et du cœur; et cette expression hardie présente l'image d'un prince qui ouvre sa main et son cœur pour son ami.

<blockquote>Sur ma seule grandeur j'arrête ma pensée,
Et que tous mes amis s'y présentent de loin,
Comme autant d'inconnus dont je n'ai plus besoin?</blockquote>

Des amis qui se présentent de loin à la pensée, comme des inconnus.

<blockquote>Mes transports aujourd'hui s'attendoient d'éclater.</blockquote>

Naturellement *s'attendoient à* : puisqu'il étoit aisé à l'auteur de dire *devoient tous éclater*, il a préféré *s'attendoient d'éclater*.

SCENE II.

<blockquote>De recueillir des pleurs qui ne sont pas pour moi.</blockquote>

Quelle belle image, *recueillir des pleurs !*

SCENE III.

<blockquote>Madame, après cela je ne puis plus me taire.</blockquote>

Expression familière.

SCENE IV.

<blockquote>Que j'étale à ses yeux les pleurs de mon rival.</blockquote>

Etaler les pleurs d'un autre.

ACTE IV, SCENE I.

<blockquote>La force m'abandonne et le repos me tue.</blockquote>

Alliance de mots qui ne paroissent pas faits pour se trouver ensemble.

SCENE II.

Et que m'importe, hélas, de ces vains ornemens, etc.

Cette locution, qui, suivant M. d'Olivet, *arrête le lecteur malgré lui,* n'arrête point l'abbé Desfontaines, qui trouve qu'elle peut avoir place en vers. L'auteur pouvoit dire aisément *Que m'importent, hélas, tous ces vains ornemens!* mais le vers qu'il a mis est bien plus vif, et convient au désordre où est Bérénice.

SCENE III.

Que l'on me laisse.

Petite négligence. L'auteur eût aisément changé ce *que l'on*, s'il eût mis une dernière main à ses ouvrages.

SCENE IV.

Que Rome, avec ses lois, mette dans la balance
Tant de pleurs, tant d'amour, tant de persévérance;

Mettre des pleurs dans une balance.

Où la haine des rois, avec le lait sucée.

Pourquoi ce *lait?* Parce que Rome étoit presqu'encore au berceau quand elle conçut cette haine.

SCENE V.

Que mon cœur de moi-même est prêt à s'éloigner.

Sentir son cœur prêt à s'éloigner de soi-même.

Si, devant que mourir, la triste Bérénice, etc.

On disoit alors indifféremment *devant que* ou *avant que,* comme on le voit par une remarque de Vaugelas. Aujourd'hui, on dit toujours *avant que*, et on doit ajouter *de* quand il suit un infinitif. Dans Phèdre, *Madame, avant que de partir.*

SCENE VI.

L'excès de la douleur accable mes esprits.

M. l'abbé d'Olivet remarque *qu'esprit* pour *âme* n'a

ACTE V, SCENE V.

point de pluriel. Il en a un chez les poètes, et celui-ci en fournit plusieurs exemples :

>Hélas, de quelle horreur ses timides esprits
>A ce nouveau spectacle auront été surpris ! Br.

Et dans Mithridate :

>D'ailleurs, mille desseins partagent mes esprits.

SCENE VIII.

>J'espère, à mon retour,
>Qu'elle ne pourra plus douter de mon amour.

J'espère, à mon retour, qu'elle etc., pour *j'espère qu'à mon retour elle*, etc.

ACTE V, SCENE I.

>Un bonheur où peut-être il n'ose plus penser.

Un bonheur où j'aspire est exact ; mais *un bonheur où je pense* ne l'est pas. Il faudroit *auquel* en prose.

SCENE II.

>Mais d'un soin si cruel la fortune me joue, etc.

Cette proposition *de* pour *avec*, ou pour *par*, s'emploie communément chez les poètes :

>D'où vient que d'un soin si cruel
>L'injuste Agamemnon m'écarte de l'autel ? Iph.

SCENE III.

>Je viens, le cœur percé de vos pleurs et des siens, etc.

On ne dit par ordinairement *un cœur percé de pleurs* ; on ne peut cependant critiquer ce vers avec raison.

SCENE V.

>Craignez-vous que mes yeux versent trop peu de larmes ?

L'abbé Desfontaines, en avouant à M. l'abbé d'Olivet qu'il manque ici une négation, ajoute qu'il ne peut blâmer un poète qui se met au-dessus de ces petits soins, et que ces traces de la liberté poétique lui font plaisir. «Malheureusement, dit-il, on ne remarque rien » aujourd'hui de pareil dans plusieurs de nos poètes » tragiques : la platitude des vers y est merveilleusement » grammaticale. »

SCENE VI.

Mais, quoique je craignisse, il faut que je le die.

On trouvera encore dans Bajazet, *s'il faut que je le die ;* et dans Iphigénie :

Oh, que vous auriez vu sans que je vous le die, etc.

Vaugelas écrit souvent *quoi qu'on die*, et paroît, dans une de ses remarques, le préférer à *quoi qu'on dise.* L'Académie, dans son observation sur cette remarque, décide qu'il ne faut plus se servir de *quoi qu'on die*, en ajoutant *qu'il s'est dit autrefois, surtout en poésie.*

SCENE VII ET DERNIÈRE.

Songez-y bien, Madame, et si je vous suis cher....

TITUS.

Venez, Prince, venez, je vous ai fait chercher.

Chercher rime avec *cher.* On verra encore quelques exemples de ces rimes normandes, si ordinaires à Corneille.

REMARQUES.

Lieu de la scène, l'action, et sa durée.

LE lieu de la scène est un cabinet, un appartement solitaire, où donne la porte de celui de Titus, et la porte de celui de Bérénice. C'est là que l'empereur et la reine viennent se dérober à la foule des courtisans.

Dans les autres pièces du même auteur, le lieu de la scène est ordinairement une salle qu'on peut regarder comme un endroit public; celle-ci est la seule du nombre de celles dont l'action, comme a dit Rousseau, se passe *sous la cheminée*: mais les scènes, pour être amenées dans une seule chambre, loin d'être *tirées aux cheveux*, y sont toutes amenées naturellement, parce que l'action est d'une nature à ne devoir se passer que dans un lieu solitaire. Il ne s'agit que d'entretiens particuliers, sans incidens.

Quelle est l'action? Un amant qui se sépare pour toujours de sa maîtresse. Cette action, qui n'a rien de grand, devient grande par la qualité des personnages, et par le motif de la séparation. Un empereur romain, le fameux Titus, devenu maître de l'empire et de lui-même, par la mort de son père, sacrifie son bien particulier à l'amour du bien public, en renvoyant une reine qu'il ne peut épouser sans renverser les lois de Rome. Quel est le nœud? Il n'est que dans le cœur de Titus. C'est son incertitude qui forme le nœud; et cette incertitude jette un grand intérêt. S'il ne renvoie point Bérénice, il foulera aux pieds les lois de l'empire; et en se conservant le cœur de sa maîtresse, il perdra les cœurs de tous ses sujets.

Antiochus, qui se trouve à la cour de l'empereur quand cet événement arrive, ne forme aucun incident. Son amour pour Bérénice est aussi indifférent au spectateur qu'à Bérénice. Une action théâtrale ne peut se passer entre deux personnages seulement. Les premières tragédies grecques, qui n'avoient que deux acteurs, étoient remplies par les chœurs, et cependant les poëtes grecs sentirent la nécessité d'un troisième personnage. Ainsi Antiochus, quoique personnage épisodique, est un personnage nécessaire, et devient

3

très-vraisemblable, par l'art avec lequel le poète a conduit son sujet. Les trois unités y sont exactement observées; il ne faut pas plus de temps pour l'action que pour la représentation; tout est conduit avec simplicité et vraisemblance, et jusqu'à la dernière scène le spectateur ignore quel sera le dénouement.

ACTE I, SCENE I.

Il n'y a point ici d'exposition de sujet, parce qu'il n'y aura point d'incidens, et que le sujet est d'abord connu.

La nuit qui a précédé le jour où se passe l'action, on a célébré l'apothéose de Vespasien; et jusque-là Titus avec toute sa cour a été dans le deuil, et n'a vu que rarement Bérénice; ce qu'elle a attribué à la douleur que la mort de Vespasien cause à Titus. Le deuil étant fini, elle est persuadée que Titus devenu son maître, va partager avec elle sa grandeur : Antiochus qui en est persuadé comme elle, et qui est son amant en secret, n'ayant plus d'espérance de la pouvoir posséder, prend ce jour pour se séparer d'elle; il est lui-même, lorsqu'il s'y attend le moins, chargé par Titus d'annoncer à Bérénice, lorsqu'elle s'y attend le moins, qu'il faut que pour toujours elle se sépare de Titus. Le premier acte est la séparation d'Antiochus et de Bérénice.

> La pompe de ces lieux.

Il va dire encore ce *cabinet superbe*. Titus qui y venoit s'entretenir avec sa maîtresse, l'avoit orné à dessein, comme Bérénice le dira, acte V :

> Tout cet appartement préparé par vos soins.....
> Ces festons, où nos noms enlacés l'un dans l'autre, etc.

> Des secrets de Titus est le dépositaire.

Il est nécessaire de prévenir les spectateurs que le

personnage qui parle n'est point Titus ; ils apprendront au dixième vers que ce personnage est Antiochus, un des rois de l'Orient.

SCENE II.

> Je me suis tu cinq ans ; et, jusques à ce jour, etc.

Il va répéter :

> Après cinq ans d'amour et d'espoir superflus, etc.

Titus dira de même :

> Depuis cinq ans entiers chaque jour je la vois, etc.

et appelle son amour *les vœux de cinq années*. La répétition de *cinq ans* est si fréquente dans cette pièce, qu'il n'y a pas d'apparence que ce soit négligence.

SCENE III.

> Je n'ai percé qu'à peine
> Les flots toujours nouveaux d'un peuple adorateur,

Telle est la grandeur de Bérénice au commencement de la pièce ; elle sera à la fin abandonnée de ce *peuple adorateur*. Elle ne tombera pas de la grandeur dans la misère, mais cette fortune sera passée, ce qui sera la péripétie.

> Titus, après huit jours d'une retraite austère, etc.

On passoit dans le deuil sept jours, pendant lesquels on rendoit des honneurs à l'image de l'empereur mort, et le sénat en robes de deuil étoit au côté droit de son lit. Le huitième jour se célébroit la cérémonie de l'apothéose, que décrit Hérodien, liv. 4.

> La reine d'un regard a daigné m'avertir, etc.

Ce premier trait de Bérénice remplit le spectateur d'estime pour elle. La foule de ses nouveaux adorateurs ne lui fait point oublier un ancien ami.

> Le bélier impuissant les menaçoit en vain.

Il est ici parlé de ce bélier, parce que Josephe, dans

l'histoire de ce siége, en a fait une exacte description.

> Vous seul, Seigneur, vous seul, une échelle à la main, etc.

Il est permis à un confident de louer son prince aux dépens de la vérité, et il est permis aussi au poète d'altérer la vérité, lorsque le fait est peu important. Dans cette action que rapporte Josephe, liv. 5, Antiochus fut repoussé, et la témérité avec laquelle il voulut monter à l'assaut fit rire Titus.

L'abbé du Bos qui fait des critiques pour étaler son érudition, comme on l'a vu par celles qu'il a faites sur la tragédie de Britannicus, a oublié de faire observer qu'ici le poète n'étoit pas conforme à l'historien; mais il met au nombre de ses fautes le personnage d'Antiochus, parce que, dit-il, Antiochus n'étoit point à Rome lors de l'avénement de Titus au trône, et que d'ailleurs il n'y avoit plus alors de roi de Comagène. Et qu'importe au spectateur? Le poète qui avoit besoin dans sa pièce d'un prince étranger, pouvoit-il mieux choisir que cet Antiochus qui avoit accompagné Titus au siége de Jérusalem? Les poètes doivent conserver la vérité des faits principaux; mais la liberté d'altérer celle des faits peu importans et peu connus, leur a toujours été accordée, et les poètes grecs l'ont poussée fort loin.

SCENE IV.

> Enfin je me dérobe à la joie importune, etc.

Antiochus est venu au lieu de la scène, parce que son dessein étoit d'aller trouver Bérénice : il est resté à la porte de son appartement, et Bérénice qui lui a fait dire de l'attendre, vient le trouver dans ce lieu secret pour se dérober aux courtisans dont son appartement est rempli.

ACTE I, SCENE IV.

De tant d'amis nouveaux que me fait la fortune, etc.

Vers que peut dire tout homme qui vient d'être nommé ministre.

Me laisse à la merci d'une foule inconnue.

Quelle belle expression ! Au milieu d'une foule d'adorateurs, comme elle n'y voit pas un véritable ami, elle se croit *à la merci* d'un peuple ennemi : c'est ce que tous les ministres devroient penser.

Moi qui, loin des grandeurs dont il est revêtu, etc.

Nouveau trait de Bérénice qui la fait estimer du spectateur.

Le sénat a placé son père entre les dieux.

Comme ce ne sont point des dieux pour elle, il auroit été plus exact de dire *entre ses dieux*, ou *les Romains ont placé son père entre leurs dieux*.

Il va sur tant d'Etats couronner Bérénice.

Voici, suivant l'abbé du Bos, une grande faute du poète : Bérénice n'eut jamais ni principauté, ni royaume. Que nous importe ? Nous approuvons Titus quand il lui en donne, et le poète quand il suppose qu'un empereur romain accable de bienfaits une maîtresse qu'il renvoie. Ce n'est point chez les poètes que les curieux des détails de l'histoire vont les chercher.

Titus, pour mon malheur, vint, vous vit, et vous plut.

Imitation de ces mots fameux : *Veni, vidi, vici*.

Enfin, après un siége aussi cruel que lent,
Il dompta les mutins, reste pâle et sanglant
Des flammes, de la faim, des fureurs intestines,
Et laissa leurs remparts cachés sous leurs ruines.

Quatre vers qui font entendre toutes les horreurs du siége de Jérusalem.

Dans l'Orient désert quel devint mon ennui !

Tibulle dit à celle qu'il aime, *in solis tu mihi turba*

locis : elle lui rend tout le monde dans un désert, et l'Orient sans Bérénice paroît un désert à Antiochus.

<small>Après tant de combats, Titus cédoit peut-être.</small>

Le sens de ce vers ne se présente pas d'abord ; ce que je remarque parce que ce vers est peut-être le seul dans toutes ces tragédies, qu'on puisse accuser de n'être pas clair.

<small>J'oublie, en sa faveur, un discours qui m'outrage.</small>

En faveur de l'ancienne amitié, elle lui pardonne l'aveu qu'il vient de lui faire ; mais loin de l'engager à rester, elle paroît consentir à son départ.

SCENE V.

<small>Que je le plains !</small>

C'est la confidente qui le plaint la première, et qui avertit sa maîtresse qu'il est à plaindre.

<small>La rigueur de ses lois m'épouvante pour vous.</small>

Il n'étoit pas permis aux Romains d'épouser des femmes étrangères :

<small>Miles ne Crassi, conjuge barbara
Turpis maritus vixit ! Hor.</small>

Non-seulement Bérénice est étrangère, elle est reine.

<small>Ces flambeaux, ce bûcher, cette nuit enflammée, etc.</small>

Dans ces vers, le poète a rassemblé toutes les cérémonies de ces apothéoses que nous a décrites Hérodien.

<small>Ces aigles, ces faisceaux, ce peuple, cette armée, etc.</small>

Ces aigles : sur les médailles des apothéoses, on voit des aigles qui s'envolent. Le peuple s'imaginoit voir l'âme de l'empereur voler vers le ciel.

<small>Le monde en le voyant eût reconnu son maître ?</small>

Ces vers furent appliqués à Louis XIV. Le poète cependant ne fait que rendre ce que Tacite a dit de Titus, *decor oris cùm quadam majestate.*

Je reviens le chercher, et dans cette entrevue, etc.

Elle annonce qu'elle reviendra; et pendant l'intervalle de l'acte, elle va faire des vœux pour Titus.

ACTE II, SCENE I.

Dans son appartement ce prince avoit paru.

Petite négligence, à ce qui me paroît. Antiochus n'a point paru dans l'appartement de Bérénice; elle est venue le chercher au lieu de la scène, où il lui a fait ses adieux. Titus vient au lieu de la scène, parce qu'il y vient attendre Antiochus, qu'il a fait appeler. Après lui avoir parlé, il doit passer dans l'appartement de Bérénice :

Et je vais lui parler pour la première fois.

Elle le prévient; et la froideur avec laquelle Titus la reçoit commence le trouble de la pièce.

SCENE II.

Parlez, qu'entendez-vous ?

Il lui parle d'abord en lui disant *vous*, parce qu'il arrive rêveur, et qu'il affecte de consulter tranquillement; mais sitôt qu'il sortira de cette tranquillité, il ne lui parlera plus, jusqu'à la fin de la pièce, qu'en le tutoyant.

Plus ardent mille fois que tu ne peux penser.

J'ai mis même à ce prix mon amitié secrète.

Belle leçon pour les princes! Titus n'a un favori que pour avoir un ami sincère, qui fasse passer jusqu'à lui la vérité au travers des flateurs.

Et de si belles mains
Semblent vous demander l'empire des humains.

On fut persuadé dans le temps, que quelque raison particulière avoit engagé l'auteur à se servir de cette expression.

> Attacha pour jamais une haine puissante.

C'est cette haine et ce mépris des Romains pour les rois, que Corneille a si bien imité, quand il fait dire par Emilie à Cinna :

> Pour être plus qu'un roi, tu te crois quelque chose.

Par César au roi de l'Egypte :

> Vous qui devez respect au moindre des Romains.

Et en tant d'autres endroits :

> Sans oser toutefois se nommer son époux.

Elle est nommée femme par Virgile et par Ovide :

> Sequiturque, nefas ! Ægyptia conjux.
> Romanique ducis conjux Ægyptia.

Et Plutarque dit que quoique Cléopâtre fût une reine, qui en magnificence, en richesses, en noblesse et en gloire, surpassoit tous les rois de son temps, le mariage d'Antoine avec elle fut regardé comme honteux pour lui. Paulin peut à dessein déguiser la vérité à Titus ; et en effet Antoine, *emancipatus feminæ*, suivant Horace, a été regardé comme l'esclave de Cléopâtre, plutôt que comme son mari.

> Depuis ce temps, Seigneur, Caligula, Néron, etc.

Un empereur qui faisoit son cheval consul et dieu, eût épousé une reine, s'il en eût été amoureux. Paulin a cependant raison d'opposer ces exemples, et de leur donner tant de force.

> Des fers de Claudius Félix encor flétri, etc.

Ce Félix, frère de Pallas, épousa Drusille, fille du vieux Agrippa. Cette Drusille n'étoit à la vérité qu'une très-petite reine; mais cet exemple suffit pour faire voir quel mépris, *reste de sa fierté*, Rome avoit pour la dignité royale. Il est bien marqué dans ces deux vers :

> Tandis que l'Orient dans le lit de ses reines
> Voit passer un esclave au sortir de nos chaînes.

Corneille fait dire à Bérénice :

> Pour moi, qui n'eus jamais l'honneur d'être Romaine,
> Et qu'un destin jaloux n'a fait naître que reine.

> De deux reines, Seigneur, devenir le mari.

J'ai dit qu'il épousa Drusille : ce fut devant elle que parut Saint-Paul. J'ignore quelle seconde reine il épousa.

> Faire entrer une reine au lit de nos Césars.

Paulin pouvoit ajouter une *Juive*, une femme d'une nation méprisée, et d'une religion détestée. Corneille fait dire de Bérénice :

> Elle abhorre nos temples,
> Et sert un dieu jaloux qui ne peut endurer
> Qu'aucun autre que lui se fasse révérer.
> Elle traite à nos yeux les nôtres de fantômes.

Il n'est jamais parlé dans cette pièce de la religion de Bérénice. L'auteur n'a point voulu, par respect pour la religion, en parler dans un sujet tout profane et tout d'amour.

> D'avoir choisi mon père au fond de l'Idumée.

Il étoit occupé à la guerre contre les Juifs quand il fut nommé empereur.

> Et, soulevant encor le reste des humains, etc.

Ses affreux combats, où périrent Galba, Othon, Vitellius. Ce qui fait dire à Suétone, que Vespasien reçut un empire : *incertum diù et quasi vagum*; et à M. Bossuet : *l'empire affligé se reposa sous Vespasien.* Ce qui est bien imité dans le vers suivant

> Remis Rome sanglante en ses paisibles mains.

> Aurois donné mes jours pour prolonger les siens.

Imité de ce vers d'Ovide :

> Deme meis annis et demtos adde parenti.

> Ma jeunesse, nourrie à la cour de Néron, etc.

Avant que d'être empereur, suivant Suétone, il avoit de grands vices, et même celui de la cruauté : sitôt qu'il fut empereur il changea; et comme il régna peu de temps, il fut heureux, suivant Ausone, d'avoir peu vécu :

> Felix imperio, felix brevitate regendi.

Ce ne fut point à Bérénice qu'il eut l'obligation de la gloire de son règne. Le poète le suppose pour rendre Bérénice plus estimable, et la séparation plus cruelle. Cette supposition heureuse pour la tragédie, l'est aussi pour la morale : l'exemple d'un amour qui conduit à tant de vertus, est un exemple très-rare.

> Sur cent peuples nouveaux Bérénice commande.

Antoine, suivant Plutarque, donnoit des royaumes à ses amis; un empereur romain pouvoit bien aussi en donner à sa maîtresse : du moins le poète a la liberté de le supposer, et ne peut en cela déplaire qu'à l'abbé du Bos.

SCENE III.

> Quoi, déjà vous semblez reculer!

Cette foiblesse de Titus, qui durera jusqu'à la fin de la pièce, ne paroît digne ni d'un empereur, ni d'un héros, ni d'une tragédie.

SCENE IV.

> Ah, Titus!

Après avoir dit :

> Hélas, plus de repos, Seigneur, et moins d'éclat!

quelle tendresse dans cette exclamation, *ah, Titus!*

> Un soupir, un regard, un mot de votre bouche.

Une femme qui en toute autre circonstance tiendroit un langage si tendre à son amant, se rendroit méprisable. Plus Bérénice parle tendrement à Titus, plus elle lui perce le cœur : c'est ce violent amour qu'elle lui témoigne qui répand le tragique dans cette pièce.

SCENE V.

Parle. N'ai-je rien dit qui puisse lui déplaire?

L'amour est ingénieux à se forger des sujets de crainte; elle ne lui a témoigné que trop de tendresse.

Je crois de ce désordre entrevoir l'origine.

La Motte, dans son discours sur la tragédie, prétend qu'il est ridicule de supposer que Bérénice s'arrête à cette folle imagination que Titus est jaloux, au lieu de s'arrêter à la seule raison qui doit la frapper, que Titus craint de blesser les lois de Rome en épousant une reine. Bérénice a écarté loin d'elle cette pensée, qui lui est venue la première, à cause de sa confiance dans les promesses de Titus :

*Mais non, il a cent fois
Rassuré mon amour contre leurs dures lois.*

Le poète a dépeint une adresse très-ordinaire de la passion : elle nous fait écarter la raison véritable que nous avons à craindre, pour nous arrêter à des raisons chimériques : comment un homme d'esprit comme la Motte a-t-il pu faire une pareille critique? Bérénice n'est point persuadée que Titus soit jaloux; mais elle cherche à se le persuader, parce que si elle n'a d'autre malheur à craindre elle est contente.

Allons, Phénice, un mot pourra le satisfaire.

Elle a déjà dit *retournons sur ses pas*. Dans l'intervalle de cet acte au suivant, elle a cherché Titus. Le spectateur attend le succès de son éclaircissement avec lui, et il attend encore le retour d'Antiochus, que Titus a envoyé chercher.

ACTE III, SCENE I.

Mais, comme votre ami, que ne puis-je point dire?

Si l'on trouve dans cette pièce le langage le plus

tendre de l'amour, on y trouve aussi le langage le plus tendre de l'amitié. C'est ce langage que Bérénice a parlé à Antiochus, et que Titus lui parle encore. Le poète donne à Bérénice et à Titus toutes les qualités du cœur les plus estimables, pour que le spectateur s'intéresse davantage à ces deux personnages.

> Confondu jusqu'ici dans la foule des rois.

Qu'un empereur romain étoit grand ! Il pouvoit confondre un roi dans la foule des rois.

> Que pouvez-vous, Seigneur, attendre que des vœux ?

Titus doit être très-curieux d'apprendre ce qui a pu engager un roi son ami à s'enfuir secrètement. Cette réponse d'Antiochus ne satisfait point sa curiosité : cependant il ne va plus lui parler que de Bérénice, parce qu'il n'est occupé que d'elle.

> Dédaigne une beauté dans la pourpre élevée.

La pourpre ornoit les magistrats romains, et les empereurs. On a dit la *septième pourpre*, pour le *septième consulat*, et *recevoir la pourpre*, pour recevoir l'empire; et dans cette tragédie, *la pourpre des Césars*. La pourpre ornoit aussi les dames romaines; cependant les Romains regardoient la pourpre comme l'ornement ordinaire des rois de l'Orient. Virgile dit dans les Géorgiques, liv. 2 :

> Illum non populi fasces, non purpura regum.

Et nous disons aussi la pourpre des rois :

> Attale, ce grand roi dans la pourpre blanchi,
> Qui du peuple romain se nommoit l'affranchi.

SCENE II.

> Jamais dans un grand cœur vit-on plus de foiblesse ?

Dans cette tragédie les deux amans font voir une grande foiblesse; et Bérénice pourroit toujours dire à l'un

ACTE IV, SCENE I.

l'un et à l'autre, ce qu'Andromaque dit à Pyrrhus :
Faut-il qu'un si grand cœur montre tant de foiblesse !

Encore un coup, fuyons; et par cette nouvelle, etc.

Titus a quitté Antiochus sans lui laisser le temps de refuser la commission dont il le chargeoit. Antiochus, après y avoir réfléchi, ne la veut pas exécuter : lorsqu'il songe à fuir Bérénice, elle entre; et la conversation s'engage de façon qu'il est obligé de lui déclarer les intentions de Titus.

SCÈNE III.

Non, je ne vous crois point. Mais, quoi qu'il en puisse être, etc.

Même situation que celle de Mithridate, qui après avoir dit, *je ne le croirai point*, se dit à lui-même, *tu ne le crois que trop*; et Bérénice dit à sa confidente :
Hélas, pour me tromper je fais ce que je puis !

SCÈNE. IV.

Laissez à ce torrent le temps de s'écouler.
Dans huit jours, dans un mois, n'importe, il faut qu'il passe.

Que ces deux vers sont beaux et naturels !

Va voir si sa douleur ne l'a point trop saisie.

Il l'a appelée ingrate et cruelle, et cependant il ne veut point partir sans être assuré de l'état où il la laisse. Il envoie son confident s'en informer; ce qui fait que le spectateur s'attend à revoir encore cet amant désespéré, et s'attend aussi à revoir Bérénice, qui a dit qu'elle alloit chercher Titus.

ACTE IV, SCENE I.

Bérénice impatiente du retour de sa confidente, qu'elle a envoyée vers Titus, vient l'attendre au lieu de la scène.

SCENE II.

Et ces cheveux épars dont vos yeux sont cachés.

Elle a dit à Antiochus qu'elle ne le croyoit pas, et elle est déjà pleurante et échevelée avant que d'avoir parlé à Titus.

Venez, fuyez la foule, et rentrons promptement.

Quand elle voit Titus arriver avec sa suite, elle se retire, et reviendra quand il sera seul.

SCENE IV.

Ah, lâche, fais l'amour, et renonce à l'empire !

Imitation du vers d'Ovide :

Bella gerant alii, tu pari semper ama.

Ah, malheureux, combien j'en ai déjà perdus !

Mot fameux de Titus : *Amici, diem perdidi.*

SCENE V.

Ah, cruel! Est-il temps de me le déclarer ?

Quelle éloquence dans ce discours, et quel reproche dans ces paroles, *ignoriez-vous vos lois?* Titus n'y répond que par une mauvaise excuse : et comment pourroit-il trouver une bonne réponse à un reproche qui doit le confondre? Cependant Bérénice, dans son désespoir même, semble le ménager, et son amour éclate dans tous ses reproches. On voit dans Bayle, à l'article *Bérénice*, par quelle raison le poëte a représenté la tendresse de l'amante, inférieure à celle de l'amant ; on y trouve aussi ce qu'une dame écrivoit à Bussy Rabutin : « Jamais femme n'a poussé si loin » l'amour et la délicatesse que Bérénice. Mon dieu ! » La jolie maîtresse ! Et que c'est grand dommage » qu'un seul personnage ne puisse pas faire une bonne » pièce ! La tragédie de Racine seroit parfaite. » Cette

dame étoit apparemment persuadée qu'une *jolie maîtresse* étoit un admirable personnage dans une tragédie.

Que le jour recommence et que le jour finisse, etc.

De ce jour elle va faire un siècle. Quelle poésie, et
qu'elle est dangereuse !

Ah, Seigneur, s'il est vrai, pourquoi nous séparer!

Dans toute cette scène, Titus ne dit point un mot,
sans être aussitôt confondu par la réponse de Bérénice.

Il faudra vous combattre, et vous vaincre sans cesse.

On n'avoit point encore songé à regarder comme un
malheur celui de vaincre toujours : Titus met ce
malheur au nombre des siens. Quelle délicatesse de
sentimens !

Hé bien, Seigneur, hé bien, qu'en peut-il arriver?

C'est mettre un empereur romain au point de ne
pouvoir répondre : il fait cependant une réponse très-
sage; mais l'intérêt qu'on prend à Bérénice est cause
qu'on ne fait pas assez d'attention à la sagesse de la
réponse.

Faudra-t-il quelque jour payer leur patience ?

Que de vérités politiques renferme ce vers !

Quoi, pour d'injustes lois que vous pouvez changer.

Quel mot dans la bouche d'une maîtresse, Titus par
sa réponse, paroît n'y pas faire attention. On comprend
assez quelle leçon le poète veut donner aux princes.

Vous êtes empereur, Seigneur, et vous pleurez!

Personne n'ignore le mot fameux que le poète fait ici
répéter par Bérénice.

Que j'atteste le ciel, ennemi des parjures, etc.

C'est la coutume des amantes abandonnées. Bérénice
s'emporte contre un *ingrat* qui dans sa *barbarie* est
capable de lui ôter la vie, et il semble que son emportement ne fasse qu'augmenter la délicatesse de ses senti-

mens : si elle s'adresse au ciel, c'est pour lui demander *d'oublier ses douleurs* ; si elle espère *un vengeur*, c'est dans le cœur de Titus qu'elle l'attend. Elle pense comme Didon, et s'exprime d'une façon toute contraire : elle est cependant, comme Didon, résolue à se donner la mort. Le poète français, si je l'ose dire, a enchéri sur Virgile. Celui des deux qui a imité le plus près la nature, c'est Virgile. Le Poète français embellit la nature.

SCENE VI.

Quelle gloire va suivre un moment de douleur.

On est surpris de trouver ici une expression tirée des Livres Saints ; j'en ferai remarquer quelques autres dans la suite. Ces expressions pouvoient se présenter à l'auteur, rempli de tout ce qu'il avoit lu, sans qu'il se rappelât où il les avoit lues.

Moi-même je me hais. Néron tant détesté, etc.

Il a raison d'ajouter : *Je ne sais, Paulin, ce que je dis.*

SCENE VII.

Qu'avez-vous fait, Seigneur ? L'aimable Bérénice, etc.

Antiochus devroit être déjà parti ; mais en partant, il a voulu être assuré de la vie de Bérénice : il a appris dans quel état sa douleur l'avoit fait tomber, il y a couru ; et ne pouvant soutenir le spectacle de Bérénice mourante, il vient chercher lui-même son rival, parce que la vue seule de Titus peut rendre la vie à Bérénice.

SCENE VIII.

Dans quel état se trouve Titus ! Le peuple, instruit qu'il renvoie Bérénice, couronne de lauriers ses statues. Le sénat, suivi d'un grand peuple, l'attend dans son appartement pour le féliciter. Si dans ce moment il va

ACTE V, SCENE IV.

chez Bérénice, il se déshonore, et insulte le sénat; s'il n'y va point, Bérénice va expirer. Suivra-t-il Antiochus, qui veut l'entraîner chez Bérénice? Suivra-t-il Paulin, qui veut le ramener chez lui, où le sénat l'attend? Sera-t-il à l'empire, ou sera-t-il à l'amour? Il va trouver le sénat, et charge Antiochus d'aller dire à Bérénice qu'à son retour elle ne pourra plus douter de son amour. Pourquoi? Doit-il la reprendre, ou doit-il se donner la mort? Ce mot équivoque laisse en suspens le spectateur, qui ne peut prévoir quelle sera la fin de ce trouble.

ACTE V, SCENE I.

Arsace, qui n'a trouvé Antiochus ni chez la reine, ni chez l'empereur, vient le chercher au lieu de la scène; mais on ne voit pas ce qui y ramène Antiochus, à qui Titus avoit dit : *Voyez la reine.* Puisqu'il n'a point exécuté la commission de Titus, où a-t-il été, et pourquoi son confident est-il instruit plutôt que lui de ce qui s'est passé chez Bérénice et chez Titus?

SCENE II.

Un généreux dépit succède à sa fureur.

Outrée de ce que Titus, au lieu de la venir secourir, est allé recevoir le sénat, Bérénice a pris la glorieuse résolution de partir.

SCENE III.

Venez, Prince, venez : je veux bien que vous-même
Pour la dernière fois vous voyiez si je l'aime.

Même équivoque. Antiochus qui croit qu'il va se réconcilier avec elle, n'a garde de le suivre chez Bérénice.

SCENE IV.

Dieux cruels, de mes pleurs vous ne vous rirez plus!

La porte de l'appartement de Bérénice s'ouvre. Il

voit sortir Bérénice qui suit Titus; persuadé de leur réconciliation, il se retire.

SCENE V.

Avez-vous bien promis d'oublier ma mémoire ?

Il y a dans cette pièce plusieurs vers dont on faisoit dans le temps des applications. On prétendoit que les mêmes choses avoient été dites à Louis XIV. Je ne suis pas assez certain de la vérité de ces applications pour en pouvoir parler.

Vous m'avez arraché ce que je viens d'écrire.

Elle sort en tenant une lettre dans sa main, et Titus la lui arrache. Il la lut tout haut dans la première représentation; mais cette lettre ayant été appelée par un mauvais plaisant, le testament de Bérénice, Titus se contenta depuis de la lire tout bas. Comme il apprend par cette lettre que Bérénice a pris le dessein de mourir, il fait appeler Antiochus.

SCENE VI.

N'ensanglante à la fin nos funestes adieux.

Titus dans cette scène a parlé en héros; il n'en seroit plus un s'il songeoit sérieusement à se tuer. Il ne veut, par ce qu'il dit ici, qu'intimider Bérénice; et le spectateur impatient d'apprendre quel sera le dénouement, n'est satisfait qu'à la fin de la dernière scène.

SCENE VII ET DERNIÈRE.

Adieu, Seigneur, régnez; je ne vous verrai plus.

On ne s'attendoit point à ce dénouement, qui achève de rendre Bérénice aimable et estimable. Mais n'est-il pas humiliant pour deux princes, qu'ils soient vaincus en grandeur d'âme par elle,

Et qu'une femme enfin dans la calamité,
Leur fasse des leçons de générosité ? POLIEUC.

ACTE V, SCENE VII.

Tout est prêt. On m'attend. Ne suivez point mes pas.

Elle sort du lieu de la scène pour partir, et défend à Antiochus de la suivre. Ainsi l'action est entièrement finie. Environnée d'une cour nombreuse au commencement de la pièce, Bérénice étoit presque une impératrice romaine; elle part seule, et redevient ce qu'elle étoit avant les amours de Titus. Son changement d'état est la catastrophe. Il n'est pas nécessaire que la catastrophe d'une tragédie soit sanglante; mais il est toujours nécessaire qu'une tragédie excite la crainte et la pitié: celle-ci n'excite point la crainte, et n'excite qu'une foible pitié, comme je l'ai avoué. Elle n'est pas non plus une tragédie parfaite; mais elle en est une, puisqu'elle excite la pitié, et que la catastrophe fait verser des larmes. C'est peut-être par cette raison que le poète termine cette pièce par *hélas!* de même que le Tasse termine la sienne par, *ahi lacrime! ahi dolore!*

Dans une tragédie anglaise, qui est en deux parties de cinq actes chacune, sous ce titre, *la Destruction de Jérusalem*, composée par Crown, on ne s'attendroit pas à trouver les amours de Bérénice et de Titus; les tendres aveux de leur passion mutuelle, et leur cruelle séparation. Dans cette pièce, où la scène est tantôt dans le temple, dans la place publique, dans une tour, dans la tente de Titus, et sur des rochers qu'on escalade; où les anges paroissent, et où le voile du temple déchiré laisse voir le Saint des Saints, Bérénice joue un très-grand personnage. Dans la première partie, elle est toujours à Jérusalem, assurée de l'amour de Titus; et son miroir qu'elle prend ne lui fait aucun reproche sur sa beauté. A la fin de cette première partie, on annonce que les Romains s'approchent de la ville, qu'ils veulent escalader. Quelle joie pour les Juifs! Ils triompheront des ennemis du vrai Dieu, qui vont engraisser

> La terre de leurs corps, et l'enfer de leurs âmes.

A l'ouverture de la seconde partie, on voit Titus rêveur et triste dans sa tente : il déclare qu'il est résolu de renoncer à Bérénice, afin d'être dans le même jour triomphateur de Jérusalem et de l'amour; il dépeint cependant la violence de sa passion pour Bérénice qu'il voit chaque jour, découvrant chaque jour en elle quelque nouveau charme.

Bérénice qui vient le trouver dans sa tente, et se voit froidement reçue, croit n'être plus aimée. Titus lui proteste que l'absence ni le temps ne peuvent l'effacer de son cœur, et en prend le ciel à témoin. Cependant il la quitte en disant, comme dans notre tragédie :

> Rome...., l'empire....
> Sortons... Je ne lui puis rien dire.

Titus annonce enfin à Bérénice qu'il faut se séparer, en l'assurant que plus malheureux qu'elle, il avance vers sa perte par *des pas brillans : condamné à être empereur, exilé sur son trône, il sera aussi grand qu'un dieu, et aussi solitaire, quand il ne verra plus Bérénice.*

Après que le feu a été mis au temple, que Titus et Antiochus ont pris la ville d'assaut, au milieu des acclamations des vainqueurs, qui déclarent Titus empereur, Bérénice paroît, l'attendrit, et, étonnée de voir pleurer un empereur,

> An emp'rour weep!

prend noblement le parti de se séparer de lui, et de le laisser tout entier à la gloire.

Je pourrois rapporter un grand nombre de vers de notre pièce française, imités et même traduits. Cependant le poète anglais soutient dans sa préface qu'il n'a point volé un Français; ce qu'il prouve ainsi : « Il faut » qu'une monnaie étrangère soit mise à la refonte, » reçoive une nouvelle marque, et même qu'on y » ajoute de la matière, afin qu'elle ait cours en Angle- » terre, et devienne sterling. » *Before it will pass current in England and be judged sterling.*

Ainsi quand sa Bérénice, au lieu de répondre comme la nôtre à Titus,

> Pourquoi même du ciel attester la puissance....
> Et je vous en croirai sur un simple soupir,

lui répond,

> Titus seul est pour moi, le ciel et tous les Dieux;

lorsque l'assurant comme la nôtre, qu'elle ne demandera pas au ciel un vengeur, parce qu'elle le trouvera dans son cœur, elle ajoute, « quand tu verras mon » sang couler sur ton plancher, chaque goutte sera le » poignard qui ira percer ton cœur, » ce n'est point voler un poète français, c'est mettre *notre monnaie à la refonte pour lui donner cours en Angleterre!*

BAJAZET.

Le succès de Bérénice ayant sans doute convaincu l'auteur qu'il falloit faire régner l'amour dans une tragédie, pour plaire à une nation qui recevoit si favorablement de pareils sujets, il entreprit de traiter celui-ci. Cette pièce, quoique l'amour n'y soit pas peint avec plus de vérité et de vivacité que dans la précédente, est plus souvent redemandée, parce que l'amour y étant théâtral, et devenant tragique, excite les deux passions essentielles à la tragédie, la crainte et la pitié. Celle de *Bérénice* ne nous présente que la peinture de nos tendresses amoureuses; celle de *Bajazet* nous présente la peinture des malheurs où précipite la fureur de l'amour, et fait voir quelles fautes peuvent commettre les personnes qui emportées par cette passion,

Suivent d'un vain plaisir les conseils imprudens.

Elle attache outre cela par l'importance d'une action que soutient la grandeur du caractère du visir; ce que je ferai voir dans l'examen.

EXAMEN DE BAJAZET.

Quoiqu'on puisse dire que toute cette tragédie n'est qu'une intrigue de femmes du sérail, cette intrigue cependant prépare à de si grands événemens, que ce n'est plus une action privée, mais une action publique dans le sérail, qui intéresse l'Etat. C'est ce que le visir apprend aux spectateurs, quand il commence par dire à son confident:

BAJAZET.

> Songe que du récit, Osmin, que tu vas faire,
> Dépendent les destins de l'empire Ottoman.

Le spectateur apprend encore, par les premiers vers, que ce visir mécontent du sultan, et aimé des janissaires, a médité une révolution qui est prête à éclater ; il apprend aussi que le sultan a envoyé, il y a trois mois, demander la tête de Bajazet son frère, qui ne lui a point été envoyée, parce que l'esclave chargé de son ordre a été jeté dans la mer.

L'action de la pièce est la conspiration du visir, qui a entrepris de mettre sur le trône Bajazet, à la place d'Amurat son frère : il ne peut accomplir son projet que par l'autorité de la sultane favorite, à qui Amurat, en partant pour le siége de Babylone, a laissé tout pouvoir, avec l'ordre de faire mourir Bajazet à la première lettre qu'elle recevra de lui. Elle devroit être attachée à un sultan qui a une si grande confiance en elle ; cependant, comme elle est ambitieuse, elle est mécontente de lui, parce qu'elle n'a pu en obtenir le titre d'épouse. Le visir, qui sait son mécontentement, a fait en sorte qu'elle vît Bajazet ; et cette entrevue a produit l'effet que le visir souhaitoit. La sultane a trouvé un prince aimable, qu'elle est prête d'aimer, et qu'elle fera mettre sur le trône, à condition qu'elle recevra de lui le titre d'épouse. Cette action, comme on le voit assez, n'est ni dans nos mœurs, ni dans les mœurs de l'antiquité, mais dans les mœurs du sérail.

Bajazet, pour qui tout se fait dans cette conspiration, a été élevé dans son enfance avec une jeune princesse du sang ottoman, et tous deux s'aiment également, s'étant flattés, depuis l'enfance, qu'ils seroient un jour mariés ensemble. La sultane ignore cet attachement mutuel ; le visir l'ignore aussi, et c'est cette ignorance qui cause le trouble de la tragédie.

Le visir avoit dessein d'épouser cette jeune princesse ; ce qui ne peut causer de trouble. L'amour n'est pas ce qui fait agir un homme tel que lui. Il ne songe à épouser une princesse du sang ottoman, que pour se préparer un appui contre Bajazet, qu'il aura à craindre quand il l'aura fait empereur, parce qu'il l'aura fait empereur.

Un jeune homme à qui deux femmes parlent d'amour est un objet nouveau dans une tragédie ; et cet objet est présenté par le poète avec un art étonnant. Bajazet et Atalide, qui s'aimoient dans l'enfance, dans le dessein de s'épouser, ne s'attendoient point à être traversés par une sultane qui ne veut épouser Bajazet que pour obtenir de lui le titre d'épouse : moins amoureuse qu'ambitieuse, elle veut être assurée de ce titre d'épouse avant que de prêter son autorité à la conspiration. Bajazet, qui a non-seulement à gagner le trône, mais à ne point perdre sa tête, que peut faire tomber à chaque instant cette sultane qui soupire pour lui, ne balanceroit pas à accepter la condition, s'il n'étoit arrêté par un scrupule d'amour. Il pourroit à la vérité promettre tout à Roxane, et, dès qu'il sera le maître, la faire jeter dans la mer pour sauver ce qu'il appelle *l'orgueil de l'empire* ; mais il ne peut se résoudre à promettre à une autre la foi qu'il a promise à Atalide. C'est par-là que l'amour devient passion théâtrale, qui doit décider d'une action d'où dépend la révolution de tout l'État, et pour l'exécution de laquelle le visir a déjà gagné le Mufti : il a su intéresser la religion, et l'on doit déployer l'étendard de Mahomet au moment que Roxane et Bajazet seront d'accord. Ce moment presse : Amurat peut arriver vainqueur de Babylone, tandis qu'on conspire contre lui. Le scrupule de Bajazet, qui cause toutes ces agitations, celles des deux femmes qui l'aiment, et les inquiétudes du visir, tient en suspens la destinée de l'empire.

Le grand-visir, personnage subordonné, puisqu'il l'est à la sultane dépositaire de l'autorité d'Amurat, et à Bajazet qui va devenir son maître, n'est pas cependant un second personnage, parce qu'ayant pour lui les janissaires, le projet de Roxane, quand elle sera d'accord avec Bajazet, ne peut réussir que par lui.

Il est l'âme de toute l'entreprise par son crédit et son courage, et le héros de la pièce par son caractère. Il parle à la sultane et à Bajazet, c'est-à-dire à ses maîtres, comme ayant sur eux l'autorité que donne l'âge et l'expérience, et avec la vigueur d'un homme qui entreprend une révolution d'Etat. Il oppose aux scrupules de Bajazet les raisons d'un homme de guerre; il le réconcilie avec la sultane, et il est prêt à le sauver malgré lui, parce qu'aucun péril ne l'étonne, et qu'il n'ignore pas, qu'après le projet qu'il a entrepris,

. . Une mort sanglante est l'unique traité
Qui reste entre l'esclave et le maître irrité.

Il s'aperçoit trop tard de la faute qu'il a faite d'entreprendre un si grand projet, en se confiant à deux jeunes personnes qui n'écoutent que la folle passion de l'amour : il est cependant, jusqu'à la fin, ardent à secourir Bajazet; et quand il apprend que la sultane, après avoir fait égorger Bajazet, a été égorgée elle-même par l'ordre d'Amurat, alors, en homme prudent qui a tout su prévoir de bonne heure pour sa fuite, il ne songe plus qu'à faire usage de ses préparatifs, en faveur d'Atalide et de tous les soutiens du parti qui n'a plus d'espérance.

Un homme tel qu'Acomat est un héros théâtral, quoiqu'il ne soit pas un héros, si l'on ne doit donner ce nom qu'à un homme vertueux. Il est peu scrupuleux sur l'observation des lois et sur la religion des sermens; il conspire contre son souverain, pour se venger d'une légère offense : ce souverain a été faire un siége sans lui, et veut commander lui-même son armée. L'exemple de ses pareils a appris au visir que de telles froideurs sont suivies de l'ordre du maître qui demande la tête de son esclave : c'est cet ordre qu'il veut prévenir; et cet exemple que nous offre une tragédie qui est toute dans les mœurs turques, n'a rien qui nous choque. Un visir qui aidé des janissaires, et autorisé par le mufti, déposséde le sultan pour faire mettre son frère à sa place, ne nous paroît pas plus rebelle qu'il nous paroît impie, quand il avoue qu'il n'a pas pour les sultans un respect assez aveugle pour se piquer

> Du scrupule insensé
> De bénir son trépas quand il l'ont prononcé.

Acomat est un héros par sa politique et son courage.

Les mœurs turques, avec lesquelles cette pièce nous familiarise, comme si elle nous transportoit à Constantinople, sont encore cause que Roxane ne nous paroît pas d'abord si odieuse qu'elle l'est : elle nous le paroît quand par ce terrible mot *sortez*, elle envoie Bajazet à la mort, et que tandis qu'on exécute cet arrêt elle a la cruauté de laisser Atalide prosternée à ses pieds, d'écouter tranquillement son humble et longue prière, et de n'y répondre que par une ironie sanglante; mais cette Roxane est également odieuse dès le premier entretien qu'elle a avec Bajazet, quand elle lui dit :

> Rentre dans le néant dont je t'ai fait sortir,

et quand elle le menace d'exécuter l'ordre de sa mort, qu'Amurat lui a laissé. Elle ne parle d'amour qu'en menaçant; son ambition la rend cruelle et ingrate. Elle entreprend de détrôner Amurat, qui lui a donné le titre et la puissance de sultane, parce que ne pouvant obtenir de lui le titre d'épouse, elle a oublié tous ses autres bienfaits ; et c'est avec ces noires couleurs qu'elle se peint elle-même :

> Et moi qui n'aspirois qu'à cette seule gloire,
> De ses autres bienfaits j'ai perdu la mémoire.

Voilà des mœurs barbares : cependant, lorsque cette pièce parut, la critique générale fut qu'elle représentoit des Français habillés en Turcs, et des dames françaises plutôt que des femmes du sérail.

Cette critique, qui ne pouvoit tomber que sur Bajazet et Atalide, étoit encore injuste en tombant sur eux; et un amour sincère commencé dès l'enfance, augmenté par les obstacles, peut s'expliquer dans le sérail comme dans tous les pays du monde. Un Turc, dit-on, se pique-t-il de tendresse et de fidélité ? Pourquoi se figurer qu'un Turc ne parle jamais d'amour que le sabre à la main ? Bajazet est un jeune prince retenu captif dans le sérail, et qui s'attend à tout moment qu'on lui va demander sa tête de la part de son frère : comment auroit-il pu prendre ces mœurs féroces que nous croyons être celles de tous les Turcs ? Il s'est livré à une passion qui adoucit sa captivité, et il ne sait pas encore se déguiser. Malgré cela, quand il est avec Roxane, maîtresse de le faire régner ou mourir, il y est avec la fierté d'un Ottoman. Dans le dernier entretien qu'il a avec elle, lorsque cette femme, prête à prononcer l'arrêt de sa mort s'il hésite à lui promettre sa foi, a la barbarie de lui offrir sa grâce s'il veut aller voir mourir Atalide, avec quelle vivacité il lui répond, en rejetant sa grâce :

> Je ne l'accepterois que pour vous en punir !

Si l'on veut du sang, cette pièce en est remplie,

puisqu'excepté le grand visir, dont la mort eût affligé le spectateur, tous les autres personnages meurent.

Ils ont tous mérité leur mort. Bajazet n'est pas excusable dans sa conduite. Tandis qu'il se prête à un aussi grand projet que celui de s'emparer du trône de son frère, et que de braves gens vont s'exposer pour lui, il n'ose amuser Roxane par une fausse promesse. Ce n'est point dans le moment qu'un prince va se révolter contre son souverain, un frère contre son frère, qu'il doit écouter un scrupule amoureux. Si Bajazet ne réussit pas, il se perd, lui, ses amis, et sa maîtresse; et s'il veut réussir, il ne doit écouter que les conseils d'Acomat, sans faire attention aux larmes d'Atalide.

Cette Atalide est coupable de tout le trouble. Qu'avoit-elle à prétendre de son amour? Elle sait que Bajazet ne peut vivre s'il ne détrône son frère; il n'y peut parvenir sans l'appui de Roxane, déjà coupable de ne l'avoir point fait mourir : si par ses larmes elle l'empêche de se prêter aux désirs de Roxane, elle le perdra. Elle a donc raison lorsqu'avant que de se tuer elle demande pardon au visir, à tous ses amis, à son amant, et à ses ancêtres. Elle les venge tous par le coup de poignard qu'elle se donne. Telle est la punition d'une personne qui n'a pas su étouffer sa passion quand le devoir le lui ordonnoit: l'amour, quelqu'innocent qu'il puisse être, cesse de l'être quand il résiste à un obstacle auquel il ne lui est pas permis de résister. On verra dans la pièce suivante, Monime et Xipharès heureux après bien des peines, parce qu'ils ont sacrifié leur passion au devoir; et pour ne l'avoir point fait, on voit dans celles-ci Bajazet et Atalide se perdre. Cette pièce apprend à connoître les suites funestes des imprudences de l'amour. Tout y conduit à une morale très-utile; mais tout y conduit d'une manière si dangereuse,

gereuse, que Riccoboni ne la veut pas recevoir sur son théâtre. « On ne pouvoit rien imaginer, dit-il, de plus
» adroit que ce qu'a imaginé l'auteur pour donner un
» air de bienséance à un amour qui n'est pas moins
» vif que tendre ; mais, malgré tout l'art d'un si grand
» maître..., quand même je connoîtrois quelqu'un
» d'assez hardi pour réformer M. Racine, je ne crois
» pas qu'il soit possible de réformer une pièce dont
» les expressions les plus vives et les plus touchantes
» font l'âme. »

On peut faire sur le nœud de la pièce une critique qui paroît d'abord avoir quelque fondement. C'est le titre d'épouse, qui cause le trouble : Roxane veut être assurée de ce titre, avant que de faire proclamer Bajazet empereur ; et la crainte qu'elle ne l'obtienne pas, cause toutes les inquiétudes d'Atalide. Cette raison peut, dira-t-on, jeter le trouble dans une tragédie conforme à nos mœurs ; mais peut-elle causer un si grand trouble dans le sérail ? Bajazet devenu sultan, ne sera-t-il pas le maître tous les jours de faire une nouvelle favorite ? Qu'importent les titres de sultane et d'épouse ? Si Atalide est assurée du cœur de son amant, il sera toujours à elle, quoiqu'il ait donné à une autre le titre d'épouse.

Je commence par avouer que le poète a été hardi d'entreprendre de mettre sur notre théâtre les femmes du grand-seigneur, puisque quand un homme passeroit sa vie à Constantinople, il ignoreroit toujours ce qui se passe entr'elles. Tavernier qui a écrit une Relation du Sérail, conforme à ce que lui avoit raconté un eunuque blanc, qui y avoit passé cinquante ans, dit n'avoir pu savoir autre chose de lui, sur ce qui regarde la partie du sérail habitée par les femmes, si ce n'est que les portes en sont gardées par des eunuques noirs. M. de Tournefort (1) nous assure de même, que personne ne pouvant savoir ce qui s'y passe, on ne doit ajouter aucune foi à tout ce qu'on en a écrit. Il faut par conséquent se prêter à la fiction du poète dans un pareil sujet, et, sans lui demander une imitation exacte des mœurs qu'il ne peut connoître, se contenter de la vraisemblance. Or, il est d'autant plus vraisemblable que le titre d'épouse peut exciter une grande jalousie entre les femmes du sérail, qu'il est assez ordinaire, comme le dit Tavernier dans sa Relation, que le grand-seigneur, parmi tant de femmes, ne s'attache qu'à deux ou trois, et qu'on en a vu n'en avoir plus qu'une après l'avoir épousée. « C'est, dit-il, ce qu'on assure à Constanti- » nople du grand Soliman, dès qu'il eut donné sa foi à » Roxelane. » Atalide peut donc craindre que si son amant donne le titre d'épouse à une femme à qui il sera redevable de la vie et de l'empire, il ne s'attache à elle comme Soliman s'attacha à Roxelane; et par conséquent le nœud de la pièce devient très-vraisemblable.

Dans l'action, ainsi que dans la manière dont elle est conduite, tout est vraisemblable, quoique peut-être il n'y ait rien de vrai. Si Tavernier, parlant du mariage du grand Soliman avec Roxelane, se contente de dire, *c'est ce qu'on assure à Constantinople*, comment peut-on être certain de quelque fait passé dans le sérail? Mézerai, dans sa continuation de Calchondille, dit qu'Amurat IV fit étrangler deux de ses frères, qu'il nomme Bajazet et Orcan; mais le prince Cantémir, dans son Histoire de l'Empire Ottoman, à l'article d'Amurat IV, ne parle point de ce Bajazet, ni d'aucun autre frère, qu'Amurat ait fait mourir dans le cours de son règne, si ce n'est Mustapha : il ne parle pas non

---

(1) Voyage du Levant.

plus de cet Orcan dont parle l'auteur de la tragédie dans sa préface. Le prince Cantémir rapporte qu'Osman fut mis sur le trône à l'âge de huit ans. Sa jeunesse l'ayant fait mépriser, les amis de Mustapha, son frère, causèrent une révolte en sa faveur : Osman, âgé de douze ans, fut tué, et Mustapha retiré de la prison des Sept-Tours, pour être mis sur le trône. Il n'y resta pas long-temps : sa conduite insensée le fit renfermer dans la même prison, où il fut étranglé par l'ordre d'Amurat son frère et son successeur. Ainsi le prince Cantémir, après la mort d'Achmet, fait paroître successivement sur son trône ses quatre fils, Osman, Mustapha, Amurat IV et Ibrahim : il ne dépeint pas cet Ibrahim comme un imbécille, mais comme un voluptueux. Il succéda à Amurat, parce qu'il étoit le seul héritier de la race ottomane. Ses voluptés abrégèrent ses jours : il laissa neuf fils, parmi lesquels le même historien nomme un Bajazet et un Orcan, qui moururent, dit-il, en bas âge.

Si le prince Cantémir a été bien instruit, M. de Cezy, notre ambassadeur de Constantinople, dont l'auteur de la tragédie cite le témoignage dans sa préface, l'étoit bien peu : ce qui ne doit pas surprendre, puisqu'il est si difficile de savoir ce qui se passe dans le sérail. Voici ce que rapporte Tavernier, qui écrivoit sa Relation du Sérail dans le temps que Mahomet IV régnoit : « Mahomet IV, dit-il, a deux frères, Bajazet » et Orcan, et un troisième nommé Soliman, dont on » a de plus grandes espérances que de Bajazet et d'Or- » can, mais qui n'a plus de support, ayant perdu sa » mère; au lieu que Bajazet et Orcan ont une mère » qui veille à leur conservation. » Tavernier écrivant cette Relation en 1680, ce Bajazet n'étoit qu'un enfant, qui vivoit dans le temps qu'un prince du même nom étoit étranglé sur notre théâtre; et il n'étoit pas encore né lorsque M. de Cezy étoit à Constantinople, où il ne peut avoir vu *se promener à la pointe du sérail* (comme il est dit dans la préface de cette pièce) qu'Ibrahim, qui y étoit enfermé pendant le siége de Bagdad. Cet Ibrahim peut avoir eu quelqu'intrigue amoureuse, et avoir donné lieu à quelques discours tenus dans Constantinople, où tout ce qu'on dit de ce qui se passe dans le sérail est très-douteux; et M. de Cezy a rapporté en France ces discours, qui firent imaginer au poète le sujet de cette tragédie, dont il peut bien être nommé le créateur, et qui ne perdroit rien de son prix quand le fait qui en est le fondement seroit entièrement faux. Ce n'est pas la vérité d'un fait qu'on exige d'un poète, mais la vraisemblance; et j'ai fait voir qu'ici la vraisemblance est entière dans l'action et dans la conduite de l'action.

Quand on parle de la manière dont l'exposition d'un sujet doit être faite, on donne pour modèle la première scène de cette tragédie. Toute la pièce est conduite avec le même art : l'intérêt croît d'acte en acte, et de scène en scène; et lorsque l'action paroît finie, elle est renouée tout-à-coup par quelque fil qu'on n'avoit point prévu; ce qui tient toujours l'attention en suspens.

Dans la seconde scène du premier acte, tous les préparatifs de la conspiration sont faits, on est près de déployer l'étendard de Mahomet : Roxane ordonne au visir d'aller assembler ses amis; voilà Bajazet sur le trône. Au second acte, la sultane veut que tout rentre dans l'ordre, et déclare au visir qu'elle reconnoît l'empire d'Amurat : voilà donc la fortune de Bajazet renversée. Elle se relève dans l'acte suivant : le visir, qui s'est déjà prosterné devant Bajazet, annonce qu'il va le déclarer empereur; mais cette réponse de Bajazet qui paroît froide à la sultane, rejette tout dans l'incertitude. Dans le quatrième acte, la sultane déclare au visir que la mort de Bajazet est résolue; et dans le même moment Bajazet peut encore devenir empereur s'il veut contenter la sultane par sa réponse. On ne peut soupçonner le sujet de l'arrivée d'Orcan; et la sultane, elle-même, trompée par la lettre d'Amurat qu'il lui a remise, est égorgée dans le moment qu'elle croit avoir réparé tout le passé par la mort de Bajazet. « Ce dénouement (dit madame de Sévigné, qui jugeoit » avec beaucoup de précipitation) n'est pas préparé. » On n'entre point dans les raisons de cette grande » tuerie. »

Lorsque le grand-seigneur fait exécuter des ordres pareils à celui dont il a chargé Orcan, il se conduit avec un si grand secret, que le poète ne peut préparer un tel dénouement : il l'a cependant fait prévoir dès le commencement de la pièce; le grand-visir a appris à son confident qu'un esclave qui apportoit l'ordre de la mort de Bajazet a été jeté dans la mer :

> Cet esclave n'est plus : un ordre, cher Osmin,
> L'a fait précipiter dans le fond de l'Euxin.

Aussitôt Osmin lui a répondu :

> Mais le sultan, surpris d'une trop longue absence,
> En cherchera bientôt la cause et la vengeance.

Le spectateur, occupé des grands desseins du visir, ne fait pas ordinairement attention à ce vers; cependant ce vers lui annonce le dénouement, qui n'est pas imprévu pour le visir : c'est parce qu'il le craint qu'il a entrepris la conspiration. Il s'est flatté qu'il auroit le temps de sauver sa tête; il a tout préparé, et ne s'attend pas que des jalousies amoureuses viendront l'arrêter dans l'instant de l'exécution. Il avoit d'autant plus à craindre Amurat IV, que c'étoit un monstre de cruauté. Quand il prit d'assaut la ville de Bagdad, dont il fit le siège par colère plutôt que par ambition, il fit égorger trente mille Persans qui avoient mis bas les armes, et s'étoient fiés à sa parole. Dans le commencement de son règne, il avoit fait des expéditions malheureuses; ce qui avoit inspiré à ses visirs l'envie de le détrôner, suivant ce que rapporte Mézerai; et c'est apparemment ce qui a fourni au poète l'idée de ce visir mécontent.

Cette pièce, qui fut représentée en 1672, fut très-bien reçue : on vit avec plaisir paroître des Turcs sur le théâtre; et cette nouveauté fut d'autant plus agréable, que les Turcs nous étoient alors moins connus qu'aujourd'hui. Le séjour que deux ambassadeurs de la Porte ont fait à Paris depuis le règne de Louis XV, est cause que cette nation est devenue moins étrangère à la nôtre.

Madame de Sévigné, que sa juste admiration pour Corneille rendoit quelquefois trop difficile sur les pièces de son rival, rend témoignage dans ses Lettres des applaudissemens que reçut cette pièce. Voici comme elle en parle : « Racine a fait une tragédie qui s'appelle » Bajazet, et qui relève la paille. Vraiment elle ne va » pas *empirando* comme les autres. » (Bérénice n'est pas à comparer à Britannicus; mais comme c'est une pièce d'un autre genre, le poète n'alloit pas *empirando*.) « M. de Talard dit qu'elle est autant au-dessus des » pièces de Corneille, que celles de Corneille sont au-» dessus de celles de Boyer. Voilà ce qui s'appelle louer: » il ne faut point tenir les vérités captives, nous en » jugerons par nos yeux et par nos oreilles. *Du bruit de* » *Bajazet mon âme importunée*, fait que je veux aller » à la comédie. Enfin nous en jugerons. » Après l'avoir vue elle en juge ainsi : « Bajazet est beau; j'y trouve » quelqu'embarras sur la fin: il y a bien de la passion,

» et de la passion moins folle que celle de Bérénice. Je
» trouve pourtant, à mon petit sens, qu'elle ne surpasse
» pas Andromaque (personne ne l'a dû penser), et
» pour les belles comédies de Corneille , elles sont
» au-dessus.... Rien n'approchera des divins endroits
» de Corneille. » Voici encore ce qu'elle dit dans un
autre endroit : « Le personnage de Bajazet est glacé ; les
» mœurs des Turcs y sont mal observées, ils ne font
» point tant de façons pour se marier. (J'ai répondu à
» cette critique.) Il y a des choses agréables, et rien
» de parfaitement beau, rien qui enlève, etc. » Le
public a jugé différemment. Madame de Sévigné ajoute
que l'auteur *n'ira jamais plus loin qu'Andromaque*. Il
n'est pas étonnant qu'elle ait fait une fausse prédiction ;
mais son silence sur la tragédie de Britannicus m'étonne,
et me fait juger que Britannicus n'avoit point encore
acquis sa réputation. Pour que le mérite de certains
ouvrages soit généralement reconnu, il faut un temps
fort long. Le public, qui fut d'abord tout de feu pour
Bérénice et Bajazet, fut long-temps tout de glace pour
Britannicus et pour Athalie. Ce n'est point assez à un
poète, pour bien faire, que le génie ; il lui faut un
grand courage pour oser bien faire, et s'exposer aux
dégoûts qu'on cherchera à lui donner. Les hommes,
inexplicables en tout, sont ardens à critiquer ceux qui
travaillent pour leur plaire ; ils veulent qu'on ne leur
présente que des chefs-d'œuvre, et les reçoivent toujours mal.

NOTES.

Sur la Langue.

ACTE I, SCENE I.

Viens, suis-moi. La sultane en ce lieu se doit rendre.

Il me paroît fort indifférent qu'on lise *se doit rendre* ou *doit se rendre*, que le nom soit auprès de l'infinitif pour la netteté, ou transposé pour l'élégance. Je ne suis pas assez habile pour sentir la difficulté que fait M. l'abbé d'Olivet sur ce vers, non plus que la nécessité de la remarque de Vaugelas sur *il se vient justifier*, ou *il vient se justifier*. C'est pousser bien loin la délicatesse.

Et que d'un œil content je te vois dans Byzance.

En vers, toujours *Byzance* pour Constantinople, et *Babylone* pour Bagdad. L'ancienne Babylone étoit sur l'Euphrate, et Bagdad étoit sur le Tigre ; mais les voyageurs ayant souvent confondu Babylone et Bagdad, le poète donne à cette ville le nom le plus noble.

Dépendent les destins de l'empire Ottoman.

Il faudroit dire naturellement *l'empire des Ottomans.* Nous ne disons point *l'empire Bourbon* ; mais nous sommes dans l'usage de donner le nom d'Ottoman, et à la maison régnante et à la nation :

Ni du sang ottoman proscrire l'espérance....
De l'honneur ottoman ses successeurs jaloux.

Nous disons aussi *l'armée Ottomane* pour l'armée turque, et *l'empire Ottoman* pour l'empire turc.

Mais comme vous savez, malgré ma diligence, etc.

M. l'abbé d'Olivet reprend cette construction, qui est singulière, et qui cependant présente le sens si naturellement, que je ne sais si elle est répréhensible : vivacité et clarté, deux grandes qualités dans les vers.

> Et sembloit se promettre une heureuse victoire.

M. l'abbé d'Olivet a bien raison de dire qu'on ne doit point passer si brusquement du présent à l'imparfait. C'est peut-être la faute de l'imprimeur, qui a dû mettre, *et semble*; ou celle d'Osmin, qui veut dire : *dans le moment que je suis parti, il sembloit*, etc.

> C'est en vain que, forçant ses soupçons ordinaires, etc.

On ne dit point ordinairement *forcer ses soupçons*. Comme le poète pouvoit dire : *C'est en vain que malgré*, etc., il a trouvé une élégance dans ce *forçant*, que d'autres que moi y trouveront peut-être.

> Ils regrettent le temps à leur grand cœur si doux,
> Lorsqu'assurés de vaincre ils combattoient sous vous.

Si Boileau eût dit :

> Hélas, qu'est devenu ce temps, cet heureux temps,
> Quand nos rois s'honoroient du nom de fainéans ! LUTRIN.

il eût très-mal dit : il a dit *où*. Mais s'il eût fait ainsi son vers :

> Qu'est devenu ce temps, fameux dans notre histoire,

il eût pu mettre *quand* au vers suivant. L'interruption cause cette différence; et le morceau du chœur d'Athalie, que cite M. l'abbé d'Olivet, en est la preuve. Supposons que le poète eût dit :

> O mont de Sinaï, conserve la mémoire
> Du jour, quand sur ton sommet, etc.

nos oreilles seroient blessées; et au lieu de l'être par ces vers :

> O mont de Sinaï, conserve la mémoire
> De ce jour à jamais auguste et renommé,
> Quand sur ton sommet enflammé, etc.

elles le seroient s'il y avoit *où*. La raison? Je l'ignore.

> Indigne également de vivre et de mourir,
> On l'abandonne aux mains qui daignent le nourrir.

Indigne également, etc. *Indigne..... on l'abandonne,* etc. : gallicisme.

> Et goûter tout sanglant le plaisir et la gloire, etc.

En retranchant *et*, qui n'est pas nécessaire, l'auteur pouvoit dire *goûter, couvert de sang*. Il a trouvé belle l'expression *tout sanglant*, qui cependant n'est pas ordinaire.

> De bénir mon trépas quand ils l'ont prononcé.

Ordonné ne seroit pas si bien ; et ceux qui ont critiqué ce vers, parce qu'on ne dit pas ordinairement *prononcer le trépas*, mais *l'arrêt du trépas*, se sont trompés, suivant moi : le poëte pouvoit mettre, *de bénir mon arrêt*. Il me semble qu'il a mis plus de force en disant, *de bénir mon trépas*, etc.

> Où nos cœurs à nos yeux parlent en liberté.

Des cœurs qui parlent aux yeux : expression très-belle, et qui ne l'est qu'en cet endroit, à cause de ce voile.

SCENE II.

> Croyez-moi, hâtons-nous d'en prévenir le bruit.

Le bruit de son triomphe ou de sa fuite.

> Des murs de ce palais ouvrez-lui la barrière.

Cette expression ne fait aucune peine, quoiqu'on ne dise pas ordinairement *ouvrir la barrière des murs*.

SCENE III.

> Sa liberté, ses jours, seront en votre main.

En votre main au singulier, pour *en votre pouvoir* : expression plus latine que française, et belle en poésie.

> Amurat plus ardent, et seul jusqu'à ce jour, etc.

Il faudroit dire en prose, *et le seul*.

> Il ne m'attache à lui par un juste hyménée.

L'auteur n'a pas mis *à soi*.

> Quand je fais tout pour lui, s'il ne fait tout pour moi.

Vers monosyllabe. Je parlerai de ces vers sur Phèdre.

SCENE IV.

> Je conçois ce malheur ; mais, à ne point mentir, etc.

On verra dans Phèdre, *à ne vous point mentir*; et plus bas, dans cette pièce, *non; mais à dire vrai :* manières de parler que la vivacité du dialogue permet dans la tragédie.

> Je condamnai mes pleurs, et, jusques aujourd'hui, etc.

est mieux même en prose que *jusqu'à aujourd'hui*; parce que le mot *aujourd'hui* porte son article.

> Je connois sa vertu prompte à s'effaroucher.

Une vertu qui s'effarouche.

> Au moins si j'avois pu préparer son visage.

Préparer le visage de quelqu'un.

ACTE II, SCENE I.

> M'ont vendu dès long-temps leur silence et leurs vies.

Vendre son silence.

> Vous n'entreprenez point une injuste carrière.

On ne dit pas ordinairement *entreprendre une carrière*.

> Malgré tout son orgueil, ce monarque si fier,
> A son trône, à son lit, daigna l'associer.

Rime normande, *fier* et *associer*; de même que celle qui viendra bientôt, *cher* et *arracher*.

> Songez-vous que je tiens les portes du palais.

Tenir les portes : expression poétique.

SCENE III.

> Visir, songez à vous, je vous en averti;
> Et sans compter sur moi, prenez votre parti.

Je vous en averti, pour *avertis*. On a vu dans les

Plaideurs, *je vous tien* pour *je vous tiens*, et on trouve dans Corneille :

> Prends un cœur plus hardi,
> Et sans me répliquer, fais ce que je te di.

Malherbe a écrit *je couvri*, qu'il fait rimer à Ivry; et Ménage prétend que c'est ainsi qu'il faut écrire, et qu'on n'a ajouté un *s* à ces premières personnes, que par licence en faveur des poètes. Aujourd'hui les poètes n'ont plus eux-mêmes la liberté de la retrancher, excepté à quelques verbes. Ils disent encore, *je voi, je croi*, pour *je vois, je crois*.

> Hé, pourrai-je empêcher, malgré ma diligence,
> Que Roxane d'un coup n'assure sa vengeance ?

M. l'abbé d'Olivet prétend que pour la netteté de la construction, il falloit *pourrai-je empêcher que, malgré ma diligence*, etc. En poésie, de pareilles inversions, quand elles ne causent aucune obscurité, sont élégantes.

SCENE V.

> Je sais que votre cœur se fait quelques plaisirs.

Ce pluriel déplaît à M. l'abbé d'Olivet; il me paroît qu'on peut s'en servir en vers, sans que la rime y engage, la poésie aimant les pluriels, comme je l'ai dit.

> Ne vous informez point ce que je deviendrai.

Il faudroit *de ce que*. La vivacité du dialogue excuse cette petite faute.

> J'épouserois, et qui ? (s'il faut que je le die.)

J'ai déja fait une note sur ce mot *die* (voyez Bérénice) dont on se servoit alors en prose et en vers. Corneille, dans les Horaces :

> Ma sœur, que je vous die une bonne nouvelle.

Dans le P. Bouhours : *Je ne crois pas qu'on die*, etc.

ACTE III, SCENE II.

>Qui m'offre ou son hymen, ou la mort infaillible.

L'épithète *infaillible* est inutile, il faut l'avouer; mais faut-il avouer aussi qu'elle est *insupportable*, et qu'elle *révolte*? M. l'abbé d'Olivet condamne bien sévèrement cette légère faute.

>Ah, qu'au jaloux sultan ma tête soit portée, etc.

Je ne puis souscrire à la critique que M. l'abbé d'Olivet fait de ces deux vers si beaux et si exacts. Le sens ne présente-t-il pas naturellement : *Si pour racheter ma tête, il faut que je sois infidèle, qu'elle soit portée au sultan?*

>D'un lâche désespoir ma vertu consternée, etc.

Cette expression, *consternée d'un désespoir*, ne me paroît pas exacte.

>Que je sois moins que vous jalouse de ma gloire.

C'est une ellipse : *Que je sois moins jalouse de ma gloire que vous ne l'êtes de la vôtre*. M. l'abbé d'Olivet ne devoit pas, à ce qu'il me semble, critiquer un vers dont le sens est si clair. L'ellipse est une figure qui placée à propos, fait une beauté.

>Peut-être elle n'attend qu'un espoir incertain, etc.

Attendre un espoir, pour quelque sujet d'espérer.

ACTE III, SCENE I.

>Zaïre, il est donc vrai, sa grâce est prononcée?

Et plus bas, scène V:

>J'ai prononcé sa grâce, et je crois sa promesse.

Prononcer est plus poétique, de même que plus haut, *prononcer le trépas*.

SCENE II.

>Chargeant de mon débris les reliques plus chères.

En prose il faudroit *les plus chères*. Balsac et Vaugelas aimoient ce mot *reliques*; mais on ne dit plus *les reliques* d'une armée, pour les restes, comme a écrit Vaugelas. Au sens figuré, *reliques de la fortune* d'un grand visir : ce vieux mot a de la dignité en vers, *dignitatem dat antiquitas.*

<blockquote>Et m'acquitter vers vous de mes respects profonds.</blockquote>

En prose il faudroit dire *envers vous. S'acquitter de ses respects*, est une expression qui ne fait point de peine, surtout en vers. Je ne sais si M. l'abbé d'Olivet a dû la condamner. L'abbé Desfontaines la justifie.

SCENE III.

<blockquote>Je ne prends point plaisir à croître ma misère.</blockquote>

Puisque l'auteur a fait encore ce verbe *croître* actif dans Iphigénie et dans Esther :

<blockquote>Que ce nouvel honneur va croître son audace ;</blockquote>

il a été persuadé que ce verbe pouvoit être employé comme actif ; et c'est ainsi que Corneille l'emploie souvent. Richelet admet *croître* actif en vers.

<blockquote>N'étoit que de son cœur le trop juste reproche, etc.</blockquote>

N'étoit que de son cœur, etc., pour *si ce n'étoit que* : en vers on abrège, comme *vois-je pas*, pour *ne vois-je pas* ; *sais-je pas*, pour *ne sais-je pas*.

SCENE IV.

<blockquote>Je vous ai vers Roxane envoyé plein de moi.</blockquote>

Etre plein de quelqu'un pour dire l'aimer, ne paroît pas une expression noble. Elle le devient ici, de même que dans la scène VI :

<blockquote>Il en étoit tout plein quand je l'ai rencontré,</blockquote>

pour tout occupé, tout pénétré de reconnoissance. Le poète a un art de placer les mots, qui ennoblit souvent ceux qui sont du style familier.

SCENE VII.

L'offre de mon hymen l'eût-il tant effrayé ?

Dans toutes les éditions ce vers est le même. Tout écrivain peut faire une faute par distraction, mais il en est bientôt averti, quand elle se trouve dans une pièce souvent représentée. Le poète averti de celle-ci eût bientôt mis, *l'auroit-elle effrayé*; puisqu'il a conservé *l'eût-il tant effrayé*, il a donc voulu faire *offre* masculin. Il l'étoit autrefois, comme on le voit dans le Dictionnaire de Cottegrave. Dans tous nos autres dictionnaires il est féminin : Richelet seul observe qu'il se trouve masculin dans les figures de la Bible de M. de Sacy.

ACTE IV, SCENE III.

Vous connoissez, Madame, et la lettre et le seing.

Sang ne peut rimer qu'avec les mots qui se terminent par un *g* prononcé comme le *c*. Mais dans ce mot *seing* le *g* qui ne sert qu'à marquer l'étymologie ne se prononçant point, *seing* peut rimer avec *sein*, *sinus*. Corneille a mis dans Mélite :

> Et qu'après avoir vu renverser ton dessein,
> Un désaveu démente et tes gens et ton seing.

Tout ce qui convaincra leurs perfides amours.

Amours, pour *ces perfides amans*. M. l'abbé d'Olivet a raison de dire qu'on ne peut convaincre que les personnes, et non pas les choses : ainsi ce vers,

Tout ce qui prouvera leurs perfides amours,

seroit à l'abri de toute critique ; mais il seroit moins beau que le premier, où les *amours* sont personnifiés.

SCENE IV.

Quoi donc, à me gêner appliquant mes esprits.

En vers, *esprits* au pluriel pour *esprit*, *âme*.

D'ailleurs, l'ordre, l'esclave et le visir me presse.

Après ces noms le verbe devoit être au pluriel. Les poëtes prennent quelques licences.

SCENE V.

Il peut l'avoir écrit sans m'avoir offensée ;

On croit d'abord qu'il faudroit *il peut l'avoir écrite*, parce qu'on vient de lire :

Et j'ai cru qu'en vos mains je devois la remettre.

Faute d'impression qui s'est glissée dans plusieurs éditions ; c'est *le remettre* qu'il faut lire : ces mots se rapportent à *j'ai trouvé ce billet* ; et ceux-ci du vers suivant *j'ai reconnu la lettre*, veulent dire *j'ai reconnu son caractère. Lettre* se prend aussi pour *écriture, manière d'écrire, caractère*.

Ma tranquille fureur n'a plus qu'à se venger.

Une fureur tranquille.

Par qui de ses pareils les jours sont terminés.

En parlant des choses inanimées on doit se servir dans les cas obliques de *lequel, lesquels* : mais comme ces mots n'ont aucune grâce en vers, les poëtes disent, *de qui, par qui*, et d'ailleurs, suivant la remarque de Vaugelas, *qui* au nominatif et à l'accusatif s'attribue aux personnes et aux choses indifféremment. On peut voir l'observation de l'Académie sur cette remarque de Vaugelas ; elle fait connoître l'incertitude de la règle. Je ne dirai pas, *voilà un livre à qui je destine une couverture de maroquin*, et je dirai *voilà un livre à qui je dois ma science, ma consolation*. Alors *auquel* seroit ridicule ; on ne songe pas à le dire.

Devient de leur amour la marque la plus chère.

Cette marque la plus chère de l'amour, est la mort, parce qu'elle est la plus prompte des morts.

Perfide,

ACTE IV, SCENE VI.

Perfide, en abusant ce cœur préoccupé, etc.

Belle expression, *un cœur préoccupé*.

Et je veux bien te faire encor cette justice.

Il me semble que *te rendre* eût été mieux.

Tu ne saurois jamais prononcer que tu m'aimes!

Chaque langue a ses beautés : ce *prononcer* fait la beauté de ce vers, qui seroit très-foible de cette façon :

Tu ne saurois jamais me dire que tu m'aimes.

Va. Mais nous-même allons, précipitons nos pas.

Le sens de ce vers n'est pas *allons-y aussi*, mais *allons-y nous-mêmes*. Roxane ne songe pas à accompagner sa confidente ; elle fait au contraire réflexion que ce n'est pas une confidente qu'il faut envoyer : il faut qu'elle y aille elle-même. Il est donc certain que *même* n'est pas ici adverbe, mais pronom, et que par conséquent il y manque un *s* : cette faute, si c'en est une, ne méritoit pas, à ce qu'il me semble, la remarque de M. l'abbé d'Olivet, ni la longue justification de l'abbé Desfontaines, qui s'écrie : « Est-ce que les poètes » s'abaissent à de pareilles bagatelles? C'est attenter à » la liberté publique du Parnasse, que de vouloir im- » poser un pareil joug aux beaux esprits. »

Qu'il n'ait en expirant que ses cris pour adieux.

Ces adieux, qui me paroissent très-poétiques, me font souvenir d'un vers du Cid critiqué par l'Académie :

Nous laissent pour adieux leurs cris épouvantables.

Corneille eut grand tort de changer ainsi ce vers, par déférence à la critique :

Poussent jusques aux cieux des cris épouvantables.

Prends soin d'elle : ma haine a besoin de sa vie.

Quelle hardie expression !

SCENE VI.

Quoi, déjà votre amour des obstacles vaincu.

On pourroit critiquer *vaincu des obstacles* : on n'y

songe point, parce que le sens qui se présente est *rebuté, ennuyé des obstacles.*

> Du crime que sa vie a jeté sur la nôtre.

Cette manière de s'exprimer est très-remarquable : *La vie de Bajazet jette un crime sur la nôtre, parce que nous sommes coupables de ce qu'il vit encore.*

SCENE VII.

> Sinon quelques amis engagés à se taire.

Sinon, pour *si ce n'est.*

> Et qu'un arrêt de mort est l'unique traité, etc.

Un arrêt de mort devient un traité de paix.

> Et laisser un débris du moins après ma fuite.

Quelle image présente ce seul mot *débris!* Il semble que le visir en tombant, élève par sa ruine un monceau capable d'arrêter les ennemis qui poursuivront Bajazet.

> Tu vois combien son cœur, prêt à le protéger,
> A retenu mon bras trop prompt à la venger.

Un cœur qui retient un bras.

> Si Roxane l'ordonne, il faut quitter la place.

Si je l'osois, je condamnerois, comme du style trop familier, cette expression : *il faut quitter la place.*

ACTE V, SCENE I.

> Malheureuse! Comment puis-je l'avoir perdue?

La réflexion de M. l'abbé d'Olivet sur ces deux premiers vers, est très-judicieuse : je ne crois pas cependant qu'il y ait la moindre équivoque, parce que personne ne s'avisera de vouloir rapporter *l'avoir perdue* à *vue.* Atalide en entrant cherche au même endroit où elle s'est évanouie, et ne trouvant rien, s'écrie : *comment puis-je l'avoir perdue!* Le spectateur sait bien qu'elle parle de cette lettre qu'elle ne retrouve point.

ACTE V, SCENE IV.

> J'ai senti défaillir ma force et mes esprits.

Défaillir est un peu vieux, on dit *tomber en défaillance*. Mithridate dit en mourant :

> Mais je sens affoiblir ma force et mes esprits.

> Sur qui sera d'abord sa vengeance exercée?

M. l'abbé d'Olivet ne reprend point ce tour; il se contente de faire observer le verbe auxiliaire *sera*, mis avant son nominatif, et le nominatif mis avant le participe passif, *exercée*. Le privilége de notre poésie, qui consiste à faire de pareilles inversions, n'est pas grand.

SCENE III.

> Je puis le retenir. Mais s'il sort, il est mort.

Le choc du même son, ne fait point ici de peine, parce que tout autre mot, comme *il n'est plus*, *il est perdu*, n'auroit pas la même force que *il est mort*.

SCENE IV.

> Je ne vous ferai point de reproches frivoles.

La négative ôtant le nom du général, *de* n'est plus article mais interjection : ainsi il faut *de reproches* et non pas *des reproches*; de même qu'on dit, *je ne vous donnerai point de louanges inutiles*, et non pas *des*.

> Et même votre amour, si j'ose vous le dire,
> Consultant vos bienfaits, les crut, et sur leur foi
> De tous mes sentimens vous répondit pour moi.

Et même votre amour... Consultant vos bienfaits : le sens de ces trois vers se présente d'abord, on ne songe pas même à le chercher. Lorsqu'on veut cependant le chercher, suivant la construction, on trouve quelque difficulté, quoique la construction soit très-nette : « Votre amour consultant vos bienfaits, crut » qu'ils dévoient m'engager à vous aimer, et vous » répondit pour moi de tous mes sentimens. »

> Un silence, témoin de mon trouble caché.

C'est-à-dire, *qui est la preuve, qui porte témoignage*.

> Plus l'effet de vos soins et ma gloire étoient proches.

C'est-à-dire, plus j'avois devant les yeux vos soins et ma gloire. Ce mot *proches* dans ce sens auroit mauvaise grâce en prose : privilége des vers, et peut-être aussi de la rime.

> Contenté votre orgueil et payé vos bontés.

Cet *orgueil* qu'on veut contenter fait entendre de quelle nature sont *ces bontés* qu'on veut payer.

> Sultane, et, ce qu'en vain j'ai cru trouver en toi,
> Souveraine d'un cœur qui n'eût aimé que moi.

Elle vouloit dire *qui n'aime que moi ;* mais le reproche de sa conscience lui fait dire *qui n'eût aimé que moi :* comme elle l'a trahi, elle ne s'en croit plus aimée.

SCENE VI.

> Quelquefois attestant les mânes de sa mère.

Et dans la scène XI :

> Ce héros a forcés d'accompagner son ombre.

Ces termes, *mânes* et *ombres*, ne conviennent point dans la bouche des Mahométans : ils ne sont point de leur langage ; mais ils sont du langage poétique, et veulent dire *l'âme*.

> Et de ma mort enfin le prenant à partie, etc.

Ce vers ne fait point de peine, quoique *le prenant à partie* ne soit pas poétique.

SCENE VIII.

> Si de tant de malheurs quelque pitié te touche, etc.

Ma critique sur ce vers n'auroit pour objet que ces trois *t*, qui causent une dureté, et non le mot *pitié*, qu'on prétend ne devoir convenir qu'aux personnes, au lieu que *compassion* se dit des personnes et des choses. L'abbé Desfontaines n'ose condamner ni approuver cette phrase; je m'en étonne : ne dit-on pas *prends pitié de mes maux?*

SCÈNE XI.

Retirer son poignard tout fumant de son sein.

Pour, *retirer de son sein son poignard tout fumant.* Inversion trop forte.

Que, vengeant sa défaite et cédant sous le nombre.

Ce mot *défaite* me paroît ici hasardé : il se dit de la déroute d'une armée. *Les défaites* de Mithridate sont celles de son armée.

REMARQUES.

Lieu de la Scène.

Il n'étoit pas aisé de rassembler des hommes et des femmes dans un palais dont les hommes ne peuvent jamais approcher. Le poète suppose que tout y est en désordre, et donne de ce désordre une raison très-vraisemblable. Amurat qui est à l'armée a passé pour mort : à la nouvelle de sa mort, tout se troubla dans le sérail; la sultane qu'il avoit laissée dépositaire de son autorité, par les menaces et les présens, corrompit les esclaves, et toutes les lois du sérail furent violées. Pour parler au visir et à Bajazet, elle a choisi dans cette partie du sérail où les hommes ne doivent jamais entrer, un endroit écarté, où on les conduit *par un chemin obscur.* C'est ce qui est dit dans les derniers vers de la première scène.

La durée de l'action ne demande pas plus de temps que celle de la représentation.

ACTE I, SCENE I.

Cette première scène a toujours été regardée comme le plus parfait modèle de l'exposition d'un sujet.

Comme le spectateur doit d'abord être très-surpris de voir des hommes dans le sérail, Osmin témoigne sa surprise en y entrant :

Et depuis quand, Seigneur, entre-t-on dans ces lieux ?

Le visir lui répond qu'il va bientôt lui en dire la raison, et qu'il doit auparavant l'entretenir de choses plus pressantes. Cette réponse suffit pour laisser en suspens la surprise d'Osmin, et celle des spectateurs.

Dépendent les destins de l'empire Ottoman.

Voilà le spectateur prévenu de l'importance du sujet. Les destins de tout l'empire en dépendent.

Que faisoient cependant nos braves janissaires ?

Par cette question et par la suivante,

Crois-tu qu'ils me suivroient encore avec plaisir ?

le spectateur est instruit que le visir mécontent, projette quelque grand dessein.

Il se souvient toujours que son inimitié, etc.

Mézerai rapporte qu'Amurat IV, dans le commencement de son règne, eut plusieurs fois à craindre des révoltes.

Comme il les craint sans cesse, ils le craignent toujours.

Tel est cet empire ; le maître et les sujets se craignent mutuellement.

Il a montré son ordre, et n'a rien obtenu.

Ce vers prépare la catastrophe. Le spectateur doit penser, comme Osmin, que le sultan, quand il apprendra qu'il n'a point été obéi, songera à punir les coupables ; ainsi le visir, pour éviter sa perte, n'a point de temps à perdre.

> Je sais bien qu'Amurat a juré ma ruine.

C'est pour la prévenir qu'il médite celle d'Amurat, et conspire avec Roxane.

> J'espère qu'aujourd'hui
> Bajazet se déclare, et Roxane avec lui.

Voici l'action annoncée ; tout est prêt.

> Qu'elle eût dans son absence un pouvoir absolu.

Cette supposition, qui n'a rien qui soit contre la vraisemblance, fonde celle de la pièce. La sultane a toute autorité.

> L'imbécille Ibrahim, sans craindre sa naissance, etc.

Lorsque Boileau disoit que son ami avoit encore plus que lui le génie satirique, il citoit pour preuves ces quatre vers si admirables.

> Peut-être il te souvient qu'un récit peu fidelle, etc.

Après que le visir a appris d'Osmin ce qu'il lui étoit important de promptement savoir, il va apprendre à Osmin pourquoi les hommes entrent dans le sérail.

> Tout conspiroit pour lui : ses soins, sa complaisance, etc.

Que de choses en peu de mots ! Toutes contribuent à rendre vraisemblable le désordre arrivé dans le sérail, dont les esclaves, quand une fois ils sont sortis de leur devoir, n'y rentrent point, parce qu'ils savent que leur mort est certaine.

> Ils l'ignorent encore, et jusques à ce jour, etc.

Roxane n'ose encore pousser l'insolence jusqu'à faire connoître à tout le sérail son infidélité à un maître à qui elle a tant d'obligation. Elle a donc besoin de se conduire avec mystère, et elle se sert d'Atalide, personnage nécessaire au nœud de la pièce.

> Qu'un cœur qu'ont endurci la fatigue et les ans.

Un vieux guerrier ne doit parler de cette passion qu'avec mépris.

4

> J'aime en elle le sang dont elle est descendue.

Le poète suppose que cette Atalide est du sang ottoman, pour ennoblir son personnage, et donner plus de grandeur à l'action.

> A peine ils l'ont choisi, qu'ils craignent leur ouvrage.

Les sultans, comme il est dit plus haut, craignent toujours leurs janissaires; ils craignent aussi toujours leurs visirs. L'empire du despotisme arbitraire est celui de la crainte.

> Méconnoîtra peut-être un inutile ami.

Et qui dans la fortune, sans être prince, ne méconnoît pas *un inutile ami!* Bajazet ne le méconnoîtra pas d'abord, mais quand il sera *sur le trône affermi.*

> Et ne me pique point du scruple insensé, etc.

Ce visir dira encore :

> Je sais combien crédule en sa dévotion,
> Le peuple suit le frein de sa religion.

Il est assez ordinaire à nos poëtes de faire parler leurs personnages avec impiété; ce qu'ils croient permis, quand ils n'attaquent que les fausses religions. On doit toujours observer dans ces choses beaucoup de sagesse. Le visir n'est point impie; mais il ne croit point tout ce que le peuple croit; et par-là le poète, sans insulter la nation qui professe la religion mahométane, fait sentir que cette religion est seulement celle du peuple.

SCÈNE II.

On n'est point étonné de voir entrer la sultane; son arrivée a été annoncée dès le premier vers : *La sultane en ce lieu se doit rendre.* C'est en l'attendant que s'est passée la première scène.

> Déclarons-nous, Madame, et rompons le silence.

L'action de la pièce commence.

ACTE I, SCENE III.

> S'il fuit, que craignez-vous ? S'il triomphe, au contraire,
> Le conseil le plus prompt est le plus salutaire.

Quel dilemme en deux vers!

> Gagner de notre loi les sacrés interprètes.

Dans les circonstances importantes, on consulte le mufti. Notre visir fait entendre qu'il n'est pas difficile de lui faire rendre les décisions qu'on souhaite.

> Déployez en son nom cet étendard fatal.

La bannière de Mahomet, que l'on garde religieusement dans le trésor du prince. « Quand elle est arborée » (dit Ricaud) tous les sujets, depuis l'âge de sept ans, » sont obligés de prendre les armes, et de se rendre » sous ce drapeau. »

SCENE III.

> Madame? Hâtez-vous d'achever votre ouvrage.

Elle a très-grande raison de lui dire de se hâter. Le temps est cher; mais au lieu de se hâter, la sultane écoutera ses inquiétudes amoureuses, ce qui va former le nœud de la pièce.

> Vous épouser! O ciel, que prétendez-vous faire?

C'est l'ambition d'avoir ce titre d'épouse qui va causer tout le trouble, et déconcerter tous les projets du visir, qui sans être amoureux se trouvera la victime des folies de l'amour, dont cette pièce est une si belle peinture.

> De ses autres bienfaits j'ai perdu la mémoire.

Le poëte n'a point encore appris aux spectateurs quel est le caractère de Roxane : c'est elle-même qui dès qu'elle paroît le fait connoître ; c'est par elle qu'on apprend qu'elle est ambitieuse, fière, violente, ingrate et perfide. Parce qu'elle n'a point encore reçu d'Amurat le titre d'épouse, elle a oublié toutes les preuves qu'elle a reçues de son amour : elle veut donner son cœur à

Bajazet; et la première fois qu'elle le verra, elle le menacera de la mort s'il ne l'épouse, et lui proposera toujours ou sa main ou la mort. C'est dans la Turquie que le poète place cet horrible caractère.

SCENE IV.

> Mon unique espérance est dans mon désespoir.

Corneille a dit dans le Cid :

> Ma plus douce espérance est de perdre l'espoir.

> Dès nos plus jeunes ans, tu t'en souviens assez.

C'est ce qui rend vraisemblable cet étonnant amour, qui leur fait oublier à tous deux leurs intérêts les plus pressans.

> Et moi, je ne puis rien : mon cœur pour tous discours, etc.

Elle ne peut rien, et sa rivale a le pouvoir de faire mourir Bajazet, ou de le faire empereur : quelle terrible rivale ! Atalide a bien raison d'être inquiète et jalouse, et cependant elle est très-condamnable d'écouter ces sentimens de jalousie.

> Qu'il l'épouse, en un mot, plutôt que de périr.

C'est ce qu'elle pense quand elle n'écoute que la raison, et c'est ce qu'elle ne pense plus quand elle n'écoute que l'amour.

> Et de leur entrevue attendre le succès.

C'est le succès de cette entrevue que le spectateur va attendre avec autant d'impatience qu'Atalide. Dans l'intervalle de ces deux actes, le visir est occupé à rassembler ses amis. Le spectateur attend aussi son retour. Roxane lui a dit, *allez et revenez*. Roxane, qui doit parler sans témoins à Bajazet, le fait venir avec elle au lieu de la scène, qui est un endroit écarté ; et tous deux ouvrent le second acte.

ACTE II, SCENE I.

Roxane a dit dans le premier acte qu'elle veut
> Que lui-même en secret amené dans ces lieux,
> Sans être préparé se présente à ses yeux.

Le spectateur n'est donc pas étonné de les voir paroître ensemble.

> Mais, pour mieux commencer, hâtons-nous l'un et l'autre, etc.

Elle ne lui a si bien parlé jusque-là que pour venir à ce qui la touche le plus, à ce titre d'épouse.

> Bajazet, d'un barbare éprouvant les fureurs, etc.

Bajazet I, vaincu par Tamerlan, et enfermé dans une cage de fer où il mourut, fut moins touché, dit-on, de ses malheurs, que des affronts que sa femme essuya par les ordres du vainqueur. Ses successeurs, pour n'être plus exposés à de pareils outrages, ne voulurent plus avoir de femmes légitimes, et se contentèrent d'avoir des enfans de leurs concubines.

> Qu'un peu d'attraits peut-être, et beaucoup d'artifice.

Tout ce qui est dit ici de Soliman et de Roxelane, est conforme à ce qu'en a écrit M. de Thou. Roxelane avoit en effet beaucoup d'artifice : elle se servit d'un prétexte de religion pour engager Soliman I à l'épouser. On disoit qu'elle l'avoit captivé par des philtres qu'une Juive lui avoit fournis.

> Soliman jouissoit d'une pleine puissance.

Belle description des conquêtes de Soliman, le plus grand des princes de la maison ottomane.

> Au meurtre tout récent du malheureux Osman.

Osman, fils d'Achmet I, fut étranglé par les janissaires en 1622.

> A me mettre en état de vous récompenser.

Bajazet ne parle jamais qu'avec un ton de fierté, à une sultane qui a reçu l'ordre de le faire mourir.

Que c'est à moi surtout qu'il importe de plaire.

Commander l'amour, ce n'est pas le moyen de se faire obéir.

Tu crois, quoi que je fasse,
Que mes propres périls t'assurent de ta grâce.

Elle lui a parlé jusqu'à présent à la seconde personne, en l'appelant *Seigneur*. Elle s'emporte, et lorsqu'elle s'adoucira, elle reviendra à dire *vous* :

Bajazet, écoutez, je sens que je vous aime.

Tu soupires enfin et sembles te troubler.

Ce soupir lui donne de l'espérance ; elle dit aussitôt : *achève, parle*.

SCENE II.

Sortez. Que le sérail soit désormais fermé.

Ce *sortez* est bien différent de celui du quatrième acte : c'est elle même qui sort, et laisse Bajazet avec le visir. Les gardes n'arrêtent point Bajazet ; ce qu'Atalide lui fera bientôt observer :

A-t-elle, en vous quittant, fait sortir le visir ?
Des gardes à mes yeux viennent ils vous saisir ?

Roxane a dit ces vers en femme troublée.

SCENE III.

Vous et vos amis, cherchez quelque retraite.

Voilà donc tout désespéré, et au commencement de cet acte Bajazet alloit monter sur le trône : à la fin de l'acte il y aura une espérance de réconciliation.

La plus sainte des lois, ah, c'est de vous sauver.

Imité d'Homère : *L'augure le plus favorable est de secourir sa patrie*.

Que sur la foi promise, et rarement gardée, etc.

De quel trône n'en peut-on pas dire autant ? Le visir parle en politique ; il paroît par son caractère fort éloigné d'être scrupuleux. Il avoue cependant, quand il dit *je* m'*emporte*, que la probité ne s'accorde pas avec sa maxime. Tous les ministres n'ont pas ces mêmes remords. Le duc d'Albe, consulté par Philippe II sur les moyens de conserver la domination sur le Portugal, lui conseilla d'exterminer la maison de Bragance ; et le roi lui ayant répondu que ce moyen étoit contraire aux principes du christianisme, ce ministre reprit fièrement : « Les royaumes ne se gouvernent pas par » des scrupules de conscience, mais par des maximes » d'Etat. »

SCENE IV.

Peut-être on vous fera revenir sur vos pas.

Vers qui fait entendre au spectateur que tout n'est pas encore désesperé : et Atalide, qui a vu la sultane, va engager Bajazet à la voir.

SCENE V.

Votre mort (pardonnez aux fureurs des amans)
Ne me paroissoit pas le plus grand des tourmens.

La même chose plaît ou déplaît suivant la manière dont elle est exprimée. On n'approuve point ces vers de Quinaut :

J'aime mieux voir un monstre affreux
Dévorer l'ingrate Andromède,
Que la voir dans les bras de mon rival heureux.

Ce sentiment qui fait horreur, est cependant le même qui paroît naturel dans Atalide, et qu'on lui pardonne, parce qu'elle demande qu'on lui pardonne cette fureur des amans.

Une esclave attachée à ses seuls intérêts.

La différence de la naissance entre Roxane et Atalide sert d'excuse à Bajazet. Il ne regarde Roxane que comme une esclave, une fille achetée, comme sont ordinairement toutes celles du sérail : il regarde Atalide comme une princesse de son sang. Ainsi son attachement pour elle n'est pas seulement une foiblesse amoureuse.

> Dites.... tout ce qu'il faut, Seigneur, pour vous sauver.

Cet entretien va se passer dans l'intervalle de ces deux actes, et le spectateur attend quel en aura été le succès.

ACTE III, SCÈNE I.

> Zaïre, il est donc vrai, sa grâce est prononcée?

C'est elle-même qui a pressé Bajazet d'obtenir cette grâce. Il l'a obtenue : ce qu'elle souhaitoit est arrivé, et elle va dire maintenant qu'elle n'a plus à songer qu'à mourir. Elle se flatte cependant d'être toujours la même :

> Oui, je me reconnois, je suis toujours la même.

SCÈNE II.

> L'autre, avec des regards éloquens, pleins d'amour, etc.

Au commencement de cette scène, on croit encore Bajazet sur le trône. Le visir va le proclamer empereur : ces mots qu'il met dans son récit, sans en savoir la conséquence, *avec des regards éloquens, pleins d'amour*, vont exciter la jalousie d'Atalide, et faire retomber Bajazet du trône. Le ministre, au milieu de son zèle, en est la cause, parce qu'il ignore tout ce mistère amoureux.

> Aux pieds de Bajazet alors je suis tombé.

Le poète ne perd pas les occasions de peindre les usages des Orientaux.

SCÈNE III.

> La joie et les transports qu'on vient de m'expliquer.

Et pourquoi cette joie fait-elle son désespoir ? Parce qu'elle s'imagine, comme elle vient de dire,

> Qu'il a vu dans ses yeux quelque grâce nouvelle.

ACTE II, SCENE V.

La beauté de sa rivale a fait oublier la sienne : jalousie naturelle.

SCENE IV.

> Il est vrai, si le ciel eût écouté mes vœux.

La Motte, dans son discours sur la tragédie, soutient qu'il n'est pas vraisemblable que Bajazet écoute ces douze vers sans interrompre Atalide, et que la nature s'oppose à une telle patience. Cette réflexion ne me paroît pas juste. Roxane et Bajazet se sont donné mutuellement la main, comme Acomat l'a rapporté : Bajazet qui se croit criminel, puisqu'il vient de dire que

> Le trouble de son cœur en secret le condamne,

écoute le reproche d'Atalide avec quelque confusion, et par conséquent avec patience. Il se tait; mais quand elle lui dit :

> Ce n'est point un amant en vous que je lui laisse,

à ce mot il l'interrompt, et s'écrie :

> Que parlez-vous, Madame, et d'épouse et d'amant ?

SCENE V.

> Venez, Seigneur, venez il est temps de paroître.

Le visir a dit en sortant :

> Je vais le couronner, Madame, et j'en réponds.

La sultane vient elle-même le chercher, pour qu'il soit couronné : il va l'être, s'il sait se taire; mais il veut que son Atalide soit assurée qu'il n'a promis à Roxane que de la reconnoissance. Son héroïsme en amour le va perdre, et le trouble de la pièce, qui étoit apaisé, va se rallumer plus vivement qu'auparavant.

> Je vais de vos bontés attendre les effets.

Il promet un respect éternel, il ne parle que de reconnoissance, de bienfaits et de bontés; et tout ce qu'il dit va paroître à Roxane *un discours glacé.*

SCENE VI.

Il m'a de vos bontés long-temps entretenue.

C'est en n'entendant parler que de ses bontés que Roxane va devenir furieuse.

SCENE VII.

Ai-je mieux reconnu les bontés de son frère?

Elle doit donc être bien convaincue que les bontés ne balancent pas l'amour dans un cœur. Quelle reconnoissance a-t-elle pour toutes celles d'Amurat?

SCENE VIII.

Les gardes, sans tarder, l'ont ouverte à genoux.

Attention à peindre l'usage des Turcs à la vue d'un ordre du grand-seigneur.

Né sous le ciel brûlant des plus noirs Africains.

Ce qui n'est pas dit ici inutilement. C'est un eunuque noir, et celui qui a la confiance de son maître : ce qui annonce au spectateur quelqu'ordre cruel.

Le temps presse. Que faire en ce doute funeste?

Et cependant elle va le perdre encore à éclaircir ses soupçons amoureux.

Dans l'intervalle des deux actes, elle va savoir d'Orcan le sujet de son arrivée, et le spectateur est impatient d'en être instruit.

ACTE IV, SCENE I.

J'ai vu du fier Orcan le visage odieux.

L'arrivée de cet Orcan, qui l'inquiète avec raison, inquiète aussi le spectateur, qui trompé comme Roxane, va croire que la lettre qui lui a été rendue de la part d'Amurat est une lettre sincère.

SCENE

SCENE IV.

D'ailleurs, l'ordre, l'esclave et le visir me presse.

Avant que d'avoir reçu cet ordre, elle a déjà dit *le temps presse* : maintenant il presse davantage, elle va s'occuper d'une lettre interceptée. Bajazet en l'écrivant a fait une imprudence extrême; Roxane en fait une plus grande encore, quand elle s'amuse à le confondre : elle a des choses plus importantes à songer. Jusqu'où l'amour égare la raison !

Les percer l'un et l'autre, et moi-même après eux.

Virg. : *Memet super ipsa dedissem.*

SCENE V.

Donne. Pourquoi frémir? Et quel trouble soudain, etc.

Pourquoi sa main tremble-t-elle? Pourquoi se met-elle dans l'esprit que c'est une lettre d'amour?

Ah, je respire enfin; et ma joie est extrême, etc.

Quelle consolation et quelle joie, d'être assurée de la cause de son désespoir !

Qu'il meure. Vengeons-nous. Courez : qu'on le saisisse.

La vivacité de ce vers et des quatre suivans, prouve que sa fureur n'est pas, comme elle dit, une fureur *tranquille*.

Avec quelle insolence et quelle cruauté, etc.

Elle va perdre le temps en plaintes très-inutiles; et elle est dans un tel désordre, qu'elle n'a pas entendu un mot de ce que sa confidente vient de lui dire en treize vers. Tout ce qu'elle va dire depuis ce vers *avec quelle insolence*, etc., jusqu'au vingt-quatrième, n'a aucun rapport à la remontrance respectueuse que lui a faite sa confidente; elle-même est étonnée, quand elle s'aperçoit enfin qu'elle est encore auprès d'elle : *Quoi, tu n'es point partie*, lui dit-elle? Que faisoit-elle donc, tandis que sa confidente lui parloit ? Plongée dans ses réflexions, elle n'entendoit rien : elle ordonne encore à sa confidente de partir, et en même temps elle lui ordonne de rester. Voilà cette femme qui avoit dit d'abord, *ah, je respire enfin !*

>   Tu pleures, malheureuse ! Ah, tu devois pleurer, etc.

Virg. *Tum decuit cùm sceptra dabas.*

>   Prends soin d'elle : ma haine a besoin de sa vie.

Ceux qui disent que les mœurs turques ne sont pas observées dans cette pièce, parce qu'une sultane si offensée feroit sur-le-champ étrangler sa rivale, ne font pas attention à ce vers. Elle a besoin qu'elle vive jusqu'à la proposition qu'elle fera à Bajazet dans l'acte suivant. Ce n'est que par cruauté qu'elle l'épargne encore.

SCENE VI.

>   Que faites-vous, Madame ? En quels retardemens, etc.

Il n'est pas étonnant que le visir ignore tout ce qui vient de se passer, et même l'arrivée d'Orcan. Il est sorti du sérail pour aller dans la ville exécuter ce que lui avoit dit la sultane :

>   Allez lui préparer les honneurs souverains :
>   Qu'un peuple obéissant l'attende dans le temple.

Le grand-seigneur, après avoir été proclamé dans le sérail, va ordinairement en pompe à la mosquée. Dès le second acte, le visir avoit dit à Bajazet que les janissaires et le mufti seroient prêts pour le conduire

>   A la porte sacrée
>   D'où les nouveaux sultans font leur première entrée.

Il a été préparer tout l'appareil de cette cérémonie.

>   Oui, puisque jusque-là l'ingrat m'ose outrager.

Il veut faire accroire à la sultane qu'il est lui-même

outragé par cette lettre ; et sa réponse est de la même nature que celle de Pylade à Oreste :

> Allons, Seigneur, enlevons Hermione.

Il est de la prudence de paroître approuver une passion, lorsqu'en voulant s'y opposer on l'irriteroit davantage. Le visir parle à Roxane de Bajazet comme d'un homme également criminel envers lui qu'envers elle :

> Du crime que sa vie a jeté sur la nôtre.

Il affecte un courroux qu'il va nommer *ridicule*. Mais il dira aussi à son confident :

> Et la sultane est-elle en état de m'entendre ?

Pour guérir les plaies de l'âme, comme pour guérir celles du corps, il faut attendre qu'elles soient en état qu'on y puisse toucher. Ce n'est que pour pouvoir aller enlever Bajazet à la fureur de la sultane, que le visir témoigne tant de fureur contre lui.

SCENE VII.

> Demeure : il n'est pas temps, cher Osmin, que je sorte.

Il ne songe point encore à aller disperser ses amis, quoiqu'il en ait reçu l'ordre. Quand il renonceroit au projet de la conspiration, il n'en périroit pas moins : il n'y a rien à espérer de la part d'Amurat ; mais il y a encore à espérer de la part de Roxane, qui peut pardonner à Bajazet, et faire réussir la conspiration.

> Qu'il n'est pas condamné, puisqu'on veut le confondre.

Les sentences font ordinairement un bel effet dans la poésie ; mais elles font encore un plus bel effet, surtout dans la poésie dramatique, quand au lieu d'être débitées en forme de sentences, elles sont mises en action. Si le visir eût dit : *qui va confondre un infidèle l'aime encore*, il eût paru vouloir moraliser ; et il y songe si peu, dans l'agitation où il est, qu'il avoue même son ignorance, *je connois peu l'amour*. Ce n'est ni l'expérience, ni l'etude du cœur humain, qui le fait parler; c'est une réflexion que le bons sens lui dicte.

Je sais de Bajazet l'ordinaire demeure.

Ennuyé de toutes les querelles amoureuses qui retardent son projet, il est déterminé à aller enlever Bajazet à la sultane. Dans l'intervalle de ces deux actes, il le cherche, et il rentrera sur la scène en le cherchant :

Ah, que fait Bajazet? Où puis-je le trouver?

ACTE V, SCENE I.

Atalide revient au lieu de la scène pour chercher à l'endroit où elle s'est évanouie, cette lettre qu'elle ne trouve plus.

Ses menaces, sa voix, un ordre m'a troublée.

Il faut se rappeler ce qui s'est passé au commencement de la troisième scène de l'acte précédent.

Cependant on m'arrête, on me tient enfermée.

La sultane a ordonné qu'elle fût gardée, en disant : *ma haine a besoin de sa vie.*

SCENE III.

Orcan et les muets attendent leur victime.

Roxane a tout préparé pour la mort de Bajazet; elle le fait ramener au lieu de la scène, pour essayer une dernière tentative, qui sera suivie de sa mort si elle ne réussit pas. Elle a chargé de l'exécution de cette mort, cet Orcan chargé par Amurat de l'assassiner elle-même.

Ame lâche, et trop digne enfin d'être déçue, etc.

Parce qu'on lui dit que Bajazet témoigne quelqu'empressement de la voir, elle se flatte qu'il veut lui demander pardon, et se sentant déjà prête à lui pardonner, elle a honte de sa foiblesse.

SCENE IV.

Quelle étrange scène! Une femme certaine de n'être point aimée par un homme, dont le cœur est attaché à une autre, trompée par lui, va lui proposer encore de s'unir à elle, et lui promettre le pardon du passé, à condition qu'il ira voir expirer sa rivale. Si sa réponse à cette proposition ne la contente point, elle le fera sortir, et elle a tout ordonné pour qu'il soit étranglé en sortant. Il y a apparence que ce qu'on a raconté d'une reine étrangère, a donné au poète l'idée de cette terrible scène: le fait étoit encore récent.

Mes soins vous sont connus : en un mot, vous vivez.

Elle n'a pas le temps de faire une énumération de ses bontés. Ce mot seul dit tout.

Auroient dû suppléer à mes foibles attraits.

Voilà le grand sujet de la vengeance d'une femme :

Sa beauté méprisée, impardonnable outrage.

Tiens, perfide, regarde, et démens cet écrit.

Si elle eût été de sang-froid, elle l'eût laissé parler, pour goûter la satisfaction de lui entendre débiter de fausses excuses: la passion ne lui en laisse pas le temps; elle l'interrompt pour lui présenter la lettre.

Je ne vous dis plus rien : cette lettre, sincère, etc.

Comment se justifier quand on est confondu par son écriture? Bajazet ne songe ni à se justifier, ni à demander un pardon: il avoue que la lettre est de sa main, et qu'elle est sincère; et il répond si fièrement à Roxane, que c'est elle qui est confondue, et qui doit rougir de honte. Pourquoi a-t-elle voulu le forcer à l'aimer?

Vous ne craigniez rien tant que d'être refusée.

Une femme peut-elle être plus humiliée! Ce n'est pas seulement par complaisance, ni par pitié que Bajazet ne l'a pas refusée; c'est parce qu'il s'agissoit pour lui de passer de l'esclavage au trône.

Contenté votre orgueil et payé vos bontés.

C'est lui faire bien sentir quel est le motif de son amour et de toutes ses bontés.

Pour la dernière fois, veux-tu vivre et régner ?

Après ce qu'elle vient d'entendre, peut-elle lui offrir encore sa grâce ?

Mais tu n'as qu'un moment : parle.

Quel moment ! Il s'agit ou d'être étranglé, ou d'être déclaré empereur : la réponse qu'il va faire en décidera.

Viens m'engager ta foi : le temps fera le reste.

Jusqu'où la passion égare ! Quoique certaine de n'être point aimée, elle se flatte que le temps pourra lui ramener un cœur si révolté contre elle.

Sortez.

S'il parloit pour se justifier, ou pour demander grâce, elle continueroit à l'écouter ; mais il cherche à justifier Atalide, il demande grâce pour elle ; la sultane perd patience et prononce ce terrible *sortez*.

SCENE V.

Oui, qu'elle vienne. Et toi, suis Bajazet qui sort, etc.

Pourquoi la recevoir ? Que lui importe ce qu'elle en pourra apprendre, quand Bajazet n'est plus ? Que ne la fait-elle aussi étrangler sur-le-champ ? Elle veut la laisser vivre jusqu'au moment qu'elle apprendra la mort de Bajazet : c'est pour cela qu'elle recommande à Fatime de venir lui rendre compte de l'exécution de ses ordres.

SCENE VI.

Bajazet s'avouant coupable, et résolu à mourir, n'a demandé grâce que pour Atalide ; et Atalide résolue à mourir, ne vient que pour s'avouer coupable, et demander grâce pour Bajazet. La sultane ne peut plus douter de la violence de leurs amours ; mais comment a-t-elle la patience d'écouter si tranquillement la longue

ACTE V, SCENE XI.

prière d'Atalide, toujours à ses genoux? Le poète ne pouvoit-il pas s'épargner la peine de faire tant de beaux vers, si inutilement débités? Grand peintre de la nature, il a voulu ici faire le tableau d'une femme qui goûte à longs traits les plaisirs de la vengeance. Elle veut faire mourir sa rivale après l'avoir instruite du supplice de Bajazet; elle la laisse entrer, se jeter à ses genoux, et parler sans jamais l'interrompre, parce qu'elle ne l'écoute pas. Tout occupée de Bajazet qu'on étrangle dans ce moment même, elle attend qu'on lui apporte la nouvelle de cette exécution; et quand elle répond enfin à Atalide, c'est sans colère, mais avec une ironie barbare, en lui promettant de l'unir avec son Bajazet *par des nœuds éternels*, parce qu'elle la fera étrangler avec le même cordon.

<small>Mais pourquoi vos bontés seroient-elles lassées?</small>

Que de fois la sultane a entendu, dans cette pièce, parler *de ses bontés!* C'est aux tyrans qu'on parle toujours de leurs bontés.

SCÈNE VIII.
<small>Madame, le secret m'est surtout ordonné.</small>

Tandis qu'on est dans l'inquiétude du sort de Bajazet, le poète met sur la scène un personnage qui en est instruit, mais qui ne peut parler. Son silence désespère Atalide et le visir, et redouble la curiosité du spectateur.

<small>D'une esclave barbare, esclave impitoyable.</small>

Tout est esclave en Turquie; la sultane elle-même.

SCÈNE XI.
<small>Il nous a déployé l'ordre dont Amurat, etc.</small>

Il se sert de ce mot *déployé*, à cause de la forme des lettres du grand-seigneur.

<small>Avoit au nœud fatal abandonné ses jours.</small>

Dans le style noble de notre poésie, le mot *étrangler* ne peut trouver place.

> Je vais, non point sauver cette tête coupable.

Le sentiment est noble ; mais sitôt qu'il a appris la mort de Bajazet, il n'a d'autre parti à prendre que de sauver sa tête. Il est le seul des quatre principaux personnages qui ne périsse pas : le spectateur verroit avec peine périr un homme qui a de si grandes qualités, et qui n'est déjà que trop malheureux, puisqu'il est la victime de querelles amoureuses qui ne le regardoient pas. Le spectateur, content d'apprendre que Roxane a reçu sa juste punition de la main d'Orcan, voit sans regret Atalide se punir elle-même de la mort de Bajazet, dont elle est coupable pour l'avoir trop aimé, dans une circonstance où elle étoit obligée d'étouffer son amour.

Les malheurs où l'amour précipite ces trois personnages, excitent la terreur ; mais il me paroît que dans cette pièce, cette *pitié charmante*, qui fait le grand plaisir de la tragédie, ne règne point assez. On plaint Bajazet, mais non pas comme on doit plaindre un héros ; parce que dans la circonstance où il se trouve, c'est le visir seul, et non pas sa maîtresse, qu'il doit écouter. Loin de donner toute sa confiance au visir, il le trompe en lui faisant un mystère de son intelligence avec Atalide, et il cause la perte d'un homme qui fait tout pour lui.

Cette tragédie n'a point, à ce que je crois, paru sur le théâtre de Londres ; mais un poète anglais en a transporté l'intrigue dans un sujet où on ne s'attend pas à la retrouver. C'est dans le sujet de Phèdre et d'Hippolyte, comme je le dirai dans la suite.

FIN DU TOME CINQUIÈME.

TABLE EXPLICATIVE
DES MATIÈRES

CONTENUES DANS CE VOLUME.

Mémoires sur la vie et les ouvrages de Jean
    Racine............................ Pag. 1
Première partie............................ 10
Seconde partie............................ 81
Lettre de M. Lefranc de Pompignan à M. Racine. 197
Discours préliminaire des remarques sur les tragédies
    de Jean Racine........................ 255
Plan d'une édition des Œuvres de Racine, révision du
    texte................................ 259
Diverses leçons............................ 265
Epîtres dédicatoires........................ 265
Notes sur la langue........................ 266
L'orthographe............................ 272
Des lettres majuscules...................... 274
Pièces critiques............................ 278
Réponse aux critiques...................... 279
Du costume poétique...................... 283
De la morale............................ 287
Les Frères ennemis, examen de la pièce...... 291
Notes sur la langue........................ 301
Remarques.............................. 311
Alexandre................................ 320
Examen d'Alexandre...................... 322
Notes sur la langue........................ 328
Remarques.............................. 338
Andromaque.............................. 345
Examen de l'Andromaque d'Euripide et de la pièce
    française qui porte le même titre............ 348
Notes sur la langue........................ 360

TABLE DES MATIERES.

Remarques. Du lieu de la scène et des confidens. Pag. 378
Durée de l'action. 380
Les Plaideurs. 412
Comparaison des Plaideurs et de la comédie d'Aristophane, intitulée les Guêpes. 415
Notes sur la langue. 423
Britannicus. 432
Examen de Britannicus. Néron. 434
Agrippine. 437
Burrhus. 439
Junie et Britannicus. 443
Notes sur la langue. 447
Remarques: Lieu de la scène et durée de l'action. . 459
Réflexions sur une scène supprimée de cette tragédie. 496
Bérénice. 499
Examen de Bérénice. 500
Notes sur la langue. 509
Remarques: Lieu de la scène; l'action et sa durée. . 516
Bajazet. 538
Examen de Bajazet. 538
Notes sur la langue. 552
Remarques. Lieu de la scène. 565

FIN DE LA TABLE DU CINQUIÈME VOLUME.

www.ingramcontent.com/pod-product-compliance
Lightning Source LLC
Chambersburg PA
CBHW070408230426
43665CB00012B/1293